# La réalité de l'entrepreneuriat

## Le guide irrévérencieux pour dépasser, devancer, distancer vos concurrents

Ouvrage traduit de l'américain
par **Marylène Delbourg-Delphis**

**Guy Kawasaki**

Les Éditions Diateino

**DU MÊME AUTEUR**

*Parus en France :*

**L'art de se lancer** Traduit par Marylène Delbourg-Delphis (Les Éditions Diateino, 2006)

**Affolez vos concurrents** Traduit par Sophie de Menthon (Éditions First, 1996)

*Parus aux États-Unis :*

**Reality Check : The Irreverent Guide to Outsmarting, Outmanaging, and Outmarketing Your Competition** (Portfolio, 2008)

**The Art of the Start : The Time-Tested, Battle-Hardened Guide for Anyone Starting Anything** (Portfolio, 2004)

**Rules For Revolutionaries : The Capitalist Manifesto for Creating and Marketing New Products and Services** (Collins Business, 2000)

**How to Drive Your Competition Crazy : Creating Disruption for Fun and Profit** (Hyperion, 1996)

**Hindsights : The Wisdom and Breakthroughs of Remarkable People** (Grand Central Publishing, 1995)

**The Computer Curmudgeon** (Hayden Books, 1993)

**Selling the Dream** (Collins Business, 1992)

**The MacIntosh Way** (HarperCollins, 1990)

Public concerné :
**Professionnels**

Catalogage :
**Entreprise (création – reprise – développement)**
**Réussite professionnelle**


Titre original : Reality Check

Édition française 2009 : Les Éditions Diateino

ISBN 978-2-35456-006-5

Rendez-vous sur :
**www.diateino.com**

*À mes quatre start-up*
*Nate, Nohemi, Noah et Nic.*
*Tous les quatre, vous me mettez*
*à l'épreuve des faits*
*chaque jour de ma vie.*

Les Éditions Diateino
remercient tout particulièrement David Sannier
pour sa collaboration amicale lors de la relecture de cet ouvrage

# Sommaire

# Introduction à l'édition francaise

*La réalité de l'entrepreneuriat*, comme *L'art de se lancer*, est un livre de chevet pour tout entrepreneur, où qu'il vive. Ce livre vous intéressera, vous motivera – et vous secouera peut-être un peu aussi. Il y a beaucoup de livres sur le thème de la création d'entreprise, mais il y a, d'après moi, trois raisons majeures pour lesquelles les conseils de Guy Kawasaki sont efficaces :

1. Aussi sérieux que soit l'objectif du livre, son auteur sait aussi divertir et se mettre à votre place (n'est-ce pas rassurant de lire que d'autres aussi se trompent, parfois ?). L'enthousiasme de Guy est contagieux : son blog est l'un des plus lus au monde, ses conférences et vidéos sur le Web attirent des milliers d'auditeurs, et ce n'est pas un hasard.
2. Guy Kawasaki fait parler d'autres auteurs, aussi compétents que lui, mais avec une autre perspective. Il vous offre un éventail d'expériences pour vous permettre à vous, qui êtes seul face à votre projet à Brest, à Roubaix, à Marseille, à Bruxelles ou à Genève, de trouver plus facilement ce qui fait la singularité de votre entreprise, et votre force.
3. *La réalité de l'entrepreneuriat* développe et précise des points qui n'étaient souvent qu'esquissés dans *L'art de se lancer*, et ouvre une perspective nouvelle sur les difficultés de l'entrepreneuriat au début de la vie de l'entreprise. Un bon entrepreneur est celui qui « tient la route » au-delà de la première année de lune de miel, où tout n'est qu'espoir et euphorie.

Guy Kawasaki vous donne des conseils précieux lorsque les premiers problèmes surviennent : votre business plan était parfait, mais bien sûr vous n'aviez pas prévu qu'un de vos associés n'assurerait pas, ou que le produit ne serait pas prêt à temps. Vous pensiez vos hypothèses prudentes, et pourtant vous avez déjà un problème de trésorerie…

Quel que soit le stade de développement de votre start-up, ce livre vous rappelle les conditions essentielles à tout succès et vous permet de maîtriser l'art de :

- restituer votre idée dans le contexte d'un marché et évaluer si elle fait sens ;
- dire en quelques mots ce qu'apporte un produit ou un service, à des clients potentiels, à votre équipe, à vos partenaires et, éventuellement, à des business angels ou à des capital-risqueurs ;
- gérer une concurrence directe ou implicite ;
- former une bonne équipe, mais aussi ne pas se leurrer, et être prêt à vous séparer des gens qui ne sont pas efficaces ;
- vendre, écouter avec attention et humilité ce que disent les clients, et vous en faire aimer.

« Mais la France, ce n'est tout de même pas les États-Unis ! » direz-vous. C'est vrai, mais ce qui change d'un pays à un autre, ce sont des points techniques à connaître, comme les réglementations juridiques, fiscales et sociales ou les systèmes comptables ; ce sont aussi des contextes idéologiques et culturels qu'il faut avoir l'humilité de vouloir découvrir et comprendre. Il est exact que ce sont des choses qu'il est indispensable de maîtriser. Mais, à la base même du succès, il y a quelque chose de plus fondamental, qui est universel. Ce qui est primordial dans la création d'entreprise, ce n'est pas le pays, c'est l'entrepreneur, son talent à matérialiser son instinct entrepreneurial et à transformer une idée en une société, et cela, c'est la même chose sur tous les continents.

« Est-ce qu'un entrepreneur au milieu de l'Afrique qui reçoit un micro-prêt et soutient sa famille est très différent de Bill Gates ou de Steve Jobs ? » demande Guy Kawasaki à son ami David Bornstein, qu'il interviewe dans ce livre. La réponse est « non ». Le point commun entre tous les entrepreneurs, quelle que soit la dimension de leur rêve et quelle que doive être leur destinée, « c'est de faire de leur vision une réalité », c'est-à-dire de faire en sorte que leur entreprise marche.

L'entrepreneur est un être en chair et en os qui engage sa vie, celle de sa famille et des familles de son équipe, dans une mission qu'il poursuit passionnément. *La réalité de l'entrepreneuriat* exprime la dimension humaine et psychologique de la création d'une entreprise. Les vrais entrepreneurs ont tous quelque chose de foncièrement idéaliste et sont ouverts aux sources d'inspiration les plus diverses, que l'objectif de leur société soit local, national, européen ou international. Quelle que soit la dimension de l'entreprise qu'ils souhaitent lancer, ce qu'ils veulent, c'est qu'elle soit un succès. Et les instruments du succès sont les mêmes partout, que ce succès se mesure en quelques centaines de milliers d'euros ou des centaines de millions de dollars – car, dans tous les cas, vous aurez la satisfaction de contribuer à l'activité économique d'un environnement qui vous importe et de faire tout ce qui est en votre pouvoir pour assurer votre épanouissement personnel et celui des gens qui vous entourent.

Ce livre vous fera gagner un temps fou, vous aidera dans les moments de doute, vous économisera des milliers d'euros d'honoraires de consultants et vous renforcera dans votre foi.

Bon courage !

**Marylène Delbourg-Delphis**
http://delbourg-delphis.com

# Avant-propos 1.0

Imaginez le Rêve américain sous stéroïdes et Red Bull, et vous avez une idée de ce à quoi ressemble la vie dans la Silicon Valley. Bien sûr, Frank Sinatra disait de New York que c'était « la ville qui ne dort jamais », mais ce n'est que parce que Frank n'avait jamais visité la Silicon Valley. Ce morceau de terre qui s'étend de San Francisco à San Jose est un autre endroit où personne ne dort jamais. Vous savez pourquoi ? Parce que tout le monde est debout au travail toute la nuit. Et espère. Et rêve.

Oui, il y a l'argent. Mais il y a quelque chose d'autre, quelque chose de beaucoup plus puissant et séduisant. Il y a la possibilité de changer le monde. La possibilité de prendre une vague quand elle se forme et de surfer sur elle. Ne vous êtes-vous jamais demandé pourquoi ces gens qui ont déjà fait fortune grâce à une compagnie de technologie reviennent et essaient à nouveau ? Ils ne peuvent s'en empêcher. C'est très marrant. Et s'ils échouent, qu'est-ce que cela fait ? Maintenant réfléchissez à ceci. Où dans le monde peut-on échouer – et je veux dire vraiment échouer – et avoir une autre chance ? Et encore une autre après ?

La Valley ne ressemble à aucun autre endroit dans le monde. C'est la dernière vraie méritocratie en Amérique, un endroit où une excellente idée et une volonté de travailler absolument démesurée peuvent transformer des gamins inconnus en milliardaires. Ce n'est pas Wall Street, ni Washington, ni Hollywood, où le succès dépend largement de qui vous connaissez et de l'université où vous êtes allé. La Valley se fiche de l'université où vous êtes allé, ou même si vous êtes allé à l'université. Ce qui compte pour la Valley, ce sont les idées. Vous pensez que vous avez une bonne idée ? Programmez-la et tentez le coup.

Si vous êtes en train de lire ce livre, il y a de fortes chances que vous ayez déjà attrapé le virus et que votre rêve soit de réussir en tant qu'entrepreneur. Il y a beaucoup de choses à apprendre. Comment lever de l'argent. Comment construire une équipe. Comment vendre. Comment faire du *schmoozing*. Comment faire des présentations. Comment avoir de l'influence sur les gens pour qu'ils vous croient. Il n'y a pas de meilleur guide dans la Valley que Guy Kawasaki, évangéliste légendaire et capital-risqueur qui semble connaître tout le monde ici. Pour le dire différemment, c'est celui qui a lancé le premier Macintosh en 1984. En avez-vous entendu parler ?

Vous avez peut-être rêvé de trouver un mentor, un sage vétéran de la Valley qui vous prendrait sous son aile et vous transmettrait son savoir d'initié sur le fonctionnement de la Valley. Eh bien, maintenant vous en avez un. Mon conseil à quiconque aspire à devenir un entrepreneur est celui-ci : lisez ce livre. Étudiez-le. Écoutez Guy. Suivez ses conseils. Puis posez le livre et mettez-vous au travail ! Il n'y a pas de temps à perdre. Il y a quelqu'un d'autre dans la Valley qui est sur la même piste que vous. Peut-être plusieurs personnes. Si l'on fait bien les choses et qu'on est le premier, on gagne. Ah, il faut probablement un peu de chance aussi.

Bonne chance !

**Daniel Lyons, alias Fake Steve Jobs**
Juin 2008

# Avant-propos 2.0

*Ce qui suit est le meilleur avant-propos dans l'histoire de l'édition. Il a été écrit parce que, peu après que Dan ait écrit le premier avant-propos, il a annoncé qu'il arrêtait les histoires qu'il écrivait sous le pseudonyme de Fake Steve Jobs. Je l'ai supplié d'écrire un dernier texte en tant que Fake Steve Jobs – quel honneur pour moi ! Heureusement, il a accepté, et c'est ainsi que* La réalité de l'entrepreneuriat *a, non pas un, mais deux avant-propos.*

Vous savez à quoi je pense toutes les fois que j'entends le nom Guy Kawasaki ? Aux motos. C'est vrai. C'est la première chose à laquelle je pense lorsque j'entends son nom, même si l'on m'a dit et redit que Guy Kawasaki n'avait vraiment rien à voir avec les motos. Donc j'essaie de ne pas penser aux motos, mais bon ! le nom du gars est Kawasaki. À quoi penser d'autre ? Et ne dites pas Vietnam parce que c'est un VC[1], parce que ce n'est pas cool, bonnes gens. Pas cool du tout. Guy n'était qu'un môme à l'époque de tout ce bazar.

Bref, puisque Guy n'est pas plus un constructeur de motos qu'un membre du Viêt-Cong, j'essaie de penser à quelque chose d'autre, et généralement ce à quoi je pense, c'est au fait qu'il travaillait pour moi chez Apple au début des années 1980. Pour être honnête, il ne m'avait pas fait grande impression à l'époque, et je ne me souvenais pas de grand-chose sur lui, mais j'ai demandé aux ressources humaines de me fournir sa fiche et apparemment, tout ce que nous savons, c'est qu'il avait l'habitude de couper la queue à la cafétéria et que beaucoup de gens ne l'aimaient pas.

De toute façon, Guy a travaillé ici pendant environ quinze minutes, mais il dîne en ville depuis vingt ans ; qu'importe, il n'en a que plus de pouvoir. Son titre de gloire est d'avoir inventé cette notion d'évangélisme en technologie. Il a créé une immense communauté de fans cinglés

1. Jeu de mots. VC est l'abrévation de *Venture Capitalist* ou, en français, capital-risqueur, mais aussi de Viêt-Cong.

d'Apple qui dormaient sous une tente la nuit pour avoir nos produits et attaquaient quiconque osait critiquer Apple. Ces énergumènes me vénèrent encore comme si j'étais Dieu et ne me laissent pas un seul moment de paix et de vie privée. Ils me volent même ma plaque minéralogique. Il y en a qui se pointent devant chez moi avec l'espoir de m'apercevoir quand je franchis mon portail. Ils ont fait de ma vie un enfer.

Donc, ah ! ah ! Guy Kawasaki. Merci des millions de fois ! Super boulot. Sincèrement.

De quoi parle donc ce nouveau livre ? Pour être honnête, je n'en ai aucune idée. Je ne l'ai pas lu. Je n'ai même pas fait semblant de l'avoir lu. J'ai dit à Guy : « Dites, mon ami, je ne lis pas de livres, d'accord ? Les livres sont de la technologie du siècle dernier. Je ne veux pas faire de votre livre un film ou un podcast. Si vous voulez télécharger ce contenu vidéo ou audio sur un iPod ou iPhone tout mignons, vous aurez peut-être créé du contenu moderne que je consommerai, bien que, pour être honnête, peut-être même pas, parce que je n'ai pas besoin d'entendre vos “putains” d'idées sur les start-up, le marketing, les levées de fonds, ou ce que vous voulez, parce que je suis déjà le plus grand homme d'affaires dans l'histoire de la planète et j'ai oublié plus de choses sur le marketing que vous n'en connaîtrez jamais. Mais je m'égare. »

De toute façon, Guy est assez poltron pour ne pas vraiment se soucier de savoir si je lis ou non son livre. Comme il me l'a dit, tout ce qu'il veut, c'est avoir un nom célèbre à mettre sur la couverture. Pratiquement tout le monde a refusé ; il lui a donc fallu faire appel à moi, et bon, je l'ai laissé me supplier et ensuite je lui ai fait faire deux-trois choses humiliantes, comme de se tenir sur une jambe pendant une heure et sauter en faisant des bruits étranges, et j'ai dit : « Très bien, très bien, ça suffit, vous le monstre, je vais vous écrire quelque chose. »

Et voici – ceci est mon approbation officielle. *La réalité de l'entrepreneuriat* est de loin le meilleur livre jamais écrit sur la Valley. C'est un travail important et nécessaire, qui devrait être une lecture obligatoire dans toutes les business schools de ce pays. J'aurais aimé que ce livre existe quand j'ai commencé Apple dans mon garage en 1976. Je suis sûr que je ne l'aurais pas lu, mais quand même, il aurait été utile à toutes les autres personnes qui voulaient lancer une société, mais n'étaient pas capables de comprendre certains des aspects les plus subtils des affaires, comme le fait que vous devez facturer les produits qui coûtent quelque chose à fabriquer.

C'est vraiment la leçon la plus importante et pourtant une leçon que beaucoup ignorent, notamment ici, dans la Valley. De toute façon, si ces choses incroyablement évidentes ne sont pas déjà super évidentes pour vous, vous avez probablement besoin de lire un livre comme celui-ci et que Guy Kawasaki vous apprenne à lancer une entreprise en des termes qu'un enfant comprendrait.

Et voici que je pense de nouveau aux motos. Ciel ! *Namasté !*[2] Avec mon affection. Que la paix soit avec vous.

**Fake Steve Jobs**
Juillet 2008

2. Une salutation utilisée en Inde et au Népal, notamment, et qui signifie « Je salue le divin en vous ».

# Introduction

> Un vrai bon livre est plus qu'une bonne lecture. Je me dois de le mettre de côté rapidement et de commencer à vivre ce qu'il suggère. Ce que j'ai commencé à faire en lisant, je dois le terminer en agissant.
>
> Henry David THOREAU

Quand les entrepreneurs me demandent ce que je pense de leur idée, je leur demande s'ils veulent que je leur dise la vérité ou des choses qui leur feront plaisir. La plupart veulent la vérité et me remercient de la leur dire. Il semble, en effet, que ce qui fait le plus défaut aux entrepreneurs, c'est un feed-back franc et direct.

Je leur ai donné beaucoup de conseils sur « Comment changer le monde », un blog que j'ai commencé en 2006. Je voulais que ce blog soit pour eux une source d'information permanente. Mais, le *blogging* a ses limites. Les gens ont tendance à ne lire que la page qui s'affiche et à ne regarder que plus rarement les articles antérieurs. C'est ce qui m'a conduit à l'idée de regrouper un grand nombre de billets dans ce livre.

Un livre présente des avantages certains. On y a l'information « en dur » ; on peut le tenir dans sa main. Le travail d'édition et de vérification des sources est plus rigoureux pour un livre que pour un blog. Enfin, on peut annoter un livre, y insérer des Post-it ou en corner les pages.

*La réalité de l'entrepreneuriat* est donc la compilation mise à jour et enrichie de ce que j'ai fait et vu de mieux sur la création de bonnes entreprises et la mise en place de leurs opérations. C'est le centre de ce livre, ce qui n'empêche pas que vous puissiez l'utiliser à divers stades de la vie d'une société (à l'exception de son déclin). J'espère qu'il vous poussera à l'action, en d'autres termes qu'il passera le test de ce que Henry David Thoreau considère comme étant « un vrai bon livre ». Il n'est pas de meilleure validation d'un livre pour son auteur que de voir ses lecteurs améliorer le monde.

**Guy Kawasaki**

# Le démarrage dans les faits

Voici le conte de fées : deux copains dans un garage ont une bonne idée. Ils contactent des capital-risqueurs, qui financent rapidement leur trouvaille. Le produit est lancé en temps et en heure ; son adoption est sans précédent et ils sont universellement acclamés. La société est immédiatement rentable et entre en Bourse plus brillamment encore que Google. La société innove et prospère pendant des décennies. Les contes de fées n'existent pas et cette section explique ce qui se passe au cours des premières années d'une start-up : du cafouillage et de la confusion.

# Chapitre 1
# Les cafouilleurs au travail

Tout ce que j'ai fait de mieux chez Apple était dû au fait
(a) que je n'avais pas d'argent, et (b) que je n'avais jamais fait cela avant.
**Steve WOZNIAK**

Nous sommes allés chez Atari et nous avons dit :
« Regardez, nous avons ce truc extraordinaire et en avons même construit
des morceaux ; qu'est-ce que vous pensez de l'idée de nous financer ?
Nous pouvons même vous donner ce que nous faisons. Nous voulons juste le faire.
Donnez-nous un salaire et nous allons venir travailler chez vous. »
Et ils ont dit : « non ».
Nous sommes allés chez Hewlett-Packard, et ils ont dit :
« Nous n'avons pas besoin de vous. Vous n'avez même pas encore fini vos études. »
**Steve JOBS**

C'est grâce au cafouillage, aux galères, aux dégelées et aux coups de chance que les sociétés réussissent. Le fait de ne pas savoir que ce que vous faites est « impossible » aide aussi. Le livre de Jessica Livingston, *Founders at Work : Stories of Startups' Early Days* (Apress, 2007)[3] est une mine d'histoires sur la réalité du démarrage d'une entreprise. En voici quelques-unes qui vous amuseront et vous inspireront :

• **James Currier (Tickle)** : « Quand nous avons lancé notre société, nous voulions changer le monde et nous avions réalisé toutes sortes de tests sur notre site qui devaient aider les gens dans leur vie. Nous avions des tests sur l'anxiété, l'éducation des enfants, les relations et la communication. Et personne ne s'est connecté [...] Il nous est alors venu à l'idée de faire

3. Ce livre n'est pas traduit en français. Traduction du titre : *Fondateurs au travail : Histoires de débuts de start-up*.

le test suivant : si vous étiez un chien, quelle serait votre race ? [...] Nous l'avons mis en ligne et, huit jours plus tard, un million de gens essayaient d'accéder à notre site. »

• **Catarina Fake (Flickr) :** « À son démarrage, Flickr n'était pas vraiment un produit. C'était une sorte de messagerie instantanée permettant de glisser-déposer des photos sur le bureau des gens pour leur montrer ce que vous étiez en train de regarder. »

• **Paul Graham (Viaweb) : «** Aucun de nous ne savait écrire un logiciel pour Windows et nous n'avions pas envie d'apprendre. Cela nous semblait une usine à gaz à éviter. Donc, la première chose que nous avions en tête quand nous avons eu l'idée de faire des applications Web, c'était : "Dieu merci, nous n'avons pas à écrire un logiciel Windows." »

• **Ann Winblad (Open Systems, et maintenant capital-risqueur) :** « Je me trouvais en face de soixante ou soixante-dix types qui avaient probablement tous la cinquantaine. Moi, j'avais une vingtaine d'années. J'avais annoncé une offre spéciale : "Si vous me donnez un chèque de 10 000 dollars aujourd'hui, vous aurez les droits illimités sur l'un de nos modules." Je suis rentrée chez moi avec dix ou quinze chèques dans mon sac. »

• **Tim Brady (Yahoo!) :** « La chose la plus amusante dont je me souvienne est une grande tempête en mai 1995, qui avait causé une panne d'électricité pendant plusieurs jours. Nous avons dû louer un générateur et le remplir de gazole chacun à notre tour pendant quatre jours, vingt-quatre heures sur vingt-quatre. Nous plaisantions : "Combien de pages au gallon[4] aujourd'hui ?" »

• **Mitch Kapor (Lotus Development)** raconte combien il a demandé à Sevin-Rosen. « Je crois que je lui ai dit deux ou trois millions. Nous n'avions rien. Avec Jon Sachs, nous avions fait un début de tableur. C'était le plus gros chiffre que je pensais pouvoir demander sans avoir l'air idiot. »

• **Chuck Geshke (Adobe)** note la réaction des épouses des cadres de Xerox à une démonstration de la technologie PARC en 1977. « Elles ont adoré. Elles se sont assises, ont joué avec la souris, fait deux ou trois

4. Un gallon correspond à 3,785 litres.

modifications à l'écran, ont appuyé sur la touche "Imprimer" et obtenu un résultat identique à ce qu'il y avait sur l'écran. Elles ont dit : "Ouah, c'est vraiment cool. Cette technologie changerait vraiment la vie au bureau." (Malheureusement, les cadres n'ont pas écouté leurs femmes et c'est pour cela qu'Apple existe aujourd'hui.) »

- **James Hong (Hot or Not)** à propos de son premier site en bêta : « Mon père a été la première personne à voir *Hot or Not* en dehors de Jim et moi ; il est devenu accro ! Et voilà mon père, un Chinois à la retraite de soixante ans, qui n'est pas censé s'intéresser au sexe, qui me dit : "Celle-ci est sexy. Celle-là, pas du tout." » Ensuite, il demande à ses parents de contrôler les images : « À l'origine, je leur avais demandé de s'occuper de cela puisqu'ils étaient à la retraite. Au bout de quelques jours, j'ai demandé à mon père comment cela se passait. "Oh, me répond-il, c'est vraiment intéressant. Ta mère a vu une photo d'un type et d'une fille avec une autre fille et ils étaient en train [...]" » J'ai dit à Jim : « Dis-donc, mes parents ne peuvent pas continuer. Ils regardent du porno toute la journée. »

Ces histoires montrent ce qui se passe dans les start-up. Le succès va au-devant des gens un peu fous et passionnés qui croient pouvoir changer le monde. Le succès ne va pas au-devant des gens « professionnels » et « qui ont fait leurs preuves ». Je ne suis pas le seul de cet avis. J'ai un jour entendu Mike Moritz, de Sequoia Capital (il a financé Google), expliquer sur quel genre d'entrepreneurs il voulait miser. Je paraphrase : « Des types de moins de 30 ans qui sont en train de créer un produit qu'eux-mêmes voudraient utiliser. » Amen !

## LE PROBLÈME DES ENTREPRENEURS EN SÉRIE

Mike Moritz est malheureusement l'un des rares capital-risqueurs à voir au-delà de la « formation parfaite ». La plupart des capital-risqueurs veulent une équipe et un business model qui ont fait leurs preuves. Selon l'opinion commune, les entrepreneurs « en série », enrichis grâce à de retentissants succès antérieurs mais trop jeunes pour mourir, sont ceux sur qui il faut miser pour le prochain grand truc.

Pourtant, les créateurs de sociétés révolutionnaires comme Hewlett-Packard, Apple, eBay, Microsoft, Google, Yahoo! et YouTube n'avaient rien fait avant. Selon moi, les entrepreneurs en série échouent au cours de tentatives ultérieures pour les raisons suivantes :

- **Les entrepreneurs en série essaient de prouver que leur succès initial n'était pas un coup de chance.** Au lieu de partir de la technologie (« C'est cool, non ? ») ou du besoin des clients (« Il doit y avoir un meilleur moyen de faire »), leur motivation est celle-ci : « Je vais prouver mon talent. » C'est une raison stupide pour créer une société. La bonne motivation est de résoudre les problèmes des gens ou de changer le monde.
- **Les entrepreneurs en série ne savent pas faire la différence entre une relation de causalité et une corrélation.** La vraie cause d'un succès antérieur peut avoir été la chance pure, mais peu de gens s'en rendent compte et moins encore veulent l'admettre. Du coup, ils ont l'arrogance creuse des gens qui ont eu de la chance au lieu d'avoir l'attitude de ceux qui ont été véritablement mis à l'épreuve. L'arrogance est une mauvaise chose chez les entrepreneurs.
- **Les entrepreneurs en série vont probablement utiliser les mêmes méthodes.** Comment peut-on les blâmer de vouloir reprendre les méthodes qui les ont conduits au succès une première fois ? Par exemple, s'ils font un ordinateur haut de gamme la première fois, ils en font un autre la fois suivante. S'ils ont utilisé des revendeurs la première fois, ils en réutilisent la seconde fois. S'ils ont tout fait pour avoir de la visibilité et s'ils ont vendu cher leur société à une société plus grosse, plus stupide et plus riche, ils partent dans la même direction.
- **Les entrepreneurs en série engagent les mêmes personnes.** Comment peut-on leur reprocher d'embaucher les copains qui ont participé à un succès antérieur ? Après tout, ils ont prouvé qu'ils avaient eu du succès. Pourtant, pour que le coup de génie marche deux fois, il faut des gens qui ne savent pas qu'ils ne savent pas, afin qu'ils se surpassent, et inventent de nouvelles méthodes pour s'adresser à de nouveaux marchés. L'ignorance n'est pas seulement une bénédiction, elle donne aussi de la force.

• **Les entrepreneurs en série ne travaillent pas autant qu'avant – ou n'en sont pas capables.** Quand vous avez une maison de 500 $m^2$, une résidence secondaire dans le Montana, une voiture produite par une société dont le nom se termine en « i », une femme et des enfants, votre attitude et vos priorités changent. C'est vrai qu'il faut évoluer, sinon on ne grandit jamais. Mais c'est une chose de travailler pour survivre, c'en est une autre de travailler pour se réaliser. Ces entrepreneurs ne peuvent plus dire qu'ils ont faim – et personne ne le leur a demandé la première fois.

• **Les entrepreneurs en série ne reçoivent pas assez de claques**. La vie est agréable pour les entrepreneurs en série : ils se pavanent, disent aux gens que leur dernière société s'est vendue pour des fortunes et que maintenant ils en lancent une autre. Qui va essayer de trouver leurs points faibles puisqu'ils ont « fait leurs preuves » ? Personne. Dommage, parce que personne ne vérifie leur équilibre mental.

• **Les entrepreneurs en série ont des fonctions nouvelles avec lesquelles ils ne sont pas familiers dans leurs nouvelles sociétés**. Par exemple, dans la première société, l'entrepreneur était un ingénieur, devenant vice-président de l'ingénierie, puis responsable de la stratégie technique dans son ensemble. Et, dans la société qui suit, il est P.-D.G. Pourtant ce n'est pas parce que vous savez faire le design de composants électroniques que vous pouvez diriger la société qui les vend. Vous pouvez faire une chose dans laquelle vous n'êtes pas bon et ne pas faire ce pour quoi vous l'êtes.

## LA BANALITÉ DE L'HÉROÏSME

Au lieu de rechercher des entrepreneurs professionnels, cherchons comment et pourquoi des gens ordinaires peuvent faire des choses héroïques. Dr. Philip Zimbardo, de l'université de Stanford, et Zeno Franco, de la Pacific Graduate School of Psychology, ont écrit un article fantastique intitulé « La banalité de l'héroïsme » pour expliquer sa réalité.

Pour résumer, ce qui caractérise le héros, c'est une « imagination héroïque » que les auteurs décrivent comme « l'aptitude à affronter des situations physiquement ou socialement dangereuses, à se débattre avec les problèmes générés par ces situations et à envisager les actions à mener ainsi que leurs conséquences ». Selon Zimbardo et Franco, les héros se comportent comme suit :

1. Ils sont constamment vigilants dans les situations qui requièrent un acte héroïque.
2. Ils apprennent à ne pas craindre le conflit s'ils prennent position.
3. Ils imaginent des scénarios qui vont au-delà de ce qu'ils prévoient sur le moment.
4. Ils résistent à la tentation de justifier ce qui est et, ce faisant, de justifier l'inaction.
5. Ils sont convaincus que les gens vont apprécier leurs actions héroïques (et souvent impopulaires).

Ce sont là de bonnes caractéristiques à repérer chez les entrepreneurs.

# Chapitre 2

# L'entrepreneuriat vu de l'intérieur

> L'ingénieur a pour responsabilité, contrairement aux hommes d'autres professions, de voir ce qu'il fait exposé au regard de tous. Ses actions, les unes après les autres, sont une substance tangible. Il ne peut pas enterrer ses maladresses dans une tombe comme le font les médecins. Il ne peut pas argumenter sans fin ou blâmer les juges comme le font les avocats. Il ne peut pas, comme les architectes, dissimuler ses erreurs derrière des arbres ou des plantes grimpantes. Il ne peut pas, comme les politiciens, se protéger de ses défauts en blâmant ses adversaires et espérer que les gens oublieront. L'ingénieur ne peut pas nier ce qu'il a fait. Si ce qu'il fait ne fonctionne pas, il est maudit.
>
> **Herbert HOOVER**

*Ce chapitre est écrit par un invité, Glenn Kelman, P.-D.G. de Redfin. Sa société permet aux gens d'acheter des maisons en ligne. J'inclus ce chapitre ici parce que vous y trouverez une histoire de start-up vécue de l'intérieur.*

Récemment, je pensais à quel point il est difficile de construire une nouvelle société. Comme les étudiants qui se vantent de travailler peu, les start-up d'aujourd'hui veulent donner un sentiment de facilité. Partout où j'ai travaillé, on avait l'impression secrète du contraire. Nous étions assaillis par le doute et nous avions honte de nos limites ; nous étions entourés de gens prêts à piquer une crise au moindre détail.

Et maintenant, pour avoir fait l'expérience de quelques start-up, je ne suis même pas certain d'avoir envie que ce soit trop facile. Travailler deux heures par jour dans mon coin n'était pas mon objectif quand je suis venu dans la Silicon Valley. Quelqu'un se souvient-il de l'ancienne vidéo de Steve Jobs lançant le Mac ? Il avait les larmes aux yeux. Et même si Jobs est Jobs et moi, personne, je savais ce qu'il éprouvait. J'ai eu la même réaction —si absurde soit-elle—devant un logiciel de portail et plus récemment chez Redfin, un tout jeune site pour l'immobilier.

« Le plaisir mégalomaniaque de la création », écrivait le psychanalyste Edmund Berger, « produit une sorte d'euphorie sans comparaison avec ce qu'éprouvent les autres. » Jobs ne pleurait pas seulement parce qu'il était heureux, mais parce qu'il pensait aux retouches, fignolages, peaufinages, remaniements, accès de rage contre lui-même qui donnent un beau produit. C'est tout cela qui lui revenait d'un coup.

Comme les âmes chez Dostoïevski qui sont admises au paradis parce qu'elles n'ont jamais pensé qu'elles en étaient dignes, les entrepreneurs qui ont du succès ne peuvent se convaincre que les autres start-up ont leur propre lot de problèmes, parce qu'ils comparent constamment les fêtes de lancement triomphantes et les histoires révisionnistes des sociétés qui ont réussi à leurs ennuis quotidiens. Juste pour que vous sachiez que vous n'êtes pas tout seul, voici les dix caractéristiques qui font la réalité des start-up.

**1. Ceux qui y croient vraiment deviennent fous à la moindre réclamation**. Dans une start-up, les gens les meilleurs s'inquiètent trop. Ils restent tard le soir pour prendre les appels de support technique et expriment leur hargne contre la bureaucratie. Ils sont le cœur et l'ossature de votre société, donc donnez-leur ce dont ils ont besoin, c'est-à-dire beaucoup. La seule façon de les avoir de votre côté est de leur confier des responsabilités.

**2. Les gens qui sont bons ont besoin de grands projets**. Si ce que vous faites est sans intérêt, vous ne trouverez pas de gens bien pour s'y intéresser. Je pense souvent à ce qu'a dit un jour Ezra Pound à propos de son poème épique, *The Cantos*[5] : « [...] Si c'est un échec, c'est un échec qui vaut tous les succès de son époque. » Il faut que votre mission soit significative si vous voulez recruter les gens qui auront envie d'en être.

**3. Les start-up attirent les originaux**. Pour rejoindre une start-up ou quitter Microsoft, il faut que vous soyez fondamentalement malheureux

5. Ezra Pound (1885-1972) est un poète américain. *Les Cantos* sont disponibles chez Flammarion.

devant ce qui existe et suffisamment irréaliste pour croire que le monde peut changer. Cela peut donner une combinaison volatile, une équipe hétéroclite et des sautes d'humeur dans le groupe ; ne vous inquiétez pas si votre start-up semble héberger plus d'excentriques que la moyenne.

**4. Il faut du temps pour produire du « bon code »**. Un ingénieur remarquable en fait plus que dix employés médiocres, surtout au début d'un projet. Mais les ingénieurs remarquables ont eux aussi besoin de temps : toutes les fois que nous avons cru que la combinaison de notre talent et de la magie de notre paradigme nous dispenserait de prévoir du temps pour le design et pour les tests, nous l'avons payé cher. Faire quelque chose d'élégant prend du temps et le culte de la rapidité a parfois des effets contraires. « Hâtons-nous lentement. »

**5. Tout le monde doit refaire.** Les raccourcis que vous avez dû prendre et les problèmes que vous n'avez pas anticipés pour la version 1.0 de votre produit ont toujours pour conséquence que vous devez refaire des choses pour la version 2.0 ou 3.0. Ne vous découragez pas. Refaites. C'est comme cela que ça marche.

**6. Les leaders sans peur sont souvent terrifiés**. Le P.-D.G. de la start-up la plus prometteuse que je connais a demandé récemment de façon anonyme à ses amis s'ils pensaient que son idée était bonne. Ce n'est pas parce que vous êtes inquiet que votre idée est mauvaise ; les idées les meilleures sont souvent celles qui nous effraient le plus. Et ne croyez pas les entrepreneurs qui vous disent après coup qu'ils « savaient » quoi faire.

**7. C'est toujours beaucoup de travail**. La plupart des start-up trouvent un problème intéressant à résoudre et ensuite continuent à y travailler. Lors d'une remise de prix récente, le P.-D.G. de Microsoft, Steve Ballmer, cherchant à donner le secret du succès de Microsoft, ne trouva pas à dire autre chose que « beaucoup, beaucoup, beaucoup de travail ». C'est un cliché, mais la plupart des entrepreneurs en restent au moment où ils ont pensé « Eurêka ! » Si vous ne croyez pas avoir un avantage concurrentiel sérieux, c'est que vous êtes le genre de personne capable d'écraser la concurrence, donc continuez à travailler.

**8. Cela ne va pas s'améliorer – c'est déjà mieux**. Au début, les start-up pensent à quel point tout sera génial quand elles auront réussi ; mais dès que c'est le cas, elles commencent à se dire à quel point c'était mieux avant. Quand je pars dans cette direction, je me rappelle Bède le Vénérable (un moine bénédictin né à la fin du VIIe siècle) se plaignant du fait que ses contemporains au VIIIe siècle aient perdu la ferveur des moines du VIIe siècle. Même au fin fond du Moyen Âge, les gens avaient la nostalgie du... Moyen Âge. Les start-up ressemblent aux monastères médiévaux : elles sont toujours persuadées que le paradis appartient au passé et que les choses ne peuvent qu'empirer. Si vous prenez plaisir au processus de construction de la start-up plutôt qu'à ses résultats, vous serez un meilleur leader.

**9. La vérité est la seule devise**. Lors d'un déjeuner la semaine dernière, un ingénieur me disait qu'il ne retenait qu'une chose de son entretien d'embauche : Redfin, lui avait-on dit, comme toute start-up, ferait faillite, mais il devrait quand même rejoindre l'équipe ! C'est curieux, mais plus j'ai essayé de prévenir les gens qu'il y avait des risques, plus ils les ont, semble-t-il, ignorés. Et puisque vous devez continuer à prendre des risques, vous devez continuer de le dire aux gens.

**10. La concurrence commence à cent millions de dollars**. Un partenaire de Sequoia m'a dit un jour que la concurrence ne commence que lorsque vos revenus atteignent les cent millions. Le chiffre est peut-être plus bas maintenant. De toute façon, si vous faites quelque chose qui en vaut la peine, quelqu'un d'autre le fera aussi. Comme vous ne pouvez pas voir ce qui se passe derrière le joli site Web d'un concurrent, il est naturel d'estimer que tous les challenges que vous venez de rencontrer n'affectent que votre société. Mais ce n'est pas le cas, donc gardez le moral.

*J'ai lancé quatre sociétés et j'ai siégé au Conseil d'administration de trois autres. Ce que dit Kelman est vrai. Ne me faites pas dire ce que je ne dis pas : créer une entreprise est une expérience merveilleuse, mais c'est aussi une expérience difficile et qui fait peur. Si c'était facile, il y aurait plus de monde pour s'y aventurer, ce qui veut dire aussi plus de concurrence. Par ailleurs, il n'y a que ce qui vous fait peur qui vous rend plus fort.*

# Chapitre 3
# L'art de l'intra-entreprise

Les gens qui réussissent dans ce monde sont ceux qui se lèvent
et cherchent à avoir les choses qu'ils désirent,
et s'ils ne les trouvent pas, ils les font.
George Bernard SHAW

Il y a beaucoup d'hommes et de femmes au sein de sociétés établies qui sont aussi innovateurs et révolutionnaires que dans les start-up indépendantes. Ce chapitre est dédié aux âmes courageuses confrontées à une réalité d'un genre différent et qui doivent pratiquer l'art de l'entrepreneuriat à l'intérieur d'une entreprise, ce que nous appelons « intrapreneuriat ».

Voyant les choses de l'extérieur, les entrepreneurs pensent que les intrapreneurs ont la vie belle : plein d'argent, l'infrastructure (bureaux, chaises, accès Internet, secrétaires, lignes de crédit, etc.), des commerciaux, des supports techniques et une image de marque qui les protègent. Regardez les choses par deux fois : les intrapreneurs ne sont pas mieux lotis ; les choses sont seulement différentes. En réalité, elles peuvent même être pires, car ils doivent se battre contre une direction enracinée et inepte. Voici ce que, concrètement, vous devez faire pour réussir en tant qu'intrapreneur.

• **Tuez les vaches à lait.** C'est la meilleure approche pour les intrapreneurs comme pour leur hiérarchie. Les vaches à lait sont merveilleuses, mais, si vous ne les tuez pas, deux ou trois types dans leurs garages le feront à votre place. Macintosh a tué l'Apple II : croyez-vous qu'Apple existerait encore si la société avait essayé de « protéger » indéfiniment la vache à lait qu'était l'Apple II ? La raison d'être des vaches à lait est de financer les jeunes veaux.

• **Réinitialisez votre cerveau.** Rien, ou presque, de ce que vous apprenez ou faites à l'intérieur d'une grande société n'est valable pour de l'intrapreneuriat. Par exemple, dans une grande société, vous faites des études de clientèle, consultez la force de vente, créez le consensus, faites des « focus groupes », des tests à n'en plus finir, veillez à la compatibilité avec l'existant, et continuez à tester pour finalement vendre. Quand vous vendez, vous achetez de la publicité parce que c'est ce que vous avez toujours fait. Oubliez tout cela. D'une manière générale, vous devez faire le contraire.

• **Trouvez un bâtiment séparé.** L'un des meilleurs moyens de rester un intrapreneur est de travailler dans un bâtiment séparé. La distance idéale des bâtiments de la direction est de cent mètres. C'est assez proche pour que vous puissiez emprunter ce que voulez, mais suffisamment éloigné pour que la direction ne soit pas dans vos pattes. Ce bâtiment doit être moche, tout comme le mobilier, parce que les intrapreneurs doivent construire la cohésion, et le moyen d'y parvenir est de souffrir – et vous ne souffrez pas si vous êtes assis sur un siège Herman Miller à 700 dollars dans un beau bâtiment.

• **Engagez des gens contaminés.** Savez-vous quelle est la caractéristique la plus importante d'une équipe d'intrapreneurs comme, du reste, d'entrepreneurs ? Chacun est contaminé par l'amour de ce que fait l'équipe. Rien à voir avec l'expérience professionnelle ou la formation académique. Je préfère un ingénieur du département des réparations de l'Apple II à un docteur du MIT, s'il « pige », adore, et veut changer le monde. Vous avez bien compris que vous lisez le livre d'un simplet de la joaillerie qui est allé un jour travailler chez Apple.

• **Donnez de l'espoir aux désespérés.** Je prédis que, lorsque vous commencerez votre quête intrapreneuriale et engagerez des gens contaminés, d'autres gens sortiront du bois pour vous soutenir – et ceci parce que vous donnerez de l'espoir aux désespérés, en d'autres termes, à tous les gens dans la société qui savaient qu'on pouvait faire mieux mais n'y arrivaient pas. Remerciez votre bonne étoile si c'est le cas, car vous aurez besoin d'un maximum de soutien.

• **Donnez la priorité à la société.** Les intrapreneurs doivent faire passer la société avant eux-mêmes, et non l'inverse. Tant que vous êtes un employé, vous devez faire ce qui est bon pour la société. Cependant, nombre d'employés penseront que ce n'est pas bien de tuer les vaches à lait et que, en conséquence, vous ne donnez pas la préséance à la société. Mais ceux-là ne comprennent rien. Vous ne pouvez pas avoir à la fois la sécurité d'un emploi existant et la récompense financière de l'entrepreneuriat. Et, malheureusement, le nul qui vous a mis des bâtons dans les roues sera peut-être crédité de ce que vous aurez fait.

• **Restez sous le radar.** Puisque je parle de ceux qui créent des obstacles, restez caché aussi longtemps que possible. Quand on a une idée innovante, on recherche au début l'adhésion au projet de la hiérarchie ou des pairs, même si la réinitialisation de votre cerveau devrait avoir déjà réglé ce problème. Ce n'est pas une bonne idée. Cherchez à vous faire pardonner (le cas échéant), mais ne demandez pas la permission de faire les choses. Dès que vous serez dans le radar, les critiques se mettront à voler de partout. Laissez venir à vous les vice-présidents. Quand ils viennent suggérer un nouveau produit, dites-leur que vous avez déjà commencé. Mieux : faites-leur croire que c'était leur idée.

• **Amassez et partagez l'information.** Vous aurez à coup sûr des ennuis si vous êtes un bon intrapreneur. Pour la raison suivante : plus on s'élève dans la hiérarchie, plus l'air se raréfie, ce qui rend difficile la vie intelligente. A un moment ou à un autre, un comptable, qui a pour mission de veiller au *statu quo,* va vous accuser de gaspiller les actifs de la société en faisant un produit qu'aucun client ne demande. C'est là que vous devez déjà savoir ce que le projet a coûté. S'il vous faut passer des semaines pour rassembler ces informations, votre position sera affaiblie. Si un comptable respecte une seule personne, c'est celle qui a déjà fait les comptes.

• **Démantelez quand c'est fini.** Si tout marche bien, votre produit et l'équipe réintégreront la société. Oui, la super équipe de pirates doit revenir dans le système. Il reste à espérer que ces pirates l'amélioreront et ne deviendront pas la racaille de la nouvelle bureaucratie, mais, dans tous les cas, ils doivent rentrer dans le rang. J'en ris maintenant, car, à un moment, nous pensions que la division Macintosh ne dépasserait pas cent personnes.

L'intrapreneuriat a ses avantages et ses inconvénients. Il faut une dose supplémentaire de courage car, pour réussir, on doit souvent cannibaliser les vaches à lait présentes dans la société. Cela dit, si vous ne réussissez pas, il est bien possible que ces vaches finissent par dépérir ou mourir de toute façon.

# Chapitre 4
# L'art de l'exploitation d'un brevet

Personne n'aime la liberté de tout cœur, sauf les hommes bons ;
les autres n'aiment pas la liberté, mais la permissivité.
**John MILTON**

L'exploitation de brevets est le revers de l'intrapreneuriat. Une structure (société, laboratoire ou université) qui possède de la technologie décide de permettre à d'autres de l'exploiter. En procédant comme suit, par exemple :

« La technologie que nous avons inventée pour de l'imagerie par satellite peut être utilisée dans la vidéo amateur ; nous aurions pu créer YouTube et le vendre à Google pour 1,6 milliard de dollars. Trouvons un capital-risqueur pour le financement. Quelle serait la difficulté à créer un meilleur YouTube ? »

J'ai vu, de l'autre côté de la barrière, ces services essayer de négocier le transfert, la licence ou la vente de leur technologie. Clore une transaction est presque toujours une mission impossible, parce que la majorité des organismes essaient de stipuler des conditions comme celles-ci :

- Vous ne pouvez pas engager nos employés. Vous ne pouvez même pas leur parler, parce que rien ne doit les détourner de leur travail au département de la Défense.
- Notre seule contribution est un DVD comportant l'état de nos recherches. Nous vous l'enverrons dès que la transaction sera faite.
- Notre technologie présente tant d'intérêt que nous n'offrons pas d'exclusivité ou de licence perpétuelle, parce que nous pourrions trouver un accord plus avantageux.

• Nous voulons 80 % de la société puisque notre technologie « est la société ». De plus, nous voulons une redevance de 50 % et une avance de 5 millions de dollars.

• Nous voulons limiter les marchés auxquels vous pouvez vous adresser, parce que nous connaissons ceux qui pourraient utiliser notre technologie. (L'inventeur de la Novocaïne voulait réserver son produit aux chirurgiens, estimant sa découverte trop importante pour les arracheurs de dents. Le saviez-vous ?)

Ce sont les quatre problèmes à affronter quand on exploite une technologie via une start-up. D'abord, les organismes croient que lancer une société est facile, et que la partie difficile, à savoir la recherche, est déjà faite. La vérité est qu'on ne transforme pas facilement une technologie en un produit, et qu'on ne lance pas aisément une société ; si c'était le cas, les détenteurs de la technologie le feraient eux-mêmes. Voici un scoop :

« Ceux qui en sont capables le font. Ceux qui n'en sont pas capables licencient. »

En second lieu, les brevets sont une bonne chose (ils impressionnent notamment les parents), mais ce ne sont pas des produits et ce n'est pas ce que les gens achètent. Quand avez-vous acheté un gadget à BestBuy parce qu'il était breveté ? Malheureusement, les détenteurs de brevets croient que ceux-ci sont un aboutissement, et non un moyen pour une fin. À ma connaissance, « breveter, intenter un procès, encaisser » ne constitue pas la stratégie efficace d'une société.

Troisièmement, la valeur d'une technologie ne se mesure pas directement par le temps passé à son développement. En réalité, plus il est long de créer une chose que personne n'a encore essayé de vendre, moins elle a de valeur. Une technologie développée dans un cadre qui coûte une fortune, par des scientifiques qui coûtent eux-mêmes une fortune, a généralement du mal à percer dans un monde qui suit la loi du marché.

Quatrièmement, pour la plupart des sociétés, on n'exploite pas un brevet pour faire quelque chose de bien, mais pour avoir « l'air bien », ce qui veut dire beaucoup de réunions, des pourparlers qui traînent, pour que la direction n'accuse personne d'avoir bradé la technologie. Personne ne s'intéresse à l'acquéreur de la licence.

Désolé, mais il ne sera pas facile d'exploiter la plupart des technologies. Si vous le pouvez, ne le faites qu'aux conditions suivantes :

- **Une attitude appropriée.** Quelque chose est mieux que rien. Un organisme peut ne pas aimer apprendre que son savoir scientifique est le point de départ d'une sortie de plusieurs milliards de dollars « qu'il aurait pu faire lui-même ». Les frais de cette recherche sont fixes, souvent payés par le contribuable, donc tout ce que cet organisme percevra est un plus. Le titulaire d'un brevet ne devrait pas s'attendre à des royalties supérieures à 10 ou 20 %, ni espérer un paiement anticipé ou posséder plus de 10 % de la société.
- **Un produit ou un produit en bonne voie.** Les clients achètent des « produits », non de la « technologie », de la « science » ou de la « recherche ». Plus une technologie se rapproche d'un produit réel, mieux c'est. Plus l'inventeur aide l'acquéreur d'une licence, mieux c'est.
- **Des gens en chair et en os.** Les DVD et les documents ne suffisent pas. La société a besoin de cerveaux derrière le savoir, parce que c'est une chose de faire une découverte dans un laboratoire, c'en est une autre de vendre un produit à large échelle. Ces employés devront réinitialiser leur cerveau (raison pour laquelle ils peuvent choisir de rester où ils sont, et qui peut aussi dissuader une société de les prendre). Voici pourquoi :

    a) Il leur faut choisir de préférer un revenu aux acclamations de leurs pairs dans les journaux scientifiques. Devenir riche ou célèbre (cela dit, si vous gagnez assez d'argent, vous pouvez être les deux).

    b) Il leur faut choisir « l'acceptable » plutôt que « le mieux possible ». La plupart des clients se moquent d'utiliser une technologie révolutionnaire et se satisfont d'un produit qui fonctionne à coup sûr.

    c) Il leur faut écouter le feed-back des clients, parce qu'au bout du compte ce sont eux qui sont les rois. Il ne s'agit pas de proposer un article à une revue scientifique.

d) Il leur faut comprendre que les capital-risqueurs n'opèrent pas en régie contrôlée. La taille du compte en banque est limitée et le compteur tourne. Et il n'y a pas de politique qui essaie de protéger les emplois en jouant sur les budgets et les dépassements de coûts.

• **Une attitude de non-intervention**. Ces organismes doivent ou bien aider activement, ou bien se garder d'interférer. Il est déjà assez difficile de s'occuper des clients, de la concurrence, des investisseurs et des autorités gouvernementales. Un intervenant de plus pourrait bien être la goutte d'eau qui fait déborder le vase. Il peut sembler amusant de lancer une société, mais cela représente beaucoup de travail. C'est plus difficile, en fait, que de faire de la recherche.

Si tout échoue, vous pouvez essayer de recruter un cadre de cet organisme qui comprend la technologie, qui croit pouvoir l'améliorer et veut bien engager son existence sur un produit ou un service. Il doit quitter son travail en bonne et due forme, tout laisser à son bureau, sauf son cerveau, mais cette solution peut s'avérer plus économique et plus rapide que le processus de négociation d'un brevet.

# Chapitre 5
# Mantras pour les nuls

La concision est l'âme de l'humour.
William SHAKESPEARE

Un mantra explique en trois ou quatre mots la raison d'être de votre produit, de votre service ou de votre société. Une mission est une déclaration en cinquante mots impossibles à mémoriser ou à croire qui est censée impressionner les lecteurs de votre business plan. Malheureusement, la plupart des gens travaillent pour des entreprises qui ont formulé leur mission. Qui parmi nous n'a pas fait l'expérience horrible de ces réunions de direction à l'extérieur, destinées à renforcer l'équipe et à élaborer le texte de cette mission ? Voici ce qui se passe en pratique :

**Jour 1 : Constitution de l'équipe**. On commence par former des équipes transversales pour obliger l'ingénierie à travailler avec le commercial. Ensuite, il faut supporter un jour d'exercices du type : « Chacun viendra devant le groupe, tournera le dos au groupe, fermera les yeux et se laissera tomber en arrière dans les bras de ses collègues. Cela vous apprendra à communiquer avec vos pairs et à leur faire confiance. »

**Jour 2 : Élaboration de message.** Dans une salle bondée et surchauffée, un bloc de papier à la main et en présence d'un animateur qui ne connaît rien à votre entreprise, vous allez participer à la définition collective de la mission de la société. Tous les cadres sont là, disons trente personnes. Chacun trouve le moyen de placer un mot et, à la fin de la journée, vous avez un message pour les clients, les actionnaires, les employés, les baleines et les dauphins :

« La mission de Wendy's est de délivrer des produits et des services de haute qualité à ses clients et à la communauté grâce à son leadership, à ses partenariats et à son sens de l'innovation. »

Ne me faites pas dire ce que je ne dis pas. J'adore Wendy's, mais je n'ai jamais pensé que j'étais impliqué dans « son leadership, ses partenariats et son sens de l'innovation » quand j'y ai commandé un hamburger. J'ai perdu l'espoir de convaincre les gens de l'utilité des messages brefs qui ont un sens, donc allez-y et dépensez 25 000 dollars pour en élaborer un dans une réunion à l'extérieur, avec un animateur et des consultants. Cela dit, créez un mantra pour votre entreprise. Si je dirigeais Wendy's, j'adopterais le mantra suivant : « Nourriture saine et rapide. » Rien de plus.

Si un mantra (ou une mission) ne permet pas à un télé-opérateur de dire en quelques mots de quoi il s'agit, c'est que le message est mauvais.

# La levée des fonds dans les faits

On peut assimiler une levée de fonds – auprès de capital-risqueurs comme de business angels ou des trois « P » (les proches, les piqués, les parents) – aux rencontres rapides faites dans le speed dating. Oui, c'est cela : en cinq minutes les gens décident si vous les intéressez, comme dans les bars et les boîtes de nuit. Ni bien ni juste, mais c'est comme cela.

# Chapitre 6

# Ce que veut un investisseur

Finance, n. c. : l'art ou la science de gérer des revenus
et des ressources dans l'intérêt de celui qui le fait.
**Ambrose BIERCE**

Peut-être n'aurez-vous jamais à lever de l'argent auprès d'un capital-risqueur, mais, sauf si vous êtes un enfant doté d'un compte en fidéicommis, il vous faudra trouver de l'argent pour financer votre affaire. Voici deux conseils préalables :

- D'abord, ne confondez pas finançabilité et viabilité. Seules quelques milliers de sociétés par an lèvent de l'argent auprès de capital-risqueurs. Ces sociétés sont « finançables » au sens où elles sont parvenues à faire croire au capital-risqueur qu'elles auront des revenus annuels d'au moins 100 millions de dollars dans les cinq ans qui suivent. Des milliers d'autres sociétés échouent à ce test de finançabilité, ou, chose plus probable, ne cherchent même pas de capital-risque.

  Beaucoup de ces sociétés sont parfaitement viables ; mais elles ne sont pas finançables parce qu'elles n'auront jamais des revenus de 100 millions de dollars par an. C'est vrai pour les restaurants, les librairies, les consultants, les blogs ou les sociétés de design. Les capital-risqueurs essaient de financer le prochain Google, Apple, Microsoft, Cisco ou YouTube. Et non de construire un gentil commerce de 10 millions de dollars. En revanche, les business angels, les amis ou la famille, peuvent trouver que c'est un succès monstre.
- Deuxièmement, ne demandez pas à un investisseur potentiel de signer un accord de confidentialité, parce que vous aurez l'air idiot. Les capital-risqueurs et les business angels étudient souvent trois ou quatre affaires similaires ; donc, s'ils signaient un accord avec une

société et en finançaient une autre ensuite, ils s'exposeraient à une action en justice.

Je n'ai jamais entendu parler d'un capital-risqueur ou d'un business angel qui ait volé une idée ; franchement, il y a peu d'idées qui méritent de l'être. Même si votre idée mérite qu'on la vole, la difficulté consiste à la réaliser, non à l'avoir ! En poursuivant l'analogie avec le speed dating, si vous dites d'entrée de jeu : « Êtes-vous prêt à signer un contrat de mariage ? », vous n'aurez sans doute pas beaucoup de rendez-vous.

Voici les caractéristiques d'une affaire finançable pour un capital-risqueur ou un business angel :

- **Réalité.** La plupart des entrepreneurs pensent vente rapide ou entrée en bourse. Ne vous méprenez pas : les capital-risqueurs ou autres investisseurs ne sont pas nécessairement de bonnes âmes qui cherchent du sens ou un monde meilleur. Non, mais les entrepreneurs qui apportent du sens et changent le monde font aussi généralement de l'argent.
- **« Traction[6] ».** Dans la Silicon Valley, on dit qu'une entreprise montre de la « traction ». La meilleure façon de le prouver est d'avoir une affaire réelle qui génère déjà des revenus. C'est une chose de croire à votre pitch ; c'en est une autre d'avoir des clients et de la trésorerie.
- **Propreté.** Les investisseurs sont des gens occupés, donc présentez-leur une affaire « propre » : pas de contestation sur la propriété intellectuelle par un ancien employeur, ni un fondateur mécontent qui détient 25 % de la société sans rien faire.
- **Franchise.** S'il y a des problèmes que vous ne pouvez pas régler, dites-le rapidement – pas nécessairement au premier rendez-vous, mais rapidement ensuite. Ayez un plan pour assainir la situation. La pire des choses à faire à un investisseur est de lui réserver les mauvaises nouvelles pour plus tard.
- **Ennemis.** Malheur à quiconque prétend qu'il n'a pas de concurrent. Cela veut dire qu'il est idiot ou qu'il n'a pas de marché. Les investisseurs

---

6. Se dit d'une entreprise qui fait des ventes.

aiment la menace des concurrents : le marché existe. Il vous incombe donc d'expliquer que vous avez un avantage déloyal. S'il est absolument vrai que vous n'avez pas de concurrent (mais j'en doute), dites que Microsoft ou Google sont la menace, c'est crédible parce qu'ils veulent tout faire.

Assurez-vous que les résultats dépassent les promesses. Délivrez un prototype en avance. Donnez votre liste de références de bonne heure. Signez avec les premiers clients de bonne heure. Faites un partenariat de bonne heure. Faites un lancement en avance. La seule chose à ne pas faire trop tôt, c'est d'être à court d'argent.

# Chapitre 7
# L'art d'attirer l'attention des investisseurs

N'avez-vous pas remarqué qu'une observation judicieuse attire plus notre attention quand elle est exprimée sous forme de citation que lorsqu'on la voit chez l'auteur original ?

Philip G. HAMERTON

Même si vous répondez aux souhaits d'un investisseur, ne soyez pas naïf : les investisseurs ne vont pas se précipiter pour vous parler. Les affaires sont vendues – non achetées – et elles sont vendues par des voies indirectes et informelles. Ce chapitre explique comment attirer l'attention des investisseurs.

## L'ART DE L'INTRODUCTION

Un ancien patron m'a dit un jour qu'il fallait préférer à la publicité les relations publiques, car celles-ci font votre éloge de l'extérieur, et non de l'intérieur. L'approche de type « relations publiques » attire l'attention d'investisseurs. Voici quelques recettes :

- **Assurez-vous que votre société est sur le « bon » marché.** Quel que soit votre mode d'accès à l'investisseur, assurez-vous qu'il a le bon profil. Par exemple, si vous avez un remède contre le cancer, contacter le gourou d'un éditeur de logiciels pour entreprises n'est pas la meilleure idée du monde. Donc ciblez sur Internet un capital-risqueur au profil adéquat.
- **Obtenez l'introduction d'un avocat associé[7].** Il doit travailler dans un cabinet spécialisé dans le financement d'entreprise, comme mes amis Wilson, Sonsini, Goodrich et Rosati. Voici le meilleur e-mail (ou message

7. Note pour les entrepreneurs qui pensent venir un jour aux États-Unis. Un « associé » en France correspond au plus haut niveau dans une société d'avocats et à la position de *partner*, alors que l'*associate* aux États-Unis correspond au titre de « collaborateur ». Attention aux faux amis !

téléphonique) qui puisse émaner d'eux : « C'est la société la plus intéressante que j'ai vue depuis vingt ans que je m'occupe de juridique pour des start-up. » Les investisseurs rêvent d'appels comme celui-ci.

Le recours à un avocat coûteux, mais connu dans le monde financier, est préférable à celui de votre oncle Jean spécialisé dans les divorces. Ce que vous payez, ce sont les relations et pas seulement l'expertise.

• **Obtenez l'introduction d'un professeur d'ingénierie.** Le message électronique ou téléphonique idéal : « Ce sont mes meilleurs étudiants en vingt ans d'enseignement de l'informatique. » C'est même mieux que le message d'un avocat s'il s'agit d'une université comme Stanford, dont l'histoire regorge de cas de réussites d'entreprises créées par des étudiants en informatique.

• **Obtenez l'introduction d'un dirigeant dont la société est déjà financée par cet investisseur.** Voici le meilleur e-mail (ou message téléphonique) possible : « Mes copains sont en train de lancer une société qui, je crois, démarre bien. » Il est clair que cette recommandation est plus efficace lorsqu'elle vient d'une entreprise dynamique. Un service comme LinkedIn peut vous aider à trouver des contacts dans le portefeuille d'un investisseur. Si vous ne pouvez pas obtenir l'une des introductions indiquées ci-dessus, voici l'e-mail (ou message téléphonique) idéal :

« Un copain et moi-même travaillons dans notre garage sans nous payer et nous avons un site dont la fréquentation double tous les mois. Aujourd'hui nous en sommes à [...]. »

En deux phrases, vous montrez que vous pouvez faire beaucoup avec très peu d'argent, que votre produit peut gérer un nombre important d'accès simultanés, que vous savez faire passer le mot pour attirer des clients et que ceux-ci reviennent. Un capital-risqueur voudra en savoir plus et vous demandera un résumé de votre business plan, aussi appelé *executive summary*[8].

---

8. L'expression « executive summary » étant de plus en plus utilisée en France, nous l'adoptons pour ce livre.

# Chapitre 8
# L'art de l'*executive summary*

N'ayez pas peur de l'échec au point de ne pas essayer quelque chose de nouveau.
Le résumé le plus triste d'une vie tient en ces trois formules :
« aurait pu », « aurait peut-être pu » et « aurait dû ».

Anonyme

Cet *executive summary* sera probablement le document le plus important que vous écrirez pour votre société. Vous l'enverrez à l'investisseur potentiel et c'est ce qui déterminera son intérêt pour vous. Auquel cas, il organisera un rendez-vous. Les éléments constituant un *executive summary* efficace sont les suivants :

1. **Problème**. Quel problème résolvez-vous et quelle est l'opportunité ?
2. **Solution**. Comment résolvez-vous ce problème et comment exploitez-vous cette occasion ?
3. **Business model.** Quels sont vos clients et comment allez-vous gagner de l'argent ?
4. **Magie**. Qu'est-ce qui donne à votre société quelque chose de spécial ?
5. **Stratégie marketing et ventes**. Quelle est votre stratégie pour pénétrer le marché ?
6. **Concurrence**. Qui sont vos concurrents ? Que faites-vous qu'ils ne font pas ? Que font-ils que vous ne faites pas ?
7. **Projections**. Quelles sont vos projections financières pour les trois ans qui viennent ? Quelles sont vos hypothèses et quels critères valident ces projections ?
8. **Equipe**. Qui sont les gens de votre équipe ? Qu'ont-ils de particulier ?
9. **Situation et calendrier**. Où en êtes-vous et quelles sont vos étapes clés ?

Votre *executive summary* ne devrait pas dépasser deux pages, car sa finalité est de vendre, non de décrire votre société. S'il vous faut plus de deux pages pour vendre une idée, c'est qu'elle n'est pas très bonne. Voici des recommandations supplémentaires qui peuvent vous aider à composer un document ayant de l'allure.

- **Créez une accroche qui frappe.** Il faut qu'elle soit différente, intéressante et courte. Écrire « Voici le moyen de gagner 100 millions de dollars » à un capital-risqueur est aussi commun et aussi peu efficace que de dire à une femme intelligente « Je conduis une Corvette. »
- **N'ajoutez pas de présentation**. Gardez-la pour le face-à-face. En outre, une présentation médiocre vous desservira.
- **N'utilisez pas le mot « breveté » plus d'une fois**. Aucun bon capital-riqueur ne croit que les brevets protègent une société. Il veut juste entendre une fois qu'il y a la possibilité d'un brevet.
- **Ne prétendez pas que vous êtes sur un marché de plusieurs milliards de dollars**. Toute société n'est-elle pas dans ce cas selon cette étude ? Je n'ai pas encore lu l'*executive summary* d'une société qui ne serait pas sur un marché de cette taille.
- **Ne prétendez pas que vous allez avoir la croissance la plus rapide de l'histoire du capitalisme**. Dans la plupart des projections que je vois, les sociétés vont croître plus rapidement que Google – et l'entrepreneur dit qu'il est « prudent ». Je vous conseille de rester à un niveau plus bas car, si un investisseur aime votre idée, il se convaincra lui-même que vous ferez mieux. Si l'investisseur n'aime pas votre idée, vos projections importent peu de toute façon.
- **Ne vous vantez pas d'avoir un MBA**. La plupart des capital-risqueurs aiment investir dans des ingénieurs solides, non dans des frais de gestion. Les MBA peuvent venir plus tard ; donc concentrez-vous sur l'ingénierie et l'expérience commerciale parce qu'au début, vous avez surtout besoin d'un ingénieur et d'un vendeur.
- **N'essayez pas de créer un effet de rareté**. Beaucoup d'entrepreneurs prétendent que « Sequoia est intéressé », pensant que cela poussera un capital-risqueur à investir immédiatement. Ne rêvez pas. Si Sequoia est intéressé, prenez l'argent. Si ce n'est pas le cas, le capital-risqueur à qui vous parlez découvrira que vous mentez.

Interrompez votre lecture un petit moment pour élaborer votre *executive summary*. Consacrez un certain nombre de jours à cela, car il s'agit là de la base de votre campagne de levée de fonds. Au chapitre suivant, nous abordons l'étape suivante : comment faire un pitch.

# Chapitre 9
# La règle des 10/20/30 dans l'art de faire un pitch

Assurez-vous que vous avez fini de parler
avant que votre auditoire ait fini d'écouter.
**Dorothy SARNOFF**

J'ai une étrange maladie, la maladie de Ménière, qui fait perdre l'ouïe et qui s'accompagne de bourdonnements et de vertiges. Il y a de multiples théories sur sa cause : trop de sel, de caféine, d'alcool, de stress et d'allergies. J'ai une autre explication. En tant que capital-risqueur, j'ai écouté des centaines de pitchs d'entrepreneurs, nuls pour la plupart : soixantes diapos sur un « brevet en cours », « la prime au premier entrant », et « tout ce que nous avons à faire est d'obtenir que 1 % de la population chinoise achète notre produit ». Ces pitchs me rendent sourd, me donnent des bourdonnements dans les oreilles et, de temps en temps, le monde se met à tourner.

Pour éviter une épidémie de la maladie de Ménière dans la communauté du capital-risque, je me fais l'apôtre de la règle des 10/20/30 pour les présentations PowerPoint. C'est simple : un pitch doit tenir en 10 diapos, ne doit pas durer plus de 20 minutes, ni comporter des caractères de moins de 30 points. Cette règle s'applique à toute présentation, que vous recherchiez des capitaux, une vente ou un partenariat.

## 10 DIAPOS

10, c'est le nombre optimal, car un être humain normal ne peut pas appréhender plus de 10 concepts en un seul rendez-vous, et les capital-risqueurs sont normaux, au mieux, et peut-être même souffrent-ils de troubles chroniques de l'attention. Le contenu de vos diapos doit être identique à celui de votre *executive summary*.

## 20 MINUTES

Vous devez faire votre présentation en 20 minutes. Comme vous disposez généralement d'une heure, il reste 40 minutes pour la discussion. Votre entrée en matière est cruciale. Que devez-vous dire ?

Vous devez commencer par : « Voici ce que fait ma société… » Tout simplement. Le but est de faire en sorte que les investisseurs se rendent compte du potentiel de votre société et de la taille de votre marché. Ils ne peuvent pas le connaître si vous ne leur dites pas ce que vous faites. Et ils ne veulent pas être votre ami, votre mère ou votre psychiatre avant de le savoir.

## 30 POINTS POUR LA TAILLE DE CARACTÈRES

Je vois beaucoup de présentations en caractères de douze points. Les entrepreneurs utilisent une petite taille pour mettre le plus possible de choses sur la diapo et la lire ensuite. Malheureusement, dès que les investisseurs voient que les entrepreneurs sont en train de lire, ils lisent eux-mêmes par avance. Résultat : les entrepreneurs et les investisseurs ne sont plus en phase.

La raison pour laquelle les gens emploient des petits caractères est double : premièrement, ils ne connaissent pas assez bien leur histoire et, deuxièmement, ils croient qu'avoir plus de texte est plus convaincant. Complétement stupide. Un texte en caractères de 30 points vous oblige à mettre en évidence les messages clés.

## LE PITCH POUR D'AUTRES OBJECTIFS

Estimez-vous heureux si vous n'avez pas à faire un pitch pour des investisseurs. Cela ne veut pas dire pour autant que ce chapitre ne vous concerne pas. On fait parfois un pitch pour avoir de l'argent, mais aussi pour vendre, pour signer avec un partenaire ou pour recruter un employé. Pour les entrepreneurs, la vie est un pitch perpétuel, donc exercez-vous à le faire en observant la règle des 10/20/30.

| SI VOUS DITES... | L'INVESTISSEUR PENSERA... |
|---|---|
| Je suis intelligent et ambitieux. | Parfait, parce que j'investis généralement dans des idiots ou des paresseux. |
| Je sais improviser. | Vous n'avez pas de modèle commercial et vous ne savez pas vendre. |
| Je ne sais pas grand-chose sur votre firme, mais je voulais quand même vous contacter. | Vous êtes idiot et paresseux. |
| J'aime penser à de nouvelles façons de résoudre les problèmes. | Sommes-nous à une fête de la science dans un lycée ? |
| J'ai beaucoup d'idées, mais j'ai du mal à en choisir une. Je vais vous parler de quelques-unes. | Je veux savoir pour quelle idée vous allez vous tuer au travail, et non connaître les idées qui vous passent par la tête. |
| J'ai toujours voulu être entrepreneur. | Et alors ? J'ai toujours voulu être golfeur professionnel. |
| Je suis sûr que vous êtes au courant du besoin croissant de sécurité. Le Web 2.0, l'Open Source, etc. | Si vous savez que je suis au courant, pourquoi me dites-vous que vous êtes sûr ? |
| Si vous signez mon accord de confidentialité, je vous parlerai de mon idée. | Comment se fait-il que vous ne sachiez pas que les investisseurs ne signent pas d'accords de confidentialité ? |
| La dernière fois que je vous ai contacté, j'ai... | Je vais virer ma secrétaire pour avoir remis ce clown sur mon agenda. |
| Mon but est de construire une société de classe mondiale. | Que pensez-vous de commencer par le commencement ? |

# Chapitre 10

# Les dix principaux mensonges des capital-risqueurs

Si vous ne savez pas ce que Dieu pense de l'argent,
regardez les gens auxquels il en a donné.
**Dorothy PARKER**

Le but des deux prochains chapitres est d'améliorer la communication entre investisseurs et entrepreneurs. Je me suis demandé si j'allais révéler les dix mensonges principaux des investisseurs ou des capital-risqueurs. J'ai opté pour les « capital-risqueurs » parce qu'ils mentent plus souvent et savent mieux le faire. Si vous pouvez gérer leurs mensonges, vous pouvez gérer ceux de n'importe quel investisseur.

1. **« J'ai aimé votre société, mais ce n'était pas le cas de mes collègues. »** En d'autres termes : « non ». Le capital-risqueur qui vous dit cela joue au gentil, à celui qui a compris, donc il vous demande de ne pas le blâmer. C'est une manière de se défiler ; ce n'est pas que ses collègues n'ont pas aimé l'affaire, c'est que lui n'y croyait pas assez. Quand on croit vraiment à quelque chose, on s'arrange pour que cela marche.
2. **« Si vous avez un chef de file, nous suivrons. »** En d'autres termes : « non ». Comme le dit un vieux proverbe japonais : « Si ta tante avait des couilles, elle serait ton oncle. » Le capital-risqueur est en train de vous dire : « Nous n'y croyons pas, mais si vous convainquez Sequoia, nous sauterons sur l'occasion. » Bref, une fois que vous n'aurez plus besoin de lui, ce capital-risqueur sera ravi d'investir. Alors que vous voulez entendre : « Si vous ne trouvez pas de chef de file, nous le serons. » Ça, c'est quelqu'un qui a la foi.

3. **« Montrez-nous l'intérêt de votre affaire et nous investirons. »** En d'autres termes : « non ». Ce mensonge se traduit comme ceci : « Je ne crois pas à votre histoire, mais, si vous me donnez la preuve que vous pouvez générer des revenus significatifs, je pourrais me décider. Mais je ne vous dis pas "non" parce que je pourrais avoir tort et j'aurais l'air d'un con si vous signez avec un client qui fait partie des *Fortune 500.* »

4. **« Nous aimons investir avec d'autres capital-risqueurs. »** Vous pouvez vous fier à la rapacité des capital-risqueurs aussi sûrement qu'au lever du soleil. Laquelle se traduit en ces termes : « Quand c'est une bonne affaire, je la veux toute entière. » Vous voulez entendre : « Nous voulons tout. Nous ne voulons pas d'autre investisseur. » Alors, c'est à vous de les convaincre de la raison pour laquelle l'ajout d'investisseurs agrandirait le gâteau au lieu de réduire les parts.

5. **« Nous investissons dans votre équipe. »** C'est une déclaration incomplète. S'il est vrai qu'ils investissent dans une équipe, vous entendez ceci : « Nous n'allons pas vous licencier – pourquoi le ferions-nous si nous investissons à cause de vous ? » Or, le capital-risqueur vous dit autre chose : « Nous misons sur votre équipe tant que tout va bien, mais si ça va mal, nous nous séparerons de vous parce que personne n'est indispensable. »

6. **« Nous avons beaucoup de bande passante pour votre société. »** Il est possible que ce capital-risqueur évoque la ligne Internet à son bureau ; il ne parle certainement pas de son agenda, parce qu'il siège déjà à dix conseils d'administration. Un entrepreneur doit prendre pour hypothèse qu'un capital-risqueur va consacrer à la société cinq heures par mois, conseil d'administration compris. C'est comme cela.

7. **« Avez-vous une objection au fait que l'un de mes collaborateurs m'accompagne aux conseils d'administration ? »** Ce n'est pas un mensonge à proprement parler et c'est une requête apparemment anodine. Mais ne vous imaginez pas que la société les intéresse à tel point qu'ils veulent que deux personnes vous aident. Si vous acceptez, vos conseils d'administration vont se transformer en lieu d'apprentissage pour un MBA qui ne connaît rien à la gestion de société, mais donnera quand même son opinion.

**8. « Ce sont des conditions standard. »** Cela n'existe pas. Croyez-vous que les avocats d'affaires se font payer 500 dollars de l'heure pour écrire des conditions standard ? C'est pour cela que les entrepreneurs doivent eux aussi avoir des avocats à 500 dollars de l'heure.

**9. « Nous pouvons vous ouvrir des portes dans nos autres sociétés. »** C'est un mensonge et une malédiction. D'abord, un capital-risqueur ne peut pas toujours ouvrir ces portes, car il peut arriver que la direction de la société le déteste – et donc une recommandation de sa part risque de provoquer l'effet contraire. Ensuite, vous ne pouvez pas sérieusement espérer que cette société s'engage sur votre produit ; tout au plus, vous lui ferez votre pitch.

**10. « Nous aimons investir en phase d'amorçage. »** Les capital-risqueurs rêvent de mettre 1 million de dollars dans une société de 2 millions *pre money*[9], espérant posséder 33 % du prochain Google. C'est cela, investir en phase d'amorçage. Mais savez-vous pourquoi nous avons tous entendu parler du fabuleux retour sur investissement de Google ? Pour la même raison que nous connaissons tous Michael Jordan : les Google et les Michael Jordan ne courent pas les rues... S'ils étaient communs, personne n'en parlerait. Si vous grattez la surface, les capital-risqueurs veulent investir dans des équipes qui ont fait leurs preuves (comme les fondateurs de Cisco), avec une technologie qui a fait ses preuves (justifiant par exemple l'attribution d'un prix Nobel), dans un marché qui a fait ses preuves (qui croît, par exemple, de 30 % par an) et où il n'y a pas de concurrence. Leur hantise du risque est d'autant plus flagrante que ce n'est même pas leur argent.

Que faire quand vous entendez ces mensonges ? D'abord, pour les mensonges 1, 2 et 3, quand un capital-risqueur vous dit « non », passez à la suite. Ou bien un capital-risqueur procède à l'audit (appelle vos références, parle à vos clients et rencontre d'autres personnes dans votre équipe), ou

9. Note 54 dans *L'art de se lancer* : « On parle de valeur *pre money* d'une société non cotée quand la valorisation est faite avant l'apport en capital, et *post money* quand la valeur est calculée après l'apport en capital. La valeur *post money* est égale à la valorisation *pre money* plus l'apport en capital. »

bien il n'est pas intéressé et, dans cas, ne perdez ni son temps ni le vôtre. Pour les mensonges 4 à 10, comprenez que lorsqu'un capital-risqueur vous dit qu'il est merveilleux et prêt à vous soutenir, il ment. Il peut même ne pas se rendre compte qu'il le fait, mais c'est pourtant le cas. Ne jouez pas à l'offensé, parce que nous allons à présent parler de vos mensonges à vous.

# Chapitre 11
# Les onze principaux mensonges des entrepreneurs

> Les illusions de grandeur me donnent
> une bien meilleure opinion de moi-même.
> **Jane WAGNER**

Les entrepreneurs mentent autant que les capital-risqueurs. Avec cette différence que, souvent, ils ne savent pas qu'ils mentent. Voici la liste des mensonges les plus courants. Je ne la fournis pas pour accroître le niveau d'honnêteté des entrepreneurs (il ne faut pas rêver !), mais pour vous aider à savoir quand vous mentez et vous aider à imaginer de nouveaux mensonges, ce qui montrera un minimum de créativité de votre part. À propos, les entrepreneurs qui me font leur pitch me servent au moins quatre de ces onze mensonges.

**1. « Nos projections sont basses. »** Les projections d'un entrepreneur ne sont jamais prudentes. Si elles l'étaient, elles seraient de zéro dollar. Je n'ai jamais vu un entrepreneur obtenir un résultat correspondant aux plus raisonnables de ses projections. Généralement, un entrepreneur n'a aucune idée de ce que seront ses ventes et il fait donc dans la conjecture : « Trop peu de ventes, mon affaire ne sera pas intéressante ; trop, j'aurai l'air de délirer. » Le résultat : toutes les projections sont de 50 millions pour la quatrième année. Quand je vois une projection, j'ai pour règle d'ajouter un an et de multiplier par 10 %.

**2. « X (Nom d'une société connue) va signer un contrat avec nous la semaine prochaine. »** Ce mensonge des entrepreneurs correspond à : « J'ai entendu dire qu'il fallait montrer de la "traction" lors d'une conférence. » Mais, la semaine suivante, le contrat n'est pas signé. Ni la semaine d'après. Celui qui prenait la décision a été transféré dans un autre département ; le P.-D.G. a été viré ; ou il y a eu une catastrophe naturelle. La seule façon de jouer cette carte, c'est après la signature du contrat, car aucun capital-risqueur dont vous voulez l'argent ne va tomber dans le panneau.

**3. « Des employés clés vont nous rejoindre lorsque nous serons financés. »** La plupart du temps, quand un capital-risqueur appelle ces employés clés, qui sont vice-présidents à Microsoft, Oracle ou Sun, il a la réponse suivante : « Qui vous a dit cela ? Je me souviens de l'avoir rencontré à un cocktail, mais je ne lui ai pas dit que j'allais abandonner mon salaire confortable chez Microsoft pour rejoindre sa start-up. » S'il est vrai qu'il y a des employés clés prêts à foncer avec vous, veillez à ce qu'ils appellent le capital-risqueur après la réunion et qu'ils confirment que c'est bien vrai.

**4. « Personne ne fait ce que nous faisons. »** C'est le mensonge monstrueux qui suscite deux conclusions logiques. D'abord, personne ne fait cela parce qu'il n'y a pas de marché. Ensuite, l'entrepreneur est si nul qu'il n'est même pas capable d'utiliser Google pour savoir qui sont ses concurrents. D'une manière générale, si vous avez une bonne idée, cinq sociétés sont en train de faire la même chose. Si vous avez une idée géniale, ce sont quinze sociétés qui font la même chose.

**5. « Personne d'autre ne peut faire ce que nous faisons. »** S'il y a quelque chose de pire que l'absence de marché et la nullité, c'est l'arrogance. Personne d'autre ne peut faire ce que vous faites jusqu'à ce qu'une première société le fasse et qu'ensuite dix autres surgissent dans les quatre-vingt-dix jours. Quelqu'un avait-il couvert le mile en moins de quatre minutes avant Roger Bannister ? Non, mais un mois plus tard John Landy battait son record. Le monde est plein de gens intelligents, donc vous vous leurrez si vous pensez avoir le monopole du savoir. Et le jour même où vous ferez ce mensonge, le capital-risqueur rencontrera une société qui fait la même chose.

**6. « Dépêchez-vous parce que d'autres capital-risqueurs sont intéressés. »** Bonne nouvelle : à tout moment, il y a une centaine d'entrepreneurs dans le monde qui disent cela. Mauvaise nouvelle : le fait que vous soyez en train de lire ce livre montre que vous n'êtes pas l'un d'eux. Comme le disait ma mère : « Ne jouez jamais à la roulette russe avec un Uzi. » Au plus haut niveau, un marché suscite de la convoitise et un entrepreneur a la capacité d'effrayer un capital-risqueur pour lui faire prendre une décision rapide. La plupart des entrepreneurs n'ont pas la possibilité de créer un effet de rareté quand ce n'est pas le cas.

**7. « Oracle est trop gros/stupide/lent pour être une menace. »** Larry Ellison a son jet personnel. Il a le pouvoir de laisser ouvert l'aéroport de San Jose quand il atterrit tard la nuit. Son bateau est si gros qu'il peut à peine passer sous le Golden Gate Bridge. Pendant ce temps-là, vous voyagez sur Southwest Airlines à partir d'Oakland et vous volez des cacahouètes gratuites. Il y a une raison pour laquelle Larry est là où il est, et vous là où vous êtes et ce n'est pas parce qu'il est gros, stupide et lent. Concurrencer Oracle, Microsoft et d'autres grandes sociétés est une tâche très difficile. Les entrepreneurs qui prononcent ce mensonge sont naïfs, dans le meilleur des cas. Vous pouvez y voir de la bravoure, mais les capital-risqueurs penchent pour la stupidité.

**8. « Nous avons une équipe qui a fait ses preuves. »** Qui l'a dit ? Parce que le fondateur a travaillé chez Morgan Stanley pendant un été ? Ou chez McKinsey pendant deux ans ? Un fondateur qui a vraiment fait ses preuves pour un capital-risqueur lui a rapporté des milliards. Et si vous aviez vraiment fait vos preuves, (a) vous ne seriez probablement pas en train de demander de l'argent et (b) vous n'auriez pas à le dire parce que ce serait évident. La meilleure stratégie : faites état de votre expérience pertinente dans le domaine, dites que vous allez tout faire pour réussir, que vous allez vous entourer de conseillers qui ont fait leurs preuves et que vous vous retirerez si cela devient nécessaire. Il est déjà bien qu'un capital-risqueur croie à ce que vous faites.

**9. « Les brevets nous protègent. »** Ne parlez pas de brevet plus d'une fois. Quand vous le dites une seconde fois, les capital-risqueurs commencent à soupçonner que votre entreprise en dépend trop. La troisième fois, vous brandissez une pancarte au-dessus de votre tête disant « je suis nul ». Bien sûr que vous devez breveter ce que vous faites, ne serait-ce que pour le dire une fois lors de votre présentation. Mais au bout du compte, les brevets sont surtout là pour impressionner vos parents. Vous n'avez ni le temps ni l'argent qui vous permettraient de poursuivre en justice des sociétés solvables qui les enfreindraient.

**10. « Nous avons seulement besoin de 1 % d'un marché de x milliards de dollars. »** Il y a deux problèmes à ce mensonge. Premièrement, les capital-risqueurs ne sont pas intéressés par une société qui vise à avoir 1 % d'un marché. Ils veulent que leurs sociétés soient confrontées à la foudre de la section anti-trust du département de la Justice. Deuxièmement, il n'est pas si facile d'avoir 1 % de part de marché, donc ne soyez pas ridicule en essayant de le prétendre. D'une manière générale, il vaut bien mieux montrer que vous savez combien il est difficile de conduire une société au succès.

Que font les investisseurs quand ils entendent ces mensonges ? Il y en a trois sortes. Les premiers sont trop stupides pour identifier vos mensonges : évitez-les. D'autres comprennent que vous mentez, mais ils y sont habitués et s'en fichent : de toute façon, ils ne vont pas investir. Vous devriez apprendre tout ce que vous pouvez de ceux-là et considérer cette réunion comme un moyen de vous former. Les derniers vont vous démasquer parce qu'ils sont activement engagés dans cette réunion et ne supportent pas qu'on leur mente. C'est le genre d'investisseurs qui pourraient investir et même ajouter de la valeur à votre société.

Ne me faites pas dire ce que je ne dis pas : je ne suggère pas que vous mentiez pour voir la réaction d'un investisseur. Le mieux est de ne pas mentir. À propos, dire une chose dont on ne sait pas que c'est un mensonge, c'est aussi mentir. Ou bien, racontez de nouveaux mensonges. Au moins, la réunion sera intéressante.

# Chapitre 12

# L'art de lever des fonds auprès de *business angels*

Nous trouverons la paix. Nous entendrons les anges,
nous verrons le ciel scintiller de diamants.
Anton CHEKHOV

Les capital-risqueurs ne sont pas la seule source de capital. Il y a aussi le groupe important et actif des business angels. Ils investissent leur propre argent. Lever de l'argent auprès d'eux n'est pas plus facile qu'auprès de capital-risqueurs : c'est simplement différent. Et il y a un art de le faire.

- **Assurez-vous que ce sont des investisseurs « accrédités ».** « Accrédités » veut dire ici « assez riches pour ne pas revoir leurs sous ». Vous pouvez avoir beaucoup d'ennuis si vous vendez des actions à la proverbiale « petite vieille dame de Floride », car la loi protège les investisseurs contre les entrepreneurs sans scrupules. Donc demandez à un bon avocat d'affaires de vous conseiller sur la façon d'obtenir des investissements de business angels en observant les dispositions légales.
- **Assurez-vous que ce sont des investisseurs sophistiqués.** Le business angel le moins désirable est le docteur ou le dentiste riche – à moins qu'il ne soit un entrepreneur dans les sciences de la vie. Il vous rendra fou parce qu'il a lu comment Ram Shriram a fait des milliards en investissant tôt dans Google et voudra savoir si vous comptez aller en Bourse aussi. Les business angels sophistiqués ont une expertise et de l'expérience dans votre domaine. Vous voulez leur argent, c'est vrai, mais vous voulez aussi leur savoir.
- **Ne les sous-estimez pas.** Essayez d'adopter les mêmes standards qu'avec les capital-risqueurs, car le temps des business angel faciles à

duper a disparu depuis longtemps. Ils s'intéressent autant que les capital-risqueurs à la liquidité de l'entreprise, voire davantage, car ils investissent leur argent personnel après impôt. Ils ne voient pas ces investissements comme une « contribution charitable » – en tout cas, pas les business angels que vous voulez avoir.

• **Comprenez leur motivation.** Les business angels ont typiquement trois objectifs. Premièrement, ils ont réussi et veulent maintenant « rembourser » la société en aidant la prochaine génération d'entrepreneurs. Deuxièmement, ils veulent rester au courant de la technologie et jouer avec des produits intéressants. Enfin, ils veulent faire de l'argent. Aussi sont-ils souvent disposés à investir sur des marchés plus risqués pour aider les entrepreneurs à passer à la prochaine étape. Donnez-leur la possibilité de vivre par personne interposée. Une observation de plus sur la motivation des business angels : l'une des récompenses pour eux est la possibilité de revivre les plaisirs de l'entrepreneuriat tout en évitant la ligne de feu. C'est pourquoi vous devriez rechercher leurs conseils. Ils aiment en donner, à la différence de la plupart des capital-risqueurs, qui ne s'impliquent que lorsque tout va très bien ou très mal.

• **Rendez l'histoire compréhensible au conjoint.** Le comité d'investissement pour beaucoup de capital-risqueurs fonctionne comme ceci : « Tu votes pour mon affaire et je vote pour la tienne. » Ce n'est pas comme cela qu'un business angel prend une décision. Son comité d'investissement se compose d'une seule personne : son conjoint.

• **Enrôlez des gens dont ils ont entendu parler.** Les business angels sont aussi motivés par les rencontres qu'ils font en investissant dans des start-up de gens jeunes et brillants qui changent le monde. Même si les autres investisseurs ne sont pas des copains, investir en même temps que des angels connus est séduisant.

• **Soyez gentil.** Les business angels sont plus susceptibles de tomber amoureux des entrepreneurs que les capital-risqueurs. Les entrepreneurs leur rappellent souvent leurs enfants ou remplissent le rôle des enfants qu'ils n'ont pas. À la différence des capital-risqueurs, qui investissent souvent sur un imbécile si ce dernier a fait la preuve qu'il rapporte beaucoup d'argent.

Pour plus d'information sur les angels, recherchez sur Google : « Ron Conway » (investisseur dans Google, PayPal et Ask Jeeves), « Andy Bechtolsheim » (co-fondateur de Sun Microsystems et premier investisseur dans Google), « Ram Shriram » (investisseur dans Google et toujours à son conseil d'administration). Ce sont les meilleurs angels de la Silicon Valley et lire des choses sur eux vous aidera à mieux comprendre les angels.

Soyez optimiste : peut-être pourrez-vous lever de l'argent auprès d'angels, bootstrapper[10] la société jusqu'à ce qu'elle soit profitable et ne jamais avoir besoin de capital-risque. Ou peut-être trouverez-vous de l'argent auprès de ces angels pour finaliser votre produit ou votre service, et faire des ventes, ce qui vous permettra de lever du capital-risque dans de bien meilleures conditions. Les deux solutions sont bonnes.

10. « Les bootstraps sont les anneaux, en cuir ou en tissu, cousus sur le rebord des bottes et dans lesquels on passe les doigts pour s'aider à les enfiler. » (http://fr.wikipedia.org/wiki/bootstrap). Par extension, le terme désigne toute réalisation faite avec peu de moyens (dans le jargon des entreprises, une société commencée avec peu d'argent). Le verbe francisé « bootstrapper » et le nom bootstrapping (action de bootstrapper) est commun dans le français de la Silicon Valley.

# Chapitre 13

# L'aspect juridique en exclusivité[11]

Agissez de telle sorte que le principe de vos actes soit une loi universelle.
Emmanuel KANT

Prenons pour hypothèse que tout a bien marché et que vous êtes sur la bonne voie pour avoir de l'argent. Vous devez donc comprendre les aspects juridiques de la levée de fonds et personne ne le fait mieux que Fred Greguras, un associé chez Fenwick and West, cabinet d'avocats dans la Silicon Valley. J'ai été au conseil d'administration de plusieurs sociétés dont il était le conseil. Je peux vous dire que ses recommandations sont sensées et, comme vous lisez ce livre, gratuites.

***Q. Puis-je créer une société de technologie dans le même domaine que celui de mon employeur actuel ?***

**R.** Travailler complètement à l'extérieur des bureaux de votre employeur, ne pas utiliser ses secrets de fabrication ou ses ressources internes n'éviteront sans doute pas les soupçons sur la technologie et la propriété intellectuelle (P. I.) de votre nouvelle entreprise. Dans ce cas, les investisseurs examineront soigneusement cette P. I., car ils n'ont pas envie d'acheter un procès. S'il est vrai que la loi de Californie favorise la mobilité des employés, elle protège aussi les employeurs dans la section 2870 du code du travail, qui régit la plupart des accords de confidentialité et de transfert des inventions que vous signez quand vous êtes engagé par une société. Les soupçons

---

11. Ce chapitre comporte des informations utiles à tout entrepreneur, quel que soit son pays. Nous avons aussi conservé une partie des conseils plus spécifiques aux États-Unis, considérant qu'ils pourraient fournir une base de départ utile aux entrepreneurs qui envisagent de s'installer un jour aux États-Unis.

sur la nouvelle activité peuvent provenir du fait que le fondateur continue à travailler pour son employeur tout en cherchant à créer une technologie pour son affaire personnelle ou à cause d'un consultant qui donne un coup de main alors qu'il est payé par une société dans le même domaine.

***Q. Quand dois-je enregistrer la société ?***

**R.** Quand on lance une société, il faut d'abord tester son concept auprès de prospects et analyser les possibilités du marché. Le moment de l'enregistrement sera déterminé par la nécessité de définir ce que possèdent les fondateurs, de consigner une P. I. pré-existante, de contacter des clients, d'octroyer des options d'achat de titres et d'accepter un investissement. Ne le reportez pas au moment où vous avez une série A de financement en raison des implications fiscales pour les fondateurs : ils veulent acheter leurs parts à un prix très bas, et moins élevé que le prix de la part après la valorisation de la société.

***Q. Puis-je choisir une société à responsabilité limitée (en anglais : « Limited Liability Company », LLC)) puisque c'est moins coûteux ?***

**R.** Une LCC est souvent utilisée pour un cabinet de conseil et des petites entreprises, mais plus rarement pour une société qui veut du capital-risque. Les capital-risqueurs n'investiront pas dans une LLC. Une LLC ne vous permet pas de donner des titres à vos employés et ne fait pas l'objet d'une exemption fiscale dans le cadre d'une acquisition avec échange de titres.

***Q. Pourquoi enregistrer sa société dans le Delaware ?***

**R.** Les capital-risqueurs préfèrent l'enregistrement dans cet État pour plusieurs raisons : réglementation facile à gérer, flexibilité du cadre juridique (comme le nombre d'administrateurs), etc. Il y a toutefois un inconvénient : la société est soumise à deux systèmes fiscaux. Vous ne pouvez pas éviter les impôts de Californie si vous opérez en Californie.

***Q. Devons-nous faire une S corp. ou une C corp. ?***

**R.** « S corp. » et « C corp. » renvoient surtout à un statut fiscal. Une

*S corporation* est fiscalisée comme une association. Les gains et les pertes vont directement aux actionnaires, d'où des avantages fiscaux si, par exemple, le développement d'un produit, long, occasionne des dépenses significatives (qui peuvent donc être prises en compte dans la feuille d'impôts des particuliers). Mais les actionnaires (pas plus de 100) doivent être des personnes physiques, et des citoyens ou résidents américains (non des entités). De plus, un tour de financement avec des actions privilégiées sera la fin de la S corp., car une S corp. ne peut avoir qu'une classe d'actions.

***Q. Dois-je enregistrer ma société offshore puisque mon activité se concentrera sur la Chine (ou l'Inde) ?***

**R.** Cette décision dépend de la stratégie de sortie la plus probable et du type d'investisseurs qui peuvent s'intéresser à vous. Une entrée en Bourse en Inde ou à Hong Kong est interdite à une société américaine. Certains investisseurs qui ont une approche globale ne veulent investir que dans une société offshore (localisée, par exemple, sur les îles Caïman), alors que certains capital-risqueurs américains ne veulent investir que dans une société américaine.

Vous pouvez modifier l'enregistrement de votre société à l'intérieur des États-Unis et passer d'un État à un autre (par exemple de Californie au Delaware) sans conséquences fiscales, mais ce n'est pas le cas si vous refaites cet enregistrement en dehors des États-Unis. Un nouvel enregistrement offshore aura presque toujours pour conséquence que vous resterez assujetti au régime fiscal américain. Si vous avez initialement enregistré votre société offshore, vous pouvez le refaire aux États-Unis sans conséquence fiscale.

***Q. Les gens de ma start-up peuvent-ils être des contractuels et des consultants plutôt que des employés ?***

**R.** C'est ce que font beaucoup de start-up pour éviter les charges salariales. Peu importe le statut. Le test important est le niveau de contrôle sur l'individu et son engagement pour la société.

***Q. Comment puis-je donner des options d'achat de titres aux employés et aux consultants ?***
**R.** Vous devez créer un plan d'options au moment de l'enregistrement de la société en accord avec les réglementations fédérales et nationales sur les actions.

***Q. Comment la société obtient-elle la propriété intellectuelle sur la technologie développée par les fondateurs avant l'enregistrement de la société ?***
**R.** Les fondateurs transfèrent généralement la propriété intellectuelle sur la technologie en paiement de leurs actions dans la société. Ceci est défini dans l'accord d'achat des actions des membres-fondateurs. Les investisseurs préféreront presque toujours un transfert à une licence (qui permettrait à ces fondateurs de contourner leurs engagements vis-à-vis de la nouvelle société). Cette propriété a plus de valeur pour la société qu'une licence. Le transfert est consigné par un contrat.

***Q. Puis-je engager des gens qui travaillent chez mon ancien employeur ?***
**R.** Votre contrat avec votre employeur précédent vous empêche sans doute d'offrir un emploi aux salariés de sa société pendant les douze premiers mois (en général). Cette restriction ne s'applique pas si des employés viennent chez vous de leur plein gré, mais le prouver peut être difficile. Même quand la période a expiré, restez prudent et assurez-vous que le nouveau venu n'utilise pas des secrets professionels appartenant à votre ancien employeur.

***Q. Puis-je déposer un brevet provisoire moi-même ?***
**R.** Vous le pouvez, mais soyez très méticuleux dans la description de l'invention et veillez à le faire comme le requièrent les lois sur les brevets. Un conseil en propriété industrielle peut être nécessaire et vous aider à bien formuler les revendications pour éviter toute contestation ultérieure. Ce brevet provisoire doit contenir une description écrite de l'invention ainsi que « de la manière de la créer et de l'utiliser

d'une façon si complète, claire et concise qu'une personne ayant une expertise dans le domaine ou un domaine proche puisse la créer et l'utiliser. »

***Q. Un brevet va-t-il empêcher Microsoft de nous copier ?***

**R.** Vous ne pouvez pas faire respecter un brevet avant son dépôt, et, après, les coûts pour empêcher sa violation sont astronomiques. La réponse à la question de savoir si quelqu'un a enfreint votre brevet n'est généralement pas un simple « oui » ou « non ». L'autre partie peut prétendre qu'il n'y a pas infraction ou que votre brevet n'est pas valide, pour toutes sortes de raisons. Il peut y avoir de bons arguments de part et d'autre, ce qui requiert une décision de justice après un procès long et coûteux.

***Q. Devez-vous faire signer aux investisseurs un contrat de confidentialité pour vous assurer qu'ils ne vont pas vous voler vos idées ?***

**R.** Les investisseurs ne signeront pas de contrat de confidentialité avant d'avoir entendu votre pitch, parce qu'ils voient trop de sociétés sur le même créneau que le vôtre ou dont les activités chevauchent les vôtres. Des contrats de confidentialité avec le conseil en brevet de l'investisseur sont généralement envisageables plus tard, pendant l'audit de la propriété intellectuelle lorsque, par exemple, ce conseil a besoin d'examiner un brevet qui n'est pas publié. Je vous recommande de communiquer les informations progressivement, juste ce qu'il faut dans le cadre du rendez-vous. Cette remarque n'est pas très utile dans beaucoup de cas, comme celui des sociétés sur Internet, où ce que vous faites est évident.

***Q. Si mes copains et moi avons plus de 50 % de la société, en avons-nous le contrôle ?***

**R.** C'est possible si c'est avant un financement par un capital-risqueur et si vous avez le contrôle du conseil d'administration. Le conseil d'administration et les actionnaires ont le droit de donner leur avis sur les décisions importantes. Les décisions du conseil d'administration se font sur la base une personne-un vote et non en fonction du pourcentage qu'une personne possède, donc faites attention à la composition de votre conseil et au nombre de personnes qui en font partie. Ceux qui détiennent des actions privilégiées, comme les capital-risqueurs, auront des clauses particulières leur donnant un droit de veto sur certaines décisions, comme un nouveau tour de financement ou la vente de la société, indépendamment de leur pourcentage dans la société.

***Q. Pourquoi les fondateurs ne peuvent-ils disposer de leurs actions qu'au bout d'un certain temps alors qu'ils travaillent déjà depuis deux ans ?***

**R.** Pour éviter que certains fondateurs ne quittent la société alors que les autres continuent à la construire. Les investisseurs peuvent rediscuter l'échéancier selon lequel les fondateurs pourront disposer de leurs parts tout en leur permettant d'en avoir une partie dès le début, surtout lorsqu'ils ont travaillé depuis un certain temps. Le but est de faire rester le fondateur tout en reconnaissant sa contribution antérieure.

***Q. Pourquoi faut-il dépenser 50 000 dollars ou plus pour faire un tour de financement ?***

**R.** La société qui reçoit un investissement paie les honoraires des avocats – le sien et celui de l'investisseur. Le montant est même souvent supérieur à 50 000 dollars dans la plupart des séries A, en raison du nombre et de la complexité des documents de financement ainsi que du système de tarification des cabinets en présence. Vous pouvez contrôler ces coûts dans une certaine mesure, en demandant une liste des conditions qui couvrent les points clés (parts des fondateurs, nombre des options d'achat de titres pour les employés, etc.), et discuter ces points avant l'intervention des avocats.

F. Greguras a répondu avec gentillesse aux questions les plus fréquentes des entrepreneurs à leurs avocats ou aux questions qu'ils devraient leur poser pour ne pas regretter de ne pas l'avoir fait. Ce chapitre à lui seul vous rembourse le prix de ce livre.

# Chapitre 14

# Les seize principaux mensonges des avocats

Les avocats passent une grande partie
de leur temps à pelleter de la fumée.
Oliver Wendell HOLMES Jr.

Même si j'aime beaucoup Fred Greguras, je me dois de dire que les avocats mentent autant que les capital-risqueurs, les entrepreneurs, les P.-D.G., les vendeurs et les ingénieurs. Donc comprenez ce qui se passe quand vous parlez aux avocats.

1. **« Je suis vraiment enthousiasmé par ce que vous faites et je serai personnellement attentif à votre société. »** Cette remarque fait partie du pitch standard, donc ne la prenez pas trop au sérieux.
2. **« Notre cabinet aime ce que vous faites, nous allons donc aussi investir dans votre société. »** Cela fait aussi partie du pitch standard. La plupart des cabinets investissent dans la plupart des start-up qui sont leurs clientes – en raison simplement de la loi des grands nombres. Investissez dans nombre d'idées stupides et l'une d'entre elles deviendra un Google.
3. **« Nous pouvons nous arranger pour la facturation. Vous n'aurez à nous payer que lorsque vous serez financé. »** La flatterie finale dans un bon pitch commercial. N'y voyez rien de spécial. C'est une offre standard.
4. **« Je vous aurai cela pour la fin de la journée. »** Question importante à poser quand vous entendez cela : « La fin de quelle journée ? » Cherchez à savoir comment votre avocat définit « la fin de la journée » : 18 h ou 23 h 59, aujourd'hui, demain ou la semaine prochaine ?
5. **« Ne vous inquiétez pas pour la date d'émission des options d'achat de titres ; ce n'est pas capital. »** Sauf si vous avez envie d'être inculpé…

Ne travaillez pas avec un avocat qui vous dit des âneries de ce genre.

**6. « La facture serait moins élevée s'il n'y avait pas les avocats de l'autre partie. »** Les avocats de l'autre partie disent la même chose de vos avocats.

**7. « J'ai pensé que vous vouliez bien faire les choses plutôt que d'économiser quelques dollars. »** En d'autres termes, les honoraires pour votre série A peuvent être plus élevés que le montant levé.

**8. « Votre position est bien plus solide que la leur ; je suis sûr que nous allons les rallier à notre point de vue. »** En ce cas, vous n'avez pas besoin d'avocats. Vous en avez besoin seulement en position de faiblesse. Au fait, la partie adverse entend le même son de cloche.

**9. « Nous avons des relations au plus haut niveau à Shanghai/Munich/Bombay/New York/Los Angeles. »** En d'autres termes, quelqu'un du cabinet a un jour voyagé en première classe avec un parent d'un notable de Shanghai/Munich/Bombay/New York/LA.

**10. « Nous préférons être du côté de la société plutôt que de celui de l'investisseur. »** Regardons les choses en face : croyez-vous que votre avocat préfère deux gars dans un garage qui lèvent 500 000 dollars à des investisseurs qui gèrent 500 millions et avec qui il joue au golf ?

**11. « Nous ne demandons généralement pas un acompte pour la totalité ; cela n'arrive que si un imprévu survient. »** De deux choses l'une : ou bien on vous donne une estimation artificiellement élevée ou bien c'est que votre avocat vient juste de s'inscrire au barreau.

**12. « C'est certain, nous sommes très pris, mais je vais m'assurer qu'on ne vous mette pas entre les mains d'un débutant. »** Traduction : votre point de contact principal s'est inscrit au barreau il y a un an.

**13. « J'ai travaillé avec Google/Microsoft/Apple, donc je sais comment structurer une affaire avec eux. »** Traduction : mon moteur de recherche préféré est Google, que j'utilise sur mon portable sous Windows tout en écoutant mon iPod.

**14. « Nous pensons que vous aurez un brevet très solide. »** Si on vous dit cela, posez cette question : « Donc si Microsoft enfreint notre brevet, nous gagnerons le procès ? »

**15. « Nous connaissons les avocats de la partie adverse, ce qui nous permettra de trouver un arrangement rapidement et à moindre coût. »** Cela ne tient pas debout. Ou c'est « bien et cher » ou « rapide et mal fichu » ou « pas cher et mal fichu ».

**16. « Je peux appeler plusieurs capital-risqueurs pour vous aider à trouver de l'argent. »** Il est bon de choisir un avocat pour ses relations dans la communauté du capital-risque. Cela dit, prenez ce qu'il dit à la lettre : il « peut » appeler. C'est différent de : il « va » appeler.

Nous avons couvert la triple couronne de mensonges : ceux que les investisseurs vous réservent, ceux que vous servez aux investisseurs et ceux qu'un avocat destine à tout le monde. Ces mensonges vous ont certainement fait sourire, mais ils vous amuseront moins quand vous en serez la victime et, sans mentir, cela vous arrivera.

# Chapitre 15
# Le test d'aptitude du capital-risqueur (TACR)

Qu'est la jeunesse si ce n'est un homme et une femme
avant qu'ils ne soient prêts et dignes d'être vus ?
**Evelyn WAUGH**

Voici le test d'aptitude du capital-risqueur (TACR) selon Guy Kawasaki. Il n'a pas grand-chose à voir avec le fait de lever de l'argent, mais je l'ai créé parce que je reçois plusieurs e-mails par semaine de ce type :

*Je suis en train de terminer mes études en économie. J'ai toujours été intéressé [que veut dire « toujours » quand on a autour de vingt ans ? Mais je m'égare] par les affaires et l'entrepreneuriat et j'ai dirigé le club d'entrepreneurs de mon école. J'ai travaillé comme analyste chez Goldman Sachs, et maintenant je voudrais être dans le capital-risque pour approfondir ma connaissance de l'entrepreneuriat et faire bénéficier des start-up de mon expérience. Je suis un adepte de Facebook et d'autres réseaux sociaux.*

Ces punks et punkettes imaginent un job merveilleux : on va à des cocktails, à des fêtes de réseautage, on voyage sur des jets privés, et on se fait courtiser par des entrepreneurs tout en gagnant 500 000 dollars par an et un bonus si on vend un YouTube pour 1,6 milliard. Qui n'aurait pas envie d'un travail pareil ! Franchement, moi aussi j'aimerais. Mais voici mon conseil :

Le capital-risque est quelque chose à faire en fin et non en début de carrière. Ce devrait être votre dernier job, non le premier.

Voici ma théorie : quand on est jeune, on doit travailler quatre-vingts heures par semaine à créer un produit ou un service qui change le monde. Vous ne devriez pas siéger dans un conseil d'administration, en train d'écouter un entrepreneur vous expliquer pourquoi il a manqué ses objectifs, tout en lisant vos e-mails sur un BlackBerry et en égrenant occasionnellement des perles comme « Vous devriez faire un partenariat avec MySpace » ou « Je peux vous présenter à quelques-uns des perdants de notre porte-feuille ».

De plus, les entrepreneurs devraient regarder avec suspicion toute jeune personne qui a choisi d'être capital-risqueur au lieu de faire l'expérience du monde réel. Pourquoi vouloir les conseils de quelqu'un qui n'a jamais manipulé autre chose que des feuilles de tableur dans une banque d'investissement ? J'ai créé ce test d'aptitude du capital-risqueur (TACR) pour permettre aux capital-risqueurs en herbe de garder les pieds sur terre.

## 1. ANTÉCÉDENTS PROFESSIONNELS

Quelle est votre formation ?

1. **Ingénierie** (ajouter 5 points)
2. **Vente** (ajouter 5 points)
3. **Conseil en management** (enlever 5 points)
4. **Services bancaires d'investissement** (enlever 5 points)
5. **Comptabilité** (enlever 5 points)
6. **MBA** (enlever 5 points)

Le capital-risqueur idéal a une formation d'ingénieur ou de commercial. La première vous permet de comprendre la technologie dans laquelle vous investissez – et de savoir si un entrepreneur est en train d'essayer de défier les lois de la physique. La seconde est utile parce que tout entrepreneur doit lancer et vendre un produit.

Les trois antécédents les pires pour devenir capital-risqueur sont le conseil en management, les services bancaires d'investissement et la comptabilité. Le conseil en management a l'inconvénient de vous faire croire que l'exécution est facile alors que c'est le contraire dans une start-up. Une expérience dans les services bancaires d'investissement a le tort de vous faire croire qu'on peut réduire une société à des cellules de tableur et que les entrepreneurs doivent créer des sociétés pour Wall Street et non pour des clients. De plus, cette expérience vous oriente vers la conclusion d'accords, non vers la construction de sociétés. Une formation en comptabilité est mauvaise parce qu'elle vous fait croire que l'histoire se répète et permet de prédire l'avenir.

Enfin, il y a la question de la pertinence du MBA pour le capital-risque. Ce diplôme a l'avantage de donner des outils intellectuels supplémentaires (comme la capacité à calculer que 25 % de 1,6 milliard font 400 millions) pour vous guider dans les décisions d'investissement et aider les entrepreneurs. Ce diplôme (que j'ai) donne à la plupart des gens l'arrogance creuse de ceux qui n'ont jamais été mis à l'épreuve. L'inconvénient l'emporte sur l'avantage.

## 2. EXPÉRIENCE DIRECTE

Il ne suffit pas d'avoir travaillé dans la bonne entreprise ; vous devez y avoir acquis l'expérience adéquate.

1. Vous avez été frappé de plein fouet par une récession qui vous a permis de mesurer votre impuissance. (Ajouter 1 point.)
2. Vous avez travaillé dans une start-up prospère et, en conséquence, vous avez fait l'expérience personnelle du caractère exaltant de l'entrepreneuriat. (Ajouter 1 point.)
3. Vous avez travaillé dans une start-up qui a échoué et, en conséquence, vous avez appris ces trois choses : premièrement, à quel point il est difficile de réussir ; deuxièmement, que le monde ne vous doit rien ; et, troisièmement, combien il est pénible d'être licencié. (Ajouter 3 points.)
4. Vous avez travaillé dans une société cotée en Bourse et, en conséquence, vous avez vu le résultat. (Ajouter 1 point.)
5. Vous avez été P.-D.G., ce qui vous permet de ne pas vous amuser à jouer ce rôle en tant qu'administateur. (Ajouter 2 points.)
6. Vous avez fait des investissements avec votre argent personnel, ce qui vous fait mesurer votre responsabilité quand vous investissez celui des autres. (Ajouter 2 points.)

## 3. CONNAISSANCES NÉCESSAIRES

En savez-vous assez sur l'art et la manière de construire des sociétés et connaissez-vous les personnes qui aident vraiment les entrepreneurs ? Votre réponse est importante, car c'est de ce genre de conseils dont ont besoin les entrepreneurs. (Rassurez-vous, beaucoup de capital-risqueurs en place échoueraient à cette partie du test.) Chaque réponse positive vous rapportera un ou plusieurs points.

1. Vous savez comment lancer un produit sans budget. (Ajouter 2 points.)
2. Vous savez déterminer s'il y a vraiment une demande du marché pour un produit. (Ajouter 1 point.)
3. Vous savez que faire si les clients détestent la première version d'un produit. (Ajouter 1 point.)
4. Vous savez faire en sorte que Walt Mossberg[12] vous rappelle. (Ajouter 2 points.)
5. Vous savez comment avoir accès aux organisateurs de DEMO[13]. (Ajouter 1 point.)
6. Vous savez comment vous brancher sur TechCrunch. (Ajouter 1 point.)
7. Vous savez faire en sorte que les gens de Fox Interactive vous rappellent. (Ajouter 1 point.)
8. Vous savez comment faire pour dominer un segment de marché où cinq sociétés offrent des produits similaires au vôtre. (Ajouter 2 points.)
9. Vous savez combien de temps, quelle énergie et combien d'argent il faut consacrer à la protection d'un brevet. (Ajouter 1 point.)
10. Vous savez que faire si une société fait un mauvais pari sur l'architecture de son produit. (Ajouter 2 points.)
11. Vous savez quel genre de personne il est bien d'engager dans une start-up : jeune, âgée, qui a fait ses preuves, qui ne les a pas faites, peu chère, coûteuse, locale, travaillant à distance. (Ajouter 1 point.)

---

12. Walter S. Mossberg est le responsable de la rubrique technologie au Wall Street Journal.

13. DEMO est l'une des conférences les plus importantes pour la présentation des technologies et des sociétés émergentes.

12. Vous savez comment faire en sorte que ces personnes quittent la société où elles sont sans leur offrir un pont d'or. (Ajouter 2 points.)
13. Vous savez comment dire à un ami qu'il ne peut pas être responsable de la technologie simplement parce qu'il est le cofondateur. (Ajouter 2 points.)
14. Vous savez faire en sorte que le responsable des achats de BestBuy vous rappelle. (Ajouter 1 point.)
15. Vous savez gérer un client qui veut renvoyer un produit et se faire rembourser. (Ajouter 1 point.)
16. Vous savez licencier les gens. (Ajouter 2 points.)
17. Vous savez gérer un licenciement économique. (Ajouter 2 points.)

**RÉSULTATS**

Voici comment évaluer si vous êtes prêt à devenir un capital-risqueur :

• **40 points ou plus :** appelez CalPERS[14] et dites-leur que vous allez lever un nouveau fonds.

• **35 à 39 points :** appelez Sequoia et Kleiner Perkins, et dites-leur que vous êtes disponible.

• **25 à 34 points :** envoyez votre CV à 2 000 capital-risqueurs et priez le ciel.

• **24 points ou moins :** travaillez jusqu'à ce que vous ayez un meilleur score et continuez à voler sur Southwest Airlines.

Quand j'ai publié ce test sur mon blog, j'ai reçu des douzaines de commentaires haineux de collaborateurs dans des sociétés de capital-risque qui insistaient sur leur valeur ajoutée. C'est comme cela que j'ai su que ce test était pertinent.

14. California Public Employees' Retirement System.

# La planification et l'exécution dans les faits

Si vous croyez que lever de l'argent constitue la partie difficile, vous aurez des surprises. C'est facile et amusant. Le vrai travail commence quand vous devrez fournir les résultats que vous avez promis. C'est l'exécution qui fait la différence entre les bonnes sociétés et les bonnes idées. Cette section explique ce que sont la planification et l'exécution dans les faits.

# Chapitre 16

# Le paradoxe de la stratégie : l'erreur d'Apple et la chance de Microsoft

Je me lève tous les matins avec l'intention tout à la fois de changer le monde et de m'amuser, ce qui rend parfois difficile l'organisation de ma journée.

E. B. WHITE

Au cours de la première phase de ma carrière, je croyais qu'avoir une idée formidable était la partie difficile et que la réalisation était la partie facile. Au cours de la seconde phase de ma carrière, je suis arrivé à la conclusion inverse.

Michael Raynor a un doctorat en administration des affaires de Harvard et travaille pour une très grande société de consultants. C'est pourquoi il m'a fallu surmonter des préjugés bien enracinés pour lire son livre *The Strategy Paradox : Why Committing to Success Leads to Failure (and What To Do About It)*[15]. Je suis content de l'avoir fait, car son livre explique bien comment une stratégie peut faire réussir ou tuer une société. Cette interview avec Raynor vous donne une image de ce qu'il y a de complexe, de brutal et de déroutant dans l'exécution.

***Q. Pourquoi Windows a-t-il surpassé Macintosh et VHS, le Betamax ?***

**R.** Apple a continué sur la voie ouverte par l'Apple II et le Macintosh : des produits cool, qui marchaient bien et qui étaient construits autour d'une architecture propriétaire, permettant l'intégration du matériel et du logiciel. C'était un pari tout à fait raisonnable de poursuivre dans cette direction,

15. *Le Paradoxe de la stratégie : pourquoi s'engager à réussir conduit à l'échec (et comment gérer la situation).*

mais un mauvais pari sur le marché de l'informatique personnelle à la fin des années 1980. L'iPod est le dernier succès d'Apple qui suit la même philosophie : un appareil cool construit autour d'une architecture propriétaire.

À l'inverse, Microsoft a construit une série d'options stratégiques permettant à la société de réussir dans des circonstances diverses. Le choix de Microsoft s'est avéré meilleur simplement parce qu'il n'avait pas une stratégie unique. Par exemple, quand IBM a commencé à créer agressivement un concurrent de MS-DOS et de Windows avec son OS/2, Microsoft a collaboré avec IBM – et avec Apple pour Excel et Word.

Sony, comme Apple, a pâti de son attachement à ses principes qui, pour être compréhensibles, n'en étaient pas moins mal placés. Sony a positionné le Betamax comme un système d'enregistrement haute fidélité. Matsushita avec son VHS a, au contraire, joué la carte de l'appareil bon marché et, à la surprise de tout le monde, la qualité d'enregistrement est devenue secondaire. Sony n'a pas pu s'adapter en réduisant ses coûts, ce qui a permis à Matsushita de prendre une avance considérable en vendant des millions d'unités.

***Q. Donc Apple et Sony n'ont rien fait de mal à proprement parler ?***

**R.** Non, Apple et Sony avaient adopté des stratégies remarquables qui n'ont tout simplement pas marché. Elles ont échoué, non pas en raison de leur faiblesse, mais parce que ces sociétés n'ont pas su prévoir le type de tactique qui marcherait. Essayer de construire la stratégie parfaite n'est pas suffisant ; les sociétés se doivent de gérer plus efficacement l'incertitude.

***Q. Quelle est la raison du succès de Toyota ?***

**R.** Il vient en grande partie de son positionnement pendant la crise du pétrole au milieu des années 1970. Toyota, influencé par ses origines au Japon, qui attachait beaucoup d'importance aux économies d'énergie, s'est concentré aux États-Unis sur le principe de la seconde voiture pour laquelle on veut dépenser moins. Au moment de la crise du pétrole, Toyota détenait les produits adaptés aux circonstances.

Mais, comme le disait Louis Pasteur, « la chance ne sourit qu'aux esprits bien préparés ». Ce coup de chance ne serait pas arrivé à Toyota s'il avait produit des voitures médiocres, et les clients ont, bien sûr, tout de suite vu la qualité des véhicules.

***Q. Qu'est-ce qu'une bonne stratégie ?***

**R.** C'est là que réside le paradoxe. Les stratégies qui ont la plus haute probabilité de succès sont aussi celles qui risquent le plus d'échouer. En d'autres termes, la corrélation que nous établissons entre la stratégie et la réussite est vraie, mais aussi dangereusement incomplète. Une belle stratégie peut conduire au désastre. Par exemple, les choix d'Apple marchent parfois superbement, mais échouent aussi parfois lamentablement. Ce n'est pas parce qu'Apple oublierait parfois ce qui fait la grandeur, c'est parce que ce qui fait la grandeur est aussi ce qui l'expose à la catastrophe. De même pour Sony.

***Q. Pourquoi les sociétés ne prédisent-elles pas mieux l'avenir ?***

**R.** Les sociétés pourraient peut-être mieux le faire, mais je me demande si elles seront capables un jour de prédire un avenir suffisamment précis pour planifier leur stratégie ou, du moins, atténuer les effets du paradoxe de la stratégie. Je ne crois pas que ce sera possible de si tôt pour des quantités de raisons structurelles et profondes – et à cause, aussi, du hasard. La prévision requiert l'identification de schémas qui se répètent ; ces schémas permettront de prévoir ce qui va se passer ensuite. Le hasard est l'absence de schémas récurrents. Dans *A New Kind of Science* (Wolfram Media, 2002), Stephen Wolfram parle des trois sources du hasard. Seules les deux premières nous importent ici. Premièrement, tout système doit être déterminé par des limites. Deuxièmement, il n'y a pas de système qui soit complètement clos. En conséquence, tout système fait l'objet de chocs exogènes qui y introduisent de l'aléatoire. Et si vous essayez d'étendre les limites d'un système pour qu'il inclue toutes les causes extérieures qui peuvent l'affecter, il vous faut une théorie sur tout pour avoir une théorie sur quelque chose.

***Q. Qu'apporte chaque niveau de la hiérarchie à la stratégie ?***
**R.** Je me suis rendu compte qu'il est utile de penser à la stratégie sous deux angles : le niveau d'engagement que requiert toute stratégie vouée au succès et l'incertitude associée à cet engagement. Mais il ne s'agit là que d'un aspect des choses. Le reste de la solution consiste à bien doser le niveau d'engagement et d'incertitude à chaque niveau de la hiérarchie. Il est d'usage que les niveaux les plus élevés se concentrent sur le plus long terme. Ce qu'on sous-estime généralement, cependant, c'est que la stratégie à long terme entraîne l'incertitude. Ce simple fait a de lourdes implications sur les actions dans le reste de l'organisation.

Les administrateurs doivent demander : quel niveau de risque est approprié ? Quelles ressources faut-il consacrer à la minimisation de ces risques ? Quelle diminution de performance peut-on accepter en conséquence d'un risque moindre ? Grâce à ces questions, le conseil d'administration s'implique dans la stratégie sans entrer dans l'élaboration de la stratégie elle-même, prérogative de la direction de la société.

Les P.-D.G. doivent demander : à quelle incertitude stratégique la société est-elle confrontée ? Quels choix stratégiques permettront de faire face à ces incertitudes ? En d'autres termes, il appartient au P.-D.G. et à son équipe directe de définir le profil du risque stratégique demandé par le conseil d'administration.

Les vice-présidents de divisions et de départements doivent demander : que devons-nous faire pour atteindre nos objectifs de performance ? Pour eux, il ne s'agit pas de réfléchir à la manière de faire face aux risques stratégiques, mais de mettre en place les engagements stratégiques. Il faut que quelqu'un prenne les bonnes mesures pour la création de richesse, après tout !

Les autres cadres doivent demander : que devons-nous faire pour atteindre les objectifs ? Bref, ils doivent nous montrer l'argent. Ils n'ont pas de choix stratégiques à faire à ce niveau, car l'horizon est trop restreint – six à vingt-quatre mois. Les stratégies ne peuvent tout simplement pas changer aussi rapidement.

***Q. En quoi est-ce différent pour une start-up ?***

**R.** Les ressources des start-up sont généralement limitées. Elles ne peuvent pas consacrer beaucoup de temps ou d'argent à la gestion de l'incertitude stratégique. Des start-up ont donc tendance à risquer le tout pour le tout : risque élevé pour un potentiel de retour élevé. Ces sociétés ne gèrent pas le risque, elles l'acceptent.

***Q. Êtes-vous en train de dire que, en raison de ressources limitées, une start-up doit risquer le tout pour le tout ?***

**R.** La capacité à gérer le risque est fonction de la capacité à le supporter et à se relever après un échec. Si on prend d'un côté « deux types dans un garage » et de l'autre Johnson & Johnson, je pense, de façon un peu contre-intuitive, que les start-up supportent le risque plus facilement : si elles échouent, les gens et les ressources d'une start-up sont plus faciles à redéployer que ceux d'une grande société.

***Q. Donc si une start-up échoue pour d'autres raisons qu'une exécution médiocre, c'est acceptable, parce que risquer le tout pour le tout est un comportement normal.***

**R.** Je n'irais pas jusque-là. On peut toujours réfléchir au risque qu'on veut prendre et aux moyens de le réduire. Vous avez suggéré, par exemple, que les start-up fassent un pari sur un segment ou un profil de clients et ensuite essayent d'adapter leurs produits, ou bien de prendre un pari sur des produits, pour ensuite les adapter aux clients. Dans les deux cas, il y a un risque fondamental et des options sur le niveau de risque.

***Q. Les start-up ont-elles tort d'accepter le risque stratégique ?***

**R.** Bien que ce choix ne soit pas nécessairement mauvais, ce peut être dangereux si l'on n'a pas bien examiné la situation au préalable. Il est possible de faire le choix extrême de se diversifier, mais cela peut aussi nuire à la stratégie principale. Dans tous les cas, il faut définir et formaliser correctement le profil de risque que peut prendre une société.

Voici ce que je retiens de cette interview. Premièrement, le fait que j'ai investi dans une société qui réussit ne signifie pas que je suis intelligent. Deuxièmement, le fait que j'ai investi dans une société qui échoue ne signifie pas que je suis idiot. Troisièmement, analysez les choses du mieux que vous pouvez, mettez vos paris sur la table, travaillez comme un fou et ne regardez pas en arrière. C'est comme cela que vous construirez une belle entreprise.

# Chapitre 17
# Le zen des business plans

Les plans sont sans valeur, mais la planification est tout.
Dwight D. EISENHOWER

Avant de faire un business plan aussi long qu'un livre, lisez cet extrait d'un article intitulé « Entreprise : les start-up ont-elles réellement besoin de business plans en bonne et due forme ? » (*Wall Street Journal,* 1-09-2007) :

Une étude récemment publiée par le Babson College a analysé 116 sociétés créées par des anciens élèves qui ont eu leur diplôme entre 1985 et 2003. Une étude comparée des revenus annuels, du nombre d'employés et du profit montre qu'il n'y a pas de différence entre les sociétés qui ont commencé avec un business plan écrit et celles qui n'en avaient pas...

« Nous ne voulons pas passer un an à écrire un business plan sans avoir de vrais clients », dit l'auteur de l'étude, William Bygrave, de Babson College. Il conseille aux entrepreneurs de se lancer. Il met aussi en garde les entrepreneurs qui veulent coller à un plan qu'ils ont mis beaucoup de temps à écrire.

N'en tirez pas la conclusion que l'analyse, la planification, la vision, la communication et le travail d'équipe ne sont pas nécessaires. Ce n'est pas vrai. Ce qui est vrai, c'est qu'un business plan ne doit pas avoir sa vie propre. C'est un outil, non une fin en soi. Pour écrire un business plan efficace, adoptez une « méthodologie zen ».

- **Concentrez-vous sur l'*executive summary*.** L'*executive summary*, sur une à deux pages, est la partie la plus importante d'un business plan. S'il ne met pas l'eau à la bouche, les investisseurs n'iront pas plus loin, ne chercheront pas à savoir qui est dans votre équipe, quel est votre modèle ni pourquoi votre produit est génial. Même si le plan est purement à usage interne, consacrez 80 % de vos efforts à l'écriture d'un très bon *executive summary*. La plupart des gens passent 80 % de leur temps sur des feuilles de tableur avec un million de cellules que personne ne comprend ou auxquelles personne ne croit.

- **Écrivez pour les bonnes raisons.** La plupart des gens écrivent des business plans pour attirer des investisseurs et, même si c'est nécessaire pour lever de l'argent, la majorité des investisseurs partent de l'impression que vous leur faites pendant votre pitch. Le business plan est une étape dans la phase d'audit. La raison majeure pour laquelle il en faut un, même si vous ne cherchez pas à lever de l'argent, est de forcer l'équipe de direction à consolider ses objectifs (quoi ?), sa stratégie (comment ?), et sa tactique (quand ? où ? qui ?).
- **Une seule personne pour la rédaction.** Même si la création du business plan doit impliquer l'équipe de direction, sa rédaction doit être le fait d'une seule personne, le P.-D.G. de préférence. Croyez le point de vue de l'auteur que je suis, il est très difficile de générer un document cohérent en copiant-collant des morceaux écrits par plusieurs personnes.
- **Faites le pitch, planifiez ensuite.** La plupart des gens créent des business plans de soixante pages (une horreur !), avec des annexes de cinquante pages, pleins de mots à la mode, d'acronymes et de banalités comme « Nous avons seulement besoin de 1 % du marché ». Et ensuite ils en extraient le pitch. Faites les choses dans l'ordre et perfectionnez le pitch pour faire le plan. Un bon business plan est la version détaillée d'un bon pitch ; un bon pitch n'est pas la version distillée d'un bon business plan. Pourquoi ? Parce qu'il est beaucoup plus facile de réviser un pitch que de réviser un plan.
- **Restez sobre.** La longueur idéale d'un business plan est de vingt pages ou moins, annexes comprises. Si vous ajoutez des pages, vous réduisez vos chances d'être lu. Beaucoup croient que le but d'un business plan est d'impressionner les investisseurs au point qu'ils vous supplieront de leur envoyer vos coordonnées bancaires. En réalité, le business plan a pour but de vous permettre de passer à l'étape

suivante, la suite de l'audit où par exemple on vérifie vos références personnelles et celles de vos clients. Plus vos idées sont claires, plus votre plan est court, et plus rapide en sera la lecture.

• **Limitez-vous à une page de projections financières et fournissez les indicateurs clés.** Bien des business plans fournissent des projections détaillées sur cinq ans, avec un objectif de 100 millions de dollars. Tout le monde sait que vous inventez ces chiffres. Faites plaisir à tout le monde : cantonnez-vous à une page et donnez les indicateurs clés, comme le nombre de clients. Ce sont eux qui donnent une idée de vos hypothèses. Par exemple, si vous prenez pour hypothèse que 20 % des entreprises parmi les *Fortune* 500 achèteront votre produit la première année, je vous suggère d'entrer en cure de désintoxication.

• **Un style résolu quand vous écrivez, pragmatique quand vous agissez.** J'emprunte ceci à mon ami Clayton Christensen, l'auteur de *The Innovator's Dilemma* (Harvard Business School Press, 1997). Voici ce que ça signifie : quand vous écrivez votre plan, vous faites comme si vous saviez exactement ce que vous faites. Vous êtes déterminé. Vous avez probablement tort, mais vous faites de votre mieux. Mais cela ne veut pas dire pour autant que vous devez coller à ce plan si des informations ou des possibilités nouvelles se présentent. Quand vous exécutez ce plan, soyez pragmatique, c'est-à-dire flexible et capable de changer rapidement en fonction de ce que vous apprenez du marché.

Voici comment vous devez procéder. Prenez votre pitch et donnez-vous une semaine pour écrire le plan correspondant. Consultez votre équipe pendant ce travail d'écriture (vous découvrirez les différences de perspectives). Considérez ce plan comme un document de travail, mais ne le laissez pas diriger votre entreprise. Si vous faites cela, vous aurez un meilleur business plan que 90 % de vos concurrents.

# Chapitre 18
# L'art des projections financières

La finance est l'art de faire passer l'argent
de main en main jusqu'à ce qu'il disparaisse.
Robert W. SARNOFF

La plupart des entrepreneurs peinent à rédiger la partie relative aux projections financières d'un business plan. S'ils donnent ce plan à des investisseurs, ils veulent leur montrer que leur affaire est intéressante, voire qu'il s'agit du prochain Google. Même si le plan est à usage interne, vous voulez tout de même que les employés aient un objectif ambitieux, mais accessible. Faire ces projections est véritablement un art et ces conseils peuvent vous aider à le maîtriser.

1. **Promettez moins et donnez plus.** Je n'ai jamais vu de société qui atteigne ses objectifs initiaux ou les dépasse. Les entrepreneurs donnent les chiffres que les investisseurs veulent, croient-ils, entendre et c'est le début de la fin. Si vous divisez les prévisions par cent et ajoutez un an à la date de lancement, vous aurez une estimation à peu près juste de ce que peut faire une start-up sans prototype. Pour une start-up avec un prototype, divisez par dix et ajoutez six mois.
2. **Faites des prévisions à partir des faits.** Estimez le nombre de rendez-vous qu'auront les commerciaux dans une semaine – c'est-à-dire quatre ou cinq. Multipliez ce nombre par le pourcentage de réussite et ajoutez six mois pour la clôture de l'affaire. Cette méthode vous donnera des chiffres beaucoup plus petits que la méthode dite « prudente » où vous prenez l'hypothèse que vous aurez 1 % de part de marché.

Lorsque vous avez fait ce plan, montrez-le au reste de l'équipe et demandez-lui une réaction honnête. Ne permettez à personne de valider un plan qui n'est pas réalisable avec un taux de certitude d'au moins 80 %.

**3. N'allez pas au-delà de douze ou dix-huit mois.** Aller plus loin est une perte de temps, car vous ne savez pas vraiment quand vous allez lancer votre produit et vous ne pouvez pas deviner comment vos clients adopteront le produit. Si vous voulez faire des projections sur cinq ans, allez travailler pour une société qui existe depuis cinquante ans.

**4. Refaites les prévisions tous les trois mois.** Sinon, les prévisions sont une plaisanterie : obtenez l'approbation pour le budget annuel et refaites les prévisions pour le prochain conseil d'admininistration. Il vaut mieux savoir que refaire les prévisions est nécessaire une fois par trimestre que de s'imaginer que « cette fois, nous avons vu juste ».

Il y a cependant un danger à cette réévaluation trimestrielle : les employés vont finir par croire que les investisseurs ne voient pas d'objection à ce que la société manque ses objectifs constamment (j'espère que vous n'êtes pas idiot à ce point !). Dans une start-up, tout est « à court terme », ou la société mourra à long terme.

**5. Ne laissez pas les coûts dépasser les revenus.** Je sais, je sais : votre start-up aura la croissance la plus rapide de l'histoire, aussi devez-vous construire une infrastructure capable de supporter l'assaut des clients. Ne rêvez pas. Le défi n'est pas de répondre à la demande, mais de la créer. Je voudrais entendre une seule fois dans ma carrière : « La limitation de nos ressources est ce qui a réduit notre croissance. »

**6. Collaborez avec vos investisseurs.** Il est stupide de montrer ses prévisions pour la première fois aux investisseurs lors du conseil d'administration. Présentez-les d'abord et ne vous mettez pas dans la position de devoir deviner ce qu'ils veulent voir. Cette collaboration est particulièrement importante si vous avez de mauvaises nouvelles. Mais surprendre les investisseurs avec de bonnes nouvelles n'est jamais un problème.

**7. Pensez en terme de rentabilité à l'unité.** Peut-être est-il acceptable de perdre de l'argent sur chaque unité pendant un moment, mais il y a un temps où il vous faut gagner de l'argent sur chaque unité. Et n'espérez pas qu'une grande société vous rachète, car espérer le coup de chance n'est pas une stratégie viable.

**8. Prévoyez les coûts de marketing.** Ne comptez pas sur le marketing viral. Il est vrai que quelques sociétés réussissent grâce à lui et on entend parler d'elles parce qu'elles sont peu nombreuses. Pour reprendre l'analogie avec le sport, nous savons tous qui sont Michael Jordan et Wayne Gretzky parce qu'ils ne courent pas les rues. Il vous faut expliquer le processus de création de la demande de façon rationnelle : tarifs publicitaires, taux de clics, nombre de visiteurs uniques par mois, taux de conversion, revenu par client, etc. Les hypothèses sous-jacentes au modèle de marketing sont essentielles pour le financement et la viabilité de votre start-up.

**9. Faites un rapport en une page et tenez-vous y.** Pendant la plupart des conseils d'administration on a l'impression de consacrer trente minutes à l'explication de la manière de présenter les revenus, les coûts et les critères d'analyse. Choisissez les quelques chiffres qui indiquent ce qui se passe et montrez les tendances – et ce n'est pas possible si vous changez votre approche tous les mois.

Vous impressionnerez vos investisseurs en présentant de la même façon les projections et les résultats réels. Avantage : les chiffres sont plus faciles à comprendre ; inconvénient : il est plus facile de vérifier ce que vous faites.

Enfin, vous étonnerez vos investisseurs si votre rapport indique comment les prévisions ont évolué dans le temps. Si vous vous forcez à montrer que, lorsque la courbe de prévisions de revenus dérape, vos coûts restent sous contrôle, vous aurez une société beaucoup plus solide.

**10. N'oubliez pas de prévoir certains coûts.** Il peut être relativement acceptable de manquer ses objectifs, car le travail de prévision dans une start-up est très complexe. Mais si vous oubliez de prévoir un coût, vous entrez dans le monde de l'idiotie. C'est inexcusable – sauf si c'est à cause de l'incendie d'une usine qui produit les matières premières dont vous avez besoin. Mais, dans ce cas, vous devez avoir une solution de remplacement.

Et vous pensiez que les projections financières demandaient un as du tableur ! J'espère que vous comprenez pourquoi c'est faux. En réalité, ce sont les décisions stratégiques de la direction et la communication de ces décisions à tous les employés qui déterminent la qualité des projections financières.

# Chapitre 19
# Modèles financiers pour les sous-performants

Nous n'avons pas vraiment dépassé notre budget.
Ce que nous avons alloué était simplement inférieur à nos dépenses.
Keith DAVIS

*Glenn Kelman, de Redfin, a décidé de révéler son âme de financier pour faire comprendre aux entrepreneurs une pratique de sorcellerie appelée la modélisation financière. Dans ce chapitre, il révèle ses chiffres et les leçons qu'il a apprises en 2007. Je ne sais pas quelles seront les conditions du marché au moment où vous lirez ce livre, mais, dans tous les cas, la différence entre le budget et la réalité est instructive.*

## SECTION 1 : LES CHIFFRES

Les start-up doivent à tout prix éviter de se trouver à court de trésorerie. Deux ans après avoir construit notre premier modèle, voici quelles étaient nos projections et la réalité. Espérons que vous tirerez des leçons de notre expérience.

### Location, par employé, par mois

- **Modèle Redfin : 250 dollars**
- **Réalité (le mois dernier) : 336 dollars**

Nos coûts réels sont plus élevés parce que nous avons déménagé pour avoir plus de place, ce qui est le cas tous les dix-huit mois. Quand nous avions des employés installés dans le couloir, notre coût était d'environ 200 dollars par employé, par mois. Un espace de seconde catégorie avec de bonnes voies d'accès est approximativement de 210 dollars le mètre carré par an à Seattle et de 323 dollars dans la Silicon Valley. Il faut entre 15 et 20 mètres carrés par personne.

Si on prend les extrêmes, Adobe alloue, dit-on, 40 mètres carrés par personne alors que Yahoo! en alloue une vingtaine. L'habitude qu'ont les start-up d'entasser les gens est contre-productive : ce sont les gens, et non l'espace, qui coûtent cher. La société Redfin n'avait vraiment pas anticipé les améliorations nécessaires qui seraient à sa charge quand elle a signé une sous-location de trois ans. En septembre, nous avons dépensé plus de 100 000 dollars en bureaux privés pour nos ingénieurs, espérant que ces locaux nous suffiraient plus longtemps. C'était probablement trop.

### Coût initial en équipement par employé

- **Modèle Redfin : 6 500 dollars**
- **Réalité : 5 700 dollars**

Ordinateurs, moniteurs 20 pouces, bureaux IKEA, fauteuils convenables, téléphones et portables pour les employés sur le terrain. Nous avons acheté notre premier système téléphonique sur Craigslist et nous l'avons amélioré un an plus tard.

### Avantages sociaux par employé

- **Modèle Redfin : 600 dollars**
- **Réalité : 471 dollars**

Les avantages sociaux offerts par Redfin rendent la société compétitive, mais beaucoup d'employés sont basés à Seattle. Or les coûts sont de 10 % supérieurs en Californie.

### Charges salariales

- **Modèle Redfin : 12,5 %**
- **Réalité : 8,5 %**

Par précaution, nous avions ajouté 4 % à notre plan, les charges différant selon les États.

### Pourcentage du bonus trimestriel possible

- **Modèle Redfin : 85 %**
- **Réalité : approximativement 85 %**

Nous payons les bonus par trimestre sur la base d'objectifs liés à la satisfaction des clients. Maintenir la discipline sur le paiement de ces bonus a été difficile. Quand les affaires marchent très bien, tout le monde veut être récompensé, même si nous ne faisons pas de bénéfice.

### Augmentation annuelle des salaires (pour les salariés en place)

- **Modèle Redfin : 6 %**
- **Réalité : non disponible**

Nous ne pouvons pas révéler les chiffres, mais ils sont plus élevés que prévu. Quand nous avons fait notre plan, beaucoup d'employés étaient payés en dessous du marché, ce qui n'est pas inhabituel dans une start-up ; quand la start-up lève plus d'argent et que les gens entrent dans leur seconde année, vous devez payer le prix au moment du bilan annuel.

### Pourcentage des candidats avec frais de recrutement

- **Modèle Redfin : 35 %**
- **Réalité : 20 %**

Si vous ne pouvez pas mettre sur pied une équipe d'ingénierie par votre réseau, les frais de recrutement peuvent être très significatifs au début. Nous donnons un bonus de 2 000 dollars à chaque employé qui nous présente une nouvelle recrue.

### Employés pour qui les frais de recrutement étaient basés sur un pourcentage du salaire annuel

- **Modèle Redfin : 20 %**
- **Réalité : 4,5 %**

Comme nous voulons des candidats de qualité, nous donnons 20 % aux chasseurs de têtes professionnels, mais la plupart des nouveaux salariés ont seulement coûté 2 000 dollars (le bonus donné aux employés pour leurs candidats). Ce qui grève vraiment le budget est de confier à une société l'exclusivité du recrutement des cadres (de 30 000 à 50 000 dollars), un coût que nous n'avions pas inclus dans nos calculs. Nous recommandons de négocier âprement et de différer le paiement jusqu'au moment où l'employé est trouvé.

### Contractuels en pourcentage de la masse salariale

- **Modèle Redfin : 5 %**
- **Réalité : 3 %**

Nos principaux contractuels : un recruteur interne, un designer et un programmeur – pas de contractuels de haute volée.

### Coûts de transport par mois et par employé sur le terrain

- **Modèle Redfin : 300 dollars**
- **Réalité : 369 dollars**

Ce chiffre inclut les agents qui font visiter des propriétés aux clients ainsi que nos voyages entre les bureaux de San Francisco et de Seattle. Vos coûts peuvent être moins élevés. Ou peut-être pas. Quand nous sommes en voyage, certains parmi nous séjournent encore chez des amis.

### Coûts de téléphone par mois et par employé sur le terrain

- **Modèle Redfin : 125 dollars**
- **Réalité : 261 dollars**

Nous avons équipé nos agents immobiliers avec des modems cellulaires, d'où des coûts exceptionnellement élevés.

### Frais juridiques par mois

- **Modèle Redfin : 12 500 dollars**
- **Réalité : 9 406 dollars**

Ces frais excluent les coûts associés au tour de table pour le financement –

généralement autour de 50 000 dollars pour l'avocat de la société et pour celui de l'investisseur (inférieurs au début, supérieurs à un stade ultérieur). Nous avons réduit les coûts en confiant à un cabinet qui connaît la technologie la rédaction des comptes-rendus des conseils d'administration et la gestion des titres, et à un cabinet généraliste les relations contractuelles avec les employés et les questions juridiques relatives à l'immobilier.

Nous gérons nous-mêmes la paperasserie répétitive comme l'attribution de titres et, ce qui n'est peut-être pas sage, les contrats avec les fournisseurs. Nous ne dépensons pas beaucoup en brevets. Nous payons aussi 14 000 dollars par an un service qui s'occupe de fixer le prix de nos titres tous les trimestres. C'est un coût que nous n'avions pas prévu dans nos frais juridiques.

### Coûts comptables par an

- **Modèle Redfin : 45 000 dollars**
- **Réalité : 32 912 dollars**

Quand vous avez levé de l'argent, vos investisseurs veulent des comptes annuels audités. Cela coûte moins cher quand la société est petite et lorsque vos comptes sont en ordre ; nous avons fait faire notre premier audit seulement après avoir fait plus d'un million de dollars de revenus. Vos frais peuvent être un peu plus élevés (mais votre masse salariale moins élevée) si vous avez un comptable qui vient deux fois par mois pour s'occuper des factures, ce qui fait sens la première année ou jusqu'à ce que vous ayez besoin d'un permanent.

### Coût des réunions de tous les employés, par réunion, par employé :

- **Modèle Redfin : 350 dollars**
- **Réalité : 560 dollars**

Presque la moitié de Redfin travaille en dehors de Seattle, ce qui fait que nos coûts sont exceptionnellement élevés. Mais nous sommes obligés de nous rencontrer au moins une fois par an, une dépense significative que nous avions omis de prendre en compte dans notre modèle original.

Il y a, bien sûr, toutes sortes d'autres coûts qui sont propres à notre activité d'agent immobilier en ligne. Je ne donne que ceux qui sont communs à toute start-up.

Passant tous les chiffres en revue, je crains que nous ayons dépensé trop. La première fois que j'ai travaillé dans une société financée par un capital-risqueur, je me suis laissé dire que Sequoia aime voir les entrepreneurs « plonger dans les toilettes pour trouver trois sous ». Je ne suis pas certain que ce soit vrai, mais cette image m'est toujours restée en tête.

## SECTION 2 : LES LEÇONS

Voici quelques conseils pour la construction d'un modèle financier :

- **Concentrez-vous sur le personnel.** En dehors des programmes de marketing, la base de tous les coûts pour les logiciels Internet est le personnel. Donc sachez qui vous voulez engager et à quel prix et vous ne vous tromperez pas trop.
- **Prévoyez de commencer lentement, mais d'avancer rapidement.** Scénario le plus probable : vous ne pourrez pas engager d'ingénieurs assez rapidement et les revenus seront eux aussi lents à venir. Les investisseurs s'attendent à ce que leur argent accélère la croissance, mais s'engager à cela peut parfois faire imploser la société si vous n'avez pas pris le temps de tout mettre en place. Dans le modèle financier, donnez-vous autant de temps que possible pour croître au bon rythme.
- **Faites des vérifications sur la base des faits.** Pour estimer ce qu'une société va sans doute dépenser par an, essayez de doubler le salaire moyen et de le multiplier par le nombre d'employés. Une société de 100 personnes peut dépenser 15 millions de dollars par an.
- **Oubliez les économies d'échelle.** Si vous croyez qu'une affaire est comme par magie plus efficace quand elle grandit, allez au siège social d'Amazon ou d'eBay. La bureaucratie s'accroît. Les salaires gonflent. J'oublie toujours que les coûts par employé augmentent tous les ans.
- **Admettez que les revenus sont un mystère.** Si vous n'avez pas encore de revenus, vous ne pouvez pas savoir ce qu'ils vont être. Le but d'un

modèle est de prouver que vous saurez faire de l'argent si les gens achètent votre produit, non de vous convaincre que ce sera le cas. En développant différentes hypothèses selon des niveaux de demande, vous pouvez aussi calibrer les recrutements et les dépenses correspondant au scénario le plus proche de la réalité.

- **Assemblez par blocs.** Un modèle est presque toujours la somme d'unités plus petites. Dans le cas de Redfin, notre unité de base est un marché semblable à la taille du marché immobilier de San Diego ; nous prévoyons de le développer jusqu'à une certaine taille en un certain nombre de mois, avec l'espoir de voir apparaître une certaine rentabilité. Nous pouvons ainsi évaluer si le modèle marche en regardant ce qui se passe au niveau de San Diego et nous demander : « Maintenant que se passera-t-il quand nous aurons vingt San Diego ? » Pour une autre société, ce peut être le nombre de pages vues ou le nombre de publicités ou encore la productivité d'un seul commercial qui a un objectif de un million de dollars par an.
- **Retirez le mot « espoir » de votre vocabulaire.** Pensez à ce qui a le plus de chance d'arriver. D'une manière générale, « l'espoir » n'est pas une stratégie.
- **Mettez vos hypothèses en évidence.** N'enfouissez pas vos hypothèses dans des formules Excel. Mettez-les bien clairement à part pour avoir un tableau de bord qui vous permette d'ajuster le modèle. C'est particulièrement important si vous avez l'intention de faire part de ce modèle à des investisseurs potentiels.
- **100 millions de dollars de revenus dans les cinq ans.** Le postulat de la plupart des investisseurs est de générer un retour de 10 fois la mise dans cinq ou sept ans, ce qui est difficile s'il faut dépenser cinq millions pour faire une société de 25 millions.
- **Veillez à ce que votre part de marché soit en dessous de 20 %.** La plupart des start-up projettent des revenus astronomiques en prenant pour hypothèse que le marché va s'emballer dans les cinq ans. Comme il y a une limite naturelle à la croissance, soyez prêt à répondre à la question suivante : « Quelle sera votre part de marché dans cinq ans ? » Si c'est

plus de 20 %, réduisez vos projections. Vous aurez de la chance si vous approchez les 20 % de parts de n'importe quel marché.

*Je remercie vraiment Kelman de donner ses chiffres à tout le monde. Il le fait parce que c'est gentil de donner des conseils mais surtout parce que des informations réelles, provenant d'une vraie société, donnent un meilleur aperçu du fonctionnement des choses. Pour le remercier, achetez une maison à Redfin.com pour qu'il fasse ses chiffres.*

# Chapitre 20
# L'art de l'exécution

> Quand un homme vous dit qu'il est devenu riche à force de travail, demandez-lui : « Le travail de qui ? »
>
> Don MARQUIS

Dans le film *Le Candidat*, Robert Redford déclare après son élection : « Et maintenant ? » La plupart des entrepreneurs posent la même question après avoir reçu un financement. Réponse : « Maintenant, il va falloir produire. » La question suivante est : « Comment produire ? » C'est là que l'art de l'exécution entre en jeu.

- **Créez quelque chose qui en vaut la peine.** Je vous fatigue avec mon obsession pour les bons produits et les bons services, mais faire un pitch, une démo, bootstrapper et exécuter sont plus faciles si votre activité a du sens. Il est difficile de rester motivé quand ce n'est pas le cas.
- **Fixez les objectifs.** Il vous faut fixer des objectifs :
  - **Mesurables.** Si l'objectif n'est pas mesurable, il est improbable que vous puissiez l'atteindre. Pour une start-up, les objectifs quantifiables sont, par exemple, une date butoir de lancement, le nombre de téléchargements ou le volume des ventes. Mesurer ces objectifs trois à cinq fois par semaine est suffisant.
  - **Accessibles.** Choisissez vos prévisions « prudentes », multipliez-les par 10 % et prenez-les ensuite comme objectif. Par exemple, si vous pensiez vendre un million d'unités la première année, mettez votre objectif à 100 000 unités. Il n'y a rien de plus démoralisant que d'avoir un objectif prudent et de ne pas l'atteindre. Peut-être allez-vous penser que cette pratique va encourager la sous-performance. Je ne le crois pas, et revenez me voir quand vous aurez vendu un million d'articles.

– **Pertinents.** Un bon objectif est pertinent. Si votre société vend des logiciels, c'est le nombre de téléchargements de la version de démonstration. Ce n'est pas le classement par Alexa ; donc demander à une société d'essayer d'être parmi les 50 000 premiers sites dans le monde en termes de trafic n'est pas aussi pertinent que d'avoir 10 000 téléchargements par mois, tant s'en faut.

– **Complets.** Un objectif peut être mesurable, accessible, pertinent, et quand même vous faire aller dans le mur. Imaginons que vous avez créé un site de contenu. Votre objectif est d'enregistrer 100 000 utilisateurs au cours des quatre-vingt-dix premiers jours. Jusque-là, tout va bien. Mais que se passe-t-il s'ils ne reviennent jamais ? C'est là, le problème. Assurez-vous que votre objectif inclut tous les facteurs qui rendront viable votre organisation.

• **Remettez à plus tard, ou mettez moins l'emphase sur les objectifs de bons sentiments.** Ces objectifs, comme « créer un environnement de travail formidable » sont nuls. Grâce à eux, les fondateurs se sentent certainement très bien. Peut-être même les employés aussi. Mais seules les entreprises qui atteignent des objectifs mesurables sont contentes. Les autres, non. Dès que les objectifs mesurables sont ratés, tous les bons sentiments s'envolent par la fenêtre.

• **Communiquez les objectifs.** Beaucoup d'équipes dirigeantes fixent des objectifs, mais ne les communiquent pas à l'organisation. Pourtant, pour qu'ils soient efficaces, ils doivent être communiqués à tous les employés. Ceux-ci doivent se lever le matin en se demandant comment contribuer à atteindre les objectifs.

• **Désignez un responsable.** Si vous demandez aux employés qui a la responsabilité de faire atteindre ces objectifs et si personne ne peut répondre en dix secondes, cela signifie que personne ne se sent responsable. Les bons employés acceptent les responsabilités et les recherchent.

• **Faites le suivi aussi longtemps qu'il le faut.** Bien des organisations fixent des objectifs et mesurent les progrès en cours. Cependant, après un temps, certains objectifs ne sont plus dans le viseur parce que les gens se mettent à s'intéresser à des trucs plus sympas. Par exemple, corriger des bugs sur la version courante d'une application n'est pas aussi amusant que de concevoir le design d'un nouveau produit, mais ce n'est pas comme cela que vos clients actuels voient les choses.

- **Récompensez les gens efficaces.** Récompenser les gens qui atteignent les objectifs a deux effets positifs. D'abord, ils sont encore plus contents de leur travail. Ensuite, les gens qui ne sont pas efficaces se rendent compte que la société prend l'exécution très au sérieux. La forme de cette récompense peut être de l'argent, des options d'achat de titres, un congé – bref, quelque chose qui signifie clairement à tout le monde que cette personne a « assuré ».
- **Instaurez une culture de l'exécution.** L'exécution n'est pas un événement ponctuel. C'est une façon de vivre et elle doit être instaurée dès les premiers jours de l'organisation. L'exemple doit être donné par la tête de la société, notamment le P.-D.G., qui doit tenir compte des clients, faire attention aux employés, répondre aux e-mails et aux coups de fil.
- **Tenez compte de votre « Morpheus ».** Morpheus est un personnage du film *The Matrix,* qui donne à Neo le choix entre la pilule bleue et la pilule rouge. Il a le rôle de l'adulte qui surveille. L'exécution ne va pas sans le sens de la réalité ; donc trouvez un Morpheus qui distribue les pilules rouges et permet aux employés de voir les choses telles qu'elles sont vraiment.

Quand le battage s'apaise, une société a produit, ou pas. Mettez de côté le caractère génial de votre idée, les qualités de votre équipe de classe mondiale et la publicité qui a entouré votre lancement. Ou bien votre produit est en vente et les clients l'achètent, ou bien ce n'est pas le cas. C'est cela, l'exécution, et c'est pour cette raison que vous êtes payé et que vous avez des parts dans la société.

# Chapitre 21
# Après la lune de miel

L'amour est la chose idéale, le mariage est la chose réelle.
**Johann Wolfgang von GOETHE**

En réalité, pour la plupart des entreprises, après une courte lune de miel, les problèmes commencent (avec le personnel, le produit ou les ventes) ; bref, tout semble aller mal. Et cela, dans une société qui marche. Ce chapitre vous donne un aperçu des problèmes principaux que vous allez sans doute affronter. Ne croyez pas que vous êtes l'exception. C'est le cas de toute société.

## PROBLÈME : UN FONDATEUR NE LIVRE PAS LE PRODUIT

**Comment vous en êtes arrivé là** : au début de bien des organisations, le principal critère de qualification pour les positions clés est de croire à l'histoire. C'est comme cela que votre copain de chambre à l'université est devenu le responsable de l'ingénierie : il était le seul programmeur que vous connaissiez. Cependant, maintenant qu'il doit construire un produit évolutif et instaurer une discipline de développement, il est perdu et certains employés veulent le voir partir.

**Que faire maintenant ?** Vous pouvez vous en débarrasser, ce qui n'est pas très sympathique, mais ce n'est pas mieux de le garder. Cela dit, ne vous séparez de lui qu'en dernier recours, car perdre un fondateur est traumatisant pour tout le monde. En attendant, voyez s'il est bon dans d'autres fonctions ou dans une position où il peut réussir. Cela suppose souvent qu'il soit rétrogradé, c'est dur pour lui, mais un bon exemple pour tout le monde. S'il ne veut pas de cette transition, eh bien *aloha oe*[16]. Souvenez-vous de ceci : le statut de fondateur donne des actions, non l'immunité.

---

16. En hawaiien dans le texte. C'est le titre d'une chanson composée par la dernière reine de Hawaii. L'expression signifie : « Je te dis au revoir. »

### PROBLÈME : LE PRODUIT EST EN RETARD

**Comment vous en êtes arrivé là :** peut-être parce que vous avez engagé votre copain de chambre. Les autres raisons courantes peuvent être le manque d'expérience, le fait de prendre ses rêves pour la réalité, ou celui de céder à la pression réelle ou imaginaire d'investisseurs demandant le lancement du produit pour une certaine date.

**Que faire maintenant ?** a) Réunir l'équipe et lui faire dire où en est véritablement le projet. b) Décider impitoyablement de changer le rôle des gens. c) Réduire la portée et/ou la complexité du produit. d) Plaider coupable auprès des investisseurs et admettre que vous vous êtes trompé. e) Déjouer les investisseurs et leur donner une date tout en sachant que vous ferez mieux. f) Ne rien dire et vous mettre au travail.

### PROBLÈME : LES VENTES SONT INFÉRIEURES AUX PROJECTIONS

**Comment vous en êtes arrivé là :** vous êtes si proche du produit que vous pensiez que les clients l'adopteraient tout de suite—ou bien vous avez dit ce que les investisseurs voulaient entendre. Jusqu'à maintenant, votre plus grande crainte, c'était de ne pas pouvoir suivre la demande, et vous n'aviez pas prévu que les clients ne tomberaient pas amoureux d'un produit qui n'a pas fait ses preuves et qui émane d'une société faiblement capitalisée.

**Que faire maintenant ?** Les commerciaux doivent dire ce qui se passe vraiment. Essayez donc de faire des ventes quelles qu'elles soient. Voici mon point de vue : a) vous ne pouvez jamais savoir qui deviendra un grand compte ; b) clore une vente plus petite est plus facile et c'est une bonne chose ; c) ces petits succès génèrent la confiance dans l'équipe commerciale et d) les mendiants n'ont pas le choix.

### PROBLÈME : IL Y A DE LA MÉSENTENTE DANS L'ÉQUIPE

**Comment vous en êtes arrivé là :** vous êtes dans cette position parce que c'est toujours ce qui arrive. Les start-up sont « bordéliques ». Les choses vont mal. Les gens ne s'entendent pas. Si c'était facile, tout le monde ferait sa start-up et deviendrait riche. Bienvenue dans le monde réel.

**Que faire maintenant ?** Vous arrangez les choses. Vous discutez. Vous faites venir une personne expérimentée qui regardera la situation avec un œil neuf. Il n'y a pas de solution miracle. Cela prend du temps. Mais continuez le produit et faites des ventes, car la mésentente est souvent l'effet de mauvaises ventes. Si les ventes étaient bonnes, les gens s'entendraient sans doute mieux. Ce serait peut-être même l'euphorie.

La chose à ne pas faire est de lyncher les gens parce que vous voulez, d'une part, faire un précédent, et d'autre part, montrer à tout le monde que vous pouvez prendre une décision difficile. Donnez aux gens une seconde chance. Peut-être même une troisième. Retenez ce qui est positif : comment les gens aident l'organisation et non en quoi ils lui font du mal. Vous avez l'obligation morale de donner à chacun la chance de changer et de réussir. Si vous n'agissez pas de la sorte, vous communiquez, sans le vouloir, le message suivant : « Je peux mettre tout le monde dehors, donc ne me contrariez pas. »

### PROBLÈME : LA PRESSE, LES ANALYSTES, LA BLOGOSPHÈRE NOUS DÉMOLISSENT

**Comment vous en êtes arrivé là** : votre arrogance en est certainement la cause ; vous croyez que votre produit est si extraordinaire que, par comparaison, Google a l'air d'un stand de limonade. Quand vous commencez à croire ce genre d'ânerie, vous devenez une vraie cible.

**Que faire maintenant ?** D'abord, améliorer la réalité. Vendez votre produit. Améliorez-le. Pas la peine d'espérer une bonne couverture par la presse s'il est mauvais.

La seconde chose à faire est de se concentrer sur les clients, non sur la presse. Si vos clients sont contents, la presse vous suivra. Elle n'a pas le choix. Apple a une bonne presse maintenant parce que ses clients sont très contents. Quand ils ne l'étaient pas, les journalistes se jetaient sur Apple comme des hyènes affamées.

La troisième chose à faire est de séduire les journalistes. J'en parle plus loin dans la section « Plaire dans les faits ».

## PROBLÈME : LES CAPITAL-RISQUEURS FONT DU MICRO-MANAGEMENT

**Comment vous en êtes arrivé là :** si l'on regarde les choses en face, les capital-risqueurs ne veulent pas faire du micro-management. Ils adoreraient faire leur investissement, se présenter à un bref conseil d'administration une fois par mois pour entendre que tout va très bien, choisir un acquéreur ou une banque d'investissement pour une entrée en Bourse et prendre leur argent. Vous êtes dans cette position parce que vous avez fait quelque chose qui ne va pas. Et non, ce n'est pas parce qu'un capital-risqueur a envie d'être dans vos pattes.

**Que faire maintenant ?** Vendez et encaissez l'argent. Vos capital-risqueurs adoreraient passer à la prochaine société branlante. Vous vous êtes mis vous-même dans le trou, maintenant sortez-vous en.

## PROBLÈME : LES CAPITAL-RISQUEURS NE NOUS AIDENT PAS BEAUCOUP

**Comment vous en êtes arrivé là :** il y a deux raisons probables. D'abord vous avez été naïf de croire le capital-risqueur quand il vous a dit qu'il allait se retrousser les manches pour vous aider. Ensuite, vous ne demandez pas son aide comme il le faut ou vous le faites trop rarement.

**Que faire maintenant ?** Vous ne pouvez pas changer grand-chose à la première raison. Mais dans tous les cas, il faut demander. Vous ne voulez pas être un fardeau, mais il y a pire que de demander trop d'aide, c'est d'en demander trop peu.

## PROBLÈME : NOTRE AGENCE DE RELATIONS PUBLIQUES OU DE PUBLICITÉ N'ASSURE PAS

**Comment vous en êtes arrivé là** : laissez-moi deviner ce qu'il en est. Vous étiez pressé et vous avez interviewé une ou deux agences au total. Vous « avez vraiment aimé » Trixie et Biff parce qu'ils se sont exclamés sur votre produit. Vous n'avez pas vérifié leurs références parce que vous pensez bien juger les gens sur la base de leurs réactions spontanées. De plus, vous n'avez jamais travaillé avec une agence dans le passé, mais vous avez quand même voulu vous occuper de la sélection et la gérer. Vous vous êtes planté. Que dire de plus ?

**Que faire maintenant ?** Je parie que la personne qui travaille tous les jours avec l'agence sait plus de choses en marketing que vous ; qu'elle comprend mieux que vous ce que sait faire l'agence et sait mieux que vous comment optimiser la relation. C'est généralement votre vice-président ou votre directeur du marketing. Indiquez clairement à l'agence que c'est lui le responsable désormais et qu'il a aussi le droit de changer d'agence. Si vous n'avez pas cette personne : prenez conscience qu'il y a plus de mauvais clients que de mauvaises agences. C'est votre job de comprendre comment vous pouvez devenir un bon client. Je reviens sur le sujet dans le chapitre consacré aux relations publiques – les mêmes concepts s'appliquent aux agences de publicité.

### PROBLÈME : NOUS ALLONS ÊTRE À COURT D'ARGENT AVANT DE POUVOIR EN LEVER DAVANTAGE

**Comment vous en êtes arrivé là :** c'est le problème type dans l'entrepreneuriat. Le produit est en retard, les ventes inférieures à ce qu'on avait rêvé et on est à court d'argent. Vous en êtes là parce que le calendrier de l'ingénierie ne tenait pas debout. Et, pour empirer les choses, vous avez étendu votre infrastructure, pensant être inondé par la demande.

**Que faire maintenant ?** C'est une question difficile car chaque cas est différent. Cela dit, voici les actions à considérer :

- Gelez le recrutement – aussi stratégique que soit le poste à pourvoir. En tout cas, si vous engagez une personne, licenciez-en une autre en même temps.
- Réduisez les dépenses marketing. Vous gaspillez certainement de l'argent dans des choses stupides.
- Trouvez des étudiants. Ils offrent ce dont vous avez besoin : du travail gratuit. Vous offrez ce dont ils ont besoin : l'expérience du monde réel.

• Réduisez les salaires de l'équipe de direction.
• Convainquez les cofondateurs de prêter de l'argent à la société en attendant le prochain tour de financement.
• Faites un peu de travail de consulting pour améliorer la trésorerie.
• Essayez de faire payer quelques clients qui sont en bêta pour la mise en œuvre de pilotes.

Voyez-vous la solution magique dans les points énumérés ci-dessus ? Moi pas. Voici la morale de l'histoire :

Ne vous mettez pas dans cette situation, parce qu'il n'y a pas de moyen simple d'en sortir.

Faites durer l'argent qui vous reste aussi longtemps que possible. Je n'ai jamais vu de société échouer parce qu'elle n'avait pas pu grandir assez rapidement. J'ai vu beaucoup de sociétés mourir parce qu'elles avaient « investi pour l'avenir » pour ne pas manquer une opportunité. Je voudrais une fois dans ma carrière investir dans une société qui n'a pas étendu assez rapidement son infrastructure. C'est un problème plus facile à résoudre que celui d'accroître ses ventes et d'accélérer le processus d'adoption.

# Chapitre 22
# L'art de bootstrapper

Dès la petite enfance, vous pouvez établir les fondations de la pauvreté ou de la richesse, du travail ou de la paresse, du bien ou du mal selon les habitudes que vous faites prendre à vos enfants. Enseignez-leur de bonnes habitudes et leur avenir sera solide.

Lydia SIGOURNEY

Trop d'argent est pire que trop peu pour la plupart des sociétés — même si j'aimerais avoir un jour une publicité pendant le Super Bowl. Mais tant que ce jour n'est pas arrivé, la clef du succès pour la plupart des organisations est de bootstrapper. Le terme « bootstrapper » vient de la légende allemande du baron von Münchhausen qui se sortit de l'eau en tirant sur les anneaux, les « bootstraps », cousus sur le rebord de ses bottes. C'est essentiellement ce que vous avez aussi à faire.

- **Concentrez-vous sur la trésorerie, non la rentabilité.** Selon une théorie, la rentabilité est la clé de la survie. Si vous payiez vos factures avec des théories, la rentabilité suffirait. La réalité est que vous payez vos factures avec de l'argent, donc concentrez-vous sur la trésorerie. Vous devriez commencer votre entreprise avec peu de besoins en capital initial, avoir des cycles de vente courts, vous faire payer rapidement et essayer d'avoir des revenus récurrents. En un mot, évitez la grosse vente qu'il faut douze mois pour conclure, honorer et encaisser.
- **Construisez des prévisions ascendantes.** La plupart des entrepreneurs font des prévisions descendantes : « Il y a 150 millions de voitures aux États-Unis. Il est certainement raisonnable d'espérer que seulement 1 % soit muni de notre système de radio satellite. Cela fait 1,5 million de systèmes la première année. » Une prévision ascendante consiste en ceci : « Nous pouvons ouvrir jusqu'à dix centres d'installation la première année. Nous pouvons installer dix systèmes en moyenne par jour. Donc

la première année, nous pouvons vendre 10 centres x 10 systèmes x 240 jours = 24 000 systèmes de radio satellite. » Le nombre est vraiment différent ! Devinez ce qu'il se passera.

- **Vendez, puis testez.** Le mieux est l'ennemi du bien. Quand votre produit ou votre service est « suffisamment bien », vendez-le, parce que l'argent vient quand on commence à livrer. C'est aussi en vendant qu'on découvre les améliorations que les clients attendent. Il y a clairement un compromis à faire : votre réputation contre de l'argent. Vous ne pouvez pas livrer de la camelote, mais vous ne pouvez pas non plus attendre que tout soit parfait. (*Nota bene* : les sociétés qui s'occupent des sciences de la vie doivent ignorer cette recommandation.)
- **Oubliez l'équipe « qui a fait ses preuves ».** On surestime la valeur des équipes qui ont fait leurs preuves. Ces gars sont habitués à un certain style de vie que ne peut offrir le bootstrapping. Engagez plutôt des gens jeunes, peu chers et qui en veulent. Quand vous aurez assez de trésorerie, vous pourrez embaucher des adultes. Dans l'intervalle, choisissez des gens que vous pouvez vous payer et transformez-les en employés remarquables.
- **Commencez en vendant du service.** Disons que vous voulez devenir un éditeur de logiciels : les gens téléchargent votre produit, vous leur envoyez des CD et ils vous paient. C'est un bon modèle de business. Cela dit, pendant que vous terminez le logiciel, vous pouvez fournir des services de consultant en rapport avec le logiciel en développement. Il y a deux avantages à cela : des revenus immédiats et un vrai client testant le produit. Une fois que votre logiciel est testé sur le terrain, changez votre fusil d'épaule et devenez une société de produits.
- **Concentrez-vous sur la fonction, non la forme.** *Mea culpa :* j'aime la « forme », les MacBooks, les Audis, les patins à glace Graf et les montres Breitling, pour ne citer que quelques noms. Mais les bootstrappeurs se concentrent sur la fonction, non sur la forme. Tout ce qu'on demande à une chaise de bureau, c'est de permettre de s'asseoir. Il n'est pas nécessaire qu'elle ait l'air de sortir d'un musée d'art moderne. Créez de bons produits, mais achetez bon marché.

• **Choisissez vos combats.** Les bootstrappeurs choisissent leurs combats. Ils ne se battent pas sur tous les fronts, parce qu'ils ne peuvent pas se le permettre. Si vous bâtissez une nouvelle église, avez-vous vraiment besoin d'un système multimedia à 100 000 dollars ? Si vous êtes en train de créer un site Web de contenu basé sur un modèle publicitaire, devez-vous écrire votre propre serveur de publicités ? Je ne le pense pas.

• **Limitez le personnel.** Beaucoup d'entrepreneurs engagent en pensant à ce qui pourrait se passer dans le meilleur des cas. « Nos projections prudentes (descendantes, cependant) sont de 1,5 million d'unités de systèmes de radio satellite. Nous avons intérêt à avoir un support technique 24 heures sur 24, sept jours sur sept. Devinez quoi ? Vous ne vendez que 15 000 unités et vous avez 200 employés dans 5 000 mètres carrés. Les bootstrappeurs engagent moins de gens que ce qu'il faut, parce qu'ils savent que tout peut dérailler.

• **Vendez en direct.** Le nombre optimal de bouches (ou de mains) entre un bootstrappeur et son client est zéro. C'est vrai, les boutiques touchent plus de clients et les grossistes offrent la distribution. Mais le Bon Dieu a inventé le e-commerce pour que vous puissiez vendre en direct et avoir de meilleures marges. Et ce Bon Dieu était doublement intelligent parce qu'il savait que, si vous passiez à la vente directe, vous auriez aussi une meilleure compréhension des besoins des clients. Les boutiques et les grossistes satisfont à la demande, ils ne la créent pas. Si vous créez assez de demande, vous trouverez toujours des organisations pour la satisfaire plus tard. Si vous ne créez pas la demande, même le meilleur réseau de distribution du monde ne donnera rien.

• **Positionnez-vous contre le leader.** Supposons que vous n'ayez pas l'argent pour expliquer votre histoire en partant de rien. N'essayez pas. Positionnez-vous contre le leader. Toyota a introduit sa ligne de Lexus en se positionnant comme étant aussi bien qu'une Mercedes, mais pour la moitié du prix. Toyota n'avait pas besoin d'expliquer ce que voulait dire « bien comme une Mercedes ». Combien croyez-vous que Toyota a économisé ?

Comme aime le dire mon ami Craig Johnson, un grand avocat d'affaires de la Silicon Valley : « La cause principale de la défaillance des start-up est la mort, et la mort survient quand vous êtes à court d'argent. » Tant que vous avez de l'argent, vous restez dans la course, et durer plus longtemps que les concurrents est l'une des caractéristiques du bootstrapping.

# Chapitre 23
# L'art du conseil d'administration

> Les réunions sont comme une drogue, une activité pleine de complaisance à laquelle ne se livrent habituellement les grandes sociétés et bien d'autres que parce qu'elles ne peuvent pas se masturber.
>
> Alain VAN der HEIDE

J'ai été l'entrepreneur (aussi connu sous le nom de « victime ») et l'administrateur (aussi connu sous le nom de « lourdaud »). Les tuyaux ci-dessous s'adressent aux start-up, aux sociétés établies et, avec très peu de modifications, aux écoles, aux églises et aux œuvres caritatives.

Avant de discuter du conseil d'administration, parlons de sa composition. Un conseil doit comporter de cinq à sept membres. Les entrepreneurs un peu niais veulent des gens qui disent *amen* à tout, tout en ayant des poches pleines de sous. Mais dans un monde parfait, vos administrateurs doivent représenter les archétypes suivants :

- **« Le Client ».** Cette personne est, ou représente, le type de personne ou d'organisme suceptible d'acheter votre produit ou votre service. Vous avez besoin d'elle pour la validation des fonctionalités, du prix et de l'approche marketing.
- **« L'Ingénieur ».** Cette personne est le point de validation de votre technologie. Si votre responsable de l'ingénierie vous dit qu'il va réécrire les lois de la physique, il y a quelqu'un pour lui taper sur les doigts. Cela dit, de temps en temps, ce peut être votre responsable de l'ingénierie qui a raison, mais il peut être trop optimiste. L'intérêt d'avoir un technicien, c'est que vos ingénieurs respecteront le conseil ; ils croient souvent que le conseil ne s'intéresse qu'aux sujets financiers.
- **« Le Papa »** ou **« La Maman ».** C'est votre mentor, votre ami et une sorte de psy gratuit. Son rôle est de vous guider, vous réconforter et vous soutenir quand les choses vont mal.

• **« Le Coincé ».** C'est « l'adulte » qui a le rôle du méchant. Il vous dit que vous avez manqué vos prévisions « prudentes » de 90 % et que vous ne pouvez pas donner à votre copain de chambre la responsabilité de la stratégie en ingénierie simplement parce qu'il est cofondateur et le plus technique des fondateurs.
• **« Jerry Maguire ».** C'est « monsieur Connexions », qui vous permet de vous connecter plus rapidement que vos concurrents à des clients, des partenaires (je déteste ce mot), des fournisseurs ou des candidats pour un emploi. Cela dit, méfiez-vous, vous êtes généralement trop optimiste sur l'aptitude d'un administrateur à ouvrir des portes.
• **« Le P.-D.G. ».** C'est quelqu'un dont vous pouvez vous sentir proche, parce qu'il est dans le même bateau que vous. Contrairement aux autres administrateurs qui ont « tout vu, tout fait », cette personne « voit et fait ». Il contrebalance les autres administrateurs qui ont souvent une mémoire sélective. Il peut aussi donner une information de première main sur le salaire des ingénieurs, les agences de publicité et de relations publiques qui sont à la mode et les capital-risqueurs qui ajoutent de la valeur.

Collectivement, votre conseil doit vous fournir des conseils, un soutien et des connexions. Si ce n'est pas le cas, franchement, c'est votre faute. Maintenant, voici comment gérer la réunion du conseil :
• **Commencez le matin.** J'ai participé à des conseils le matin, en milieu de journée et l'après-midi. Les conseils les plus efficaces commencent toujours à 8 heures ou même plus tôt. Parce que les gens sont plus frais et n'ont pas le poids des crises qui se sont accumulées au cours de la demi-journée. De plus, vous faites bonne impression en étant matinal.
• **Débarrassez-vous d'abord des choses faciles.** La plupart des conseils requièrent l'approbation du compte rendu de la réunion précédente et la gestion de diverses formalités juridiques. Il y a deux raisons de faire cela au début : d'abord, vous risquez de ne pas avoir le temps plus tard, et si certains administrateurs doivent partir plus tôt, de vous trouver sans quorum ; ensuite, vous voulez établir le bon état d'esprit où on approuve des choses avant de lâcher les bombes.

- **Ne racontez pas de bobards.** Les mots les plus puissants que vous pouvez prononcer à une réunion du conseil sont : « Nous avons fait mieux que les prévisions. » Ensuite : « Je ne sais pas. » Quand vous ne savez pas, admettez-le et donnez la réponse à la réunion suivante. Cela a un intérêt : quand vous dites que vous savez, on vous croit.
- **Laissez le P.-D.G. conduire la réunion.** C'est peut-être typiquement américain, mais beaucoup de sociétés veulent montrer que toute l'équipe dirigeante est très impliquée et efficace. Cela dit, on n'est pas à l'école élémentaire où il faut faire en sorte que tout le monde participe. Le P.-D.G. doit gérer 70 % de la réunion. Le directeur financier doit en gérer 20 % et les autres employés (s'ils sont présents) 10 %.
- **Soyez bref.** L'entrepreneur qui a besoin de 60 diapos pour faire son pitch sur sa société prépare aussi généralement 60 diapos pour une réunion de deux heures. Les règles de la concision valent aussi pour les réunions du conseil. Peut-être voulez-vous donner une vue à 360 degrés de la société, mais la plupart des administrateurs veulent un angle à 30 degrés :

  – Qu'est-ce qui va bien ?
  – Qu'est-ce qui va mal ?
  – Qu'attendez-vous des administrateurs ?

- **Ne surprenez pas les gens.** C'est la règle la plus importante dans la gestion d'un conseil. Ne surprenez jamais, absolument jamais, votre conseil (une seule exception peut-être, des ventes plus élevées que prévu). Si vous avez de mauvaises nouvelles, parlez-en avec chaque administrateur avant la réunion. Idéalement, au moment de la réunion, vos administrateurs se seront calmés ; vous serez sur la voie d'une solution au problème et ils auront, eux aussi, pensé aux moyens de résoudre le problème.

Soit dit en passant, envoyer un fichier Excel et un PDF de soixante pages la veille, n'est pas informer le conseil par avance. Comme la plupart des administrateurs ne lisent pas les fichiers joints avant la réunion, vous arriverez à la réunion en pensant qu'ils sont déjà au courant de la mauvaise nouvelle alors que ce n'est pas le cas. Vous méritez alors qu'on vous mette en pièces.

- **Prévenez autant que vous le pouvez.** Toujours dans la ligne « pas de surprises », n'essayez pas de vendre quelque chose directement pendant le conseil. Par exemple, si vous voulez changer votre modèle de business, engager une superstar de chez Microsoft ou acheter de la publicité pendant le Super Bowl, discutez-en avant la réunion. Vous saurez alors si vous avez des supporters ou quels sont les problèmes ; vous vous évitez ainsi de chercher un accord qui ne vous sera pas donné.
- **Présentez des solutions, non des problèmes.** Si vous menez la réunion, c'est parce que vous êtes, en théorie, la meilleure personne pour le job. Vous devez donc offrir des « solutions ». Par exemple, donnez votre meilleure solution pour le logo de la société, son mantra, le design du produit ou un plan pour son introduction. Ensuite, demandez du feedback et faites les changements appropriés. C'est autre chose que d'ouvrir la boîte de Pandore en demandant : « Comment pensez-vous que nous devrions introduire le produit ? » Cette question ne montre pas de la flexibilité ou une ouverture d'esprit de votre part : elle montre que vous n'êtes pas à la hauteur.

Les réunions du conseil d'administation ne sont pas nécessairement des séances de torture. Si elles le sont, c'est probablement votre faute, de toute façon. Veillez à ce que ces réunions soient courtes et structurées, et vous découvrirez qu'elles peuvent être instructives, parfois même agréables et créatives.

# Chapitre 24

# Comment j'ai construit un site de média social Web 2.0 à la longue traîne (contenu généré par les utilisateurs, le journalisme citoyen) pour 12 018,10 dollars

Le site Web le pire jamais découvert.

Martin VEITCH (décrivant Truemors dans *The Inquirer*)

On peut m'accuser de beaucoup de choses, mais pas d'hypocrisie. En 2007, j'ai créé une société appelée Nononina, lançant un site de média social à la longue traîne dont le contenu était généré par les utilisateurs, le journalisme citoyen, appelé Truemors. C'est un site où les gens peuvent poster le résumé d'histoires intéressantes trouvées sur Internet.

C'est un exemple de société bootstrappée dans le nouveau contexte économique pour les start-up autour de 2008. Voici comment j'ai dépensé 12 018,10 dollars pour la lancer.

- **0.** Je n'ai pas écrit de business plan. Le plan est simple : lancer un site en quelques mois, voir si les gens l'aiment et vendre de la publicité et du sponsoring (ou pas).
- **0.** Je n'ai pas « pitché » de capital-risqueur pour la financer. La vie est simple quand vous pouvez lancer une société avec un financement niveau « carte de crédit ».
- **7,5.** Sept semaines et demie se sont écoulées entre le moment où j'ai enregistré le nom de domaine truemors.com et celui où le site a été mis en ligne.

Pourquoi si peu de temps ? Parce que la communauté d'Open Source a créé beaucoup de bon code que les sociétés peuvent utiliser gratuitement.

- **4 500 dollars.** C'est le coût total du développement. Pour deux raisons : d'abord, la qualité des logiciels libres que je viens de mentionner. Ensuite, j'ai eu la chance de rencontrer grâce à mon blog des types fantastiques chez Electric Pulp, une société de développement du Dakota du Sud. Je ne croyais pas aux équipes à distance pour la version 1 d'un produit, mais grâce à Electric Pulp, j'ai changé d'avis.
- **4 824,14 dollars.** C'est le coût total des frais juridiques. J'aurais pu passer par mon oncle qui est avocat spécialisé en divorces, et économiser un peu, mais c'est une approche à court terme si Truemors doit avoir de la valeur.
- **399 dollars.** C'est ce que j'ai payé pour le design du logo à Logoworks. Vous faites un *brief* sur le site de cette société et les designers vous soumettent ensuite leurs idées.
- **1 115,05 dollars.** C'est ce que j'ai dépensé pour les noms de domaines. J'aurais pu dépenser moins, mais ce n'était quand même que 1 100 dollars.
- **55.** C'est le nombre de noms de domaines que j'ai enregistrés (par exemple, Truemors.net, Truemors.de, Truemors.biz, Truemours.com, etc.). Je ne savais pas qu'il fallait acheter tant de domaines pour protéger le seul qu'on utilise. Oui, j'aurais pu enregistrer moins et dépenser moins, mais qu'est-ce qu'une économie de quelques centaines de dollars, comparée au coût d'une action en justice pour stopper les imposteurs si Truemors marche ?
- **1,5.** C'était l'équivalent du nombre d'employés à Truemors. Pour nous, Truemors était une passion – en d'autres termes, nous ne nous sommes pas rémunérés.
- **3.** TechCrunch, un site d'informations consacré à la technologie, a parlé de Truemors trois fois : une fuite, une deuxième fuite avec copie d'écran, et la mise en ligne. Je voudrais pouvoir vous dire que je suis assez malin pour avoir planifié cela.
- **261 214.** C'est le nombre de pages vues le premier jour.

- **14 052.** C'est le nombre de visiteurs le premier jour.
- **0 dollar.** Je n'ai rien dépensé en marketing.
- **24.** Mais j'ai fait 24 ans de *schmoozing*[17] pour me trouver dans cette situation. Beaucoup de blogueurs ont protesté : « La seule raison pour laquelle Truemors a tant de couverture, c'est parce que c'est le site de Guy. » À quoi je réponds : « Vous comprenez l'évidence. »
- **405.** Comme certaines personnes n'avaient rien à faire de mieux, nous avons eu 405 messages le premier jour.
- **218.** Nous avons détruit 218 de ces 405 messages, soit parce qu'il s'agissait de spams, soit parce qu'ils étaient déplacés ou tout simplement stupides. Chose intéressante, la moitié des blogueurs se sont plaints que le site était bourré de cochonneries et l'autre moitié que je détruisais des messages.
- **3.** Au bout de trois heures seulement, le site était hacké, et il nous a fallu le fermer temporairement. J'étais impressionné. Le hacker qui a fait cela était sans doute le prochain Woz. Contactez-moi si c'est vous.
- **36.** Au bout de 36 heures seulement, Yahoo! Petites Entreprises nous a dit que nous n'étions pas dans le bon service en raison de notre trafic.
- **29,96 dollars.** C'était notre point mort mensuel puisque c'était le tarif mensuel de Yahoo! Petites Entreprises.
- **150 dollars.** Comme Yahoo! Petites Entreprises a éjecté Truemors, notre point mort mensuel a quintuplé.
- **2.** Après seulement deux jours, Truemors était appelé « le pire site jamais vu » par *The Inquirer*.
- **246 210.** Merci à *The Inquirer,* car grâce à cela, 246 210 pages ont été vues. C'est vrai, il n'y a pas de mauvaise publicité.
- **150.** Une semaine avant le lancement, si vous aviez tapé « truemors » sur Google, vous auriez eu 150 occurrences.
- **315 000.** Onze jours après le lancement, Google montrait 315 000 occurrences. Je ne sais pas comment c'est possible, mais je ne m'en plains pas.

---

17. Voir aussi dans *L'art de se lancer : l'art du schmoozing*

Un an après le lancement de Truemors, nous avons créé un autre site, Alltop. C'est un kiosque à journaux en ligne regroupant des articles de magazines sur le vin, le sport, l'adoption, la Chine, la nourriture, les lois, le journalisme, les livres, le cinéma et la religion. Le site lit les flux RSS d'une centaine de sites et de blogs et présente les grands titres les plus récents de chaque source. Si vous lisez l'anglais, smallbusiness.alltop.com, marketing.alltop.com, venturecapital.alltop.com, good.alltop.com et nonprofit.alltop.com devraient vous intéresser.

J'ai dépensé environ 10 000 dollars pour lancer Alltop : 3 000 dollars pour acheter le nom de domaine Alltop.com et 6 000 dollars pour trois MacBook Air que j'ai donnés en cadeau à mes amis d'Electric Pulp. Ils ne se sont pas fait payer pour le développement ; nous sommes maintenant « partenaires » (même si je déteste ce mot) dans Alltop, donc nous partageons les revenus et les bénéfices.

Compte tenu de mon expérience à Truemors et Alltop, un entrepreneur ne peut pas me dire qu'il lui faut un million de dollars, quatre développeurs et six mois pour lancer ce type de site. Les logiciels libres comme WordPress, MySQL, Ruby et PHP permettent de tester des idées comme celles-ci avec de l'argent niveau « carte de crédit ». Si votre idée décolle, alléluia ! Il n'y a pas de meilleur moment pour lever de l'argent que celui où votre prototype prend de l'ampleur. En réalité, il se pourrait que vous n'ayez jamais à lever d'argent. Il n'y a pas de pire moment pour lever de l'argent que celui où vous n'en êtes qu'à l'idée. En fait, il y a un moment pire : quand vous avez dilapidé le premier million et que vous n'avez pas produit.

# Innover dans les faits

Beaucoup de gens pensent qu'innover est facile : vous êtes assis avec vos copains et les idées jaillissent. Ou bien, vos clients vous disent ce dont ils ont besoin. Ne rêvez pas. Innover est un processus difficile, complexe et pour lequel il n'y a pas de raccourci. On commence par faire quelque chose qu'on aimerait utiliser et qui a du sens, et c'est à partir de là que les choses deviennent plus difficiles.

# Chapitre 25
# L'art d'innover

> L'innovation est l'instrument spécifique
> de l'entrepreneuriat […], l'acte qui dote les ressources
> d'une nouvelle capacité à créer la richesse.
>
> Peter DRUCKER

Peter Drucker avait raison : l'innovation est ce qui crée la richesse. Cela vaut mieux, parce qu'il est sacrément difficile d'innover. Ce chapitre explique les principes de l'innovation que j'ai appris sur le terrain chez Apple, dans les trois sociétés que j'ai lancées et les douzaines de sociétés que j'ai conseillées. Je voudrais pouvoir vous dire que j'ai toujours bien fait les choses. Je mentirais. Faites ce que je dis, non ce que j'ai fait.

**1. Créez quelque chose que vous avez envie d'utiliser.** Beaucoup d'experts interprètent la création de sociétés comme Apple, Google ou Southwest Airlines comme des exemples de vision où des entrepreneurs auraient identifié un marché potentiel énorme dans lequel il manquait un produit comme le leur. C'est de la blague. Je pense que les gens créent une société parce qu'ils veulent utiliser un produit ou un service. Donc si vous voulez être innovant, créez quelque chose que vous voulez utiliser.

**2. Ayez du sens.** Que se passe-t-il si vous êtes la seule personne à désirer votre gadget ? En réalité, les belles innovations ont un sens et de l'attrait pour beaucoup de gens. Elles permettent de faire mieux des choses qui sont déjà possibles, de faire ce que vous avez toujours voulu faire et de faire des choses que vous ne saviez pas que vous aviez envie de faire. L'iPod est un bon exemple. Pour certains, écouter de la musique est une habitude que l'iPod a rendue beaucoup plus agréable que les cassettes. L'iPod a permis à d'autres qui refusaient d'utiliser un Walkman en raison de sa taille ou des limites des cassettes, d'écouter de la musique tout en bougeant, pour la première fois. Et pour d'autres, l'iPod est ce qui leur a permis d'écouter des podcasts, une forme d'enregistrement audio qui n'existait pas avant.

**3. Changez le paradigme.** Il y a trop de sociétés qui en restent aux paradigmes connus. Dans les années 1880, il y avait une industrie consistant à récolter de la glace. Pendant l'hiver, ces sociétés coupaient des blocs de glace. Les usines fabriquant de la glace ont mis ces sociétés en faillite parce qu'elles dépendaient des climats froids. Les sociétés de réfrigérateurs ont, à leur tour, mis les fabricants de glace en faillite. La véritable innovation consiste à changer le paradigme ou, mieux, à inventer un nouveau paradigme.

**4. Ne vous inquiétez pas, acceptez l'imperfection.** Ne soyez pas contrarié à l'idée de vendre un produit innovant qui comporte des imperfections. La première version d'une innovation est rarement parfaite. Le Macintosh, par exemple, n'avait ni logiciels (remerciez-moi), ni disque dur (pas grave puisqu'il n'y avait pas de logiciels), pas d'extensions et pas de couleur. Si une société attend que tout soit parfait, elle ne vendra jamais et le marché lui passera sous le nez.

**5. Itérez, itérez, itérez.** Je dis qu'il est acceptable de commencer à vendre avec des éléments d'imperfection. Je ne dis pas qu'il est acceptable d'en rester là. Une société doit améliorer la version 1.0 et créer la version 1.1, 1.2, … 2.0. C'est une leçon pénible à apprendre quand il est déjà si difficile de lancer quelque chose d'innovant. La dernière des choses que les employés veulent gérer, ce sont des plaintes concernant leur bébé parfait. Mais l'innovation n'est pas un événement, c'est un processus.

**6. N'ayez pas peur de polariser les gens.** Beaucoup de sociétés veulent créer le Saint-Graal des produits qui plaisent à toutes les couches démographiques, à tous les profils socio-économiques et conviennent à toutes les zones géographiques. C'est une garantie de médiocrité. Créez plutôt de beaux produits qui rendent heureux certains segments de la population. N'ayez pas peur de faire des mécontents. Il n'y a rien de pire que de ne pas susciter les passions et pourtant, c'est ce qui se passe quand les sociétés essaient de contenter tout le monde.

**7. Levez les obstacles à l'adoption.** La vie devrait être ainsi faite que les produits innovants soient faciles à vendre. Ne rêvez pas. Le monde est injuste. En fait, plus on est innovant, plus on se heurte aux barrières du *statu quo*. Les entrepreneurs doivent comprendre cela dès le début pour ne pas être amers si l'adoption par le marché est lente. Selon moi, la meilleure façon de contourner les obstacles est de permettre aux gens d'essayer (en leur permettant de télécharger votre logiciel, d'emporter votre matériel à la maison ou en leur donnant accès à votre site).

**8. « Laissez cent fleurs s'épanouir. »** Je vole ceci à Mao. Les inventeurs doivent rester flexibles sur la manière selon laquelle les gens utilisent leurs produits. Avon a créé Skin So Soft pour adoucir l'épiderme, mais quand les parents l'ont utilisé comme un insecticide, Avon a suivi le mouvement. Apple pensait avoir créé un ordinateur pour tableurs, traitements de texte et bases de données, et a découvert que les clients s'en servaient pour faire de l'édition électronique. La leçon est d'ensemencer des champs, non des bacs à fleurs, et de laisser faire la nature.

**9. Pensez numérique, agissez analogique.** Penser numérique veut dire que les sociétés doivent utiliser tous les outils numériques à leur disposition pour créer de beaux produits. Mais les sociétés doivent agir de façon analogique, c'est-à-dire qu'elles doivent se souvenir que la finalité de l'innovation n'est pas simplement de faire des produits cool, mais d'abord des produits qui rendent les gens heureux. C'est clairement un objectif analogique.

**10. Ne demandez jamais aux gens de faire ce que vous ne feriez pas vous-même.** C'est un excellent test pour n'importe quelle société. Supposons que vous ayez inventé le piège à souris le plus génial du monde. Il tue les souris mieux que n'importe quoi dans l'histoire de l'humanité : en fait, c'est un engin nucléaire. Le problème est que le client a besoin d'avoir fait un doctorat pour le mettre en marche, il coûte 500 000 dollars et il vous oblige à jeter les souris radioactives à 750 kilomètres au milieu du désert. Feriez-vous tout cela ? Non, donc n'attendez pas de vos clients qu'ils le fassent.

**11. Ne laissez pas les guignols vous démolir.** Des guignols vont dire à une société que ce qu'elle fait est infaisable, ne devrait pas être fait ou n'est pas nécessaire. Certains guignols sont clairement des ratés et ceux-là, il est facile de les ignorer. Mais les guignols riches, célèbres et puissants sont, eux, dangereux parce qu'ils se croient intelligents. Ils ont eu de la chance et ne peuvent pas comprendre et *a fortiori* adopter un nouveau paradigme.

Il est facile d'écrire sur l'innovation mais difficile de la produire. Les onze points que j'ai énumérés sont ce qui la caratérise, mais je crois qu'on peut résumer ce qu'elle est à un défi : ne vous arrêtez pas tant que vous n'avez pas créé du sens et changé la donne.

# Chapitre 26
# Les sept péchés des solutions

Si votre seul outil était un marteau, vous percevriez
tout problème comme étant un clou.
**Albert MASLOW**

Les manières traditionnelles de penser ne doivent pas vous freiner dans la création de solutions innovantes. Pour empêcher que ce soit le cas, voici un extrait de *Mind of the Innovator : Taming the Traps of Traditional Thinking*[18] de Matt May. Matt est l'auteur de *The Elegant Solution : Breakthrough Thinking the Toyota Way*[19] (Free Press, 2006) et l'une des autorités mondiales sur l'innovation chez Toyota.

1. **Les raccourcis.** Passer à la solution de façon instinctive (c'est-à-dire résoudre quelque chose en « un clin d'œil ») conduit rarement à une solution élégante parce qu'on n'aborde pas les causes plus profondes ou cachées d'un problème. Regardez CSI et Dr. House : ils collectent d'abord les faits, font ensuite un diagnostic et trouvent la solution. Ce n'est jamais la personne ou la maladie à laquelle on avait d'abord pensé.
2. **Les angles morts.** J'utilise le terme « angle mort » comme un terme général désignant les suppositions, les préjugés et les états d'esprit qui nous empêchent de voir. Notre cerveau marche tout seul parce qu'il fabrique et reconnaît des motifs. Il comprend cette phrase : Ls gns pvnt cmprndr ctt phrs fclmnt. Mais penser clairement est autre chose que remplir des espaces entre des lettres ou des mots.
3. **Pas inventé ici (P.I.I.).** Cela veut dire que vous refusez de considérer des solutions en provenance de sources extérieures. Sous-entendu : « Si

18. Littéralement : « L'esprit de l'innovateur. Maîtriser les pièges de la façon traditionnelle de penser. »
19. Littéralement : « La solution élégante : la pensée progressiste à la Toyota. »

ça ne nous est pas venu à l'idée, c'est que ça ne marche pas. » La prochaine fois que vous serez dans l'ascenseur, regardez quelqu'un entrer : la personne appuie sur le bouton même s'il est déjà allumé. Souvent, nous n'avons pas confiance en la solution des autres !

**4. C'est suffisant.** Vous êtes-vous demandé pourquoi certaines solutions manquent d'inspiration, d'imagination ou d'originalité ? Parce que, par nature, nous nous satisfaisons de ce que nous avons. Nous saisissons ce qui est facile et nous cessons de chercher la solution optimale.

**5. Réduire les prétentions.** C'est proche du « c'est suffisant » : c'est la révision en bonne et due forme d'un objectif ou d'une situation. La raison ? Personne n'aime échouer. Résultat ? Nous ne choisissons pas l'application unique, mais celle qui nous permet de crier victoire.

**6. Compliquer les choses.** Pourquoi pensons-nous trop, essayons-nous de compliquer les choses et ajoutons-nous des coûts ? Et pourquoi faisons-nous TOUS ceci régulièrement ? Réponse : nous sommes ainsi faits. Nos cerveaux sont faits pour accumuler. Vous ne me croyez pas ? Regardez les clients dans une grande surface acheter trente-six rouleaux de papier-toilette.

**7. Étouffer les choses.** Nous disons naturellement « oui... mais... », expression par laquelle nous étouffons, chassons, critiquons après coup les idées. C'est une façon de tuer les idées purement et simplement. Nous n'étouffons pas seulement les idées des autres, nous étouffons les nôtres et nous nous en voulons ensuite quand quelqu'un les « vole ». Vous souvenez-vous comment Decca Records a rejeté les Beatles ? « Les groupes de guitare sont finis. »

Ces péchés devraient vous empêcher de dormir et vous devriez les éliminer systématiquement de votre société. Remarquons au passage que le dernier est le plus mortel, car il vous empêche d'essayer. Si vous n'essayez pas, vous ne saurez jamais et c'est le pire des résultats.

# Chapitre 27
# Les mythes de l'innovation

> Le grand ennemi de la vérité n'est pas le mensonge – délibéré, tiré par les cheveux et malhonnête –, mais le mythe, persistant, persuasif et irréaliste. Croire aux mythes donne le confort de l'opinion sans l'inconfort de la pensée.
>
> John F. KENNEDY

Le nombre d'écrits et de discours sur l'innovation fait qu'on a vraiment l'impression de comprendre de quoi il s'agit. C'est prendre ses désirs pour la réalité. Dans cette interview, Scott Berkun explore et met en pièces les notions romantiques que l'on peut avoir sur l'innovation. Il est l'auteur d'un livre récent *The Myths of Innovation.* (O'Reilly Media, Inc., 2008). Il a aussi écrit en 2005 le best-seller *The Art of Project Management* (O'Reilly Media, Inc., 2005).

***Q. Combien de temps faut-il pour avoir une « révélation » ?***

**R.** La révélation est la partie émergée de l'iceberg créatif et toutes les révélations reposent sur le travail. Si vous prenez l'instant magique d'une découverte dans l'histoire et que vous regardez ce qui précède, vous trouverez des douzaines d'observations moins importantes, de recherches et de comédies qui ont rendu possible cette découverte. Tous les grands inventeurs le savaient et c'est pourquoi ils minimisaient l'instant magique. Mais nous aimons tous les histoires excitantes comme celle de la pomme tombant sur Newton ou celle des gens avec du chocolat et du beurre de cacahouètes se bousculant dans un hall. Un film qui s'intitulerait *Regardez Einstein fixer son tableau pendant 90 minutes* n'intéresserait pas grand monde.

***Q. Le progrès vers une innovation est-il une ligne droite ? Par exemple, le passage du transistor à la puce, à l'ordinateur personnel ou à MySpace.***

**R.** La plupart des gens veulent que l'Histoire leur explique comment on en est arrivé là, non qu'elle leur enseigne comment changer l'avenir. C'est pourquoi les histoires populaires sont racontées sous une forme héroïque et logique : ils firent un transistor, ce qui conduisit à la puce, ce qui rendit possible le PC et ainsi de suite. Mais bien sûr, si vous demandez à William Shockey (transistor) ou à Steve Wozniak (PC) ce qui s'est passé, vous entendrez des histoires de chaos, d'incertitudes fondées sur le sentiment que les chances ne jouaient pas en leur faveur.

Si l'on croit que les choses sont incertaines pour les inventeurs de nos jours, qu'on se souvienne qu'elles l'étaient autant dans le passé. Le but majeur du livre est de trouver des cas fascinants d'innovation dans le passé susceptibles d'être utiles pour nous aujourd'hui.

***Q. Naît-on inventeur ou le devient-on ?***

**R.** Les deux. Prenez Mozart. Oui, il avait une aptitude stupéfiante à composer, mais il était aussi né dans un pays situé au centre du monde de la musique. Il avait un père qui enseignait la musique et il avait été forcé de la pratiquer plusieurs heures par jour avant même d'entrer à ce qui serait aujourd'hui la maternelle. J'ai fait des recherches sur l'histoire de nombreux génies et créateurs et j'ai trouvé un grand nombre de facteurs qui rendaient possible leur réussite.

***Q. Quels sont les plus grands challenges rencontrés par un innovateur ?***

**R.** Cela dépend de qui, mais beaucoup se sont heurtés au fait qu'ils ennuyaient les autres avec leurs idées. Trouver un soutien émotionnel, financier ou intellectuel pour une grande idée nouvelle est très difficile et requiert un talent qui n'a rien à voir avec les prouesses intellectuelles ou la créativité. C'est ce qui tue beaucoup de génies potentiels : ils doivent passer plus de temps à convaincre les autres qu'à inventer et ils n'ont pas l'endurance pour cela.

***Q. D'où les inventeurs et innovateurs tirent-ils leurs idées ?***

**R.** J'enseigne l'art de penser de façon créative à l'université de Washington en me basant sur le fait que les idées sont des combinaisons d'autres idées.

Sont « créatifs » ceux qui sont capables du plus grand nombre de combinaisons, les plus rapides à trouver de nouvelles idées et à les essayer. Mais la plupart des écoles et des entreprises nous font perdre ces habitudes.

***Q. Pourquoi les innovateurs font-ils face à tant de réactions de rejet ?***
**R.** C'est la nature humaine – nous nous protégeons contre le changement. Nous aimons à penser que nous sommes progressistes, mais chaque vague d'innovation a été plus lente que ce qu'on nous dit. Il a fallu des décennies pour transformer le télégraphe, le téléphone ou le PC en produits utilisables par des gens ordinaires. En tant qu'espèce, nous sommes menacés par le changement et cela prend du temps de convaincre les gens de changer leurs habitudes.

***Q. Si vous êtes en face d'une idée apparemment stupide selon les « experts », comment savez-vous si elle va réussir ou si elle est réellement stupide ?***
**R.** Ne me tirez pas dessus, mais la réponse est qu'on ne peut pas savoir. C'est bien là le problème. Il y a beaucoup d'idées stupides qui réussissent et beaucoup d'idées géniales qui meurent, et ceci parce que le succès dépend de facteurs dont nous n'avons pas le contrôle.

Le meilleur moyen est d'expérimenter, de jouer avec les idées, de les tester et de voir des gens plutôt que de rester dans sa tour d'ivoire. La relation avec de vraies personnes déjoue très souvent l'analyse des experts.

***Q. Si vous étiez un capital-risqueur, quelle serait votre méthode d'investissement ?***
**R.** Deux aspects : aucun n'est original, mais c'est ce que montre l'histoire. L'un est le portefeuille. Investir en sachant que la plupart de ces investissements vont échouer, même les bons, et répartir le risque (par exemple, 1/3 très gros risque, 1/3 gros risque, 1/3 risque modéré). Parfois des innovations apparemment minimes et à faible risque ont un gros impact ; c'est une erreur de ne faire que dc gros paris.

L'autre aspect, ce sont les gens : j'investirais plus dans les gens que dans des idées ou des business plans, même si ces derniers sont aussi importants, bien sûr. Un bon entrepreneur n'abandonne pas, continue à grandir et à apprendre. Le pourcentage des entrepreneurs qui réussissent du premier coup est minime : 3M, Ford, Flickr ont tous fait plusieurs tentatives.

***Q. Quels sont les éléments déterminant la vitesse d'adoption d'une innovation ?***

**R.** *Diffusion of Innovation* (Free Press, 2003), d'Everett Rogers, donne la réponse. De façon surprenante, ces éléments sont tous d'ordre sociologique, fondés sur la perception de la valeur par les gens ou leur peur du risque, ce qui a souvent peu à voir avec le caractère extraordinaire d'une technologie particulière. Les innovateurs les plus intelligents savent cela : ils font attention dès le début à qui ils s'adressent dans le design et ils font le design de leur site Web ou de leur produit en fonction des sentiments et croyances des gens.

***Q. Qu'est-ce qui importe le plus : la définition d'un problème ou la solution d'un problème ?***

**R.** La définition d'un problème est clairement sous-évaluée, mais les deux sont importantes. Les idées nouvelles viennent souvent de nouvelles questions et du fait qu'on les pose de façon créative. Nous fixons notre attention sur les solutions et la littérature populaire se concentre sur les gens créatifs comme étant des gens qui résolvent les problèmes. Pourtant, la créativité est souvent dans la reformulation d'un problème, ce qui le rend plus facile à résoudre. Einstein et Edison étaient connus pour leur capacité à définir un problème : ils le faisaient différemment des autres et c'est ce qui les a conduits au succès.

***Q. Pourquoi les meilleures idées ne gagnent-elles pas ?***

**R.** D'abord, parce que la « meilleure idée » n'existe pas. Selon le point de vue où vous vous placez, la notion de « meilleure idée » ou « meilleur choix » varie pour un problème donné. Je suis certain que les gens qui avaient inventé le télégraphe ne croyaient pas du tout que le téléphone était une bonne idée, mais c'est ce qui a mis fin à leur gagne-pain. Bien des histoires de progrès qui tournent mal sont une affaire de perception : ce qu'une personne voit comme étant la bonne direction – parce que c'est à son avantage – n'est pas ce qu'une autre ou un groupe plus influent considère comme telle.

***Q. L'innovation est-elle plus présente chez les jeunes gens ou chez les gens âgés ? Ou bien l'âge n'est-il tout simplement pas un facteur ?***

**R.** Innover est difficile et risqué, et plus vous avancez en âge, plus il y a de chances que vous vous en rendiez compte. C'est l'explication la plus simple. Beethoven a écrit la *Neuvième Symphonie* à la fin de sa vie. On sait que les gens créatifs le restent, quel que soit leur âge. Mais ils sont moins enclins à vivre avec le stress et les défis que suppose l'innovation. Leur expérience de la vie leur a fait comprendre ce qu'il en coûte. Les jeunes ne savent pas ce qu'il y a à craindre, sont plus motivés à faire leurs preuves et ont moins d'obligations – comme des enfants ou des emprunts. Ce sont des facteurs qui rendent plus facile le fait d'essayer des choses insensées.

# Chapitre 28
# Le point d'adhérence[20]

On trouve toujours qu'un système complexe dérive
d'un système simple qui marche.
**John GAULE**

Qu'est-ce qui fait qu'une innovation est adhésive ? « La chance » est une réponse raisonnable, même si elle n'est pas très utile. Pour en savoir plus, j'ai interrogé Chip et Dan Heath, parce qu'ils ont écrit *Made to Stick : Why Some Ideas Survive and Others Die* (Random House, 2007)[21]. Chip est professeur en comportement organisationnel à la Graduate School of Business de l'Université de Stanford. Dan est consultant à Duke Corporate Education.

***Q. Pourquoi n'avez-vous pas appelé votre livre :* Le point d'adhérence *?***
**R.** C'est génial… si seulement nous y avions pensé plus tôt !
Malcolm Gladwell est l'un de nos héros et, bien sûr, nous avons emprunté le terme « adhérence » à son livre *The Tipping Point*[22] (Back Bay Books, 2002). Gladwell s'intéressait à ce qui fait que certaines tendances sont susceptibles de « basculer ». Dans son chapitre sur l'adhérence, il parle beaucoup de la valeur de l'expérimentation dans les spectacles éducatifs comme *Sesame Street* et *Blue's Clues*. Il a absolument raison sur la valeur de l'expérimentation. Mais nous pensons qu'on peut connaître à l'avance les idées qui ont le plus de chance de réussir ou d'échouer parce que les idées qui réussissent ont certains points communs. Notre livre étudie

20. En anglais, « the sticking point ». L'expression est devenue commune aux États-Unis pour désigner ce qui colle, prend, marche et fait qu'on adhère à une chose qu'on peut dire « adhésive » ou prégnante.

21. En français, *Ces idées qui collent : Pourquoi certaines idées survivent et d'autres meurent* (Village Mondial, 2008).

22. Littéralement : Le point de basculement.

ces traits et analyse comment on peut les utiliser pour communiquer ses idées.

***Q. Qu'est-ce qui distingue les idées adhésives de celles qui ne le sont pas ?***

**R.** Nous avons fait beaucoup de recherches sur les idées adhésives, les idées que les gens comprennent, dont ils se rappellent et qui changent leur manière de penser ou de se comporter. Ces idées sont aussi bien grotesques que profondes ; il peut s'agir de mythes aussi bien que de théories scientifiques. Nous avons découvert que les idées qui prennent suivent six principes. Elles ne les suivent pas tous en même temps ; plus ils sont nombreux, mieux c'est. Par exemple, l'idée de Kennedy de « mettre un homme sur la Lune dans la décennie » les contient tous :

a) Simple. Une mission unique et claire.
b) Inattendu. Un homme sur la Lune ? Cela semblait de la science fiction à l'époque.
c) Concrète. La définition du succès était claire, comme il n'y a pas d'ambiguïté sur les mots « homme », « Lune » ou « décennie ».
d) Crédible. Celui qui parlait était le président des États-Unis.
e) Émotionnel. La formule était en accord avec les aspirations et les instincts de pionniers de toute la nation.
f) Passionnant. Un astronaute surmonte des obstacles immenses pour réaliser un objectif extraordinaire.

***Q. Vos principes sont assez basiques. Si c'est tout ce qu'il faut, pourquoi n'y a-t-il pas plus d'idées adhésives dans le monde ?***

**R.** Basiques, oui, naturels, non. C'est une distinction importante. Les gens tendent à penser qu'une bonne idée suffit et que sa communication se fera naturellement. Nous oublions à quel point il est difficile de faire passer nos idées de notre tête à celle des autres. Ceci m'amène au scélérat de notre livre : le Fléau du Savoir. Beaucoup de recherches en économie et en psychologie montrent que lorsque nous savons quelque chose, il nous devient très difficile d'imaginer ne pas le savoir. Résultat, nous communiquons mal. Pensez à un avocat incapable de vous donner une réponse directe et compréhensible à une question juridique. Son savoir et son expérience le rendent incapable de mesurer à quel point vous savez peu de choses. Donc, quand il vous parle, vous entendez des abstractions que vous ne pouvez pas comprendre. Et nous sommes tous comme l'avocat dans nos domaines respectifs d'expertise.

Voici la terrible cruauté du Fléau du Savoir : meilleurs nous sommes dans notre domaine, meilleurs nous sommes dans notre capacité à créer des idées géniales nouvelles, moins leur communication devient naturelle. Je ne dis pas « impossible ». C'est là que les experts doivent consacrer un peu de temps à appliquer les principes de base de ce qui permet l'adhésion. Kennedy a évité le Fléau. S'il avait été un politicien ou un P.-D.G. de nos jours, il aurait probablement dit : « Notre mission est de devenir le leader international de l'industrie de l'espace et d'utiliser notre capacité à innover technologiquement pour construire un pont vers l'avenir de l'humanité. » Ce qui aurait pu retarder les premiers pas sur la Lune de quinze ans.

***Q. Mais pourquoi Windows a-t-il pris ? Il ne semble pas que ce soit simple, inattendu, concret, crédible, émotionnel ou passionnant.***

**R.** Il est important de distinguer idées et produits. Un fax est un produit, non une idée. « Faites aux autres… » est une idée, non un produit. Nous parlons dans notre livre de ce qui rend les idées adhésives, mais nous ne prétendons pas décrire tout ce que vous devez savoir sur les raisons qui font que des produits, des pop stars ou des danses prennent. Tout le monde a une boîte aux lettres, mais il serait bizarre de dire qu'une boîte aux lettres est une idée qui a créé l'adhésion.

Certains aspects de notre cadre idéologique peuvent s'appliquer à Windows : comparé à DOS, Windows était certainement simple et concret, comme l'étaient les interfaces graphiques du Macintosh et de Xerox PARC avant Windows. Mais en raison de son association avec le PC d'IBM, Windows avait plus de crédibilité —à quoi allez-vous faire confiance pour votre entreprise : un PC d'IBM ou un Commodore 64 ?

Mais soyons clair : Windows se situe plus du côté du fax que de celui de l'idée.

En 1985, lors de la sortie de la première version de Windows, IBM détenait la majorité du marché des ordinateurs personnels. Déjà à l'époque, il y avait un effet de réseautage : il y avait plus de logiciels sur DOS et Windows, les gens avaient donc plus de possibilités d'échanger des fichiers avec leurs collègues et leurs collègues avaient plus tendance à acheter le même type d'ordinateur. Les effets de réseautage pour les produits sont puissants.

Cela dit, il y a des choses qui sont à l'intersection des idées et des produits et en fait dans presque tout ce qui est susceptible d'avoir une image de marque, il y a les deux. Les vodkas haut de gamme, par exemple, ne se distingueraient sans doute pas les unes des autres dans une dégustation en aveugle ; donc, quand les gens en préfèrent une à une autre, c'est l'idée promise par la marque qu'ils préfèrent.

***Q. Qui est au firmament des idées adhésives ?***

**R.** Kennedy, bien sûr, pour son un-homme-sur-la-Lune. Mais cet exemple est quelque peu trompeur car c'est un président et un héros. Il est facile de croire que son idée était puissante, parce qu'il était puissant. C'est pourquoi nous parlons dans le livre d'un grand nombre d'idées remarquables émanant de héros relativement inconnus :

- Une institutrice qui a conçu un système de simulation destiné à guérir ses étudiants de leurs préjugés.
- Un éditeur dans une petite ville qui a créé le journal local le plus populaire en se concentrant sur une mission simple pendant plus de 40 ans.
- Le chef de l'équipe qui a développé le PalmPilot et qui a réussi à maintenir dans son équipe l'obsession d'un design simple.
- Le médecin australien qui a trouvé la cause des ulcères à l'estomac et qui a ensuite été confronté à la tâche beaucoup plus lourde de convaincre ses collègues qu'il avait raison. Il était inconnu à l'époque, mais il ne l'est plus et il a reçu le prix Nobel de médecine l'an dernier.

Voici le point important : il n'est pas nécessaire d'avoir du pouvoir, du charme ou des ressources pour rendre une idée adhésive.

***Q. Vous ne cessez de mettre l'accent sur la simplicité et le fait d'aller à l'essentiel, et la jaquette du livre affirme : « C'est un livre écrit pour quiconque essaie de fabriquer un message mémorable et durable : les professeurs, les hommes d'affaires, les journalistes ou les dirigeants d'œuvres caritatives. » Il me semble que vous voulez être Malcolm Gladwell, Robert Cialdini, Rick Warren et Peter Drucker. N'est-ce pas une violation de vos concepts ?***

**R.** Non. Notre livre est écrit pour un type de problème, non un type de personne. Le problème est celui-ci : quand vous avez une idée importante, comment la communiquer pour qu'elle ait un impact ? Comment élaborer une grande idée ? Tout le monde a ce problème et c'est de cela que ce livre traite exclusivement. Quand vous avez une belle idée en tête, que vous soyez ingénieur, homme d'affaires ou enseignant, c'est une poignée de principes qui vous aideront à la communiquer.

***Q. Herb Kelleher connaissait-il son message essentiel lors du premier vol de Southwest Airlines ?***

**R.** Nous parlons dans le livre de l'importance de trouver un message simple qui exprime l'essence de l'idée. Le cœur du message de Kelleher est que Southwest est « LA compagnie aérienne avec des tarifs bon marché ». La plupart des entrepreneurs galèrent pendant des années pour trouver ce message de base, mais Kelleher l'avait dès le début.

En fait, l'idée essentielle tient sur une serviette de cocktail : un entrepreneur de San Antonio au Texas, Rollin King, avait une petite navette aérienne et voulait l'étendre avec de plus gros avions. Lors d'une conversation avec Kelleher dans un bar, il a fait le schéma de son idée sur une serviette. La serviette originale est encadrée dans la salle des conseils d'administration de Southwest. Dessus, il y a un triangle avec des côtés nommés Dallas, Houston et San Antonio. L'idée était de lancer une navette utilisant de gros avions entre ces trois villes. La distance entre ces villes se parcourait en environ trois heures. Rollin et Kelleher savaient que les gens pouvaient décider de voler au lieu de conduire si les tarifs étaient suffisamment bas pour que ce soit une alternative séduisante.

Bien sûr, il a fallu du temps pour concrétiser ce qu'il y avait sur la serviette. Les autres compagnies aériennes ont bloqué Southwest par des batailles juridiques pendant quatre ans. Mais l'histoire de Southwest est une bonne leçon pour les entrepreneurs potentiels : le Test de la Serviette de Cocktail. Beaucoup d'entrepreneurs peuvent vous donner des douzaines de raisons pour lesquelles leur produit ou leur service va transformer le monde. Le bon exercice pour eux est de fournir la seule raison qui soit vraiment importante.

***Q. Quelle est la relation entre l'adhérence et l'évangélisme ?***

**R.** L'évangélisme a été l'un de vos thèmes récurrents au fil des années. Dès *The Macintosh Way* (HarperCollins, 1990), vous souteniez que les meilleurs partenaires sont ceux qui sont intéressés par votre idéal et pas seulement par la perspective de faire de l'argent. Les gens qui vous suivent pour l'argent se sauvent dès que les temps sont durs, les gens qui vous suivent pour votre idée continuent avec vous.

Nous soutenons une thèse similaire dans notre livre. Il y a deux façons principales d'obtenir des gens qu'ils s'intéressent à vous : vous pouvez jouer sur les conséquences (par exemple, l'argent) ou sur l'identité. Les conséquences ne sont pas toujours aussi importantes qu'on le pense. Les analystes en science politique montrent que les électeurs votent moins sur la base de leurs intérêts financiers que sur celle de leur identité. La publicité de Steve Jobs en 1984 jouait intelligemment sur l'identité : ceux qui croyaient vraiment au Macintosh y voyaient le moyen de se libérer d'un monde oppressant empli de grosses machines IBM.

Pourtant, et bien que l'identité soit quelque chose de puissant, nous l'ignorons souvent. Quand nous prédisons ce qui motive les autres, nous avons tous tendance à supposer que tout le monde est motivé par les conséquences. Nous sommes enclins à penser que nous sommes motivés par le désir d'apprendre et d'aider, mais que les autres sont motivés par l'obtention d'avantages. Enfin, il y a moins d'évangélisme qu'il devrait probablement y en avoir.

***Q. Y a-t-il un point du marché où il est impossible pour un nouvel entrant de devenir adhésif ? Par exemple, comment botteriez-vous le derrière de MySpace ?***

**R.** Au début, MySpace était « une meilleure idée ». À l'époque, le site de réseau social dominant était Friendster, fondé par un ancien programmeur de Netscape, qui prit comme hypothèse qu'être « social », c'était savoir calculer les degrés de séparation qu'il y a entre vous et quelqu'un d'autre. Sur Friendster, vous ne pouviez pas voir le profil de quelqu'un dont vous étiez séparé par trop de degrés.

La différence est que, au début, MySpace était un espace où on pouvait se lier avec d'autres par l'intermédiaire de groupes émergents de musique, une source importante d'identité. Vous pouviez voir le profil de tout le monde et rencontrer facilement des étrangers partageant votre intérêt pour Seaweed ou les Bad Brains. Partager identité et hormones est une combinaison puissante. Friendster, au contraire, a essayé d'écarter les membres fictifs, les « fakesters ».

À ce stade, MySpace est un produit adhésif en raison des effets de réseau. Vous devez y être parce que c'est là que sont vos amis, au même titre que vous devez acheter sur eBay parce que c'est là que sont les marchands. Mais si quelque chose peut déloger MySpace, ce peut être le revers de l'attrait pour l'identité. MySpace devient si traditionnel qu'il peut être vulnérable à la stratégie de rébellion, un peu comme les produits de mode qui perdent leur cachet. MySpace a un problème sérieux : les gens dans la quarantaine ont leur page MySpace. Ce n'est pas bien, ça laisse la place à un acteur plus branché.

***Q. Est-ce qu'un vendeur malin peut appliquer vos principes et rendre adhésive une babiole, ou bien la valeur intrinsèque importe-t-elle ?***

**R.** Les vendeurs malins utilisent déjà la plupart de ces principes. Nous voulions que notre livre serve d'égalisateur. Car, vous avez raison, la valeur intrinsèque compte. La recette du marketing malin est celle-ci : une communication adhésive sur des idées ayant peu de valeur intrinsèque. La recette de l'entreprise sociale est celle-ci : des idées qui ont une énorme valeur intrinsèque, mais mal communiquées. Nous voulions équilibrer la course à l'armement.

Le problème est que les idées qui ont une valeur intrinsèque ne gagnent pas toujours. Il n'est pas vrai que vous n'utilisez que 10 % de votre cerveau ou que la Grande Muraille de Chine est la seule structure faite par l'homme visible de l'espace. Il ne faut pas non plus sept ans pour que votre estomac digère du chewing-gum. Le monde des idées est injuste. Les enseignants, les services de santé publique et le législateur s'arrachent les cheveux sur la manière de faire passer leur message alors que dans le même temps des idées stupides se propagent sans budget publicitaire ou sans une autorité qui les soutienne.

On peut déplorer que les idées stupides survivent. Mais nous pouvons aussi nous livrer à de la rétro-ingénierie. Nous pouvons trouver les principes qui les rendent si prégnantes et les enseigner aux gens qui ont des messages de valeur, ce qui est rarement fait.

***Q. Quel conseil donnez-vous au champion d'un produit, bloqué dans une grande société et qui se torture à mettre en application vos idées ?***

**R.** Faire en sorte que les gens jouent sur votre terrain en restant concret. Il est tellement plus facile d'embobiner les gens par des abstractions que par des exemples concrets. Ne dites pas : « Je pense que nous devrions consacrer plus de ressources à l'évangélisation des directeurs informatiques. » Dites plutôt : « Voici une liste de cinq cents directeurs informatiques au sud de Salt Lake City. Je veux les inviter à une conférence d'une journée le

29 septembre. Cela coûtera 60 000 dollars. Qui veut en être ? » Ceux qui ne seront pas d'accord le seront de manière productive, parce qu'ils seront ancrés dans la réalité.

Dans le livre, nous parlons de Melissa Studzinski qui a rejoint General Mills pour diriger l'image de marque de Hamburger Helper. Elle avait 28 ans. Quand elle a commencé, on lui a donné trois énormes classeurs d'informations, de *briefs* publicitaires et d'enquêtes marketing. Ces données étaient trop abstraites pour être utiles. Du coup, elle a initié le programme appelé « Fingertips » dans lequel son équipe devait trouver des mères de famille du Middle West qui autoriseraient des employés de General Mills à venir chez elles pour les voir faire la cuisine. Le but était d'avoir une image concrète des clients. Ils ont alors découvert que ces mères de famille n'étaient pas intéressées par le fait d'avoir un grand choix de saveurs. Un choc pour la société : les générations précédentes de marketeurs et de chercheurs avaient créé trente saveurs de l'Hamburger Helper ! Ce que ces mères voulaient, c'était de pouvoir trouver à coup sûr la saveur que leurs enfants aimeraient.

Munie de cette information concrète, l'équipe de Studzinski a convaincu les gens de General Mills de réduire le nombre de produits. Les coûts sont tombés et les ventes ont augmenté.

***Q. Si votre livre n'était pas un best-seller, qu'est-ce que cela voudrait dire ?***

**R.** La notion de « best-seller » a une bonne connotation, donc achetez quelques livres, s'il vous plaît, mais souvenez-vous qu'une idée adhésive est une idée que les gens comprennent, dont ils se souviennent et qui provoque des changements dans leur manière de penser ou de se comporter. Notre échec n'aurait rien à voir avec les ventes. Ce serait que les gens qui achètent notre livre ne modifient en rien leur prochaine présentation et qu'ils oublient ce qu'ils ont lu au bout de trois mois.

Nous pouvons mesurer le succès de notre livre. Nous espérons reçevoir des e-mails de gens qui ont utilisé les techniques que nous expliquons. Si nous reçevons beaucoup d'e-mails, nous serons heureux. Si ce n'est pas le cas, nous continuerons à travailler sur le sujet jusqu'à ce que nous fassions bien les choses.

Six mois après son introduction, *Made to Stick* est toujours dans les 500 premières ventes d'Amazon, donc il est clair que ce livre des frères Heath est adhésif. Qu'en sera-t-il de votre produit ou de votre service ? Assurez-vous qu'il est simple, inattendu, concret, crédible, émotionnel et qu'il raconte une histoire.

# Chapitre 29
# Les mensonges des ingénieurs

La programmation aujourd'hui est une course entre les ingénieurs s'évertuant à créer des programmes plus gros et faciles à utiliser même par les idiots, et l'Univers qui essaie de produire des idiots plus gros et meilleurs. Pour l'instant, c'est l'Univers qui gagne.

Rick COOK

Même si je mets les ingénieurs sur un piédestal, je dois aussi reconnaître qu'ils mentent fréquemment. Le mensonge est peut-être nécessaire à l'innovation, car il y a tant de personnes qui vous disent que ce que vous voulez faire ne peut pas être fait ou que les gens n'en veulent pas. À partir du moment où vous savez qu'ils mentent, tout va bien.

1. **« Je n'y connais rien en marketing... »** C'est soit un mensonge, soit de la fausse modestie. La vraie pensée de l'ingénieur est celle-ci : « Je n'y connais rien en marketing, mais qu'est-ce que c'est par rapport à ce que je fais ? Je devrais diriger à la fois le marketing et l'ingénierie. J'espère que les MBA vont trouver quelque chose digne de mon programme. » Ne vous inquiétez pas de ce mensonge, parce qu'il est compensé par le fait que l'ingénieur manque les dates butoir les unes après les autres et se rend compte qu'il a des problèmes plus sérieux.
2. **« Nous sommes entrés en phase de test de la version bêta. »** Cette déclaration n'a pas de sens, car ce qui importe c'est quand la version sort du test, non quand elle y entre. La seule vraie date butoir pour une version bêta de nos jours est « avant que vous soyez à court d'argent ».

   Autrefois, « alpha » voulait dire « toutes les fonctionnalités sont développées mais ne fonctionnent pas nécessairement correctement ». « Bêta » voulait dire : « Il n'y a plus de bug répétable. » De nos jours « bêta » signifie : « Nous avons dépassé autant qu'il était possible la date de lancement que nous avions promise à nos investisseurs. »

**3. « Je vais commenter le code pour que la personne suivante comprenne ce que j'ai fait. »** C'est un mensonge plein de bonnes intentions. L'ingénieur avait bien l'intention de commenter le code mais, avec le retard, les priorités ont changé. La question qu'il posait à la direction était : « Voulez-vous que je commente le code ou que je finisse plus tôt ? » Devinez la réponse. Par chance, l'absence de commentaire n'a pas d'importance parce qu'il faut totalement réécrire le code un an plus tard.

**4. « Notre architecture est extensible. »** C'est le mensonge que j'aime le plus entendre. Typiquement, un ingénieur qui n'a jamais lancé de produit dit cela après avoir créé un prototype en Visual Basic. Voici le discours : « L'architecture de Google n'est pas aussi extensible que la mienne. Ils supportent 25 millions de recherches simultanées. Nous pourrons en gérer facilement un milliard. » Dans la plupart des cas, l'adoption du produit est plus lente que la prévision « prudente » du P.-D.G., donc l'extensibilité n'est jamais un problème.

**5. « Le code supporte tous les standards de l'industrie. »** C'est presque vrai, à cette omission près : « Ce code supporte tous les standards de l'industrie avec lesquels je suis d'accord. » L'ingénieur a pris la décision personnelle d'ignorer les standards qu'il n'aime pas – ceux, par exemple, de Microsoft. Pour l'ingénieur, ce n'est pas un problème parce que les clients n'en sauront jamais rien.

**6. « Nous avons une base de données et un système efficace de recensement des bugs. »** Malheureusement, l'hypothèse qui sous-tend le design de la base de données et du système est qu'il n'y a pas de bugs dans le code, donc qu'il n'y a pas grand-chose à organiser. D'une manière générale, si le plus grand nombre de bugs reportés n'excède pas le millier, c'est que la société ne recense pas les bugs avec soin.

**7. « Nous pouvons faire cela plus rapidement, pour moins cher et mieux avec une équipe de programmeurs en Inde. »** Les ingénieurs de base ne mentent généralement pas sur ce point ; c'est le chef de l'ingénierie qui ment. En fait, les gens ont dans la tête que tous les programmeurs en Inde sont bons, rapides et peu chers et que les programmeurs aux États-Unis sont médiocres, lents et coûteux. Ce n'est tout simplement pas vrai.

**8. « Nos clients en bêta adorent. »** Depuis vingt-cinq ans que je suis dans la technologie, je n'ai jamais entendu une société dire que les clients en bêta n'aimaient pas le produit. Trois raisons : d'abord, beaucoup d'entre eux sont si honorés d'avoir une version préliminaire qu'ils ne veulent rien dire de négatif. Deuxièmement, bien des clients en bêta n'ont pas beaucoup utilisé le produit. Troisièmement, la plupart d'entre eux ne veulent pas avoir l'air cruels en critiquant le nouveau produit d'une société. C'est aussi socialement inacceptable que de dire à quelqu'un que son bébé n'est pas beau.

**9. « Cette fois, nous avons fait ce qu'il faut. »** Ce qu'il y a d'effrayant c'est qu'il s'agit d'un mensonge auquel l'ingénieur croit vraiment. « Cette fois. » Le problème est que « cette fois » ne cesse d'arriver. J'ai une grande confiance dans les ingénieurs et je crois qu'avec le temps, ils y arrivent. J'espère simplement que c'est avant que la société ne soit à court d'argent.

**10. « Ce code est si mauvais qu'il serait plus rapide de tout réécrire que de débugger et d'étendre le code que nous vendons. »** Tout programmeur dit cela du code d'un autre programmeur. Et quelqu'un dira aussi cela de la version réécrite.

**11. « J'aime réfléchir à l'architecture, mais je peux coder. »** Ceci veut dire que le programmeur ne peut pas coder. Et il n'est probablement pas capable de concevoir une bonne architecture non plus.

**12. « Cela marche sur ma machine. »** Et « ma » machine est probablement le seul ordinateur au monde sur lequel cela ne marche pas.

**13. « Je peux, bien sûr, me passer de coder et diriger l'affaire. »** Ce sont les derniers mots de tout ingénieur devenu entrepreneur. Cela veut dire qu'il ne peut pas se passer de coder et qu'il n'est pas capable de diriger l'affaire.

**14. « Même ma mère est capable de naviguer à travers les écrans. »** Bien sûr, votre mère a un doctorat en informatique du MIT.

J'aime les mensonges des ingénieurs pour trois raisons. D'abord, leurs mensonges démontrent une ignorance puérile du fonctionnement des sociétés. Deuxièmement, les ingénieurs croient vraiment à leurs mensonges. Ce n'est pas le cas des entrepreneurs, des capital-risqueurs ni des avocats. Troisièmement, la plupart de ces mensonges ne sont pas vraiment malhonnêtes. Ils sont simplement « prématurés » et deviendront éventuellement la vérité. Si vous êtes un ingénieur, vous savez maintenant ce que vous faites inconsciemment. Si vous travaillez avec des ingénieurs, vous savez maintenant quand les ingénieurs vous mentent.

# Chapitre 30
# Comment battre la Silicon Valley

Ils envient la distinction que j'ai gagnée ;
qu'ils envient aussi mes peines, mon honnêteté
et les méthodes qui m'ont permis de l'acquérir.
**Salluste**

Des fjords de Norvège aux sables d'Israël, des glaces de l'Alberta aux vagues de Honolulu, bien des régions du monde envient la Silicon Valley. Ils regardent la Valley comme un endroit où des gens innovants créent des sociétés innovantes qui génèrent des milliards de dollars de richesse (et d'impôts), créent des milliers d'emplois et ne polluent pas l'environnement (en tout cas moins que les cheminées d'usine).

Je ne cesse d'entendre cette question : « Comment pouvons-nous créer notre propre Silicon Valley ? » Ce chapitre s'adresse aux leaders qui veulent savoir la vérité sur l'idée de reproduire une Silicon Valley. La réalité est qu'il a fallu plus de soixante-dix ans pour la faire. Tout politicien qui espère créer une Silicon Valley en un ou deux mandats est excessivement optimiste. De plus, il n'y a jamais eu, à ma connaissance, un « plan » pour la création de la Silicon Valley. C'est un amalgame de travail, de chance, d'avidité et d'heureux hasards, mais cela ne relève pas de la planification. En fait, la Silicon Valley a probablement réussi parce qu'il n'y avait pas de plan.

## CE QUI EST INDISCUTABLE

- **Un cadre qui est beau, sans être splendide.** La Californie est belle. Le temps est beau. Il est plaisant d'y vivre. Même si Cleveland crée un environnement entrepreneurial génial, les gens voudront toujours en partir. Si l'endroit est splendide, comme à Hawaï, les distractions sont parfois trop importantes. Le juste milieu est idéal.

Il est bon d'avoir au moins une saison médiocre pour que les ingénieurs soient productifs une partie de l'année.

• **Des logements coûteux.** Si les maisons sont bon marché, cela veut dire que les gens jeunes peuvent acheter une maison plus tôt et avoir des enfants. Quand ils ont des enfants, ils ne peuvent pas prendre autant de risques et n'ont pas autant d'énergie pour démarrer des sociétés. (J'ai quatre enfants – j'ai à peine le temps et l'énergie de bloguer, moins encore de démarrer une société.) Aussi, si les maisons sont peu chères, il est plus facile de les agrandir et vous voulez qu'il soit difficile de les agrandir.

• **Des villes, des foules, mais pas de surpopulation.** La pression due à ces conditions rend les gens jaloux les uns des autres, ce qui les fait entrer en concurrence. Les villes réunissent aussi les gens pour le travail. Les gens ne peuvent pas faire du télétravail dans une start-up. Il faut qu'ils puissent faire rebondir leurs idées, discuter et s'amadouer les uns les autres. Et des conditions de vie où il y a beaucoup de monde leur donnent un objectif : réussir pour avoir plus d'espace.

• **L'absence de sociétés multinationales, notamment dans l'industrie financière**. Si vos sociétés doivent entrer en concurrence avec des conglomérats qui paient les gens des fortunes, il sera difficile de trouver quiconque pour une start-up. Ayez pitié des start-up à New York, Londres et Singapour. Et quand on y pense, combien d'histoires à succès dans la technologie viennent de ces villes ? Il y a aussi une concurrence intense pour trouver des employés dans la Silicon Valley, mais nous utilisons la même devise : l'avantage est le nombre d'actions, non des salaires qui démarrent haut.

• **Des ennemis dangereux.** Israël est une tache de poussière avec peu de ressources naturelles et ce pays est entouré d'ennemis réels. Et pourtant ce pays a produit des sociétés de technologie qui sont parmi les meilleures du monde. Il n'y a rien de tel qu'un environnement hostile pour susciter la fibre entrepreneuriale. Si une région n'a pas plus à faire qu'à placer des tuyaux dans le sol, jeter un filet dans l'océan, nettoyer des plages ou gérer un port de mer naturel, il va être difficile de la faire devenir la prochaine Silicon Valley.

## CE QUI EST DISCUTABLE

• **L'éducation des ingénieurs.** Le plus important est de créer des écoles d'ingénieurs de renommée mondiale. Elles génèrent les ingénieurs. Ces ingénieurs génèrent des idées. Et les idées génèrent les sociétés. Un point c'est tout.

Si on devait donner une seule raison majeure expliquant l'existence de la Silicon Valley, ce serait l'école d'ingénierie de l'université de Stanford. Les écoles de commerce ne sont pas aussi importantes, car les MBA discutent rarement ensemble de l'art de changer le monde grâce à des produits géniaux. Ils s'inquiètent surtout d'avoir des entretiens d'embauche dans les multinationales et les sociétés de conseil.

Sur le plan tactique, ceci signifie que les régions qui aspirent à devenir une Silicon Valley devraient faire un raid sur les meilleures écoles d'ingénierie. Que gagnent les professeurs associés à Stanford, au M.I.T. et à Carnegie Mellon ? Quel que soit le chiffre, offrez-leur le double pour qu'ils déménagent. Soyez intelligent : quel est le niveau réel de difficulté à recruter des professeurs de haute volée pour qu'ils viennent dans votre région, qui est belle sans être splendide, si vous faites ces entretiens au M.I.T.[23] en hiver ? C'est une dépense dérisoire comparée aux solutions habituelles pour résoudre le problème (incubateurs, traitement fiscal, fonds d'investissement).

• **Encouragez l'immigration.** Je suis un Américain-Japonais de troisième génération. Ma famille a émigré pour conduire un taxi et faire le ménage chez des Blancs. Si j'avais le choix entre financer quelqu'un dont la famille est venue du Vietnam et dont le père et la mère s'occupent d'un 7-Eleven et un descendant du Mayflower qui a « IV » dans son nom, devinez où va ma préférence. Vous devez attirer des gens du monde entier qui sont intelligents et qui en veulent. Et pour ce faire, il vous faut de bonnes écoles.

• **Envoyez les meilleurs et les plus brillants dans la Silicon Valley.** J'entends déjà les lamentations : « Cela va conduire à la fuite des cerveaux, ce que nous voulons justement éviter. » Cette attitude passe à côté de ce qui

23. Le M.I.T. (Massachusetts Institute of Technology) est basé à Cambridge, près de Boston.

fait l'essence de l'entrepreneuriat : il ne s'agit pas d'éviter les mauvaises choses, mais d'encourager les bonnes. Aurait-il été préférable pour Hawaï que Steve Case travaille dans le cabinet d'avocats de son père, au lieu de venir sur le continent et de créer AOL ? Je ne crois pas.

L'objectif est d'inoculer aux gens la maladie qu'on appelle « entrepreneuriat » et de leur montrer qu'il peut y avoir plus dans la vie que le fait d'avoir un emploi ; que deux gars/filles dans un garage peuvent changer le monde ; et que beaucoup d'argent = des millions de dollars. Bien sûr qu'il y a des gens qui ne reviendront jamais, comme moi ! Mais ceux qui reviennent offrent une perspective plus large sur ce que peuvent être la vie et une carrière. Peut-être construiront-ils une autre Silicon Valley parce qu'ils en ont déjà vu une.

- **Célébrez vos héros.** Chaque région a besoin d'avoir ses héros. Voici des gens qui ont poussé à l'extrême leur valeur de modèle : Steve Jobs, Bill Gates, Ted Turner, Steve Case, Anita Roddick et Oprah Winfrey. Les enfants ont besoin de héros pour pouvoir dire : « Quand je serai grand, je veux être Steve Jobs. » Il y a beaucoup d'endroits où une personne qui réussit est démontée par la jalousie qu'elle provoque. Il y a aussi de la jalousie dans la Silicon Valley, bien sûr, mais notre façon de la gérer est d'essayer de surpasser cette personne, non de la dénigrer.
- **Pardonnez-vous vos échecs.** Le meilleur endroit du monde pour échouer est la Silicon Valley. C'est vrai, il y a des gens qui ont fait de l'échec une carrière. Cela est dû en partie à des raisons culturelles : échouer en Europe ou en Asie peut affecter une famille pendant des générations. Pas dans la Silicon Valley. Ici le nombre de vos échecs importe peu du moment que vous réussissez un jour. Il y a tant d'entrepreneurs qui ont eu des succès énormes après des échecs, que nous avons appris que l'échec ne permet pas de prédire l'avenir.
- **Soyez logique.** Rendez le défi de créer une Silicon Valley aussi facile que possible. Ainsi, une région doit-elle tirer parti de ses avantages naturels. Par exemple, l'aquaculture à Hawaï, les technologies de sécurité en Israël, les énergies alternatives au Moyen-Orient et l'énergie solaire dans les zones ensoleillées. Il y a une raison au fait que la Norvège fait les

meilleurs pull-overs de laine et Hawaï les meilleures chemises Aloha. Ce n'est pas parce que les gens essayent de suivre une tendance.

- **Ne vous auto-congratulez pas trop tôt.** Beaucoup de régions déclarent victoire parce que Microsoft, Sun ou Google y ont ouvert des bureaux. Cela ne fait pas de mal, mais ne vous leurrez pas : cela ne veut pas dire que vous avez un centre de technologie. Une région en a un quand ses sociétés ouvrent des succursales ailleurs, et non quand ce sont des avantages fiscaux ou des courbettes qui ont convaincu une société d'ouvrir un bureau.
- **Soyez patient.** Pas de court terme dans ces recommandations. Mon avis est que créer quelque chose qui puisse commencer à ressembler à la Silicon Valley prend au moins vingt ans. C'est plus long que le règne de la plupart des politiciens, d'où le challenge de faire les choses pour le long terme.

## LES CHOSES QUE VOUS NE DEVRIEZ PAS DISCUTER

Pour faire court, ma recommandation est que le gouvernement devrait se contenter de mieux financer les écoles d'ingénieurs. Malheureusement, cela ne semblera pas suffisant à la plupart des gens, ce qui leur donnera la tentation de développer d'autres idées :

- **Ne vous fixez pas sur « la création d'emplois ».** Quand une région ajoute la création d'emplois comme critère de performance, les choses deviennent farfelues. Ce but pervertit l'objectif d'une start-up, dont le dessein premier est de faire bouger les choses. Si elle doit créer des emplois pour créer des emplois, vous lui faites perdre son cap. La bonne manière de voir les choses est celle-ci : « Si cette société fait bouger les choses, elle survivra et s'agrandira. Si elle survit et s'agrandit, elle créera des emplois. »
- **N'accordez pas des exemptions fiscales particulières.** On suppose souvent que donner des avantages fiscaux à ceux qui investissent dans les start-up encourage l'entrepreneuriat. Je ne suis pas d'accord ; cela occasionne surtout des décisions irréfléchies de la part des investisseurs peu sophistiqués, ou malhonnêtes de la part des autres. Le but informulé (et peut-être jamais réalisé) d'un investisseur raffiné est de créer, et non

d'éviter, des obligations fiscales. Rien ne me plairait plus que d'avoir à payer des impôts sur 100 millions de dollars. Je viendrais rendre ma déclaration d'impôts en personne à la Maison Blanche.

• **Ne créez pas un fonds d'investissement.** L'idée est qu'un fonds d'investissement créé par le gouvernement va favoriser l'entrepreneuriat. Pourtant s'il y a une chose dont vous pouvez être certain, c'est de l'avidité des capital-risqueurs. Si vous leur montrez de bons ingénieurs avec de bonnes idées pour faire de bonnes sociétés, ils se pointeront en jet privé, en canoë, en traîneau tiré par des chiens ou sur un chameau. Une région comme celle-là n'a pas besoin de créer de fonds.

(Il y a une exception notable à cela : le gouvernement d'Israël a créé un fonds d'amorçage qui a lancé son industrie de capital-risque. Cela dit, mon interprétation est que le fonds a réussi parce qu'il y avait déjà des entrepreneurs ; ce n'est pas ce fonds qui les a subitement fait sortir du désert.)

Il y a une chose de plus à savoir : essayez de faire plus que simplement tenter de recréer la Silicon Valley. Le vrai entrepreneuriat, c'est quand la Silicon Valley doit vous copier.

# Chapitre 31
# La forme la plus pure de l'ingénierie : Woz

Ne faites jamais confiance à un ordinateur
que vous ne pouvez pas jeter par la fenêtre.
**Woz**

Il n'y a pas de meilleure conclusion au chapitre sur l'innovation qu'un passage sur Steve Wozniak, le co-fondateur d'Apple. Je n'ai pas travaillé directement avec Woz chez Apple, mais j'ai adoré le livre de Gina Smith, *I, Woz : Computer Geek to Cult Icon : How I Invented the Personal Computer, Co-Founded Apple, and Had Fun Doing It*[24] (W. W. Norton, 2007). Voici la présentation que j'en ai faite :

Tout ingénieur – et à coup sûr tout étudiant en ingénierie – devrait lire ce livre. Il traite du plaisir de l'invention, du processus qui fait du monde un endroit meilleur et de la pureté de l'entrepreneuriat. *I, Woz* est la version pour la génération de l'ordinateur personnel de *The Soul of a New Machine*. En bref, c'est le manifeste de l'ingénieur. J'espère que de prétendus « experts en innovation » et MBA s'étoufferont en le lisant.

J'ai adoré ce livre parce qu'il ne s'agit pas d'un paquet de bêtises théoriques comme pourrait l'écrire un expert (c'est-à-dire quelqu'un qui ne sait pas faire, mais qui sait écrire). C'est au contraire le livre qui vous transporte dans la tête de quelqu'un qui a véritablement contribué à l'une des grandes révolutions de notre époque. Après l'avoir lu, j'étais encore plus fier d'avoir travaillé pour Apple.

---

24. *Moi, Woz : De l'allumé de l'ordinateur à l'image culte ; comment j'ai inventé l'ordinateur personnel, été le co-fondateur d'Apple et comment je me suis amusé en le faisant.*

Pour votre amusement, voici une liste des choses les plus importantes que j'ai apprises en lisant *I, Woz*.

1. Quand il était en sixième, Woz a donné au candidat au poste de gouverneur, Richard Nixon, un certificat du club radio de l'école. Le certificat avait été fait au crayon de couleur juste avant la cérémonie et Woz était le seul membre du club.
2. À l'époque, l'entrée en bourse d'Apple avait fait le plus grand nombre de millionnaires en une journée.
3. Woz et Jobs s'étaient déguisés en personnages d'*Alice au pays des merveilles* pour travailler dans une galerie commerciale à San Jose. Cela me dépasse encore de la part de Steve Jobs.
4. Woz ne retourna pas à l'université du Colorado après sa première année parce qu'il avait trop dépensé en partage de temps des ordinateurs.
5. Woz essaya d'appeler le pape en se faisant passer pour Henry Kissinger. Il y était presque arrivé quand le Vatican appela le vrai Kissinger pour vérifier l'appel.
6. Un voleur armé déroba une boîte bleue à Woz et Jobs, à Sunnyvale.
7. Allen Baum rassura Woz sur son départ de Hewlett-Packard pour lancer Apple en lui disant : « Vous pouvez être ingénieur, devenir cadre et être riche ou vous pouvez être ingénieur, rester ingénieur et être riche. »
8. Woz a perdu approximativement 12 millions de dollars à chacun des deux festivals qu'il a montés.
9. Woz a enseigné l'informatique dans une école primaire pendant dix ans.
10. Le livre se termine par les pensées de Woz sur ce que c'est d'être un grand ingénieur :
    - Pas d'hésitation.
    - Voir les choses avec une échelle de gris.
    - Travailler seul.
    - Faire confiance à son instinct.

Quelle est la dernière fois où quelqu'un vous a dit cela ?

Quand un expert vous dira de faire une étude de marché, de vérifier votre design auprès d'un groupe de consommateurs et de faire du développement offshore, rappelez-vous ce que disait Woz et tout ira bien.

# Le marketing dans les faits

Tout le monde veut être vice-président du marketing parce que cela permet de faire les trucs marrants : fréquenter du beau monde, créer des campagnes de marketing amusantes ou conduire des voitures allemandes. Si, au moins, c'était la réalité du marketing ! Pour être exact, le marketing est le processus qui consiste à convaincre les gens qu'ils ont besoin de votre produit ou de votre service. Ce n'est pas facile. Cette partie explique ce qu'est le marketing dans les faits.

# Chapitre 32

# Les façons stupides d'entraver l'adoption par le marché

Ce n'est pas le travail qui tue les gens,
ce sont les soucis. Ce n'est pas la révolution
qui détruit les mécanismes, c'est la friction.
Henry Ward BEECHER

Dans un monde parfait, vous faites un produit si génial que le marketing importe peu ; ou bien, vous avez un marketing si génial que le produit importe peu. Nous ne sommes pas dans un monde parfait. Le marketing importe – même s'il ne peut pas tout faire. Ce chapitre est la compilation des façons stupides de gêner l'adoption des produits ou services dans le monde réel.

1. **Enregistrement forcé immédiat**. Demander à un nouvel utilisateur de s'enregistrer et de fournir un minimum d'informations est une chose raisonnable, mais faites-le une fois que vous avez attiré cette personne. La plupart des sites requièrent une inscription dès le début, ce qui est un frein à l'adoption. Les sociétés doivent au moins demander un nom et un e-mail, mais le faire plus tard.
2. **Des URL trop longues.** Beaucoup de sites génèrent des URL de plus de 90 caractères. Quand vous copiez-collez cet URL dans un e-mail, la ligne est coupée, ce qui empêche les gens de cliquer dessus pour accéder au site. Par exemple, l'URL pour une table de billard sur le site de CostCo est de 300 caractères. Combien de modèles CostCo vend-il ? Comme le disait Steve Jobs : « Il doit y avoir une meilleure façon de faire. »
3. **Des fenêtres sans URL**. Vous est-il arrivé de vouloir renvoyer des gens à une page et de découvrir que cette page n'avait pas d'URL ? Il vous

faut donner toute une explication pour que votre interlocuteur accède à cette page. Quelqu'un avait-il décidé que la société ne voulait pas de renvois, de liens ou de trafic supplémentaire ?

**4. Pas de fonction de recherche.** Certains sites ne permettent pas de faire une recherche. Ce n'est pas un problème pour les sites simples où une carte du site est suffisante, mais c'est rarement le cas.

**5. Aucun moyen de partager une expérience.** Il est difficile de faire un produit, un service ou un site Web si fascinant que les gens veuillent partager leur expérience. Mais quand c'est le cas, il est dommage de ne pas leur donner un moyen facile de le faire. La prochaine fois que vous allez sur un site, cherchez les boutons « Partager » ou « Envoyer à un ami » et développez la même fonctionnalité.

**6. Limiter le contact à l'e-mail.** Ne me faites pas dire ce que je ne dis pas : je vis par e-mail, mais parfois je veux appeler la société et même envoyer un courrier traditionnel. Beaucoup de sociétés ne permettent l'e-mail que par un formulaire Web. Pourquoi les sociétés n'appellent-elles pas cette page « Ne nous contactez pas ». Au moins elles seraient honnêtes ! Beaucoup de sociétés ne donnent aucun moyen de les contacter, ce qui me fait dire qu'il y a des gens encore plus idiots.

**7. Pas de flux RSS ni de possibilité de se faire envoyer un e-mail.** Quand les gens s'intéressent à votre société, ils veulent recevoir de l'information sur vos produits et vos services. Il faut que ce soit très facile de permettre aux gens de recevoir des informations par e-mail et flux RSS.

**8. L'obligation de retaper les adresses e-mail.** Que penser des sociétés révolutionnaires financées par des capital-risqueurs qui souhaitent que vous partagiez leur contenu avec des amis, mais vous demandent de taper leurs adresses e-mails ? J'ai 8 000 adresses dans Entourage. Je ne vais pas les retaper dans les carnets d'adresses que les sociétés ajoutent après-coup à leurs produits. Les sociétés pourraient au moins utiliser Plaxo ou permettre l'importation d'adresses.

**9. Des noms d'utilisateurs qui ne doivent pas contenir le caractère « @ ».** En d'autres termes, un nom d'utilisateur ne peut pas être une adresse e-mail. Je suis membre de centaines de sites. Je ne me souviens pas si mon nom d'utilisateur est kawasaki, gkawasaki, guykawasaki ou kawasaki3487. Je sais quelle est mon adresse e-mail, donc permettez-moi de l'utiliser comme nom d'utilisateur.

**10. Mots de passe et noms d'utilisateurs sensibles à la casse.** Je sais : les noms d'utilisateurs et les mots de passe qui sont sensibles à la casse sont plus sûrs, mais cela accroît la probabilité qu'on les tape incorrectement. C'est ce qui se passe souvent quand le P.-D.G. d'une société ne peut pas accéder à son compte lors d'une démo. On aurait pu penser qu'ils en tireraient la leçon.

**11. Commentaires qui prêtent à la controverse.** La notion de « commentaire modéré » est un oxymore. Si votre société essaie de pourfendre les mythes et d'exclure l'hypocrisie, laissez tout le monde commenter.

**12. Des codes de confirmation illisibles (« CAPTCHA »).** Ne me faites pas dire ce que je ne dis pas : je ne défends pas le spam ou les robots qui créent des comptes. Les systèmes de confirmation sont une bonne chose, mais souvent trop difficiles à lire : majuscule et minuscule, I et 1 ou 0 et O. Ma théorie est que cette technologie s'appelle « CAPTCHA », car elle met les gens dans le cercle infernal de devoir prouver à une machine que vous êtes un humain.

**13. E-mails sans signature.** Dans le jargon de l'e-mail, une « signature » est un texte automatiquement inclus dans les e-mails que vous envoyez. Typiquement, elle contient le nom de la personne, son adresse électronique, ses numéros de téléphone et son site Web. C'est très utile si quelqu'un veut prendre son téléphone pour vous joindre ou aller sur votre site sans avoir à demander l'information.

En Asie, les gens disent : « Bouddha est dans les détails. » L'adoption d'un produit ou d'un service est aussi dans les détails, donc rendez l'accès à ce produit ou ce service aussi libre d'obstacles que possible.

# Chapitre 33
# Le jeu du nom

Le nom que nous donnons à quelque chose
détermine notre attitude à son égard.
Katherine PATTERSON

Saviez-vous que « volvo » signifie « je roule » en latin ? Bref, le nom du fabricant des voitures les plus sûres du monde veut dire « je roule ». Je ne regarde jamais une Volvo sans penser à cette ironie.

Voici des lignes directrices pour nommer une société ou un produit. Le premier souci des gens est de voir si le nom de domaine est disponible. Il y a bien d'autres points aussi importants à prendre en considération.

- **Commencez avec des lettres du début de l'alphabet**. Voici le scénario : vous avez un stand dans une exposition énorme, comme le Comdex. Les exposants sont listés par ordre alphabétique. Préférez-vous être au début ou à la fin du guide ? Autre scénario : un critique analyse une douzaine de produits. Il les recense alphabétiquement dans l'article. Préférez-vous être au début ou à la fin de la liste ?
- **Évitez les noms commençant par X et Z**. Je me répète, mais c'est une de mes bêtes noires. Les premières lettres les pires pour un nom de société ou de produit sont X et Z. D'abord, elles sont à la fin de l'alphabet. Ensuite, l'orthographe et la prononciation en anglais invitent à la confusion. « Trouvons le stand de Zilinx (ou Xilinx ?). »
- **Le nom pourrait devenir un verbe**. Un nom génial devient un verbe en anglais. Par exemple : Xerox, Google, Digg ou StuffIt. Les noms qui ont le potentiel de devenir un verbe n'ont pas plus de trois syllabes et ont quelque chose d'actif. Ils doivent fonctionner dans une phrase comme : « Je l'ai juste ________. » (Saviez-vous que « Kawasakied » est dans

*The urban dictionary*[25] ? Cherchez dans Google le mot « kawasakied » si vous ne me croyez pas.)

• **Il a une sonorité différente**. Pour faire court : que font les sociétés Claris, Clarin, Claria, Clarium, Clarins, Clarinex ? Il est difficile de se souvenir si elles vendent des cosmétiques, vous débouchent le nez ou se sont fait tuer par Apple. Les bons noms ont quelque chose de différent. Ils sont aussi épelés différemment.

• **Il a une logique**. Le meilleur exemple est fourni par les Pokémon. Les enfants n'ont pas à se demander à quoi ressemblent Racaillou ou Excelangue. Peut-on dire cela de noms comme Tenaris, Abaxis ou Ceradyne ? Un son différent + une orthographe différente + une certaine logique = un nom mémorable. Voici un bon test à faire : si vous donniez le nom de votre société ou de votre produit à dix étrangers, la moitié d'entre eux devineraient-ils ce que vous faites ?

• **Évitez les noms banals ou génériques**. Si le nom de votre produit ou de votre société est banal ou générique, les gens ne le trouveront pas sur Google, Yahoo!, Download.com ou VersionTracker. Par exemple, si votre société s'appelle « Eau » et votre produit « Mot », les gens auront du mal à le trouver facilement au moment même où il le faudra : celui de votre lancement.

• **Le nom ne suit pas la mode**. *Mea culpa* : nous avons fait une grosse erreur quand nous avons commencé ce qui est maintenant Garage Technologie Ventures. Nous avions appelé la société « garage.com », avec un « g » minuscule. C'était un excès temporaire de modestie et aussi nous enviions eBay. Le « .com » était une erreur car « dotcom » devint synonyme de « sans modèle de business ». Si vous croyez voir une tendance à la mode quand vous créez un nom, mon conseil est de l'éviter.

Vérifiez le nom de domaine et appliquez ces recommandations. Mais, s'il vous plaît, faites les deux, car mettre en selle une bonne société ou un bon produit avec un nom minable est criminel.

---

25. *The Urban Dictionary* est un dictionnaire des mots branchés ou argotiques à la mode : http ://www.urbandictionary.com/popular.php ?character=A

# Chapitre 34
# L'art de l'image de marque

Donnez-moi la marque du whisky que boit Grant.
Je voudrais en envoyer un fût à mes autres généraux.
**Abraham LINCOLN**

Dans le monde réel, vous n'avez pas une infinité de ressources ; vous n'avez pas le produit parfait et vous ne vendez pas dans un marché en expansion sans concurrents. Vous n'êtes pas non plus omnipuissant et, en conséquence, vous ne pouvez pas forcer l'opinion des gens sur ce que représente votre marque. C'est pour cela que la plupart des sociétés ont besoin de toute l'aide qu'elles peuvent trouver en matière de création d'image de marque. Voici des clés pour vous aider dans ce processus mystérieux.

• **Installez-vous à la bonne hauteur.** Établissez votre image de marque sur un message positif comme « avoir du sens », « faire le bien », « changer le monde » ou « rendre les gens heureux » – non sur l'idée de tuer vos concurrents. Réfléchissez une minute : quand avez-vous acheté un produit pour nuire à la concurrence d'une société ? Les utilisateurs du Macintosh sont peut-être une exception. Si vous voulez battre la concurrence, établissez une image de marque tonique et n'essayez pas d'établir une image de marque basée sur le désir ridicule d'écraser la concurrence.
• **Créez un seul message.** Il est déjà assez difficile de créer et de communiquer un message ! Pourtant, beaucoup de sociétés essaient d'en établir plusieurs de peur d'être enfermées dans une niche alors qu'elles veulent s'adresser à tout le marché. « Notre ordinateur s'adresse aux sociétés de *Fortune 500*. Ah oui ! C'est aussi pour les particuliers. » Regardez les choses en face, Volvo ne peut pas faire passer le message que sécurité = sexy, ou Toyota que économique = lexurieux {sic}. Choisissez un message,

tenez-vous y au moins un an s'il est prometteur et essayez-en un autre ensuite. Mais vous ne pouvez pas en essayer plusieurs à la fois et en changer tous les quelques mois.

- **Parlez clairement.** Évitez le jargon. Si votre message de positionnement utilise des acronymes, il y a de fortes chances que la plupart des gens ne le comprendront pas et que votre image ne durera pas très longtemps. Par exemple, « le meilleur décodeur MP3 » présuppose que les gens comprennent la signification de « MP3 » et de « décodeur ». Qui sait si dans dix ans un décodeur MP3 aura un quelconque intérêt ? Sans vouloir faire dans l'âgisme, je pense qu'un bon test est de demander à vos parents s'ils comprennent votre positionnement – à condition qu'ils ne soient pas professeurs d'informatique.
- **Appliquez le test des contraires.** Combien de fois avez-vous lu une description de produit comme celle-ci : « Notre logiciel est évolutif, sécurisé, facile à utiliser et rapide » ? Les sociétés utilisent ces adjectifs comme si personne d'autre n'allait faire la même chose. Regardez si vos concurrents utilisent les antonymes des adjectifs que vous avez choisis. Si ce n'est pas le cas, votre description est inutile. Je n'ai jamais vu de société comme celle-ci déclarer que son produit est limité, mal sécurisé, difficile à utiliser et lent.
- **Faites suivre le message.** Disons que vous avez élaboré le message parfait. Comme vous le dit le Japonais : « mazel tov[26] » Faites maintenant passer le message à tous les échelons de la hiérarchie dans votre organisation. Les départements du marketing de bien des sociétés supposent qu'une fois qu'ils ont fait le communiqué de presse et placé les publicités, le monde entier comprend le message. Il est probable que même les autres personnes de la société ne le comprennent pas. Commencez par vos administrateurs et allez jusqu'à Trixie et Biff à la réception pour vous assurer que chaque employé le comprend.
- **Examinez le retour.** Vous savez quels messages vous envoyez, mais vous ne savez pas vraiment quels messages les gens reçoivent. Voici une

26. Littéralement « bonne constellation » en hébreu, une expression commune pour dire « bonne chance ».

idée : vous devriez demander un retour pour savoir comment ce message est véritablement interprété. En fin de compte, l'important n'est pas tant ce que vous dites, que ce que les autres entendent.

• **Concentrez-vous sur les relations publiques, non sur la publicité.** Beaucoup de sociétés gaspillent des millions de dollars à essayer d'établir leur image de marque par la publicité. Avoir trop d'argent est pire qu'en avoir trop peu, car lorsque vous en avez trop, vous en dépensez pour des choses idiotes, comme des annonces pendant le Super Bowl. L'image se fait sur ce que les gens disent de vous, non sur ce que vous dites de vous-même. Les gens disent des choses positives à votre sujet si (a) vous avez un beau produit et (b) vous laissez les gens en répandre la nouvelle.

• **Soyez humain.** Les grandes images de marque montrent un degré élevé d'humanité. Elles vous parlent à vous en tant qu'individu, non parce que vous faites partie d'un marché. C'est « mon iPod » , « mon Macintosh » , « ma Harley Davidson », « ma bouteille de Coca ». En revanche, vous ne pensez jamais en terme de « mon Vista », ou « mon Microsoft Office » , donc je ne dirais pas que Microsoft a une belle image de marque, même si les enfants disent « ma Xbox ». Malheureusement pour Microsoft, on ne fait pas nécessairement le rapprochement entre « Xbox » et « Microsoft ».

Maintenant, prenez du recul et posez-vous la question à 64 000 dollars : « Si nous ne dépensons pas un sou en marketing, les gens vont-ils reconnaître notre image de marque et la comprendre ? » Parce que le marketing dans le monde réel est ainsi : vous n'avez pas de gros budget marketing, ce qui vous fait dépendre du fait que les gens vont « créer » l'image pour vous. Depuis des décennies, Apple, avec tout son argent, a essayé de positionner le Macintosh comme quelque chose de puissant. Depuis des décennies, les consommateurs ont vu dans le Macintosh la facilité d'utilisation. En fin de compte, vous suivez le mouvement et vous êtes content qu'il y en ait un.

# Chapitre 35
# Encadrer ou se faire encadrer

Plus le sujet est important
et plus il est proche de nos espoirs
et de nos besoins, plus nous courons le risque
de faire une erreur lorsque nous formons
le cadre de notre analyse.
**Stephen Jay GOULD**

George Lakoff est professeur au département de linguistique de Berkeley et l'auteur du livre *Don't Think of an Elephant*[27] (Chelsea Green, 2004). Son interview dans le *UCBerkeleyNews* (October 27, 2003) explique en quoi les républicains sont de bons « encadreurs » alors que les démocrates en sont de médiocres. Voici deux questions et réponses extraites de cette interview :

***Q. Comment le langage influence-t-il les termes du débat politique ?***
**R.** Le langage s'accompagne toujours de ce qu'on appelle le « cadrage ». Tout mot se définit par rapport à une structure conceptuelle. Si vous avez quelque chose comme une « révolte », ce qui implique qu'une population est dirigée de façon injuste et va renverser ses dirigeants – ce qui serait une bonne chose – vous avez un cadre.

Si vous ajoutez le mot « électeur » après le mot « révolte » , vous dites que les électeurs sont des gens opprimés, que le gouverneur est le dirigeant oppressif, qu'ils l'ont éjecté, que c'est une bonne chose et que tout va bien maintenant. Tout ceci saute aux yeux dans un gros titre comme « la révolte des électeurs » – c'est quelque chose que la plupart des gens lisent sans jamais le remarquer. Mais ce sont des choses sur lesquelles les journalistes, et très souvent l'équipe de campagne, peuvent agir.

27. Littéralement : « Ne pensez pas à un éléphant ».

***Q. Les candidats démocrates aux présidentielles comprennent-ils l'importance du cadrage ?***
**R.** Non. Pas du tout. Mais ils sont dans une position amusante. Les changements de cadrage qui doivent être faits sont des changements sur le long terme. Les conservateurs ont compris cela en 1973. En 1980, ils avaient un candidat, Ronald Reagan, qui a repris cette façon de voir et en a fait son fer de lance. Les progressistes n'ont pas un seul candidat qui comprenne la nécessité de changer de cadre et puisse en parler. Et pour qu'un candidat puisse en parler, il faut que les idées soient dans l'air. Il faut être capable de faire référence à des « petites phrases ». Ce sont les gens qui les lancent dans le domaine public, non les politiciens. La question est la suivante : comment faire en sorte qu'elles apparaissent ? Il y a plusieurs façons de le faire et l'une des choses que fait le Rockridge Institute, c'est de discuter avec les groupes de pression qui savent très bien faire cela. Ces groupes ont de plus gros budgets, ils sont partout et ils ont accès aux médias.

Pour le moment, le parti démocrate est dans le marketing. Il choisit un certain nombre de problèmes comme les médicaments sur ordonnance et la Sécurité sociale, cherche à savoir ce qui va marcher pour le plus grand nombre et il fait la campagne sur ces sujets. Il n'a pas de perspective morale, pas de valeurs générales, pas d'identité. Les gens votent leur identité ; ils ne votent pas seulement sur des problèmes et les démocrates ne comprennent pas cela. Regardez Schwarzenegger, qui ne dit rien sur les problèmes. Les démocrates vous demandent : « Comment avez-vous pu voter pour lui ? » Ils l'ont fait parce qu'il a mis en avant une identité. Les électeurs savaient qui il était.

Il y a une bonne leçon de marketing dans l'œuvre de Lakoff : soit vous cadrez votre produit, soit les gens le feront pour vous et vous n'aurez pas le contrôle de ce qu'ils feront. Par exemple, un service de partage de musique en ligne est soit du « piratage » soit une « révolution pour les mélomanes ». Si on utilise le mot « révolution », on implique que les sociétés de disques gouvernent injustement les gens qui écoutent de la musique. C'est combattre l'accusation de « piraterie » et la société qui libère de l'oppression a le rôle du héros. Voici comment contrôler le cadre :

- **Soyez fidèle à vous-même.** Un cadre doit représenter ce en quoi vous croyez – par opposition à ce qu'une étude de marketing vous dit de croire. Ce qui veut dire que si vous n'êtes que des pirates de musique, ne croyez pas que le fait de vous donner le nom de révolutionnaires va vous aider. Si votre produit ou votre service est nul, corrigez votre produit ou votre service plutôt que de changer votre marketing et votre image de marque.
- **Évitez l'assaut frontal.** Quand vous cadrez la concurrence, la bonne méthode est d'« accabler avec un vague éloge ». Le but est de cadrer votre concurrent d'une façon qui n'est pas durement critique, mais subtilement accablante. Par exemple, Microsoft a cadré Macintosh avec succès pendant des années en le décrivant comme un ordinateur facile à utiliser, mais peu puissant.
- **Adossez-vous à des valeurs essentielles.** Quand vous vous cadrez vous-même, adossez-vous à des valeurs essentielles et généralement acceptées. Aux États-Unis, en 2008, cela veut dire des concepts qui ont une connotation positive, comme ceux de démocratisation, de libération, d'indépendance, d'efficacité et de liberté. Par exemple, « démocratiser la vidéo » sonne beaucoup mieux qu'« arnaquer les studios de cinéma » – mais seulement si c'est ce que vous faites.
- **Tirez le premier.** Il est préférable de tirer la première salve qui cadre votre concurrence ainsi que votre propre produit ou service. Les sociétés qui viennent ensuite doivent réagir à ce que vous avez fait et, en un sens, elles doivent opérer dans le cadre que vous avez défini. Imaginez ce qui se serait passé si Mercedes avait tiré en premier et cadré la Lexus comme une « ligne de voitures de luxe créée par le fabriquant de la Corolla. » Le message de Toyota disant « aussi bien qu'une Mercedes mais à la moitié du prix » aurait été beaucoup moins efficace.

Le cadrage est l'une des fonctions les plus puissantes et les plus agréables dans le marketing ; j'espère donc que vous allez vous y essayer. Au bout de quelque temps, peut-être en aurez-vous assez de cadrer des produits et des services et vous tournerez-vous vers la politique. Et Lakoff parlera peut-être de vous un jour.

# Chapitre 36
# Une idée : le marché global des jeunes

L'erreur de la jeunesse est de croire que l'intelligence peut se substituer à l'expérience, et l'erreur de l'âge est de croire que l'expérience peut se substituer à l'intelligence.
Lyman BRYSON

Kathleen Gasperini est co-fondatrice et vice-présidente de Label Networks. Sa société aide des marques majeures comme Apple Computer, Verizon Wireless, Pepsi, Vans, Levi Strauss et Burton Snowboards à saisir la culture jeune. Cet entretien vous permettra de comprendre certaines tendances, comment faire du marketing pour les jeunes et comment ces jeunes influencent aussi le marketing.

***Q. Quelle est votre méthodologie pour étudier les tendances ?***
**R.** Elle est unique, car nous sommes mobiles et allons dans leur environnement, c'est-à-dire là où ils achètent, les cafés, les centres commerciaux, les rues, les terrains de sport et les festivals de musique et nous faisons des entretiens en face-à-face. Nous avons créé nos propres outils et méthodologies de recherche.

Comme nous allons sur le terrain, qu'il pleuve, vente ou fasse très chaud, nous avons leur confiance et ils nous expliquent souvent pourquoi ils ont répondu comme ils l'ont fait. Nous prenons des photos et, dans certains cas, des vidéos. De plus, nos équipes de recherche sur le terrain viennent de ces marchés et comprennent le langage, la musique, les modes et la sensibilité de la couche démographique ciblée.

Sur le marché de la culture jeune, un gars en pantalon kaki, en chemise bleue boutonnée et un bloc-notes fait tout simplement fuir. Les gars des équipes de recherche sont parfois aussi tatoués que ceux auquels ils parlent ; ils sont généralement un peu plus âgés et ils ont des talents journalistiques. Nous utilisons aussi un programme traditionnel d'analyse statistique des données, mais nous ajoutons notre propre analyse sur la base de notre connaissance et de notre intuition des marchés pour les jeunes.

***Q. Pourquoi MySpace et Facebook attirent-ils les jeunes ?***

**R.** L'attrait de ces sites est qu'ils permettent d'être créatif, de communiquer et de découvrir. Regardez la vidéo sur YouTube.com : « MySpace : The Movie ». C'est une vidéo remarquable qui traite de la difficulté d'être jeune et d'avoir à mettre à jour son profil et sa liste d'« amis ».

La popularité de ces services a des conséquences marketing importantes. Par exemple, MySpace permet de savoir ce qu'il y a de nouveau en musique, une raison essentielle pour laquelle les jeunes y vont. C'est l'exemple type de la culture qui vient de la base. La raison d'un contenu généré par un utilisateur est celle-ci : « juste parce que ». On ne peut pas être beaucoup plus authentique et crédible que cela.

Les images de marque qui essaient de suivre ce modèle n'y parviennent pas toujours. Cela dit, la vidéo pour le Sony Bravia, avec ses balles colorées qui rebondissent dans les rues de San Francisco, est bonne parce qu'on en oublie l'objectif de la publicité. Les publicités de l'iPod avaient un impact similaire, en montrant des silhouettes sombres en train de dancer.

Pour les petites boîtes qui utilisent MySpace afin de promouvoir leurs produits (CD, t-shirts ou stickers), c'est la façon de faire branchée : elles prennent le temps de mettre à jour leur profil et de se faire des « amis ». Regardez ce qui s'est passé pour Fall Out Boy et les Midwest and Arctic Monkeys en Angleterre : ces groupes venaient de nulle part et ils sont devenus relativement importants. Des groupes comme My Chemical Romance et Black-Eyed Peas lancent leurs nouvelles vidéos sur MySpace plutôt que sur MTV. Le phénomène est global.

***Q. Combien de temps durent ces engouements ?***

**R.** Cela dépend du pays et de la tranche d'âge, mais généralement les jeunes ne pensent pas que c'est un engouement. C'est simplement ce qui se passe à un moment donné. La perception de l'histoire par des jeunes d'une quinzaine d'années se limite à trois ans, ce qui explique pourquoi, par exemple, ils croient créer le punk, même si leurs parents ont écouté les Sex Pistols.

Si quelque chose devient « classique », c'est alors plus du long terme et c'est parce que le phénomène comprend plusieurs aspects du style jeune, comme les Converse – et la plupart des jeunes ne savent pas qu'elles étaient, à l'origine, des chaussures de basket. Elles sont la quintessence du punk. Les Timberland ont fait une migration similaire et elles ont maintenu leur crédibilité. Leur but était d'abord utilitaire et ce sont désormais des chaussures de choix sur divers marchés urbains, notamment pour danser le krump dans certains quartiers de Los Angeles.

Dans une étude globale sur l'excès d'information, nous avons posé la question suivante : « Vous trouvez-vous assaillis par un excès d'information ? » Les jeunes aux États-Unis, au Canada et au Japon ont dit « non ». En fait, ils en veulent encore plus. C'est ce qui ressort aussi de notre étude sur la Chine.

Mais les résultats européens sont très différents. En Angleterre, ils se sentent saturés. Même chose en Allemagne. Il semble qu'ils ne veuillent pas autant de changement. En revanche, en Espagne, ils sont plus tournés vers l'information en général et ne se sentent pas submergés. L'Italie ressemble à l'Espagne de ce point de vue. Pour généraliser : la Chine et le Japon sont tournés vers le futur et sont optimistes ; l'Europe de l'Ouest est bloquée dans son histoire ; et l'Amérique n'a ni passé ni futur – nous vivons au présent.

***Q. Quelle est la différence entre un jeune à Shanghai et un jeune à Palo Alto, Los Angeles, Londres, Munich, Addis-Abeba ou Séoul ?***

**R.** Tout d'abord, un jeune de quinze ans en Amérique du Nord, par exemple, est très différent d'un jeune de quinze ans il y a cinq ans. Autrefois on disait : « Je veux mon MTV » ; mais ces gens-là sont maintenant les parents de ceux qui ont quinze ans et qui veulent leur « MP3 ». Et il ne s'agit pas simplement d'avoir un MP3 ou un téléphone cellulaire, mais de le personnaliser avec un *mashup*[28] de sonneries téléchargées gratuitement sur 3gforfree.com. Les jeunes ne veulent pas simplement avoir le contrôle de leurs divertissements, ils veulent les créer eux-mêmes. Une culture très *DIY*[29]. C'est moins vrai au Japon et en Chine où la mentalité est : « Je suis un individu mais en tant que groupe. »

Une fille de Shanghai est beaucoup plus créative qu'un garçon dont la vie est encore très structurée par les parents en raison de la règle draconienne de l'enfant unique. Elle est incroyablement heureuse de vivre maintenant et de voir les changements autour d'elle. Elle fait partie du panasianisme qui a lieu en ce moment. Elle est fière de la Chine.

La gamine de Los Angeles est plus entreprenante, plus influencée par des cultures diverses. Elle crée son monde par des moyens utilitaires, ceux qui l'inspirent et l'entourent. Un point notable sur cette génération des treize-quinze ans est qu'elle est plus « asexuée ». Il y a plus d'effets d'assimilation par le sport, la musique, la mode, la technologie. Par exemple, les filles s'intéressent plus au football américain et les garçons à la danse – souvent inspirée des arts martiaux.

Le gamin de Londres est aujourd'hui moins optimiste, mais il pense qu'il crée une tendance dans sa tête. Le gamin de Munich est plus philosophe, mais socialement « plus jeune » que celui de Los Angeles ou Palo Alto, essentiellement parce qu'il n'est pas autant sur Internet et qu'il n'y est pas encouragé par ses parents. En ce qui concerne celui d'Addis-Abeba, tout dépend de son environnement socio-économique, mais comme les autres, il est très influencé par la musique. La musique est le fil commun.

Le gamin d'Addis-Abeba est probablement « le plus vieux » de tous. Pas nécessairement en terme de sociabilité, mais en terme de connaissance de la vie parce qu'il a vu le pire. Les enfants soldats ne voient pas la même

28. Un *mashup* ou *mash-up* est une application composite combinant le contenu de plusieurs applications ou services. Pour plus d'informations : http://fr.wikipedia.org/wiki/Mashup_(web_application_hybrid)

29. Acronyme pour « Do It Yourself » (Faites-le vous-même) et généralement traduit par « bricolage ».

chose que les gosses de Los Angeles. Ils ont un énorme désir d'apprendre et ils sont plus optimistes qu'on ne le croit. Il y a de la chance au bas de la pyramide, comme le dit C. K. Prahalad dans son livre sur ce sujet.

***Q. Les sociétés se font-elle des illusions quand elles pensent créer des modes pour les jeunes ?***

**R.** Oui, et c'est même risible. Ou triste. Elles dépensent des millions de dollars dont le résultat est une réaction négative à l'image de marque, qu'il faut ensuite recréer à coup d'autres millions. Beaucoup de grandes marques ou d'agences sont incapables de voir plus loin qu'un spot de trente secondes à la télé. Ces sociétés avancent vers l'avenir avec des œillères. « Mais comment atteint-on les jeunes ? » demandent-elles. Il y a de multiples moyens.

Partir de la base est la façon la plus authentique de procéder et c'est aussi beaucoup plus rapide que dans le passé, étant donné la vitesse de communication et le marketing viral. Mais on ne peut pas être cool sans être authentique et sincère.

Les jeunes se fichent de transpirer et d'avoir chaud dans un festival en plein air. Pas les vieux. Le succès sent ! Et le jeunes sentent le mensonge à un kilomètre. Pour eux, certaines sociétés puent. Elles sont tellement éloignées de la réalité. Parce qu'elles ne savent pas partir de la base ou… ont peur de transpirer.

***Q. D'une manière générale, comment une société gagne-t-elle de la crédibilité auprès des jeunes ?***

**R.** Il n'y a pas de solution miracle parce que chaque marché subit plusieurs types d'influences. D'une manière générale, il est très important de faire partie du style de vie de ces jeunes et de couvrir plus d'un aspect de leur vie – ce qui donne aussi plus de longévité à une société. Si vous suivez plusieurs courants, vous construisez votre crédibilité plus facilement. Voici deux idées : en premier, s'impliquer dans la musique et fréquenter les artistes, sponsoriser des groupes émergents et savoir ce qui se passe dans les diverses cultures underground.

Ensuite, il y a l'opportunité unique de faire quelque chose de bien, tout en construisant sa crédibilité. Les jeunes de treize-quinze ans aux États-Unis sont l'un des groupes les plus intéressés par la philanthropie et l'environnement dans le monde. Ils ont tendance à soutenir des marques impliquées dans les œuvres caritatives et ont énormément de respect pour les activistes célèbres. Cela signifie qu'il y a l'opportunité d'atteindre les jeunes en faisant appel à leur sens des « bonnes causes ».

***Q. Comment les jeunes vont-ils acheter dans les deux prochaines années ?***

**R.** En ligne, parce qu'il est plus difficile de trouver des magasins qui vendent ce que les jeunes veulent. Ils font aussi attention au prix et cherchent la bonne affaire, ce qui est plus facile en ligne. eBay est le nouveau marchand de fripes.

Mais des sites de marques plus petites et cool, avec des t-shirts et des choses comme cela ne seront pas seulement des endroits où on achète, mais aussi des sites où on passera son temps. Le discount est en train de devenir « OK ». Acheter chez Target est aussi « OK » parce qu'il y a des choses bien en matière de style et qu'ils font de super pubs.

La mode jetable a fait son apparition, notamment avec le lancement de H&M en Amérique du Nord, qui a pris d'assaut New York, Los Angeles et San Francisco. Cette tendance vient d'Europe, mais elle est d'abord apparue au Japon. « Jetable » signifie avoir la possibilité d'acheter le bon look à bas prix, ce qui rend la pièce « jetable ».

***Q. Quelle est votre analyse des segments suivants pour les jeunes :***

**R. Téléphone portable.** La tendance est à une plateforme multiple en une. C'est la génération mobile. La marque qui peut créer un portable haut de gamme avec des fonctionalités hybrides (textos, images, vidéo, accès Internet, jeux et MP3) va dans le bon sens. On s'attend à ce que ce soit Apple qui fasse cela. Si c'est le cas, Apple sera non seulement dans l'industrie des ordinateurs et dans la technologie de la musique, mais jouera aussi sur le marché du téléphone. Et cela changera cette industrie radicalement.

**Musique.** C'est une niche qui bouge progressivement. Il y a un mélange de styles avec lesquels les jeunes s'identifient complètement, comme l'indie rock en ce moment et le punk-indie. Un grunge recontextualisé est dans le radar. Je ne parle pas de Nirvana ou Pearl Jam, mais d'un *mashup* de cela avec de l'indie. Le hip-hop plafonne, mais il sera réinventé sous une forme différente, un peu comme ce qui est en train de se passer avec le mouvement hyphy qui vient de San Francisco[30]. Il y a aussi le reggaeton et le dancehall dans des villes comme Miami, Houston et Atlanta.

**Mode.** La mode suit la musique et la culture de la rue – elle vient de la rue, à la différence de la couture.

**Sports.** Le sport mondial est le football, mais il est clair que les Américains ne l'ont pas adopté dans les mêmes proportions. Le monde du sport est actuellement dans la tourmente et son influence en est affectée. Il y a les « hooligans » en Angleterre qui ne peuvent pas participer aux matchs, les joueurs de basket-ball qui se sont mis dans toutes sortes d'ennuis et les joueurs de base-ball qui ont des problèmes de dopage. Des sports comme le surf, le skateboard, le snowboard sont ce qu'il y a de plus à la mode dans la culture jeune, mais ils plafonnent. Il y a deux ans, tout le monde ressemblait à un skater. L'une des stars était Shaun White. Il sera intéressant de voir ce qu'il devient et ce qu'il advient du snowboard compte tenu de sa couverture incroyable pendant les Jeux olympiques de février[31] et du pourcentage élevé de jeunes qui ont regardé les épreuves à la télé et en ligne. Il pourrait devenir le prochain Tony Hawk ou Michael Jordan. En conséquence, les marques associées à White comme Burton, ou associées aux styles de vie autour du sport, peuvent créer de nouvelles tendances.

---

30. Le mouvement hyphy est apparu chez les rappeurs de la baie de San Francisco, en particulier à Oakland, au début des années 2000.

31. Il s'agit des Jeux de 2006 à Turin.

***Q. Compte tenu de tout ce que vous savez, quelle genre de société lanceriez-vous sur le marché des jeunes ?***
**R.** Il y a une opportunité pour les marques orientées « style de vie » qui touchent à tous les aspects de la vie d'un jeune, comme une société de t-shirts. On peut rire, mais regardez Volcom. Aux États-Unis, 57,3 % des jeunes achètent dix à quinze t-shirts par an. La fabrication de t-shirts est l'un des marchés montants de la mode jeune. Cette société serait en ligne, mais seulement la partie émergée d'un iceberg beaucoup plus imposant.

Katlheen Gasperini m'a appris que les modes sont une chose amusante : si vous vous lancez à leur poursuite, elles semblent avancer plus rapidement. Si vous les créez, elles vous défient. Mais étudiez-les ; elles peuvent vous apprendre des choses et vous conduire au succès.

# Chapitre 37

# La leçon de la galerie d'art de Tam

Si vous voulez vraiment trouver le succès, consacrez-vous à vous-même pour découvrir votre singularité. Quand c'est fait, tenez-vous y et persévérez : le succès viendra.

Sidney MADWED

Lors d'un voyage à Hong Kong, j'ai visité Stanley Market, un grand bazar (rien à voir avec la Stanley Cup). C'est sûr, c'est un kiosque comparé au Grand Bazar d'Istanbul, mais il est bourré de boutiques. La plupart de ces boutiques vendent un peu de tout : des t-shirts, des chaussures, de l'électronique grand public, des vêtements de cuir et bien d'autres choses.

Je suis resté une heure et je n'ai fait qu'un achat, dans une seule boutique : la Tam's Art Gallery. La boutique est spécialisée dans la fabrication de sceaux avec des caractères chinois destinés à prouver son identité. Vous donnez le mot anglais et l'employé vous fait ce sceau. J'ai réappris une leçon de marketing qui est la plus importante pour une image de marque :

**Faites une seule chose, mais faites-la bien.**

Les autres boutiques offraient trop de choses, ce qui rendait le choix plus difficile. Je l'admets, cela peut prendre du temps pour trouver ce que doit être cette chose (et je sais que Tam a commencé par vendre plein de trucs lui aussi), mais cherchez-la. Ce sera probablement celle que votre concurrence n'aura pas.

# Vendre et évangéliser dans les faits

Bien que beaucoup de gens ne soient pas de mon avis, je crois que vendre arrange tout. Si vous avez des ventes, la trésorerie suit et si vous avez de la trésorerie : (a) vous avez le temps de porter votre attention sur votre équipe, votre technologie et votre marketing ; (b) la presse ne dira pas grand-chose parce que vous aurez des clients qui paient et (c) vos investisseurs vous laisseront en paix parce qu'ils ne veulent pas vous porter la poisse. Cette section examine ce que signifient vendre et évangéliser. Je regroupe les deux : l'évangélisme est la forme la plus pure de la vente, car il fait adhérer les gens à votre produit ou à votre service.

# Chapitre 38
# L'art de vendre

> Imaginez que toute personne que vous rencontrez porte autour de son cou un panneau indiquant « Faites-moi me sentir important(e) ».Vous ne réussirez pas seulement dans la vente, vous réussirez dans la vie.
>
> Mary Kay ASH

Connaissez-vous l'acronyme « TTC » ? Toujours Travailler à Conclure. En bref, vous devez toujours être en train de faire une vente. Vous pouvez en faire trop, autrement dit, manquer de subtilité et agacer les gens. En vérité, la meilleure vente est un processus lent et répétitif, mais ne vous leurrez pas : soit vous faites une vente, soit vous ne la faites pas. Ce chapitre explique l'art de vendre.

• **Remarquez le gorille.** Daniel J. Simons de l'Université de l'Illinois et Christopher E. Chabris de l'Université de Harvard ont fait une expérience (« Les gorilles sont parmi nous »), où ils demandaient à des étudiants de regarder la vidéo de deux équipes de joueurs se lançant des balles de basket. Les étudiants devaient compter le nombre de passes entre coéquipiers. Ils avaient regardé pendant trente-cinq secondes cette vidéo lorsqu'un acteur déguisé en gorille entra dans la pièce où se trouvaient les joueurs et se frappa le torse, restant à l'écran pendant neuf secondes. Quand on les interrogea, 50 % des étudiants n'avaient pas remarqué le gorille ! De toute évidence, ils s'étaient concentrés sur la tâche qui leur avait été assignée, compter les passes, restant aveugles à tout événement extérieur. Le même phénomène existe dans les sociétés : tout le monde se concentre sur les clients et les usages prévus sans remarquer les fleurs inattendues. Univac s'était polarisé sur le marché scientifique et n'avait pas vu le marché de l'entreprise – à la différence d'IBM. C'est pourquoi tout le monde connaît IBM et peu de gens se souviennent d'Univac.

- **« Vendez », ne permettez pas simplement d'« acheter ».** On achète un iPod en entrant dans la boutique Apple avec l'intention d'acheter. La décision est déjà prise. En revanche, les produits et services de la plupart des sociétés sont vendus, non achetés. Si vous n'avez pas un produit de type iPod, il vous faut un contact personnalisé et intense, en face-à-face. La publicité ne peut pas faire cela et, en conséquence, pour la plupart des sociétés, les meilleurs moyens de générer des prospects sont les séminaires, les présentations par les dirigeants de la société et le *schmoozing*[32].
- **Trouvez les influenceurs.** L'air se raréfie au fur et à mesure qu'on s'élève dans la hiérarchie. Plus l'air se raréfie, plus il est difficile de trouver de la vie intelligente. Donc si vous concentrez vos efforts sur les dirigeants, vous avez affaire aux gens les plus stupides de l'organisation. Les plus hauts placés n'ayant pas les plus gros cerveaux, ne cherchez pas à vous adresser à eux. Trouvez plutôt les gens qui ont de l'influence. Ils ont des titres plus modestes, comme celui de « secrétaire », « assistante administrative », « administrateur de base de données » ou « responsable du service client ». Ce sont souvent eux qui font le vrai travail, donc ce sont eux qui savent de quels produits et services la société a besoin – et les dirigeants sollicitent leurs recommandations. Maintenant la question logique est celle-ci : « Comment trouver ces gens qui ont de l'influence ? » Pour avoir la réponse, posez aux gens de la société cette simple question : « Quand il y a un problème dans la société, à qui s'adresse-t-on ? »
- **Donnez moins d'informations aux clients.** Voici quelque chose de contre-intuitif : les acheteurs qui ont le moins d'informations sur un produit sont plus heureux que ceux qui en ont davantage. C'est la conclusion à laquelle sont arrivés des chercheurs du Tippie College of Business après une étude où on demandait aux gens leur opinion sur du chocolat et une lotion pour les mains. On avait donné à un groupe une information détaillée, et à un autre beaucoup moins. Pour chaque produit, le groupe

32. Du mot yiddish *shmuesn*, « faire du schmoozing » ou « schmoozer » veut dire converser de façon informelle, sociale.

qui avait eu moins d'informations était plus optimiste sur le produit parce qu'il était plus facile à ceux qui en faisaient partie de prendre leur désir pour la réalité. Lorsqu'on leur donne plus d'informations, les gens se font moins d'illusions. En tout cas, en matière d'information produit, plus n'est peut-être pas « plus », surtout si le produit n'est pas bon.

• **Faites parler les prospects.** Si les prospects sont ouverts à l'idée d'acheter votre produit, ils vous disent généralement ce qu'il faut faire pour le leur vendre. Tout ce que vous avez à faire est ceci : (a) faites-les parler de leurs besoins ; (b) taisez-vous ; (c) écoutez et ensuite (d) expliquez comment votre produit satisfait à leur besoin (si c'est le cas). La plupart des commerciaux ne savent pas faire cela parce que (a) ils ne se sont pas préparés à poser les bonnes questions ; (b) ils sont trop stupides pour se taire et (c) ils ne connaissent pas assez bien leur produit pour savoir s'il satisfait au besoin. Il y a pourtant une raison pour laquelle Dieu nous a donné deux oreilles, mais une seule bouche.

• **Utilisez la stratégie « disrupt-then-reframe[33] ».** La théorie du « disrupt-then-reframe » consiste à introduire un élément inattendu dans la conversation et à injecter immédiatement un appel à l'action, ce qui fait que le client est plus enclin à accepter votre proposition. Cette interruption neutralise la pensée critique et fait que la personne est plus susceptible d'être d'accord. Ce concept est le résultat d'une étude de Barbara Davis et du Professeur Eric Knowles au cours de laquelle ils vendirent des cartes en porte-à-porte pour une œuvre caritative. Quand ils disaient aux gens qu'il y avait huit cartes pour 3 dollars, ils avaient un taux de succès de 40 %. Quand ils disaient aux gens qu'ils en avaient huit pour 300 pennies et ajoutaient « c'est une bonne affaire », 80 % des gens achetaient.

• **Évitez les exagérations.** Vanessa Patrick de l'université de Géorgie, ainsi que Debbie MacInnis et C. Whan Park de l'Université de Southern California, ont trouvé que « les gens remarquent les moments où ils se sentent moins bien que ce qu'ils auraient pensé, mais non ceux où ils se sentent mieux qu'ils ne l'espéraient. » L'équipe a créé l'expression

33. Aussi appelée « Stratégie oméga ». Il s'agit d'introduire la confusion pour, ensuite, recadrer le débat.

« erreur affective de pronostic » pour décrire la différence entre les sensations qu'on anticipe et celles que l'on éprouve en réalité. Leur constat va dans le sens du vieil adage selon lequel les gens racontent cinq fois aux autres une mauvaise expérience mais ne parlent qu'une fois d'une expérience qui est bonne (« un évangélisme négatif » ?). Donc, « promettre moins mais donner plus » est la façon de faire.

- **Permettez les essais.** Les gens sont intelligents. Si vous leur donnez la bonne information, ils sont mieux placés pour juger du produit qu'il leur faut. N'essayez pas de les faire devenir vos clients à coups de matraque. Ma recommandation est de leur permettre d'essayer pour qu'ils prennent leur décision. Bref, vous leur dites : « Je pense que vous êtes intelligent et c'est pour cela que je vais vous permettre d'essayer pour que vous voyiez si cela vous convient. J'espère que ce sera le cas et que nous ferons affaire. » Faites tout ce qu'il faut pour que les gens puissent télécharger une version de démonstration, essayer votre voiture ou manger dans votre restaurant.
- **Facilitez le premier pas.** Les commerciaux malheureux sont ceux qui rendent difficile l'adoption de leurs produits ou services. Je plaide coupable ! J'ai un jour demandé à des sociétés de *Fortune* 500 de jeter leurs machines MS-DOS pour s'équiper en Macintosh. La bonne technique consiste à rendre l'adoption de votre produit ou de votre service aussi rassurante et facile que possible pour réduire la résistance. Une méthode efficace est d'offrir un service d'abonnement, ce qui évite aux clients de s'engager dans un achat majeur et leur permet de payer au mois.

Croyez-moi maintenant ou plus tard, mais « vendre arrange tout ». C'est la leçon qu'ont apprise la plupart des entrepreneurs à répétition et les propriétaires de petites entreprises.

# Chapitre 39
# L'art de la distribution

Car il n'y avait parmi eux aucun indigent : tous ceux qui possédaient des champs ou des maisons les vendaient, apportaient le prix de ce qu'ils avaient vendu, et le déposaient aux pieds des apôtres ; et l'on faisait des distributions à chacun selon qu'il en avait besoin.
**Actes des Apôtres 34-35**

Dans l'économie numérique qui est la nôtre, la « distribution » n'est pas une affaire de logistique et de transfert de biens physiques. Aujourd'hui les sociétés se concentrent sur la « viralité » et la « visibilité », ce qui a rendu nécessaire une redéfinition de la « distribution » comme suit :

Convaincre les sociétés qui ont beaucoup à perdre d'aider celles qui ont beaucoup à gagner.

Par exemple, un opérateur de téléphone comme Verizon distribue les jeux d'éditeurs de logiciels sur ses téléphones. L'hypothèse sous-jacente importante de la distribution moderne est l'asymétrie de l'arrangement. Pour la plupart des entrepreneurs, la distribution consiste à se faire porter par une autre organisation qui a beaucoup plus de surface. Cette situation affecte beaucoup de décisions et d'actions, soyez-en conscient.

• **Distinguez distribution et viralité.** Distribution et viralité ne sont pas une seule et même chose. Un produit est « viral » s'il est si fascinant que les gens en deviennent les utilisateurs involontaires. Par exemple, il y a un temps où, si l'on vous envoyait un fichier PDF, vous ne pouviez pas faire autrement que d'installer Acrobat. En revanche, la notion de « distribution » implique que des sociétés rendent votre produit disponible à des utilisateurs potentiels. Son usage peut être volontaire ou non. Un produit viral peut ne pas avoir de distribution et un produit distribué peut ne pas être viral. Pour utiliser un exemple médical, une personne qui a une hépatite au milieu de l'océan ne communiquera pas le virus et quelqu'un qui a une maladie non contagieuse ne la communiquera pas non plus, même si elle est dans un métro à Bombay aux heures de pointe.

- **Assignez les responsabilités.** Le but ultime est un produit viral bien distribué. Comprenez les rôles : la tâche de l'ingénierie est de faire un produit viral. Celle du commercial et du marketing est de trouver le partenaire de distribution. La tâche de l'ingénierie est d'intégrer les produits. Celle du commercial et du marketing est de faire en sorte que le monde soit informé de l'existence de cette distribution. Une délimitation claire des responsabilités et l'exercice de ces responsabilités sont nécessaires parce qu'il y a une différence entre un produit viral et une campagne de marketing viral.
- **Respectez la loi des grands nombres.** La caractéristique la plus importante d'un bon partenaire de distribution est qu'il a des millions de clients, des visiteurs sur son site Web ou quoi que ce soit qui puisse vous aider. Oui, ses clients peuvent ne pas être des clients « parfaits » pour vous ; oui, il se peut que seule une toute petite fraction de ses clients essaiera votre produit, mais un petit pourcentage d'un grand nombre est un grand nombre, donc ne vous posez pas trop de questions.

Par exemple, si votre marché-cible est celui des mamans qui bloguent, vous pourriez conclure que MySpace n'est pas un bon partenaire de distribution parce que ses clients sont Trixie et Biff, des gamins de seize ans. Mais il y a une double erreur à ce raisonnement : comme vous êtes en train d'introduire un produit (et c'est le moment où vous avez le plus besoin de distribution), vous ne savez pas encore qui utilisera votre produit ni ce que les gens en feront.

Ensuite, il y a le phénomène « on ne sait jamais » qui consiste en ceci : « On ne sait jamais : peut-être Trixie et Biff utiliseront-ils un produit destiné à leur maman qui blogue sur leur profil MySpace, et ce seront peut-être même eux qui lui en parleront. » Vous ne le saurez que si vous essayez, donc restez ouvert.

- **Cherchez les effets de complémentarité.** Voici ce que mon copain Bryan Starbuck a suggéré. Les partenaires de distribution les plus logiques ont des affaires « complémentaires », où chacun a besoin de l'autre pour bien fonctionner. Par exemple :

- eBay et PayPal. Le gros eBay avait besoin d'un système de paiement pour les vendeurs qui ne pouvaient pas prendre de cartes de crédit.
- LinkedIn et SimplyHired. Y-a-t-il une meilleure raison d'utiliser LinkedIn que celle de trouver un emploi ?
- FeedBurner et TypePad. Une fois que vous comprenez que beaucoup de gens préfèrent les flux RSS, FeedBurner est un gadget évident pour TypePad.

*Nota bene :* « Avoir besoin de » n'est pas la même chose qu'avoir « la même base de clients ». Par exemple, un fabricant d'appareils accoustiques peut conclure un accord avec une assocation de personnes retraitées, mais il faut dire de cet accord ce qu'il est : de la publicité, non de la distribution. L'association de personnes retraitées n'a pas besoin du fabricant d'appareils accoustiques pour fonctionner.

- **Concentrez-vous sur les revenus.** C'est l'argent qui parle. Peu importe ce que vous dit l'autre partie, un bon accord de distribution est un accord où l'on fait de l'argent. Si vous entendez ou utilisez plus souvent des mots comme « stratégique » ou « sensibilisation à l'image de marque » que le mot « revenu », votre accord de distribution est probablement voué à l'échec.
- **Faites attention à l'autre partie.** La bonne perspective dans un partenariat de distribution est celle-ci : gagnons de l'argent tous les deux. Je n'ai jamais vu de bon partenariat où seule une partie gagnait de l'argent. Ou bien les deux en gagnent, ou bien aucune des deux.
- **Faites un plus gros gâteau – ne vous contentez pas de le couper différemment.** La meilleure légitimité d'un accord de distribution est d'étendre la part de marché des deux parties le plus rapidement possible. Par exemple, Pixar fait de bons films et Disney fournit une bonne distribution. À eux deux, ils ont un gâteau qui est beaucoup plus grand pour les deux entreprises.

Les accords de distribution sont très séduisants : un gorille de 400 kilos a l'air de s'intéresser à l'idée de vous aider. Vous comprenez pourquoi il a besoin de quelqu'un d'aussi minuscule que vous. Cela dit, même si vous pensez aux multiples raisons pour lesquelles l'accord va marcher pour vous, la réalité est différente : si vous vous interrogez sur les raisons pour lesquelles l'accord a du sens, prenez du recul et regardez bien ce dans quoi vous vous engagez. Ne dites pas que je ne vous aurai pas prévenu. Finaliser des accords de distribution prend du temps et ils ne fonctionnent généralement pas.

| **RAISON** | **RÉALITÉ** |
|---|---|
| « Nous pouvons facilement intégrer notre technologie dans celle du gorille. » | La technologie du gorille est pleine de sparadrap. Comme la vôtre. Donc, quand vous touchez quelque chose, tout casse. |
| « Son département du marketing est prêt à nous aider pour que ce soit un succès. » | Le département du gorille est déjà incapable de savoir quoi faire et son personnel n'est pas ravi d'avoir une « opportunité ». |
| « Nous comprenons bien ce que veut notre partenaire et comment nous allons le livrer. » | Vous comprenez bien votre rêve que tout marche bien. |
| « Nous pouvons avoir un accord juste avec le gorille parce que notre administrateur connaît quelqu'un chez eux. » | Le contact de votre administrateur part avant la conclusion de l'accord et vous avez tout à recommencer. |
| « Par chance, le seul challenge que nous voyons est de croître assez rapidement. » | Croître assez rapidement est rarement le problème. Faire que chacun récolte les fruits de l'accord est habituellement le problème. |

# Chapitre 40
# L'art d'évangéliser

Donnez-moi cent prêcheurs qui ne craignent rien d'autre que le péché et ne désirent rien d'autre que Dieu, qu'ils soient religieux ou laïques, et rien que cela ébranlera les portes de l'enfer et installera le royaume divin sur terre.
John WESLEY

Une autre réalité est que vous ne pouvez pas tout faire vous-même, donc il est bon que vos clients se fassent vos évangélistes et vous aident à répandre la bonne nouvelle. Vous pouvez faire tout ce que vous voulez en matière de partenariats et de sensibilisation à l'image de marque, mais soit vous faites venir les croyants, soit non.

On devrait me donner un dollar à chaque fois que quelqu'un me demande : « Comment faire en sorte que les gens évangélisent mon produit ? » Je n'aurais plus besoin de travailler et je jouerais au hockey tous les jours. La réponse courte : « Le Toucher Magique de Guy ». Vous pourriez penser que cela veut dire : « Tout ce que touche Guy se transforme en or. » Si seulement c'était le cas ! La réalité est celle-ci : « Tout ce qui est en or, Guy le touche. »

Mémorisez ceci : à la base d'une bonne évangélisation, il y a une bonne innovation. Il est facile, voire inévitable, de provoquer l'évangélisation d'un bon produit. Il est difficile, voire impossible, de le faire quand le produit est nul. Après tout, le mot « évangélisme » vient du grec et signifie « apporter la bonne nouvelle », non « la nouvelle nulle ». La question importante est : « Quelles sont les caractéristiques d'un produit ou d'un service innovant ? » La réponse est DICÉÉ :

- **Dense.** Un grand produit est dense. On lui trouve encore des fonctionnalités après quelques semaines d'utilisation. Ses créateurs ont anticipé ce dont vous aurez besoin une fois que vous l'aurez maîtrisé. Alors que vos exigences se font plus sophistiquées, vous découvrez que vous n'avez pas besoin d'un produit différent.

- **Intelligent.** On voit tout de suite que quelqu'un a réfléchi en créant un bon produit. Panasonic, par exemple, fait une lampe de poche avec trois tailles de piles. Cela triple la probabilité que vous ayez une pile qui marche. Cet avantage est évident quand vous le voyez, mais il fallait que quelqu'un y pense.
- **Complet.** Un bon produit est plus qu'un simple produit. La documentation compte. Le service client compte. Le support technique compte. Les consultants et les développeurs d'applications comptent. Les communautés en ligne comptent. Un bon produit offre une expérience globale, parfois à l'insu de la société qui l'a conçu.
- **Élégant.** Un bon produit a une interface utilisateur élégante. Il fonctionne comme on s'y attend. Il ne vous combat pas, il vous améliore. Vous l'emportez à la maison, vous le branchez et il marche. Le premier pas consiste à l'utiliser et non à rechercher sur Internet le manuel en ligne qui vous apprend à l'utiliser.
- **Émotionnel.** Un bon produit incite les gens à agir et à en parler. Ils ne sont pas nécessairement employés ou actionnaires de la société qui le produit. Ils passent simplement la nouvelle aux autres pour les aider.

Si vous avez créé un produit DICÉÉ, vous avez fait la partie la plus difficile de l'évangélisation. C'est la fondation sur laquelle vous pouvez construire une approche évangélique pour votre produit, votre service ou votre société. Suivez ces recommandations.

- **Aimez la cause.** Être un « évangéliste » n'est pas seulement un titre. C'est une façon de vivre. Cela veut dire que l'évangéliste adore le produit et y voit un moyen d'apporter la « bonne nouvelle ». Aimer la cause est, après la qualité de la cause, le plus important facteur de succès pour un évangéliste. Peu importe que cette personne soit remarquable, si elle n'adore pas la cause, elle ne peut pas en être un bon évangéliste.
- **Cherchez les agnostiques, ignorez les athées.** La plupart du temps, les gens comprennent et aiment un produit en dix minutes, ou ils ne le

comprennent pas du tout et ne l'aiment pas. S'ils n'ont pas vu la lumière en dix minutes, arrêtez tout net, car il est difficile de convertir à une religion quelqu'un qui croit à autre chose. Il est plus facile de convertir une personne qui n'a aucune religion.

- **Localisez la douleur.** Peu importe que votre produit soit révolutionnaire. Ne le décrivez pas en des termes pompeux comme « révolutionnaire », « novateur » ou « un changement de paradigme ». Le Macintosh n'a pas été positionné comme le troisième paradigme dans le monde de l'ordinateur personnel, mais comme le moyen d'accroître la créativité et la productivité personnelles. Les gens n'achètent pas des « révolutions ». Ils achètent de l'« aspirine » quand ils ont mal quelque part ou des « vitamines » s'il veulent un supplément diététique.
- **Apprenez à faire une démo.** Un « évangéliste qui ne peut pas faire une bonne démo » est une contradiction en soi. On ne peut pas être un évangéliste si on ne sait pas faire une démo du produit. Cette personne doit rester dans les ventes ou le marketing.
- **Ignorez les pedigrees.** Les bons évangélistes ne sont pas fiers. Ils ne se concentrent pas sur les gens avec des titres ronflants ou avec une grosse réputation. Ils sont prêts à rencontrer et aider toute personne qui « pige » et qui est prête à les aider. Ce sera plus probablement un administrateur de base de données ou une secrétaire que le P.-D.G.
- **Ne mentez pas.** Mentir est tout simplement immoral et contraire à l'éthique. Cela prend aussi beaucoup d'énergie parce qu'il faut se souvenir de ses mensonges. Si vous dites la vérité, vous n'avez pas ce problème. Les évangélistes connaissent leur histoire et n'ont donc pas à mentir pour cacher leur ignorance.
- **Souvenez-vous de vos amis.** Soyez gentil avec les gens, car vous êtes susceptible de les revoir. Quand un évangéliste a eu du succès, il ne doit pas se dire qu'il n'aura plus besoin de ces gens. La personne la plus susceptible d'acheter un Macintosh était celle qui avait un Apple II. La personne la plus susceptible d'acheter un iPod était celle qui avait un Macintosh. La personne la plus susceptible d'acheter un iPhone était celle qui avait un iPod.

- **Donnez-leur un petit quelque chose.** Je ne vous dis pas de payer vos évangélistes, mais de leur donner régulièrement des petits trucs avec votre logo, comme des t-shirts, des sacs, des stylos ou autres. La valeur monétaire est généralement inférieure à 100 dollars, mais le cadeau a un effet durable.

Une pensée pour finir : beaucoup de sociétés essaient de trouver des moyens de récompenser financièrement leurs évangélistes. Avant de faire cela, prenez en considération l'étude du Professeur Kathleen Vohs de l'Université du Minnesota à Minneapolis. Ses collègues et elle avaient subtilement conditionné les personnes testées à penser à l'argent (en leur faisant lire un texte où on parlait d'argent, par exemple, ou en les asseyant devant une affiche représentant des devises) avant de les placer dans une situation sociale.

Dans une expérience, les chercheurs donnèrent aux volontaires un puzzle difficile en leur indiquant qu'ils pouvaient demander de l'aide à tout moment. Les gens à qui on avait rappelé l'existence de l'argent attendaient plus de 70 % plus longtemps pour demander de l'aide que ceux à qui on ne l'avait pas fait. Les gens conditionnés à penser en termes d'argent passaient en moyenne deux fois moins de temps à aider quelqu'un.

Cette histoire a des implications importantes, contre-intuitives et même troublantes en ce qui concerne l'évangélisation. Si une société met de l'argent dans une relation évangélique avec ses clients, elle pourrait créer un obstacle au lieu de donner aux gens l'envie spontanée d'aider – par exemple, imaginez qu'Apple, Harley-Davidson ou Tivo paient leurs clients pour répandre la bonne parole.

Souvenez-vous que l'évangélisation est le processus qui vise à faire en sorte que les gens croient en vous, ce qui ne devrait pas requérir une compensation. En fait, cela donne l'impression que vous devez payer les gens pour qu'ils utilisent votre produit et les gens que vous payez ont l'air de mercenaires.

# Chapitre 41

# Gérez vous-même les relations presse

S'il ne me restait qu'un dollar, je le dépenserais en relations presse.
Bill GATES

*Glenn Kelman, le P.-D.G. de Redfin, pense que la plupart des sociétés dépendent trop de leur agence de relations presse. Il en est si convaincu qu'il a écrit cette section. Sa théorie est la suivante : « N'engagez pas d'agence et faites-le vous-même. »*

Personne ne sait si Charlemagne savait lire parce qu'il avait toujours un conseiller qui lui faisait la lecture à haute voix. Il était humiliant pour le roi de faire quoi que ce soit seul. Ce sont les mêmes craintes qui poussent les entrepreneurs les plus captivants à engager des relations publiques. Qui veut prendre le risque d'être considéré comme un imbécile ? Le résultat est que presque personne dans la technologie ne prend l'initiative d'aller parler à un journaliste.

Dommage. Il y a quelque temps, le rédacteur en chef d'un journal informatique me disait : « Il est devenu si difficile de rencontrer les entrepreneurs. Vous passez toujours par leurs attachés de presse. » Les noms d'une douzaine d'entrepreneurs qui feraient l'impossible pour raconter leur histoire me sont venus à l'esprit. Ils ont tous une agence. Donc, je ne vais pas me lancer dans des recommandations sur la façon de gérer une agence, mais adopter une approche plus radicale : ne pas engager d'agence du tout. Voici pourquoi en dix raisons.

**1. La vérité va vous donner de la liberté.** Les attachés de presse n'en finissent pas de dire à leur client de s'en tenir au message sur lequel tout le monde est tombé d'accord pour éviter de faire une erreur, mais cela garantit aussi que vous ne direz jamais quelque chose de spontané. Peut-être votre société n'a-t-elle que deux clients et demi. Et alors ?

**2. Le Rolodex est déjà en ligne.** Presque tous les journalistes publient leur adresse e-mail et beaucoup ont un blog. Vous pouvez aussi utiliser LinkedIn et Jigsaw. Bref vous pouvez communiquer avec les journalistes sans intermédiaire. Un message sincère d'entrepreneur suffit souvent pour lancer une conversation. Trouvez quelque chose de bien écrit par le journaliste et dites-lui ce que vous en pensez. Faites la liste des cinq choses majeures que votre société a apprises au cours de ses six premiers mois. Suggérez une idée d'histoire. Soyez bref ; ne demandez rien. Cela aura beaucoup plus de valeur venant de vous que de votre attaché de presse. Il y a des chances pour que le journaliste revienne vers vous.

**3. Vous n'avez pas besoin d'avoir l'air adulte et ennuyeux.** Tout entrepreneur a quelques complexes. Vous avez peut-être une voiture affreuse. Vous n'êtes peut-être jamais allé au bal de fin d'année du lycée. Il y a assez de gens coincés pour remplir quinze *Wall Street Journal* par jour. Comme toute personne qui regarde *American Idol* vous le dira, notre monde bien policé meurt d'envie de voir des gens un peu authentiques. Donc cessez de vouloir ressembler à IBM et soyez vous-même.

**4. Laissez planer l'incertitude.** Quand vous proposez une histoire, considérez la réponse de Michael Jordan quand on lui demande combien parier sur le golf : « Ce qui vous rendra nerveux. » S'il n'y a pas de drame, il n'y a pas d'histoire. La plupart des attachés de presse ont peur d'une histoire authentique avec de vrais personnages, ce qui explique que les journalistes ne soient pas admis dans les bureaux le jour du lancement, ou ne peuvent se mêler aux clients à votre conférence utilisateurs. En tant qu'entrepreneur, vous êtes plus à l'aise avec le risque. Et si vous êtes une start-up, vous ne pouvez pas gagner sans prendre des risques constamment.

**5. Les réseaux d'aficionados sont là où tout se passe et ils valorisent la rapidité de réaction.** La plupart des attachés de presse se sentent menacés par les méthodes d'attribution, de glorification ou de punition, où Digg peut rendre un message obscur plus important que les nouvelles du soir. Les agences n'ont pas la crédibilité populaire, l'instinct de la candeur ou l'art d'engager rapidement une conversation dans la blogosphère. Quand vous êtes dans le bain, vous n'avez pas envie d'avoir à vous concerter avec des consultants ou à demander des permissions. Demandez à John Kerry ce qu'il en pense !

**6. Même une couverture négative n'est pas la mort.** Un jour il y a eu un portrait de moi dans un magazine professionnel national où j'étais en sous-vêtements. C'était terrible ; je suis resté couché la tête contre le canapé pendant une heure après l'avoir lu. Et finalement, vous savez quoi ? Ce n'était pas si abominable. Cela dit, ne pleurnichez pas auprès du journaliste pour la couverture qu'il a faite et ne vous inquiétez pas si vous faites quelques erreurs.

**7. Lancez-vous seul.** Il est difficile d'évoluer si c'est votre père qui vous conduit à un rendez-vous amoureux ou de se montrer désolé pour les bégonias de la voisine si votre mère est derrière vous. Il est aussi difficile de se lier avec un journaliste quand un attaché de presse est à vos côtés. Il faut que vous puissiez dire ce que vous pensez vraiment.

Passion + expertise = crédibilité. Un attaché de presse n'aura jamais la même passion que vous pour votre projet et n'aura jamais autant d'anecdotes à raconter sur les clients que vous. Un ami m'a parlé un jour « de l'idée la plus géniale de l'histoire du capitalisme », qui était un jeu vidéo à moitié pornographique à plusieurs joueurs. Un attaché de presse n'aurait jamais fait le pitch aussi bien que lui.

**8. Trouvez le temps.** La plupart des entrepreneurs disent ne pas avoir le temps de s'occuper des relations presse eux-mêmes. C'est sûr, cela prend du temps de spammer 100 journalistes avec chaque communiqué de presse. Mais cela ne marche pas de toute façon. Concentrez-vous sur quelques grandes idées et exprimez-les vous-même. Utilisez un lecteur de flux RSS et les alertes Google pour suivre l'actualité dans votre industrie et les mentions de votre société. Transmettre l'histoire de votre société de façon personnelle et convaincante est l'une de vos tâches les plus importantes.

**9. Engagez un employé, non une agence.** Si vous avez besoin d'aide, engagez un employé, non une agence. C'est particulièrement important si le journalisme ne vous intéresse pas. Si vous pouvez vous le permettre, il vaut mieux prendre un salarié qu'un contractuel. Vous voulez une personne qui se donne corps et âme à ce que vous faites parce qu'elle y croit, non les changements de personnel et le poids administratif des agences. Que devez-vous rechercher chez ce salarié ? La pire personne est celle qui méprise les journalistes, soit parce qu'elle pense qu'on peut les embobiner facilement soit parce qu'elle est dépitée s'ils ne se laissent pas faire. Voici les trois meilleures questions à poser quand vous interviewez un attaché de presse : « Quels sont vos journalistes préférés ? », « Pourquoi sont-ils vos préférés ? » (pour trouver quelqu'un pour qui l'art du journalisme veut dire quelque chose) et « Pouvez-vous me donner un exemple d'article pour lequel vous avez fait un pitch ? » (pour trouver quelqu'un qui se passionne pour des idées).

Demandez aussi un échantillon de sa production écrite. Comme pour tout autre poste, valorisez l'intelligence, la motivation et la subtilité plutôt que l'apparence. Surtout, n'engagez pas quelqu'un de faux. Bien sûr, précisez-lui qu'il ne gérera pas une agence.

*Merci à Glenn Kelman ; vous avez l'information nécessaire pour faire vos propres relations presse. Vous pouvez choisir d'engager une agence (ou, comme vous venez de le voir, un employé), mais les conseils de Glenn restent applicables, car plus vous donnez de matière à une agence, meilleurs sont les résultats.*

# Chapitre 42
# Sorti tout droit de la bouche de la presse

La fortune est du côté de celui qui ose.
**Virgile**

Adam Lashinsky couvre la haute technologie pour *Fortune* dans la Silicon Valley. En raison de ses fonctions, il travaille avec quelques-unes des sociétés et des agences de relations presse les plus célèbres du monde. Son point de vue fournit aux gens du marketing les moyens de garder les pieds sur terre.

***Q. Comment choisissez-vous ce que vous couvrez ?***

**R.** J'ai deux missions de base : ce que je veux couvrir et ce que mes rédacteurs en chef veulent que je couvre. Je choisis ce qui se passe dans le domaine de la technologie, je pense à ce qui m'intéresse et je suis mon instinct. Puis, bien sûr, quand New York veut quelque chose, je le fais immédiatement. Ce que j'aime vraiment, c'est la variété. J'aime aussi trouver des continuités. Mon histoire sur Murdoch l'an dernier m'a conduit à mon histoire sur Facebook, qui m'a elle-même conduit à l'histoire sur Craigslist. C'est une continuité amusante.

***Q. Quand une conférence de presse fait-elle sens pour une société (si c'est jamais le cas) ?***

**R.** Pour un lancement de produit significatif, des nouvelles embarrassantes ou l'introduction d'un nouveau P.-D.G. Sinon, ne vous cassez pas la tête, car la plupart des journalistes ne se pointent pas aux conférences de presse qui sont simplement des mises en scène sans vraies nouvelles.

***Q. Combien avez-vous de pitchs de sociétés ou d'agences par jour ?***
**R.** Deux ou trois.

***Q. Quelle est l'erreur la plus commune des sociétés et des agences quand elles vous font leur pitch ?***
**R.** L'erreur la plus commune est de ne pas connaître *Fortune*. Vous devez savoir ce qui m'intéresse et ce n'est pas en m'appelant que vous le saurez. On pourrait penser que les sociétés et les agences ont au moins lu mes articles récents. Est-ce trop demander ?

***Q. Comment décrirez-vous le pitch parfait ?***
**R.** Il se rapporte à une société importante avec une histoire à suspense et l'opportunité exclusive d'interviewer toutes les personnes pertinentes dans la société. À défaut, un pitch qui marche implique l'accès à un haut niveau et a trait à un sujet qui intéresse mon lectorat.

***Q. Les petits cadeaux ont de l'importance pour vous (gâteaux, t-shirts, fleurs, invitations à des fêtes chicos) ?***
**R.** Je jette presque tout. Si je ne fais pas attention à mon régime, je mange parfois la nourriture et j'emporte souvent les t-shirts à la maison : je m'en sers pour courir ou j'en fais des chiffons. C'est à peu près tout. Je vais aux fêtes en fonction des personnes qui y seront plutôt que du lieu où on la donne. [Note : dans le chapitre sur « L'art d'évangéliser » je recommande que vous donniez des petits cadeaux aux évangélistes. La raison pour laquelle cela marche pour les évangélistes et non pour des gens comme Adam est qu'Adam reçoit tout le temps des choses qui ne l'intéressent pas.]

***Q. Quelle est la chose la plus stupide jamais faite par une société ou une agence pour attirer votre attention ?***
**R.** Outcast PR agissant pour Salesforce.com se distingue par sa capacité à envoyer toutes sortes de babioles inutiles. C'est devenu une blague dans le monde du journalisme. Vous marchez dans les bureaux de *Fortune*, voyez toutes sortes de trucs et vous dites : « Ouais, j'ai aussi reçu ça. »

***Q. La croissance du lectorat en ligne vous a-t-elle fait changer votre style de reportage ?***
**R.** Pas vraiment. Cela a apporté la notion de gratification instantanée. Je sais que les sociétés verront ce que j'écris presque aussi rapidement que je l'écris.

***Q. Quand une société est traitée défavorablement, que doit-elle faire ?***
**R.** Garder le cap, être une bonne société et ne pas cesser de parler à la presse. Un mauvais article ne fait pas de mauvais produits. C'est le contraire.

***Q. Comment classez-vous le niveau d'expertise dans leurs relations avec la presse pour les sociétés suivantes : Apple, Microsoft, Google, Yahoo!, l'Administration Bush et l'OLP ?***
**R.** Je ne vais pas aborder ce sujet. Je dois travailler avec ces gens-là tout le temps, à l'exception de l'Administration Bush et de l'OLP. Parfois les gens me disent des choses qui ne sont pas destinées à être publiées. C'est la même chose ici : je serais content de partager cela avec vous, mais pas avec vos lecteurs !

Si vous avez utilisé une agence de relations presse, vous noterez que bien des choses dites par Adam sont en contradiction avec ce que font les sociétés et leurs agences. Je connais beaucoup de membres de la presse (je pourrais même prétendre en faire partie) et je peux affirmer qu'Adam dit la vérité. La sagesse de Kelman associée à celle de Lashinsky donne une formule simple : voyez si vous avez une histoire réelle à raconter, voyez à qui dans la presse cette histoire importe et veillez à ce que les dirigeants soient accessibles directement. Ce n'est pas sorcier.

# Chapitre 43
# Oubliez les influenceurs après tout

Vous avez le toucher de Midas.
Tout ce que vous touchez devient silencieux.
**Inconnu**

Dans un article de *Fast Company* intitulé « Is the Tipping Point Toast ? » (février 2008), Duncan Watts de Yahoo! Research réfute la théorie selon laquelle quelques personnes influentes entraîneraient les autres à adopter un produit ou un service. Selon cette théorie, la clé du marketing est d'attirer ces gens influents, ce qui créera un effet domino pour le reste du marché. Quand j'étais chez Apple, cela voulait dire convaincre une poignée d'experts et de journalistes d'aimer le Macintosh. Watts n'est pas de cet avis :

« Cela ne marche pas. Un petit groupe de gens cool n'a tout simplement pas ce pouvoir. Et quand vous testez la façon dont cela marche pour les gens du marketing, tout s'écroule. »

Watts pense que le facteur clé est l'état de préparation du marché : « Quand la société est prête à adopter une tendance, presque tout le monde peut lancer une entreprise, et quand la société n'est pas prête, presque personne ne peut imposer une tendance. » Il y aura un premier entrant, mais presque tout le monde peut être ce premier entrant – que Watts appelle un « influenceur accidentel ».

Plusieurs études vont dans ce sens. D'abord, le numéro de décembre 2007 du *Journal of Advertising Research* affirme que le bouche à oreille entre les gens ordinaires est plus puissant que ce que disent les « influenceurs clés ». Selon James Coyle, l'un des co-auteurs de l'étude :

« Nous observons qu'essayer de trouver des influenceurs clés, des gens qui ont un très vaste réseau social, n'est pas réellement nécessaire, et, plus important encore, peut en fait limiter le potentiel d'une campagne ou d'une publicité virale. Les gens du marketing doivent, au contraire, prendre conscience que la majorité de leur public, et pas seulement le petit nombre de gens bien connectés, est désireuse de se faire le relais de messages bien conçus et adaptés. »

Pour finir, CNET Networks a fait une étude en trois parties, « The Influencer Study from CNET Networks : Challenging Perceptions[34] », explorant la structure des réseaux sociaux, les motivations poussant à donner un conseil et les méthodes d'acquisition de l'information. La conclusion est la suivante :

« L'information n'émane pas simplement d'un petit groupe d'individus connectés au sommet. Elle passe par les réseaux, indépendamment de leur taille. Le modèle de fonctionnement de l'influence ne se représenterait pas comme une pyramide, mais plutôt comme un diamant, mettant en évidence l'importance d'un grand nombre d'influenceurs modérément connectés. »

Si je synthétise le message émanant de ces trois études, voici mes recommandations :

- **Ne vous concentrez pas exclusivement sur le sommet de la pyramide.** Le marketing ne descend pas une pente. Il se répand de façon imprévisible et peut être aléatoire. Consacrez plus de temps et d'efforts aux clients. De toute évidence, vous n'en rencontrerez pas beaucoup à une conférence au Ritz Carlton.
- **Faites du marketing de masse, car vous ne savez jamais qui sera votre « influenceur accidentel ».** Il est sûr que le challenge est de trouver une façon bon marché de faire du marketing de masse, mais c'est le seul moyen de diffuser votre produit et votre message.
- **Ne vous inquiétez pas trop de ce que disent les célébrités.** Leurs critiques défavorables ne peuvent pas tuer votre produit. De bonnes critiques ne peuvent pas lui apporter le succès. Traitez la longue traîne des millions de blogueurs comme une voie d'accès aux personnes. S'il y a

34. Analyse de l'influenceur par CNET Networks : les perceptions à l'épreuve.

suffisamment de gens qui aiment votre produit, les blogueurs célèbres parleront de vous.

• **Assurez-vous que l'information marketing est compréhensible et crédible pour des gens modérément connectés.** La plupart des sociétés conçoivent leur information pour les experts de l'industrie et les leaders. Les gens modérément connectés qui ne sont pas des gourous à plein temps ont des besoins informationnels et émotionnels différents.

• **Permettez à ces gens de passer facilement à l'action pour vous.** Le *Wall Street Journal* publiera l'histoire de son journaliste renommé. Comment pouvez-vous aider une personne modérément connectée à répandre la bonne nouvelle ? La réponse comprend des choses simples comme un lien « Envoyer à un ami » sur votre site ou une URL qui ne dépasse pas 500 caractères. Reportez-vous au chapitre sur les « Façons stupides d'entraver l'adoption par le marché ».

Dans quelle mesure ces recommandations sont-elles compatibles avec la vente, l'évangélisation et les relations presse ? Pas autant que vous pourriez le penser car je ne vous recommande pas de ne cajoler que les gens célèbres et importants. Il faut le savoir, peu de P.-D.G. parmi les *Fortune 500* ont contribué au succès du Macintosh. C'étaient des artistes inconnus, des designers et des membres de groupes d'utilisateurs qui ont fait entrer des Macintosh par la petite porte.

# Communiquer dans les faits

L'entrepreneuriat est une activité tournée vers l'extérieur, exigeant que vous communiquiez avec les autres au moyen d'e-mails, de présentations, de discours, de participations à des groupes de discussion et des blogs. Tous ces modes de communication sont des techniques que les entrepreneurs doivent maîtriser. Quand des consultants prétendent qu'il vous faut une formation spéciale, ne les croyez pas. Lisez simplement cette section et exercez-vous pendant vingt ans.

# Chapitre 44
# Les e-mails efficaces

L'existence même du lance-flamme prouve qu'une fois, quelque part, quelqu'un s'est dit : vous savez, je veux enflammer ces gens là-bas, mais je ne suis pas assez près pour le faire.
George CARLIN

Commençons par l'e-mail parce que c'est ce qui est le plus communément utilisé dans la communication professionnelle. C'est aussi le fléau de mon existence personnelle. Ce chapitre explique comment rendre les e-mails plus efficaces.

- **Exprimez clairement l'objet du message.** Cette ligne est la fenêtre qui laisse entrevoir l'âme de votre message. D'abord, elle doit faire passer votre message au travers des filtres anti-spam, donc enlevez tout ce qui a trait au sexe et aux offres relatives aux économies d'argent. Deuxièmement, elle doit communiquer l'idée que votre message est hautement personnalisé. Par exemple : « J'adore votre blog », « J'adore votre livre » et « Vous patinez bien pour un vieil homme » marchent toujours avec moi. Troisièmement, elle doit titiller, sans trop promettre, juste assez pour qu'on lise le message.
- **Limitez le nombre de destinataires.** D'une manière générale, plus le nombre de personnes auxquelles vous envoyez le message est élevé, plus les chances qu'une seule personne y réponde – ou fasse ce que vous aurez demandé – diminuent. C'est comme le syndrome de Genovese : en 1964, la presse rapporta que trente-huit personnes étaient présentes quand Kitty Genovese a été assassinée. Si vous demandez à un groupe de gens de faire quelque chose, utilisez au moins la copie cachée ; d'une part les destinataires penseront qu'ils sont importants, et d'autre part ils n'accableront pas toute la liste de leur réponse. Enfin, vous ne révélerez pas une adresse e-mail par inadvertance.

• **Pas de capitales.** Tout le monde sait probablement cela maintenant, mais juste au cas où... Un texte en capitales est l'équivalent de CRIER dans un e-mail. Même si vous n'êtes pas en train de crier, il est plus difficile de lire un texte tout en majuscules. Donc soyez gentil avec vos destinataires et respectez les codes de communication.

• **Soyez bref.** La longueur idéale d'un e-mail est de cinq phrases. Le contenu idéal est une idée. Si vous demandez quelque chose de raisonnable à un destinataire raisonnable, expliquez simplement qui vous êtes en une ou deux phrases puis formulez votre requête. Si cette requête n'est pas raisonnable, ne la formulez pas. Ma théorie est que les gens qui racontent l'histoire de leur vie ont des doutes sur les chances que leur requête soit acceptée, ce qui les incite à essayer d'amadouer le destinataire. Une autre raison de rester bref est que vous ne savez jamais où votre e-mail peut atterrir un jour, n'importe où, chez votre ministre du culte ou le ministre de la Justice.

• **Évitez de joindre des fichiers.** Combien de fois recevez-vous un e-mail disant : « Lisez, s'il vous plaît, la lettre ci-jointe » ? Vous ouvrez le fichier joint et c'est un document Word en trois paragraphes qui auraient pu être copiés/collés dans l'e-mail. Pire, quelqu'un croit que sa méthode révolutionnaire et brevetable de vendre de la nourriture pour chiens en ligne implique que vous voulez recevoir son pitch de dix mégas. Maintenant que beaucoup de gens ouvrent leurs messages sur des smart-phones, envoyer des fichiers quand ce n'est pas nécessaire est un signe certain d'imbécillité.

• **Pas de questions auxquelles on ne peut pas répondre.** Beaucoup de gens posent des questions auxquelles on ne peut pas répondre. Par exemple : « Que pensez vous des poursuites judiciaires émanant de la RIAA[35] ? », « Quel genre de personne est Steve Jobs ? », « Pensez-vous que ce soit le bon moment pour lancer une société ? ». Ma phrase favorite est celle-ci : « Je n'y ai pas beaucoup réfléchi, mais que pensez-vous de... ? » En d'autres termes, l'expéditeur vous demande de réfléchir à sa place. Vous pouvez rêver !

35. Recording Industry Association of America (RIAA)

Si votre question n'est appropriée que pour votre psychiatre, votre mère ou votre conjoint, c'est à eux qu'il faut la poser. Quand je reçois ce type de message, j'ai le bourdon : (a) ne pas répondre ? (Mais la personne va penser que je suis un pauvre type arrogant.) ; (b) répondre brièvement et dire pourquoi on ne peut pas répondre ? ; (c) composer un message bien senti demandant plus d'informations pour sonder l'âme de l'expéditeur et s'engager dans une discussion qui va durer deux semaines ? Je choisis généralement l'option (b).

• **Demandez la permission.** Si vous devez poser des questions auxquelles il est difficile de répondre ou si vous voulez joindre un fichier, demandez d'abord la permission. L'e-mail initial pourrait se présenter ainsi : « Puis-je vous dire quel est le contexte de cette prise de contact ? » ou « Puis-je vous envoyer le pitch expliquant ce que fait notre société ? »

• **Citez le texte.** Même si des e-mails font des allers-retours en quelques heures, citez le texte auquel vous répondez. Vous pouvez supposer que la personne avec qui vous correspondez a cinquante conversations par e-mail à la fois. Si vous répondez par un simple : « Oui, je suis d'accord », la plupart du temps vous allez contraindre le destinataire à aller rechercher dans ses e-mails détruits ce à quoi vous donnez votre accord. Ne faites pas de *fisking*. Le *fisking* consiste à citer le message entier et à y répondre ligne par ligne, souvent en ergotant. C'est le stade anal sinon enfantin, donc ne vous sentez pas obligé de répondre à chaque point.

• **Utilisez le mode texte simple.** Je déteste l'e-mail en HTML. J'ai essayé pendant un temps, mais le jeu n'en vaut pas la chandelle. Toutes ces jolies couleurs et polices de caractère fantaisie me donnent envie de vomir. Allez droit au but : dites ce que vous avez à dire de la façon la plus brève et la plus simple possible. Si vous ne pouvez pas le dire en texte simple, c'est que vous n'avez rien d'important à dire.

• **Contrôlez vos URL.** Je ne sais pas ce qui s'est passé dans certaines sociétés, mais les URL qu'elles génèrent ont des douzaines de lettres et de chiffres. Il me semble que ces URL à trente-deux caractères ont autant de combinaisons possibles que le nombre d'atomes dans l'univers. Si vous faites suivre une URL et qu'elle passe à la ligne suivante, cliquer dessus ne marchera probablement pas. Si vous voulez vraiment que quelqu'un clique dessus avec succès, prenez l'utilitaire en ligne SnipURL pour la raccourcir.

- **Calmez-vous.** C'est une règle que j'ai enfreinte plusieurs fois et à chaque fois, je l'ai regretté. Quand quelqu'un vous envoie un e-mail injurieux, la tentation est de répliquer. Ce faisant, vous empirez la situation. Une bonne habitude est d'attendre 24 heures avant de répondre. Une meilleure habitude est de ne jamais écrire dans un e-mail ce que vous ne diriez pas en face à quelqu'un. L'habitude la meilleure est de ne pas répondre et de laisser l'expéditeur se demander si son e-mail a été pris dans le filtre anti-spam ou était trop peu important pour mériter une réponse. Si vous voulez riposter, reportez-vous à *Matthieu 7* : « Et pourquoi regardes-tu le fétu qui est dans l'œil de ton frère, et tu ne t'aperçois pas de la poutre qui est dans ton œil ? »
- **Ajoutez une bonne signature.** Une « signature » est un bloc de texte automatiquement ajouté à tous les messages envoyés à votre client. Il doit comprendre votre nom, votre titre, le nom de votre organisation, votre adresse e-mail, votre site Web et votre numéro de téléphone. C'est particulièrement vrai si vous demandez aux gens de faire quelque chose. Pourquoi rendre plus difficile le fait de vérifier votre crédibilité ou de prendre leur téléphone pour vous appeler ? Par ailleurs, je copie/colle souvent les signatures des gens pour les mettre dans le champ « notes » d'un rendez-vous.
- **Ne faites jamais suivre quelque chose que vous trouvez amusant.** Il y a de fortes chances pour que, lorsque vous aurez reçu ce message, votre destinataire l'ait lui aussi déjà reçu, et en conséquence, ce qui était censé être amusant devient ennuyeux. Cela dit, j'ai la recette des cookies de Neiman-Marcus.

Voilà pour l'e-mail. Ces recommandations devraient vous rendre plus efficace. Plus important encore, si vous faites bien les choses, ces recommandations devraient rendre vos destinataires plus efficaces eux aussi.

# Chapitre 45
# Le zen des présentations

Shariputra,
La forme ne diffère pas du vide ;
Le vide ne diffère pas de la forme.
La forme elle-même est le vide ;
Le vide lui-même est la forme.
Comme le sont le sentiment, la connaissance, la formation et la conscience.
**Heart Sutra**

Vive Garr Reynolds ! Il a écrit le livre définitif pour ceux qui veulent faire de belles présentations : *Presentation Zen : Simple Ideas on Presentation Design and Delivery (Voices That Matter)* (New Riders Press, 2008). Je lui ai demandé de tout me dire dans cette interview pour que vous maîtrisiez l'art de présenter.

***Q. Quelle est l'approche de la « Présentation zen » ?***
**R.** C'est effectivement une approche, non une méthode. Il y a beaucoup de voies et de méthodes pour bien présenter aujourd'hui. Au cœur de la Présentation zen, il y a la retenue, la simplicité et une approche naturelle adaptée à une époque où le design, la manière de raconter l'histoire et l'hémisphère droit du cerveau sont des compléments fondamentaux à l'analyse, la logique et l'argumentation.

***Q. Comment en sommes-nous arrivés au point que la plupart des présentations sont nulles ?***
**R.** PowerPoint et Keynote sont des outils très simples, mais on s'est trop concentré sur les outils eux-mêmes. Si les gens veulent apprendre à faire de meilleures diapos, ils devraient étudier de bons livres sur le design et la communication visuelle. Quand il s'agit de créer des

visuels appropriés, il y a une carence dans notre éducation. Quand il s'agit de présenter des chiffres, très peu de gens ont la formation qui leur permet de faire des graphiques et des tableaux. Le grand maître Edward Tufte a écrit beaucoup de livres utiles sur le sujet.

Pour répondre à votre question, il y a de nombreuses raisons. D'abord, présenter exceptionnellement bien n'est pas facile. C'est pourquoi nous trouvons les grands présentateurs (et les grands communicants) si remarquables. Ils sont beaucoup trop rares. Beaucoup de professionnels ne s'excercent tout simplement pas suffisamment et font « comme tout le monde », au lieu de faire les choses efficacement.

***Q. PowerPoint et Keynote sont-ils maintenant une partie du problème ou une partie de la solution ?***

**R.** PowerPoint a été indiscutablement au moins une partie du problème parce qu'il a touché une génération. Il aurait fallu une mise en garde et des instructions de design autrefois, dans les années 1990. Mais c'est aussi se défiler que de blâmer PowerPoint : c'est seulement un logiciel, non une méthode. C'est vrai, les modèles nous ont probablement tous emmenés (nous ne savions pas mieux faire) sur la voie d'un « PowerPoint vraiment mauvais » comme le dit Seth Godin. Aujourd'hui nous sommes plus avisés et nous pouvons faire des présentations efficaces, même avec de plus anciennes versions de PowerPoint, souvent en ignorant la plupart de ses fonctionnalités.

Au bout du compte, tout dépend de notre talent et de notre contenu. Chaque cas est différent et parfois les meilleures présentations se font sans diapos. Finalement, l'important est de connaître son affaire en profondeur et de concevoir des supports visuels qui amplifient le message parlé.

***Q. En résumé, que faire pour qu'une présentation ait un impact ?***

**R.** Si vous voulez savoir comment faire de meilleures présentations, lisez *Made to Stick* (Random House, 2007) de Chip et Dan Heath. Les frères Heath ont trouvé que les messages et idées qui prennent ont en commun six attributs : la simplicité, l'inattendu, le concret, la crédibilité, l'émotion et une histoire. Demandez-vous comment vos présentations satisfont à ces critères et vous serez sur la bonne voie pour créer des présentations qui emportent l'adhésion.

***Q. Qu'est-ce qui rend les présentations de Steve Jobs si remarquables ?***
**R.** Steve Jobs donne l'impression que c'est simple. Il est à l'aise et détendu, ce qui fait que le public est lui aussi détendu. Les frères Heath donnent un score d'efficacité très élevé à ses discours d'ouverture. Steve a aussi une manière de parler informelle ; même s'il s'exerce beaucoup avant l'événement, il n'a jamais l'air de suivre un script. Il utilise les diapos pour raconter une histoire et interagit avec elles naturellement, tournant rarement le dos au public, parce que les moniteurs qui se trouvent en face de lui montrent l'image qui est sur l'écran, ainsi que la diapo qui suit. Steve utilise des supports visuels, ses propres mots et sa présence pour raconter son histoire. Les supports visuels ne le dominent pas, mais ils sont une composante importante de son discours. Il fait aussi les démos de ses logiciels. Combien de P.-D.G. en sont capables ? C'est beaucoup plus difficile que de faire une présentation, et il s'en sort bien.

***Q. Pensez-vous que Bill Gates (a) sait que ses présentations sont mauvaises, mais qu'il s'en fiche ou (b) ne sait pas qu'elles sont mauvaises ?***
**R.** Qui sait ? Bill et Steve Jobs ont des styles opposés. Autrefois nous disions : « Faites les choses plus comme Steve et moins comme Bill. » Le fait est qu'en tête à tête, Bill semble très engageant et sympathique, mais il a toujours eu du mal avec les discours d'ouverture. Les horribles diapos derrière lui ne l'aident généralement pas non plus. J'aimerais voir Microsoft appeler Bert Decker pour un peu de coaching et engager Duarte Design pour les supports visuels. Si Duarte peut transformer Al Gore en un présentateur extraordinaire, imaginez ce qu'il pourrait faire pour Bill. Bill est un homme remarquable, non seulement pour sa société, mais aussi pour son action philanthropique et son travail dans le cadre de sa fondation. Il serait bien qu'il soit aussi un présentateur remarquable. Son discours au

CES n'était pas génial, mais mieux que d'habitude. Il va peut-être abandonner la méthode commune de « suicide par utilisation de PowerPoint » dans l'avenir.

***Q. Quelle est votre version du nombre optimal de diapos, du temps de présentation et de la taille des caractères ?***

**R.** Cela dépend de beaucoup de choses, mais je recommanderais probablement votre méthologie des 10/20/30. J'aime surtout la limite à vingt minutes. Il y a une infinité de types de situations où il faut faire une présentation et le nombre réel de diapos peut considérablement varier selon les circonstances. Cela dit, le public ne doit avoir aucune idée de ce nombre, car une fois que les gens commencent à compter, tout est perdu. En ce qui concerne le texte, j'écris aussi peu que possible sur les diapos, mais s'il y a du texte, il faut qu'il soit écrit gros et que ce soit le complément de ce que vous dites. Les gens ne viennent pas pour lire, mais pour écouter.

***Q. Combien d'effets de transition une présentation peut-elle comporter ?***

**R.** Il est bien que PowerPoint et Keynote aient beaucoup d'options d'effets de transition, mais il faut que les gens aient de la retenue et n'en utilisent qu'un petit nombre. Mon conseil : se limiter à deux ou trois types de transition par présentation et ne pas le faire pour chaque diapo. J'utilise un fondu au noir entre les sections principales de mes discours et souvent une dissolution pour passer d'une diapo à l'autre pendant que je parle. Mais ne pas utiliser d'effets de transition peut aussi marcher. Quand vous regardez un film ou un spectacle à la télé, vous ne notez pas les effets de transition entre les scènes – cela pourrait être gênant. Le public ne doit pas non plus les remarquer entre deux diapos.

***Q. Les graphiques en deux dimensions sont-ils préférables aux graphiques en trois dimensions ?***

**R.** Les consommateurs aiment beaucoup les graphiques et tableaux en trois dimensions, mais dans presque tous les cas, deux dimensions sont préférables. Les graphiques en trois dimensions introduisent une profondeur et une distorsion qui, en pratique, obscurcissent le paysage. On perd en précision. Il y a une certaine beauté dans la présentation simple des données elles-mêmes ; il n'est pas nécessaire de les surcharger avec de la perspective. Si l'image a pour finalité de seulement montrer une tendance, je suppose qu'un graphique en 3D n'est pas un problème.

***Q. Combien de fois doit-on répéter une présentation ?***

**R.** Au moins trois ou quatre fois dans son entier et pour ce qui concerne les trois premières minutes, dix fois ou plus. Il faut aussi faire une répétition générale devant un vrai public, comme des collègues de travail, qui peuvent vous faire une critique constructive. Dans une certaine mesure, une bonne présentation est comme un bon texte, vous devez la réduire et éliminer le superflu. Mais quand on est proche du contenu, il est difficile de voir ce qui marche, ne marche pas ou est répétitif. C'est pour cette raison que vous ne pouvez pas répéter seul. Il faut le faire en face des autres pour évaluer leurs réactions. Plus vous répétez, plus vous éloignez la peur de l'inconnu. Plus la peur diminue, plus vous avez confiance en vous, ce qui vous détend. Il est impossible de faire semblant d'avoir confiance en soi, mais avec de la pratique, vous devenez un orateur assuré. Il peut arriver aussi de trop répéter. Vous voulez avoir l'air naturel, et non apparaître comme quelqu'un qui a appris sa leçon par cœur et dont le discours devient mécanique.

***Q. Quelle est la chose la plus importante pour améliorer une présentation ?***

**R.** Fermez votre ordinateur, prenez un papier et un crayon et trouvez un endroit tranquille. Pensez à votre public. De quoi a-t-il besoin ? Qu'avez-vous à dire qu'il veut entendre ? Identifiez ce qui est important et ce qui ne l'est pas. Vous ne pouvez pas tout dire en 20 minutes, pas même en deux heures. Le problème de la plupart des présentations est qu'on essaie d'y mettre trop de choses. Soit on va en profondeur, soit on donne un aperçu large, mais on ne peut pas vraiment faire les deux. Quel est le message essentiel ?

Ce moment où vous êtes à l'écart de tout, avec un papier et un crayon, est celui où vous clarifiez vos idées avant de les représenter sur le papier.

Lorsque vous avez les idées claires et la structure de base, vous pouvez démarrer le logiciel et commencer à mettre en place la logique des diapos.

Le travail que vous faites en amont rend les choses plus concrètes dans votre esprit et vous permet de poursuivre sans votre Macintosh s'il y a un incident technique. D'ailleurs, si vous demandez à votre public de patienter alors que vous essayez de faire marcher votre ordinateur, c'est foutu. Donc continuez en cas d'incident technique.

***Q. Qui sont les dix meilleurs présentateurs ?***
**R.** J'en ai signalé beaucoup sur mon site Web au cours des années : Seth Godin, Steve Jobs, vous, Al Gore, Lawrence Lessig, Tom Peters, Hans Rosling et beaucoup d'autres. Je me suis récemment pris à penser que Barack Obama est aussi extraordinaire. Surtout, je renvoie à TED [TED est un acronyme pour « Technology, Entertainment, Design », une conférence prestigieuse où parlent des gens comme Al Gore] ; on peut assister à quelques très bonnes présentations et très bons discours faits par des gens très intelligents et créatifs qui cherchent à changer le monde à leur façon. Chaque cas est différent, mais finalement, si vous n'essayez pas de changer le monde, pourquoi faire une présentation ?

***Q. Au fait, qui a fait l'index de votre livre ? Je sais que je suis dedans, mais je ne suis pas dans l'index. Bien sûr, le fait que je regarde si mon nom est dans l'index révèle quelque chose sur qui je suis.***
**R.** J'étais horrifié quand je m'en suis rendu compte ! Mille excuses. Un bon conseil pour les nouveaux auteurs : faites toujours l'index vous-même ou soyez au moins impliqué. L'indexeur a fait un très bon boulot rapidement et donc je suis fautif de n'avoir pas vérifié, ajouté quelques noms et les références des pages pour les sujets. L'index ne devait pas être trop long pour des questions d'espace, mais pas à ce point. Vivre, c'est apprendre.

Pour être en accord sur l'esprit de *Presentation zen*, je termine ce chapitre par ces trois mots : « Moins est davantage. »

# Chapitre 46
# Comment recevoir une *standing ovation*

Ne parlez que si vous pouvez améliorer le silence.
Proverbe espagnol

Faire un pitch et une présentation font peur, mais moins que de parler devant un public nombreux. Quand j'ai commencé à parler en public autour de 1986, j'étais mort de peur – sans compter que travailler dans une division dirigée par Steve Jobs était extrêmement intimidant : comment rivaliser avec Steve ? Il m'a fallu vingt ans pour être à l'aise en public, et ce chapitre explique ce que j'ai appris. Il ne me suffit pas que vous surviviez à un discours. Je veux qu'on vous fasse une *standing ovation*.

- **Ayez quelque chose d'intéressant à dire.** C'est 80 % de la bataille. Quand vous avez quelque chose d'intéressant à dire, il est beaucoup plus facile de faire un discours génial. Si vous n'avez rien à dire, ne parlez pas, un point c'est tout. Il vaut mieux décliner l'invitation pour que personne ne sache que vous n'avez rien à dire plutôt que de faire un discours pour le prouver.
- **Éliminez la propagande commerciale.** Le but de la plupart des discours d'ouverture est de divertir et d'informer le public. Il est rarement de vous fournir l'occasion de faire le pitch de votre produit, de votre service ou de votre société. Par exemple, si on vous invite à parler de l'avenir de la musique numérique, ne parlez pas du dernier lecteur MP3 que vend votre société.
- **Personnalisez.** Au cours des cinq premières minutes, montrez au public que vous savez qui il est, et vous êtes sur la bonne voie pour le restant de votre discours. Tout cela ne me demande qu'un peu de recherche

préalable vous permettant de comprendre les tendances, la concurrence et les problèmes clés auxquels votre public est confronté. Je pousse la personnalisation beaucoup plus loin que la plupart des orateurs. Quand j'ai parlé chez Hewlett Packard, j'ai montré des images de mes imprimantes HP et de mes fax chez moi et au bureau. Quand j'ai parlé chez S. C. Johnson, j'ai montré tous les produits d'entretien venant de chez eux que j'avais à la maison. Quand je vais dans un pays étranger, j'arrive généralement un jour plus tôt pour faire un peu de tourisme et je montre les photos des endroits que j'ai visités.

- **Divertissez.** Beaucoup de coaches ne seront pas d'accord avec cela, mais, pour moi, le but d'un discours est de divertir. Si vous divertissez les gens, vous pouvez glisser quelques pépites d'information. Mais si votre discours est mortellement ennuyeux, il n'est pas d'information qui en fera un bon discours. Si je devais choisir entre divertir et informer un public, je choisirais divertir, sachant que des informations se glisseront dans mon propos.
- **Soyez trop habillé.** Mon père était un homme politique à Hawaii. C'était un très bon orateur. Quand j'ai commencé à faire des discours, il m'a donné ce conseil : ne sois jamais moins bien habillé que le public. Ce qui veut dire que si les gens sont en costume, vous devez l'être vous aussi. Si vous vous habillez moins bien, voici le message que vous communiquez : « Je suis plus intelligent/riche/puissant que vous. Je peux vous insulter et ne pas vous prendre au sérieux et vous n'y pouvez rien. » Ce n'est pas de cette façon que le public vous aimera.
- **Ne dénigrez pas la concurrence.** Ne laminez pas vos concurrents dans un discours parce que cela indique que vous tirez excessivement parti du privilège de l'attention du public. Vous ne lui faites pas honneur. C'est le public qui vous fait un honneur, donc ne vous abaissez pas à utiliser cette occasion pour calomnier la concurrence.
- **Racontez une histoire.** La meilleure façon de se relaxer quand on fait un discours est de raconter des histoires. Toutes sortes d'histoires. Sur votre jeunesse. Sur vos enfants. Sur vos clients. Sur ce que vous avez lu. Quand vous racontez une histoire, vous vous détendez. Vous n'êtes plus

« en train de faire un discours ». Vous faites simplement la conversation. Les bons orateurs sont de bons conteurs ; les orateurs géniaux racontent des histoires qui viennent à l'appui de leur message.

• **Circulez parmi le public avant votre discours.** Vrai ou faux : le public a envie que votre discours se passe bien. La réponse est : vrai. Le public ne veut pas vous voir échouer, pour une raison simple : pourquoi les gens auraient-ils envie de perdre leur temps à écouter ? La façon d'amplifier le désir des gens de vous voir réussir est de circuler parmi eux avant le discours. Rencontrez-les. Parlez-leur. Permettez-leur d'établir le contact avec vous. Surtout ceux qui sont au premier rang ; ensuite, lorsque vous êtes sur le podium, vous avez des visages accueillants devant vous. Votre assurance montera en flèche. Vous serez plus détendu. Et vous serez génial.

• **Parlez au début d'un événement.** Si vous en avez le choix, faites-vous placer au début de l'agenda. Le public est plus frais, plus disposé à vous écouter, à rire de vos plaisanteries et à suivre vos histoires. Au troisième jour d'une conférence de trois jours, les gens sont fatigués et ne pensent plus qu'à rentrer chez eux. Il est déjà assez difficile de faire un discours ; pourquoi accroître le challenge en devant faire sortir le public de sa torpeur ?

• **Demandez une petite pièce.** Si vous en avez le choix, demandez la salle la plus petite possible. Si la salle est grande, demandez à ce qu'elle soit disposée dans un style « salle de classe », c'est-à-dire avec des tables et des chaises, plutôt que comme un théâtre. Une salle bondée respire mieux l'émotion. Il vaut mieux avoir 200 personnes dans une pièce pour 200 personnes que 500 dans une pièce qui pourrait en contenir 1 000. Vous voulez que les gens se souviennent de ceci : « On était debout. »

• **Entraînez-vous et parlez tout le temps.** C'est un truisme, mais il importe. Ma théorie est qu'il faut parler au moins vingt fois pour commencer à être convenable. Faites ce discours dix-neuf fois à votre chien si vous voulez, mais entraînez-vous. Il n'y a pas de raccourci pour Carnegie Hall. Comme le disait Jascha Heifetz : « Si je ne m'entraîne pas un jour, je le sais. Si je ne m'entraîne pas pendant deux jours, mes critiques le savent. Si je ne m'entraîne pas pendant trois jours, tout le monde le sait. »

Il m'a fallu vingt ans pour être là où j'en suis. J'espère que cela vous prendra moins de temps. S'il m'a fallu autant de temps c'est en partie parce que personne ne m'avait expliqué l'art de faire des discours et parce que j'étais trop stupide pour faire la recherche moi-même. Maintenant mon objectif, chaque fois que je monte sur le podium, est de recevoir une *standing ovation*. Chose plus importante, j'espère être bientôt debout dans le public en train de vous applaudir.

# Chapitre 47
# Aussi bien que Steve Jobs

Mes passions se regroupèrent comme des doigts en un poing.
L'énergie est maintenant considérée comme de l'agression ;
à l'époque, on la connaissait sous le nom de détermination.
**Bette DAVIS**

Majora Carter a gagné le prix MacArthur (aussi appelé « Genius Award ») en 2005 pour son travail en tant que directrice exécutive de Sustainable South Bronx. Elle a fait une présentation à la conférence TED de 2005 qui était aussi bonne qu'une performance de Steve Jobs. C'est une oratrice rare, qui donne du sens aux choses, incarne la passion et personnifie le « zen des présentations » dont parle Garr Reynold. Elle prouve aussi quelque chose : il n'est pas nécessaire d'être le P.-D.G. d'une société puissante, avec un jet privé et une équipe de coaches, pour être bon orateur.

Faites « Majora Carter + TED » pour trouver ce discours sur le site Web de TED et observez ce qu'elle fait sur la base des codes que je vous donne ci-après.

- Elle ne perd pas de temps et vous aspire tout de suite vers elle en suscitant votre curiosité grâce à une histoire sur son chien (59 secondes). Voici ce qu'on se demande : « Qu'est-ce qu'un chien a à voir avec le renouveau urbain ? »
- Elle fait immédiatement un énoncé clair du problème (1 mn 2 s).
- Elle personnalise son histoire tout au long de son discours. Bien sûr, il y a des quantités d'informations incroyables, mais j'adore sa façon de raconter son engagement (2 mn 45 s) et de conclure son histoire avec humour (2 mn 47 s).
- Elle utilise très peu de texte ; ses images et ses graphiques sont extrêmement efficaces et émouvants. Par exemple, elle utilise la photo

sensationnelle d'un enfant lorsqu'elle discute de l'obésité dans son voisinage (3 mn 49 s).

• Elle utilise la coquetterie de façon charmante : « incroyablement beau » (4 mn 44 s). Elle le fait mieux que tout ce que pourrait espérer un homme blanc et riche.

• Elle montre des émotions brutes et révèle une partie de son âme quand elle éclate en sanglots en parlant de son frère qui s'est fait tuer (5 mn 10 s).

• Elle capitalise sur les allitérations : « pimps and pushers and prostitutes[36] » (6 mn 50 s) et les répétitions : « la dégradation économique engendre la dégradation de l'environnement qui engendre la dégradation sociale » (7 mn 24 s) à la manière de Martin Luther King.

• Elle défie la règle de la conférence qui exclut toute demande d'argent et demande tout de suite qu'on lui pardonne. Comment ne pas aimer une personne qui a le courage de le faire (10 mn 39 s) ?

• Elle montre une coordination excellente avec la personne qui fait passer les diapos. Je suppose que c'est son fiancé. Si vous découvrez qu'ils n'ont pas répété au moins vingt fois, je passe sous Windows.

• Elle est brillante et enthousiaste. Sa présence exprime le pouvoir et l'assurance sans trace d'arrogance, de peur ou de condescendance (il est stupéfiant de voir comment cette combinaison se manifeste chez la plupart des orateurs.) Elle a des dents magnifiques (les orateurs publics doivent se faire blanchir les dents ; je l'ai fait il y a quelques années et je le montre en souriant beaucoup). Elle anime et met ses arguments en valeur par des mouvements de mains puissants et marche sur la scène.

• Elle utilise un micro sans fil, le Countryman E6i (le meilleur du monde, à mon avis). Les organisateurs de la conférence avaient probablement donné les mêmes micros à tous les orateurs, mais on ne peut pas battre son niveau d'animation. Voici un élément de subtile ironie : elle utilise un Countryman « blanc » couleur chair. Il existe aussi en noir. Quand j'ai acheté le mien, on m'a demandé si j'en voulais un « jaune ».

---

36. Proxénètes, revendeurs de drogue et prostituées.

• Elle parle rapidement, presque trop, mais son élocution est toujours claire. Et elle ralentit la cadence lorsqu'elle aborde les points les plus importants. On peut remarquer qu'elle cherche à rester dans le temps imparti, en faisant passer le message qu'elle respecte l'emploi du temps du public.
• Elle termine par un appel à l'action génial : « S'il vous plaît, ne me gaspillez pas. » Comment battre cela (17 mn 57 s) ?

Oui, elle lit parfois ses notes. Mais elle analyse Al Gore sous toutes les coutures, d'une manière si merveilleuse et non menaçante (16 mn 45 s) que je lui pardonne. La scène est la juxtaposition intéressante d'un vieil homme blanc, riche et puissant et d'une femme noire du Bronx. Cela me rappelle des films de samurai où un maître de l'épée décapite son adversaire, mais il faut quelques secondes pour que la victime se rende compte de ce qui est arrivé.

J'aimerais que ma fille devienne une guerrière comme Majora. Que dis-je ? J'aimerais que mes fils soient des guerriers comme Majora. En tout cas, quiconque a une fille devrait regarder cette vidéo.

# Chapitre 48
# Parler comme un art de la scène

Qu'est-ce qu'une bonne interprétation ? La capacité par le chant ou le jeu de rendre l'oreille consciente du contenu véritable et de l'émotion d'un morceau de musique.
Carl Philipp Emanuel BACH

Chanter et parler ont beaucoup en commun : dans les deux cas, le but principal est de fixer l'attention du public et d'obtenir qu'il vous écoute. Doug Lawrence est chanteur professionnel, directeur musical et coach en élocution. Il est vraiment allé à Carnegie Hall. Compte tenu de sa carrière professionnelle, je lui ai demandé des tuyaux sur l'art de parler. Les voici :

- **Échauffez-vous avec une serviette.** Les chanteurs doivent souvent se mettre en condition dans leur chambre d'hôtel avant de se rendre à une répétition ou à un spectacle. Ils le font en hurlant dans une serviette.
- **Dites seulement « Whoooo ! »** La meilleure façon de s'échauffer la voix est de faire le bruit d'une sirène « whoooo » en partant d'aussi bas que vous le pouvez pour aller aussi haut que possible et l'inverse. Répétez l'exercice plusieurs fois. Ce son exécrable affine vos cordes vocales et les rend plus flexibles.
- **Battez des lèvres.** Soufflez dans une intonation – quelle qu'elle soit – pour faire bouger vos lèvres, ce qui détend la langue et les muscles de la gorge. Quand vous avez la voix fatiguée et rauque et que vous avez peur de poursuivre, essayez, cela fait merveille.
- **Mangez légèrement, et mangez des protéines.** Si vous devez manger avant une présentation (les chanteurs préfèrent manger peu), mangez des aliments qui vous donnent de l'énergie, non des glucides. Les chanteurs font toujours la fête après le spectacle !
- **Réservez trois heures pour vous réveiller.** Les chanteurs font souvent une sieste dans l'après-midi du jour où ils se produisent, mais ils

se réservent toujours trois heures pour que leur cerveau et leur voix se mettent en place. Se mettre en position d'éveil est un processus beaucoup plus long que celui de s'habiller.

- **Évitez le thé.** Le thé est un astringent qui ferme la voix. Buvez plutôt de l'eau chaude pour conserver la souplesse de la voix.
- **N'utilisez pas vos mâchoires.** Si vous utilisez vos mâchoires pour parler, vous allez vous fatiguer la voix. Les mâchoires ne chantent ni ne parlent. N'essayez pas d'articuler excessivement, parce que vous serez épuisé au bout de quelques minutes. Utilisez votre langue et vos dents et gardez vos mâchoires pour un bon repas après votre discours.
- **Circulez dans le public.** Avant un concert, un discours ou un séminaire, j'essaie de me mêler aux gens, de leur poser des questions et leur faire savoir que je suis content qu'ils soient là. Ce n'est pas toujours possible, mais c'est un moyen de créer un lien avec eux et de réduire le trac.
- **Maîtrisez l'attention.** Sortez le sternum et faites face au public si vous voulez projeter de l'autorité. Vous ne voulez pas non plus avoir l'air d'un coq ou donner l'impression que vous voulez effrayer un ours. Sternum relaxé = sternum haut = gagnant !
- **Rugissez.** Si les gens ne vous entendent pas, ils ne vont pas vous écouter. Ajoutez un peu de résonance nasale à votre voix, mais continuez à sourire. Le rugissement est le son nasal que vous obtenez en parlant partiellement du nez au lieu de la bouche. Cela génère plus de 2 800 cycles à la seconde, ce qui fait qu'une salle « chante ». Faites comme si vous étiez en train de crier en direction d'un enfant qui s'apprête à s'élancer devant un bus – par exemple quand vous criez « STOP ! »
- **Mordez-vous la langue.** Si votre langue se dessèche au milieu de votre présentation, essayez de la mordre doucement. Les chanteurs d'opéra font cela tout le temps pour s'humidier la bouche avec la salive.
- **Vérifiez le son avant de parler.** Une personne qualifiée ajustera l'équipement à votre voix et à ses particularités. Si vous êtes à l'aise avec un micro sans fil, choisissez cette option et restez proche du micro pour avoir plus de chance d'être entendu. Si vous tournez la tête, n'oubliez pas de tourner le micro en même temps. Les micros-cravates fonctionnent

généralement bien, mais pour les orateurs au timbre plus léger, ils sont très frustrants. Les casques adaptés aux oreilles sont les mieux pour l'intelligibilité. Si vous parlez souvent et savez que les lieux acceptent cette technologie, achetez-en un et prenez-le avec vous.

- **Utilisez vos yeux tout le temps.** Bouger les mains, marcher sur l'estrade peuvent être des outils utiles dans une présentation, mais les yeux… c'est tout ! Si vous ne pouvez pas vous connecter avec les gens par les yeux, vous risquez de perdre l'attention du public. Vos yeux disent toujours aux gens si vous croyez ou non à ce que vous dites ! Parcourez la salle, sélectionnez les gens vers lesquels vous pouvez pointer votre regard et regardez-les. C'est un peu intimidant pour eux, mais cela vous permet de vous concentrer sur les individus qui composent votre public. Passez constamment à de nouvelles personnes, à droite, à gauche, au milieu. Si rien ne marche, regardez chaque personne comme si vous l'aviez aimée toute votre vie – comme votre mère ou votre enfant.
- **Éloignez-vous du centre pour faire passer votre message.** Quand vous arrivez à un moment de la présentation où vous voulez vraiment capter l'attention des gens, bougez vers la droite ou la gauche de votre position initiale. Les gens lèveront les yeux pour vous regarder. Si vous bougez constamment, restez immobile quelques instants, l'effet sera le même.
- **Soyez silencieux.** Si vous voulez vraiment capter l'attention des gens, soyez subitement silencieux. Cela terrifie les gens et je vous garantis qu'ils font attention. Les chanteurs utilisent cette astuce tout le temps. C'est l'effet « on pourrait entendre une mouche voler ».
- **« Soulignez » certains mots par une pause ou une répétition.** Si vous voulez insister sur quelque chose, ralentissez, faites une pause et prononcez le mot ou la phrase que vous voulez que les gens entendent le plus, en accentuant chaque mot. Le changement brusque de style réveille l'attention. De plus, répétez un mot ou une phrase avant d'en venir au point principal. Par exemple : « Vous savez (pause), vous savez (pause), vous savez, la chose dont je souhaite que vous vous souveniez est… » Les chansons sont pleines de ces textes répétés : c'est un mécanisme qui scelle la signification !

• **Prenez un risque et soyez vulnérable.** Dites ou faites quelque chose qui ne vous ressemble pas du tout. Prenez une voix comme celle de Mickey Mouse ou Barry White quand vous faites une plaisanterie ou dites quelque chose de choquant ou d'humoristique. C'est une façon d'humaniser les sujets les plus sérieux.

• **Placez votre ton plus haut.** Élever le ton de votre voix pendant quelques secondes crée un sentiment d'urgence. Cela montre votre passion pour le sujet et détend aussi votre larynx. Les voix graves détendent la salle ; les voix aigües augmentent le flot d'adrénaline du public.

• **Sachez quand arrêter.** Il n'est pas nécessaire d'être un génie pour se rendre compte quand il faut s'arrêter. Vérifiez souvent votre « baromètre de présentation » pour vérifier si on vous suit toujours. Changez quelque chose, ce que vous voulez, si vous sentez que vous commencez à perdre votre public. Si tout échoue, arrêtez de parler, commencez vos remerciements et quittez l'estrade. Les gens vous aimeront davantage pour avoir su quand vous deviez vous arrêter que pour les informations merveilleuses que vous auriez données !

• **Utilisez les questions et les réponses comme un « bis ».** Les chanteurs préparent généralement un bis, car cette pratique donne au public le sentiment d'être spécial et lui donne le sentiment que vous le préférez aux autres publics que vous avez eus. Les questions et réponses fonctionnent un peu comme un bis. Vous pouvez penser que vous avez dit ce qu'il y avait à savoir, mais les questions révèlent souvent que vous avez oublié des choses. Si l'occasion se présente, utilisez-les pour aborder des sujets laissés en suspens et faites apprécier votre candeur.

• **Ne submergez pas le public.** Soyez distrayant et ayez des moments de silence ou adoptez une voix plus douce et une cadence plus lente. Tout artiste vous dira que le truc pour un très bon spectacle est de faire en sorte que le public vienne à vous. Plus vous lui courez après, plus il vous repousse. Quand les gens regardent Steve Jobs, ils pensent savoir ce qu'il va faire, mais il les titille au point qu'ils n'en peuvent plus et qu'ils rampent vers lui.

• **Répétez, répétez, répétez.** C'est comme cela que je suis allé à Carnegie Hall ! Si possible, mémorisez votre discours comme les chanteurs mémorisent leurs chansons. Souvenez-vous de ceci : plus vous répéterez, plus vous aurez la liberté de donner de la fraîcheur à votre propos.

• **Jouez pour un héros.** Il y a plusieurs années, on m'a demandé de chanter pour la reine d'Espagne. J'ai plus travaillé pour ce concert que pour tous les autres. J'ai eu beaucoup de succès et j'étais très fier de ma préparation. À partir de ce jour-là, je me suis imaginé à chaque fois que j'allais chanter pour la reine et cela a multiplié par deux mes talents d'artiste. Choisissez-vous un héros et donnez ce que vous avez de mieux !

Sans faire dans le jeu de mots, je voudrais insister sur un des points abordés par Doug : l'utilisation d'un bon micro. Il y a quelques années, je me suis acheté un Countryman E6i. Il y a deux avantages à apporter son Countryman personnel. D'abord, c'est un super micro. Ensuite, l'équipe audio-visuelle sait que vous savez vraiment ce que vous faites et s'occupe mieux de vous.

# Chapitre 49
# Comment être un dieu à DEMO

Être un acteur, c'est être debout tout nu et tourner très lentement.
Rosalind RUSSELL

Deux fois par an, les dirigeants de soixante-dix sociétés font une démo en six minutes de leurs produits, devant un public de capital-risqueurs, analystes et journalistes. Cet événement s'appelle DEMO. C'est un événement important, surtout si vous en connaissez les règles : le rôle des entrepreneurs est de faire comme s'ils n'avaient pas besoin de capital et celui des capital-risqueurs est de faire comme s'ils n'avaient pas besoin des entrepreneurs. (Cette danse ressemble un peu à de la pudibonderie dans un bordel.)

Ce chapitre s'adresse en priorité aux 70 âmes qui feront la démo et aux quelque 140 vice-présidents du marketing et responsables de comptes dans les agences de relations presse qui iront à DEMO. Bref à quelque chose comme 300 personnes. Il s'adresse aussi à quiconque veut faire une bonne démo, car ce talent est essentiel pour lever de l'argent, faire une vente, avoir de la presse et recruter des employés.

- **Créez quelque chose qu'il vaille la peine de présenter.** Si vous voulez être un dieu à DEMO, créez un produit génial à présenter. Si vous présentez un produit médiocre et que, pour une raison ou une autre, vous êtes parvenu à déjouer les garde-barrières de DEMO, on vous sortira. Je sais que DEMO est une bonne occasion de faire des RP, mais si vous ne faites pas une démo, c'est vous seul qui saurez que vous avez créé quelque chose de médiocre. Si vous faites une démo, c'est le monde entier qui le saura.
- **Apportez tout en double.** Il faut dupliquer l'équipement. Attendez-vous à ce que tout casse la veille au soir de votre passage sur la scène, donc apportez deux, peut-être même trois ordinateurs, téléphones, clés USB, et

plusieurs exemplaires de tout ce que vous utiliserez dans votre démo. Il n'y a pas de marge d'erreur en matière d'équipement à DEMO à l'exception du projecteur et du son (dont la responsabilité incombe aux organisateurs).

• **Organisez-vous à l'avance.** Vous ne devez pas perdre de temps, par exemple chercher des dossiers ou des fichiers sur votre disque dur. Vous avez des semaines pour vous préparer à ces six minutes ; il faut être absolument idiot pour ne pas avoir tout préparé à l'avance.

• **Réduisez le nombre de facteurs que vous ne pouvez pas contrôler.** Pouvez-vous assumer que vous aurez un accès Internet pendant votre démo ? Oui, mais ayez une solution de rechange. C'est sûr, l'hôtel est équipé d'une ligne T1, mais plusieurs personnes dans le public y sont connectées. Mieux, simulez l'accès Internet à votre serveur en utilisant un serveur local. Vous n'avez pas à montrer le système réel. C'est, après tout, une démo.

• **Allez droit au but.** Vous disposez seulement de six minutes, donc en l'espace de trente secondes, arrêtez de bavasser et commencez. Tout le monde se fiche de la genèse de votre société ou que vous ayez un Ph.D. de Stanford. Les gens sont venus voir une démo, non entendre l'histoire de votre vie. Croyez-moi, si votre démo est bonne, on vous pourchassera ensuite pour connaître toute votre histoire. Si votre démo craint, peu importe que vous soyez un prix Nobel.

• **Supprimez les plaisanteries et les sketches.** Si vous vous demandez si vos plaisanteries sont marrantes, elles ne le sont pas. Très peu de gens sont suffisamment drôles pour être capables de faire des plaisanteries à DEMO. La plupart des publics veulent le succès de l'orateur et ils rient mêmes aux pires des plaisanteries. Mais le public de DEMO veut vous voir échouer parce qu'il est plein d'egomaniaques qui manquent d'assurance, sont en ligne ou utilisent leur BlackBerry. Bref, votre public n'est pas sympathique et ne fait pas attention. C'est un public trop difficile pour les plaisanteries et les sketches.

• **Faites la démo seul.** Un dieu à DEMO travaille seul. Vous pouvez croire qu'il serait intéressant que deux cofondateurs fassent la démo ensemble. Et vous pensez que cela montrera au monde à quel point vous

vous entendez bien. Il est déjà assez difficile pour une personne de faire une démo. Essayer de faire en sorte que deux personnes présentent une démo interactive est quatre fois plus difficile. Si vous voulez être un duo, allez dans un bar à karaoké.

- **« Commencez par la fin. »** Je vole cela à mon copain Peter Cohan qui apprend aux gens à faire des super démos. Ce qu'il veut dire, et je suis d'accord, c'est que vous avez à peu près une minute pour captiver le public, donc n'essayez pas de construire un crescendo. Commencez par « l'effet de choc » : le truc le plus cool que fait le produit. Le but est d'en mettre plein la vue. Une fois que c'est fait, revenez en arrière et montrez le « comment ». Le coup de massue : non seulement le résultat est fantastique, mais le « comment » fait que c'est accessible au commun des mortels. Vrai ou faux ? Ce qui sort de votre bouche doit impressionner le public. Faux. Ce que le public voit, non ce qu'il entend, est ce qui doit impressionner.
- **Supprimez le jargon.** Les participants de DEMO se considèrent comme très sophistiqués et se flattent de connaître toutes les technologies. Peut-être, mais le jargon impressionne rarement les gens. Parler simplement et succinctement est la meilleure façon de procéder. Vous avez peut-être le logiciel d'entreprise le plus génial au monde, mais le partenaire pour l'électronique grand public de la société de capital-risque de vos rêves est dans la salle. S'il ne comprend pas votre démo, il ne va pas en parler à ses collègues en revenant au bureau.
- **Ne suscitez pas les questions avant la fin.** Il n'y a pas de questions pendant une démo en raison de la limite de six minutes. Cependant, dans d'autres circonstances, vous pouvez être tenté de susciter des questions au cours de votre démo. Ne faites pas cela. C'est trop risqué. Vous ne savez jamais ce qu'on va vous demander et cela peut vous enfermer dans un piège dont vous ne pourrez pas vous dépêtrer. L'avantage qu'il y a à montrer que vous pouvez répondre à n'importe quelle question en temps réel est un truc d'ego et ne justifie pas que vous preniez le risque de dérailler.
- **Terminez par un point d'exclamation.** Vous voulez commencer par un point fort. Vous voulez aussi finir sur un point fort. Voici le secret des discours d'ouverture de Steve Jobs : il a toujours une super annonce

de plus dans son sac d'astuces. Effrayant, mais vrai : le but est de finir comme la publicité pour les couteaux Ginsu : « Attention, il y a plus… » Et quand vous terminez par un point d'exclamation, laissez l'écran seul. Donnez au public le temps d'absorber le point d'exclamation.

J'ai donné ces conseils à beaucoup de sociétés. Je sais aussi que des milliers de gens les ont lus en ligne. Et pourtant la plupart des démos sont des horreurs. C'est parce que les gens pensent que ces conseils valent pour les malpropres sans produit révolutionnaire à même de changer les paradigmes et en passe d'être breveté, et des malpropres ne sont pas des présentateurs naturellement amusants. Vous pensez probablement la même chose. Vous avez tort et vous allez l'apprendre à vos dépens.

# Chapitre 50

# Comment réussir lors d'une table ronde

L'homme réclame la liberté de s'exprimer et le droit de savoir qu'il compte. Mais une fois qu'on lui a offert ces conditions, il prend peur.

Robert C. MURPHY

Lors d'une conférence, il y a habituellement trois orateurs principaux et vingt-cinq participants aux tables rondes, donc la probabilité que vous fassiez partie d'une table ronde est beaucoup plus élevée que celle que vous soyez orateur. Si on regarde les choses de manière superficielle, faire partie d'une table ronde est facile. Il y a quatre ou cinq personnes – et vous vous croyez plus intelligent que tous – et la table ronde ne dure que 60 minutes. En quoi cela pourrait-il être difficile ? Mais voilà le problème : tout le monde pense que c'est facile et personne ne prend la chose au sérieux. Et pourtant, il le faudrait si vous voulez être la personne que tout le monde vient voir après.

- **Connaissez le sujet.** Si vous êtes invité à une table ronde sur la sécurité sans fil et que vous n'y connaissez pas grand-chose, déclinez l'offre. Peu importe que l'opportunité soit merveilleuse, ne donnez jamais au public l'occasion de lui faire savoir que vous êtes nul.
- **Contrôlez la manière dont on vous présente.** La première erreur de la plupart des participants aux tables rondes est de croire que l'animateur a votre biographie, correcte et à jour. Il est beaucoup plus probable qu'il ne connaît rien de vous, qu'il a fait une recherche sur Google et qu'il a imprimé quelque chose qui n'est pas exact. Avant le début de la table ronde, donnez-lui trois lignes précisant qui vous êtes et dites-lui de les lire mot pour mot.

• **Parlez fort.** La distance optimale entre vos lèvres et le microphone est de deux centimètres et demi. Vous êtes assis, les épaules un peu rentrées. Si votre voix ne porte pas, rapprochez-vous du micro et parlez fort. Imaginez qu'il y a un vieil aigri de 51 ans comme moi avec une prothèse auditive au fond de la salle.

• **Ne vous contentez pas d'informer, divertissez.** Comme dans les discours d'ouverture, votre but est de divertir, non d'informer. Plus vous serez marrant, plus les gens vous croiront intelligent, parce qu'il faut beaucoup d'intelligence pour être marrant. J'irais même jusqu'à engager une joute amicale avec l'animateur ou un autre participant. Qu'on s'amuse ! Considérez une table ronde comme une conversation amicale, avec de l'émotion néanmoins, devant vos 500 meilleurs amis.

• **Dites la vérité, surtout si elle est évidente.** Si vous avez de la chance et si vous avez un bon animateur, il essaiera de vous coincer avec des questions difficiles ou embarrassantes. C'est bien, parce que cela vous donne l'occasion d'être amusant et de montrer que vous êtes carré. « La vérité vous donnera la joie. » Si tout le monde connaît la vérité, n'essayez même pas de l'éviter. Il vaut beaucoup mieux dire « J'invoque le cinquième amendement[37] ». Cela fera rire.

• **Répondez à la question posée, sans vous en arrêter là.** Répondez à la question (sauf si vous avez invoqué le cinquième amendement) et faites-le aussi rapidement que posible, mais sentez-vous libre d'orienter la conversation dans une direction qui vous plaît. Par exemple, imaginez que l'animateur demande : « Pensez-vous que les téléphones portables seront bientôt attaqués par les virus ? » Vous avez parfaitement le droit de répondre : « Oui, je pense que c'est un problème, mais le vrai problème des portables est l'absence de bonne couverture », si c'est ce dont vous voulez parler.

• **Soyez simple et concis.** Supposons que vous participiez à une table ronde d'experts et que l'animateur soit lui aussi un expert. L'animateur pose une question. Considérant que vous êtes entre experts, vous vous lancez

37. Le cinquième amendement de la Constitution des États-Unis permet à tout citoyen américain de refuser de témoigner contre lui-même dans une affaire pénale.

dans tous les acronymes du jour. Grosse erreur. Le public est un public, pas un groupe d'experts. Réduisez les problèmes complexes et techniques à quelque chose de simple et concis et vous vous positionnerez comme quelqu'un qui est intéressé par les autres et une star au demeurant.

- **Faites semblant de vous intéresser à ce qui se passe.** C'est l'un des aspects les plus difficiles dans une table ronde. Imaginez que les autres participants se lancent dans des réponses longues, ennuyeuses et pleines de jargon. La tentation est, au pire, de sortir son BlackBerry, ou, au mieux, d'avoir l'air de se barber. Ne faites pas cela. Faites semblant d'être vraiment intéressé, car dès que vous aurez l'air ennuyé, un photographe vous prendra en photo et le cameraman affichera votre visage sur un écran de trois mètres de haut.
- **Ne regardez jamais l'animateur.** L'animateur est celui qui pose les questions, mais il est seulement le mandataire du public. Quand vous répondez, ne le regardez pas, lui, mais regardez le public – qui ne veut pas voir votre tête de profil. En fait, un bon animateur ne vous regardera pas et vous forcera à regarder le public.
- **Ne dites jamais : « Je suis de l'avis du participant qui vient de parler. »** Un animateur pose souvent la même question à chaque participant. Si vous n'êtes pas le premier à répondre, il est tentant de dire : « Je suis d'accord avec ce que mon collègue vient de dire. » C'est une réponse idiote. Trouvez quelque chose de différent et si vous n'êtes pas assez rapide pour cela, ne participez pas à une table ronde. Dans le pire des cas, dites : « Je pense qu'on a répondu à la question. Par respect pour l'auditoire, passons à autre chose. »

Une table ronde est une bonne occasion de vous démarquer de vos concurrents parce que vous en avez quatre ou cinq d'un coup. Prenez ces recommandations à cœur et tout ira bien, surtout si l'animateur est bon, ce qui est le sujet du prochain chapitre.

# Chapitre 51
# Comment être un super animateur

Soyez sincère ; soyez bref ; restez assis.
**Franklin D. ROOSEVELT**

Combien de fois avez-vous assisté à une table ronde qui vous a diverti et informé ? Votre réponse est probablement « un petit nombre de fois », et c'est l'animateur qui est fautif. Animer une table ronde est, en réalité, plus difficile que faire un discours d'ouverture, car vous n'avez pas de contrôle sur les clowns autour de la table. Voici ce qu'il faut faire pour animer une table ronde.

- **Représentez le public.** Tout d'abord, il est de la responsabilité de l'animateur de s'assurer que les participants divertissent et informent le public. L'animateur est aussi appelé modérateur parce que son rôle est de modérer le niveau de baratin et de propagande commerciale. Un bon animateur est l'avocat du public pour la vérité, la perspicacité et la brièveté. Quand un participant fait de la propagande commerciale ou dit des mensonges, vous avez l'obligation morale de lui donner une gifle devant tout le monde.
- **Faites en sorte que chaque participant ait l'air intelligent.** C'est la seconde des responsabilités majeures de l'animateur. Son but ne doit pas être de faire en sorte que ce soit lui qui ait l'air intelligent et de voler l'attention. Les animateurs peuvent donner l'impression que les participants sont intelligents de deux façons : d'abord, en leur posant des questions qui les font briller. Ensuite, en extrayant les pépites d'or de leurs discours, en reformulant, résumant ou clarifiant. Un bon animateur n'a que 10 % du temps de parole. C'est « la main invisible », non la star.

- **Ne sur-préparez pas les participants.** Plus les participants sont préparés à l'avance, plus il y a de risques qu'ils soient ennuyeux. Si vous leur donnez les questions à l'avance, beaucoup prépareront des réponses soigneusement élaborées et dépourvues de contenu – dans le pire des cas, ils auront demandé à leur RP de les aider. La seule chose à faire, sans plus, est de fournir les deux ou trois premières questions pour que les participants se sentent à l'aise et « préparés », que vous posiez ou non ces questions.
- **Préparez-vous à l'avance.** Les animateurs doivent se préparer plus que les participants, car ils doivent mitrailler les participants de questions relatives aux dernières controverses et aux sujets brûlants dans l'industrie. C'est difficile à faire en temps réel, donc préparez les questions à l'avance en vous aidant de toutes les sources possibles. Si vous ne connaissez pas assez le domaine pour attiser les feux, déclinez l'invitation à animer cette table ronde.
- **Ne permettez pas aux participants d'utiliser PowerPoint (ou Keynote).** Même s'ils sont des P.-D.G. ou des Prix Nobel, ne leur permettez pas de faire une présentation PowerPoint, même « brève ». Si l'un d'eux le fait, tout le monde voudra faire la même chose. Il faudra alors gérer les difficultés techniques qu'il y a à faire marcher plusieurs portables avec le projecteur ou le challenge d'intégrer toutes les présentations en une. Même si vous résolvez les problèmes techniques, ces présentations seront sans doute nulles, donc laissez tomber.
- **Ne permettez pas les accessoires.** Supposez que tout le monde accepte la règle « pas de PowerPoint », mais que l'un des participants ait l'idée lumineuse de montrer une « brève » vidéo de sa société. Une fois de plus, la réponse est non. Franchement, un participant qui a besoin d'un PowerPoint ou d'une vidéo, n'est sans doute pas assez éloquent pour participer à une table ronde, donc débarrassez-vous en si vous le pouvez.
- **Demandez à chacun de se présenter en trente secondes.** L'animateur ne devrait pas lire les biographies de chaque participant parce qu'inévitablement (a) il prononcera mal quelque chose (je ne savais pas que j'étais polonais avant d'être présenté comme étant « Guy Kawolski »), (b) il

dira quelque chose de faux « Oh, vous n'êtes pas diplomé de la Harvard Business School ! », ou (c) il oubliera de mentionner quelque chose de crucial dans vos antécédents.

- **Limitez le contact visuel avec les participants.** Regardez les participants, posez une question et regardez ensuite le public. Ne regardez pas continuellement les participants parce que vous voulez qu'ils parlent directement au public, et non à vous, l'animateur. N'hésitez pas à demander aux participants de parler plus fort ou de se rapprocher du microphone.
- **Impliquez le public.** Les animateurs doivent consacrer approximativement 30 % de la durée de la session aux questions du public. Pas plus, car le public sera à court de questions de qualité. Pas moins, car le public aura l'impression de ne pas avoir participé. Cela dit, ne vous sentez pas plus obligé d'accepter des questions stupides du public que d'accepter des réponses stupides des participants à la table ronde. Ayez toujours quelques bonnes questions dans la poche pour le cas où personne dans le public n'aurait de question. Mieux encore, vous pouvez « planter des questions » dans le public à l'avance.
- **Vivez dans l'instant.** Un animateur fait merveille s'il attrape un participant sur le vif. Par exemple, beaucoup de capital-risqueurs se défilent en déclarant : « Nous savions que la bulle dotcom éclaterait, donc nous faisions attention à ce dans quoi nous investissions. » L'animateur devrait gagner un prix s'il renchérit en disant : « Alors, pourquoi avez-vous investi dans nourriturediscountéepourchiens.com ? » Je me rends compte que c'est en contradiction avec « Faites en sorte que chaque participant ait l'air intelligent », mais animer un débat est une tâche complexe.

J'espère que vous aurez la chance d'animer quelques tables rondes au cours de votre carrière. C'est aussi gratifiant que de faire des discours d'ouverture, mais les challenges sont différents. Les discours d'ouverture ont trait à ce que vous savez faire. Les tables rondes ont trait à ce que vous parvenez à faire faire aux autres. Souvenez-vous seulement que le but est de divertir et d'informer le public. La plupart des tables rondes sont loin d'y parvenir.

# Chapitre 52
# L'art de bloguer

Blogueur, n. : quelqu'un qui n'a rien à dire, écrivant pour des gens qui n'ont rien à faire.
Guy KAWASAKI

J'ai mis du temps avant de commencer à bloguer, car je pensais que c'était de l'arrogance : « Ce que je pense est si important que je veux que vous sachiez tout ce que je pense sur tout tous les jours. » Cela m'a pris trois ans, mais maintenant j'y crois et je vais vous dire pourquoi. Sur le plan personnel, un blog est un moyen d'expression et de créativité. Vraiment, même si personne d'autre que votre chien ne lit votre blog, cela vaut quand même la peine d'en faire un.

Au niveau professionnel, un blog est un atout en marketing et en communication. C'est rapide, gratuit et sous votre contrôle. Vous pouvez l'utiliser pour atteindre des clients potentiels, établir une image de marque, fournir du support et construire une communauté. Vous pouvez aussi l'utiliser pour faire plaisir aux gens en promouvant leurs livres et leurs produits, et peut-être vous rendront-ils la pareille.

Comme toute forme d'art, certaines techniques et pratiques peuvent vous rendre plus efficace. Voici celles qui guident ma façon de bloguer :

- **Pensez « livre », non « journal ».** D'abord, un peu de philosophie : voyez votre blog comme un « produit ». Une bonne analogie est la différence qu'il y a entre un journal et un livre. Quand vous écrivez un journal, vous exprimez vos pensées et sentiments spontanés. Vous n'avez pas en tête qu'on va vous lire. En revanche, quand vous écrivez un livre, vous devez penser dès le premier jour à en parler.

• **Répondez au petit bonhomme[38].** Maintenant que vous voyez votre blog comme un produit, demandez-vous si c'est un bon produit. Un test utile est de s'imaginer un petit bonhomme sur votre épaule lisant au fur et à mesure ce que vous écrivez. Et quand vous écrivez, il vous dit : « Et alors ? Qu'est-ce qu'on en a à faire ? » Si vous ne pouvez pas lui répondre, c'est que vous n'avez pas un bon blog/produit. Acceptez le conseil de quelqu'un qui a essayé : il est difficile de vendre de la foutaise, donc assurez-vous que vous avez quelque chose qui vaut la peine d'être dit. Ou bien, écrivez un journal et gardez-le pour vous.
• **Collectionnez les liens pour la blogoliste.** C'est quelque chose que j'aurais dû faire dès le premier jour, mais je n'étais pas au courant. Si j'avais à refaire les choses, je regarderais tous les blogs intéressants qui couvrent des sujets similaires au mien. Dès le premier jour, je les aurais listés et je me serais assuré que Technorati signale mon blog, pour que les blogueurs connaissent mon existence.
• **Trouvez des scoops.** Il y a un code de l'honneur intéressant dans le blogging. Supposez que Blogueur A trouve un article obscur et le poste sur son blog. Blogueur B le lit sur le blog de Blogueur A et établit un lien avec lui. Mais Blogueur B n'établit pas simplement un lien avec l'article ; il établit aussi un lien avec Blogueur A, à qui il donne le crédit d'avoir trouvé l'article. Cela signifie que si vous trouvez des scoops, d'autres blogueurs établiront des liens avec vous.
• **Complétez ce que disent les blogueurs par du suivi.** Lisez les blogs des cinquante premiers blogueurs et regardez si vous avez une connaissance en profondeur des sujets qu'ils abordent. Au lieu de laisser des bêtises inutiles, élaborez alors un message réel qui complète le billet du blogueur.

Quand quelqu'un fait cela pour mes billets, je me mets à genoux et je remercie le ciel, car c'est déjà ça de moins à écrire. Je ne sais pas ce

38. Le petit bonhomme fait référence à une histoire que Guy Kawasaki raconte dans *L'art de se lancer* (p.72) : Bill Joos, mon collègue à Garage, m'a dit que, lorsqu'il a commencé sa carrière chez IBM, la société l'avait formé à s'imaginer qu'il y avait un petit bonhomme sur son épaule pendant les présentations. Toutes les fois que Bill disait quelque chose, le petit bonhomme lui chuchotait : « Et alors ? »

qu'il en est des autres blogueurs, mais l'un de mes plus grands challenges est d'alimenter la bête en contenu. Si vous m'aidez à la nourrir, je serai ravi de faire un lien vers vous et de vous faire de la publicité.

- **Faites un accusé de réception aux commentateurs et répondez.** Il n'y a que des bénéfices à lire les commentaires et à y répondre. Cela donne envie aux commentateurs de revenir sur votre blog. Ceci, en retour, leur donne le sentiment de faire partie d'une communauté, ce qui les encourage à dire à plus de gens de lire votre blog.
- **Demandez de l'aide.** Si votre blog offre de la valeur, n'hésitez pas à demander l'aide de vos lecteurs. Dans un monde parfait, vous fournissez quelque chose de valable et votre lectorat vous en remercie en vous aidant à répandre la bonne parole.
- **Soyez audacieux.** Je ne veux pas dire qu'il faille intentionnellement froisser d'autres blogueurs, mais si vous ne pouvez pas dire ce que vous pensez sur votre propre blog, abandonnez la partie et restez sous votre tente. Il y a quelque chose de fascinant dans le blogging : même quand les gens vous incendient, ils font un lien vers votre site.
- **Rendez facile la souscription à votre blog.** Rendez facile l'accès à votre blog par des liens RSS ou des souscriptions par e-mail. Ce n'est en rien différent de la distribution physique des produits par des canaux multiples.

Il y a deux ans, ma femme me voyait taper comme un fou sur mon Macintosh, tard le soir. Elle me demanda ce que je faisais et je lui ai répondu : « Je change le monde, 10 000 lecteurs à la fois. » Pince-sans-rire, elle me répondit instantanément : « Ah, tu blogues. » Elle avait raison.

# Plaire dans les faits

Le terme « plaire » a mauvaise presse. La plupart des gens y voient de la tromperie, de la flatterie ou de la duplicité visant à obtenir ce qu'on veut. Si on prend une optique plus positive, c'est « faire en sorte que tout le monde soit gagnant ». Je ne suis pas certain que les gens gentils soient les premiers sur la ligne d'arrivée, mais ceux qui sont charmants le sont. Cette section explique comment avoir ce qu'on veut en donnant aux gens ce qu'ils veulent.

# Chapitre 53

# Éléments de psychologie pour influencer les gens

> La vie est faite, non de grands sacrifices et de devoirs, mais de petites choses, où le sourire, la gentillesse et les petites obligations, faits par habitude, sont ce qui font gagner, préservent l'affection et assurent le réconfort.
>
> Humphrey DAVY

La meilleure façon de s'initier à l'art de charmer les gens est de regarder les travaux du Docteur Robert Cialdini, professeur de psychologie à l'université de l'Arizona. Si vous voulez réussir, lisez son livre, *Influence, Science and Practice* (Allyn & Bacon, 2000). Je serais surpris que cette lecture ne fasse pas de vous une personne meilleure (en affaires). Cette interview du Docteur Cialdini vous donne une vue d'ensemble de ses concepts et de sa recherche.

***Q. Comment définissez-vous l'influence ?***

**R.** Influencer veut dire créer un changement d'une façon ou d'une autre. Ce changement peut concerner une attitude, une perception ou un comportement. Mais dans tous les cas, nous ne pouvons pas déclarer que nous avons eu une influence tant que nous n'avons pas démontré que nous avons changé quelqu'un.

***Q. Qui a de l'influence ?***

**R.** Nous avons tous le potentiel d'avoir de l'influence, mais certaines personnes en ont plus que d'autres.

***Q. Comment gagnons-nous en influence ?***

**R.** La capacité à influencer n'est pas simplement innée. On peut considérablement s'améliorer en la matière. Pendant des siècles, la capacité à avoir de l'influence et à être persuasif a été perçue comme un art, mais c'est aussi un savoir. Et s'il est scientifique, cela veut dire qu'on peut l'enseigner et l'apprendre. En conséquence, nous avons tous la possibilité d'avoir plus d'influence.

***Q. Y a-t-il des préoccupations éthiques à utiliser son influence pour obtenir des gens qu'ils disent oui ?***

**R.** Comme le principe de l'influence est de créer un changement en quelqu'un, nous devons avoir conscience de nos responsabilités. Assurez-vous toujours que vous influencez quelqu'un de façon à ne pas nuire à la possibilité d'influencer cette même personne à l'avenir. En d'autres termes, cette personne doit *bénéficier* du changement que vous avez induit et pour cela, appliquez l'un ou plusieurs des six principes universels de l'influence :

- **Réciprocité.** Les gens vous rendent le même type de traitement que celui qu'ils ont reçu de vous.
- **Rareté.** Les gens cherchent à saisir les opportunités que vous offrez si elles sont rares ou et si leur disponibilité s'amenuise.
- **Autorité.** Vous persuaderez d'autant mieux les gens qu'ils verront que vous avez savoir et crédibilité sur le sujet.
- **Engagement.** Les gens se sentiront d'autant plus engagés vis-à-vis de vous qu'ils s'y seront engagés publiquement.
- **Attirance.** Les gens préfèrent vous dire oui s'ils vous connaissent et vous apprécient. Rien de surprenant.
- **Consensus.** Les gens vous diront probablement oui si vous leur montrez que d'autres comme eux ont aussi dit oui.

Ce n'est pas parce qu'il y a six approches optimales pour influencer qu'on doit toutes les utiliser. Dans ma recherche, j'ai identifié trois types de praticiens de l'influence : les ineptes, les trafiquants et les détectives.

Les ineptes sont ceux qui tâtonnent et perdent leurs chances d'utiliser ces principes de façon bénéfique, parce qu'ils ne les connaissent pas ou parce qu'ils ne les appliquent pas correctement.

Les trafiquants, en revanche, connaissent très bien ces principes et savent comment ils fonctionnent. Mais ils les utilisent dans des situations où il n'y a pas lieu de le faire. Par exemple, un commercial qui se prétend une autorité sur un système informatique pour qu'un client l'achète. Même si cette approche marche sur le court terme, elle est vouée à l'échec sur le long terme, parce qu'il n'y a qu'une seule personne qui y gagne. Le client, qui s'est fait rouler dans la farine et qui a acheté le mauvais système n'est pas content et il est probable qu'il ne retourne pas chez ce vendeur.

Les détectives sont plus savants que les ineptes, plus éthiques que les trafiquants et, dans l'ensemble, ils réussissent mieux. Ils approchent chaque opportunité comme le fait un détective : ils cherchent à identifier et utiliser les principes adaptés à la situation et, en conséquence, dirigent correctement les gens pour qu'ils disent oui.

Par exemple, si votre commercial en informatique est authentiquement un expert dans le type particulier de système qui intéresse un client, il serait stupide de sa part de ne pas partager cette information avec le client dès le début. Et si le commercial a été suffisamment bon détective pour déceler que ce système propose une fonctionnalité dont ne dispose aucun autre système, il serait inepte de ne pas faire usage du principe de rareté, puisque la situation s'y prête. Il ne suffit pas de connaître les principes. Nous devons nous former à les appliquer quand il le faut. C'est ainsi que nous nous assurons que l'échange profite aux deux parties.

***Q. Quelle est la chose la plus importante quand on fait une requête ?***

**R.** Étrangement, ce n'est pas toujours la requête elle-même. C'est ce que vous faites avant cette requête. C'est un petit secret que comprennent les professionnels accomplis, ceux que j'appelle les « as de l'influence ». J'ai observé que ceux qui réussissent le mieux à obtenir ce qu'ils demandent s'appliquent très sérieusement à créer un environnement psychologiquement favorable à leur requête. Après tout, même si vous avez quelque chose de merveilleux à offrir, beaucoup de gens ne penseront même pas à vous écouter si vous n'avez pas d'abord fait quelque chose qui les fait vous aimer, voir en vous une autorité sur le sujet, ou leur fait sentir votre engagement.

***Q. Donnez-moi un exemple d'application efficace, éthique et durable de ces principes de l'influence.***

**R.** Prenons le premier principe : la réciprocité. Les gens veulent vous rendre le type de traitement qu'il reçoivent de vous. Pour un responsable, cette règle est tout simplement une mine d'or. Nous connaissons tous la valeur d'une attitude positive et des relations personnelles sur le lieu de travail. Maintenant, pensez aux avantages pour un responsable s'il comprend cette règle pour atteindre ses objectifs. Comme les gens rendent ce qu'ils ont reçu, cela signifie que vous pouvez demander plus à vos collègues de travail et à vos employés si vous êtes le premier à donner. Si vous voulez plus d'information, donnez-leur en. Si vous voulez créer un sentiment de confiance, créez-le d'abord. Si vous voulez encourager une attitude coopérative, ayez-la d'abord. En agissant le premier, vous donnez le ton.

Prenons maintenant l'exemple du partage d'informations. Il est indéniable que dans une entreprise, le succès d'un responsable de la planification et de l'exécution est fonction de l'accès à l'information nécessaire. En fournissant aux autres le niveau et la qualité d'information qu'ils souhaitent, le responsable aura, en retour, le niveau et la qualité d'information désirés. Et cela se fera naturellement.

J'ai fait une étude sur les aéroports du pays pour voir comment une organisation particulière, les Hare Krishnas, utilisent ce principe pour inciter les gens à leur donner de l'argent, même s'ils ne savent rien de l'organisation ou ne l'aiment pas. Les Hare Krishnas ont mis au point une stratégie qui a particulièrement bien marché. Avant de vous demander une contribution, ils vous donnent quelque chose. Ce peut être un livre ; ce peut être une fleur. Dans la version la moins coûteuse, ils vous tendent la fleur ou l'épinglent sur votre veste et vous dites alors : « Je ne vous ai rien demandé, reprenez cette fleur ! » Et les Hare Krishnas répondent : « Oh non, non, non. C'est un cadeau. Mais si vous voulez donner quelques dollars, nous apprécierons. »

Je les ai regardés opérer pendant une journée entière à O'Hare, l'aéroport de Chicago. Et ce que j'ai vu était le témoignage remarquable du pouvoir de cette règle : que si on reçoit quelque chose, on ne peut pas juste s'en aller sans donner quelque chose en retour. Cette attitude va à l'encontre de toute notre éducation. Souvenez-vous de nos professeurs et de nos parents nous disant : « Tu ne dois rien prendre sans donner en retour. » Nous parlons en des termes très violents de ceux qui prennent sans donner en retour et personne ne veut être perçu comme une créature immature ou un parasite.

Ce que font les Krishnas consiste à donner aux gens quelque chose dont ils ne veulent pas, qui n'a pas de valeur pour eux, pour qu'ils donnent en échange quelque chose qui a de la valeur : de l'argent. C'est ce qui a fait le succès immédiat des Krishnas et un désastre à long terme. Saviez-vous qu'ils se sont mis en faillite aux États-Unis ?

***Q. Pourquoi ?***

**R.** Parce qu'une fois que les gens ont eu affaire à un subterfuge de ce type – l'exploitation des principes de l'influence – ils ne veulent plus de contact avec cette personne. Si les gens pensent recevoir quelque chose de valeur, alors ils se font un devoir de rendre la pareille. Vous avez établi une relation. Une relation qui conduit à des références, qui conduit à des transactions à répétition, une bonne publicité par le bouche-à-oreille, etc. Et cette relation augure bien de l'avenir.

***Q. Quelle est votre définition de l'influence éthique ?***

**R.** Trouver une chose qui a une valeur pour les gens, la leur donner et ils voudront, en retour, vous donner une chose de valeur. S'ils ont vu que vous avez fait un bon boulot, ils voudront entretenir la relation avec vous. Identifiez ce que vous pouvez offrir et que vos concurrents ne peuvent pas fournir. Ce n'est pas forcément une chose précise, mais des avantages ou des services. Si vous trouvez ce différenciateur et si vous pouvez le leur montrer, les gens bougeront dans votre direction, parce qu'ils y verront leur intérêt.

Permettez-moi de vous donner un exemple rapide pour terminer notre discussion sur la réciprocité. J'ai déjà dit que les gens se sentent obligés vis-à-vis de ceux qui leur donnent quelque chose et l'information est une des choses que vous pouvez donner.

Disons qu'un client a une entreprise de transport ou une boutique de nettoyage à sec. Vous lisez un article dans un journal sur le fonctionnement d'une entreprise de transport ou d'une boutique de nettoyage à sec dans une autre ville, par exemple Cleveland. Découpez-le et envoyez-le à votre client. C'est une façon de lui dire que cela pourrait l'intéresser, que c'est de l'information pour lui.

La conséquence est qu'il va savoir deux choses sur vous : que vous vous intéressez à lui et à l'amélioration de son entreprise. Que dit la règle de réciprocité ? Il voudra améliorer vos affaires.

***Q. Quelles sont les façons d'identifier les moments où les gens sont particulièrement réceptifs à une requête ?***

**R.** C'est ce que vous faites au préalable. Ainsi, par exemple, il y a un moment où vous gagnez du pouvoir, c'est immédiatement après que quelqu'un vous a dit : « merci ». Vous devez utiliser ce moment pour demander un témoignage, une référence ou une forme d'engagement écrit, ce qui évite que la reconnaissance honnête de votre travail s'évapore. A ce moment-là, vous devez dire : « J'apprécie vraiment. Si vous avez des clients dans la même situation que la vôtre, je serais ravi de les aider. Voulez-vous bien m'écrire un message à cet effet ou m'envoyer un e-mail ? » Ou bien : « Accepteriez-vous de recevoir l'appel d'un client pour lui dire ce que vous en pensez ? » Quelques instants après avoir dit « merci » pour le très bon travail que vous avez fait, une personne ne peut pas facilement vous dire « non ».

Le but est d'obtenir un engagement associé à ce remerciement. Vous voulez plus qu'une reconnaissance verbale. Vous voulez quelque chose par écrit. Les gens respectent ce qu'ils ont écrit. Et c'est la clé.

Plus l'engagement est public, mieux c'est. Une étude a été faite sur des étudiants de première année qui avaient des difficultés avec leurs habitudes de travail. Ils n'avaient pas de très bons résultats. Ils se sont donc inscrits à un programme conçu pour les aider. Un groupe s'engagea à travailler régulièrement et à des heures précises tous les soirs. Cet engagement était consigné dans leur tête seulement. Un autre groupe nota cet engagement sur papier, tout en le maintenant privé. Un troisième groupe nota aussi cet engagement sur papier, mais en le montrant à tout le monde dans la salle et en disant : « Voici ce que je promets de faire. »

Les deux premiers groupes n'avaient pas de meilleurs résultats aux partiels qui suivirent, mais 86 % des gens du troisième groupe s'étaient améliorés significativement. C'est l'un des avantages des engagements écrits.

Vous devriez appeler les six principes de Cialdini, les Six Charmes, tant ils sont puissants et efficaces. Faites-en une liste de contrôle pour la formation des commerciaux :

- **Réciprocité.** Si vous prenez soin de votre client, votre client prendra soin de vous.
- **Rareté.** Il est plus facile de vendre une chose que les gens perçoivent comme étant populaire mais dont la disponibilité est limitée.
- **Autorité.** Le client croira en vous si vous connaissez votre affaire.
- **Engagement.** Si votre client s'engage publiquement, il est susceptible d'aller jusqu'à l'achat.
- **Attirance.** Avez-vous jamais acheté quelque chose que vous n'aimiez pas ou renoncé à quelque chose que vous aimiez ?
- **Consensus.** Il est plus facile de clore une vente si les gens autour achètent eux aussi le produit.

J'adore ce que dit Cialdini. Lisez aussi son dernier livre : *Yes ! 50 Scientifically Proven Ways to Be Persuasive*[39] (Simon & Schuster, 2008).

---

39. *Oui ! 50 façons scientifiquement prouvées d'être persuasif.*

# Chapitre 54
# L'art de créer une communauté

> Ne doutez jamais qu'un petit groupe de citoyens réfléchis et engagés soit capable de changer le monde. En vérité, c'est la seule chose qui l'ait jamais fait.
>
> **Margaret MEAD**

Créer une communauté est maintenant à la mode, mais cela n'a pas toujours été le cas. Beaucoup de sociétés considéraient – et parfois, le croient encore – que les clients et les fans sont une bande de casse-pieds. C'est totalement faux – et le contraire du concept de réciprocité de Cialdini – et c'est une erreur de ne pas capitaliser sur une source qui peut booster les ventes, le support et l'évangélisation d'une société. Ce chapitre explique comment créer une communauté.

- **Créez quelque chose autour de quoi il vaut la peine de construire une communauté.** C'est un thème que je ne cesse de répéter : un bon produit est la clé de l'évangélisation, des ventes, des démos et de la construction d'une communauté. En réalité, si vous créez un bon produit ou un bon service, la formation d'une communauté est inévitable, même si vous essayez de le faire. Il est, en revanche, difficile de construire une communauté autour de quelque chose de médiocre, même si vous faites votre possible. Tuyau pour avoir du pouvoir : une fois que cette communauté existe, laissez les gens vous expliquer comment améliorer votre produit en exposant vos ingénieurs à leurs réclamations. C'est l'un des bienfaits majeurs d'une communauté.
- **Identifiez et recrutez vos fans immédiatement.** La plupart des sociétés sont stupides : elles opèrent pendant des mois et ensuite elles sont surprises : « Jamais entendu parler d'eux. Vous voulez dire qu'il y a des groupes de gens qui se forment autour de nos produits ? » Si vous avez un bon produit, soyez proactif : trouvez les fans et demandez-leur de

construire une communauté. (En réalité, si vous n'avez pas d'évangélistes spontanés, c'est peut-être que vous n'avez pas un bon produit.) Si vous avez un bon produit, le seul fait de demander aux clients de vous aider est si flatteur pour eux qu'ils le feront.

- **Assignez un « champion » à la construction de la communauté.** Bien sûr, beaucoup d'employés veulent construire cette communauté, mais qui se réveille tous les matins avec cette mission comme priorité ? Une autre façon de voir les choses : « Qui sera viré pour n'avoir pas construit une communauté ? » Une communauté a besoin d'un champion – un héros identifiable et une source d'inspiration – qui, à l'intérieur de la société, porte le flambeau de la communauté. En conséquence, engagez un MBA de moins et allouez un poste pour un champion de la communauté.
- **Donnez aux gens quelque chose à se mettre sous la dent.** Les communautés ne peuvent pas passer leur temps à chanter les louanges de votre P.-D.G. Votre produit doit être « personnalisable », « extensible » et « malléable ». Pensez à Adobe Photoshop : croyez-vous que sa communauté se serait développée aussi rapidement sans l'architecture de *plug-in* du produit ? Cela dit, donner aux gens la possibilité de se mettre quelque chose sous la dent suppose que vous soyez capable d'admettre que vos ingénieurs n'ont pas créé le produit parfait. Le retour pour vous est cependant considérable, car si les gens s'impliquent dans votre produit, il leur sera difficile de s'en dégager.
- **Créez un système ouvert.** Aucune société n'a le monopole des façons d'ajouter de la valeur à ses produits et beaucoup de communautés se forment pour remplir les trous. Tout ce qu'une société a à faire, c'est de fournir les outils nécessaires et l'information. C'est ce qu'ont fait, par exemple, Adobe avec Photoshop et Apple avec Macintosh et l'iPhone. Plus les gens créent d'extensions et de compléments à votre produit, mieux c'est, à la fois pour les clients et pour la société.
- **Soyez ouvert à la critique.** La plupart des sociétés se sentent à l'aise avec leurs communautés tant qu'elles respectent la ligne du parti, disent des choses gentilles, achètent les produits et ne se plaignent pas. Cependant, dès que la communauté dit quelque chose de négatif, la société

prend peur et freine ses efforts en direction de cette communauté. C'est la chose la plus idiote qu'on puisse faire. Une société ne peut pas contrôler sa communauté. En réalité, plus une société est ouverte aux critiques, plus elle renforce les liens avec sa communauté.

• **Encouragez l'échange.** Une société qui encourage la construction d'une communauté doit aussi encourager l'échange d'idées et d'opinions. Le minimum requis pour la construction d'une communauté est un forum sur votre site Web permettant aux clients de se parler entre eux et de s'adresser aux employés de la société. Le top, c'est quand votre P.-D.G. participe, lui aussi, aux événements de la communauté. Cela ne veut pas dire que vous devez laisser la communauté diriger la société, mais que vous devez écouter ce qu'elle a à dire.

• **Rendez publique l'existence de cette communauté.** Si vous vous donnez la peine de constituer une communauté, ce n'est pas pour la cacher. Votre communauté doit faire partie de vos efforts commerciaux et de marketing. Vérifiez, par exemple, ce que fait Harley Davidson en cherchant « Harley Owners Group[40] » sur Google.

Une communauté est une belle chose. Elle vous protège des chauds et froids du marché. Elle donne de l'énergie à vos employés et revendeurs. Elle procure un réservoir de compétences et libère le commercial, le marketing et le support. Mettez en œuvre ces recommandations et vous verrez ce que je veux dire.

40. Accès en France : http://www.harley-davidson.com/wcm/Content/Pages/HOG/HOG.jsp?locale=fr_

# Chapitre 55
# L'art du service client

Aimer quelqu'un assez pour faire siens ses problèmes
est le début d'un vrai développement éthique.
Felix ADLER

Deux des recommandations dans le chapitre précédent, être ouvert à la critique et encourager l'échange, sont au cœur d'un bon service client. Ce chapitre vous fournit plus d'informations sur ce qu'est un service client de première qualité.

**1. Commencez par le haut.** L'attitude du P.-D.G. à l'égard du service client détermine la qualité du service délivré par la société. Si le P.-D.G. considère que les clients sont des casse-pieds, la société fournira un mauvais service. Si le P.-D.G. considère que les clients sont des atouts, il fournira un super service. Si vous n'êtes pas le P.-D.G., faites-le changer d'attitude, quittez la société ou apprenez à vivre dans la médiocrité.

**2. Donnez du pouvoir au client.** Le meilleur service client consiste à faire en sorte que vos employés donnent du pouvoir au client. Cela suppose que vous fassiez deux paris : d'abord, celui que les clients n'abuseront pas de la confiance qui leur est faite, ensuite celui que les employés seront capables de prendre les bonnes décisions. Si vous faites ces deux paris, la qualité de votre service client sera magnifiée ; il n'y a rien de pire que les sociétés qui vous expliquent que quelque chose est « contraire à la politique de la société ».

**3. Assumez la responsabilité de vos erreurs.** Les sociétés qui assument la responsabilité de leurs erreurs se font une bonne réputation, parce qu'elles reconnaissent qu'il leur incombe de régler le problème. La plupart des gens comprennent qu'il y ait des problèmes, mais ce qui est terrible, c'est quand les sociétés nient leur responsabilité.

**4. Ne distribuez pas des blâmes.** C'est l'envers de la responsabilité. Par exemple, quand un logiciel ne marche pas, les éditeurs cherchent un coupable : « c'est le système d'Apple », « c'est une application Microsoft », « c'est le format PDF d'Adobe ». Une société qui offre un bon service client cherche la solution, quelle que soit l'origine du problème, pour satisfaire le client. Comme le disait ma mère : « Ou vous faites partie du problème ou vous faites partie de la solution. » (En fait, d'une manière générale, la société qui a la plus haute valeur boursière est celle qui est en faute.)

**5. Ne tirez pas sur le messager.** Les sociétés qui ont un bon service client ne tirent pas sur le messager. Celui qui signale le problème peut être un client, un employé, un vendeur ou un contractuel. Le but n'est pas de le réduire au silence, mais de corriger le problème pour que le messager n'ait plus à transmettre le message.

**6. Ne soyez pas paranoïaque.** L'une des façons habituelles de justifier un mauvais service est de dire : « Et si tout le monde faisait ça ? » Je pense à l'histoire, souvent racontée et peut-être apocryphe, d'un client rapportant un pneu à Nordstrom, alors que Nordstrom ne vend pas de pneus : que se passerait-il si tout le monde rapportait des pneus à Nordstrom ? Cela dit, le pire cas est rarement un cas habituel. Il y a des gens qui abusent, mais les gens sont généralement raisonnables.

**7. Engagez le bon profil.** Pour dire les choses gentiment, s'occuper du service client n'est pas un boulot pour tout le monde. La personne idéale doit éprouver beaucoup de satisfaction à aider les gens et à résoudre leurs problèmes. Ce n'est pas le cas de tout le monde.

**8. Promettez moins, fournissez plus.** Le but est de faire plaisir au client. Prenez les files d'attente à Disneyland : les panneaux annoncent le temps d'attente à partir du point où vous vous trouvez ; il est surestimé à dessein. Quand vous accédez à l'attraction en moins de temps, vous êtes content. Imaginez ce qui se passerait si les panneaux sous-estimaient le temps d'attente : vous seriez furieux que Disneyland vous ait menti.

**9. Donnez au service client un rôle de premier plan.** Regardons ce qui se passe habituellement : les commerciaux gagnent plein d'argent. Les marketeurs font les trucs amusants. Les ingénieurs : vous les laissez en paix dans leur caverne. La comptabilité fait les salaires. Et le service client ? Il gère les gens en colère quand quelque chose ne marche pas et il y a toujours quelque chose qui ne marche pas. Ce service détermine largement la réputation de la société, donc ne le considérez pas comme un mal nécessaire qui réduit la rentabilité.

**10. Ne demandez pas au service client de faire dans la propagande commerciale.** Ne faites un discours commercial aux clients que lorsqu'ils appellent le service commercial. Quand ils appellent pour du support, ils ne sont pas d'humeur à écouter de la propagande commerciale. Ne leur demandez pas non plus de payer pour un problème qu'ils perçoivent comme étant la faute de la société.

**11. Donnez des procédures à suivre, non des scripts.** Il vous est certainement arrivé d'appeler des sociétés où les employés lisaient un script – c'est agaçant et impersonnel. Mettez en place des procédures standard pour des choses simples comme des annulations ou des retours de produits pour vous assurer que le travail est fait correctement, mais ne demandez jamais à vos employés de lire un script.

**12. Utilisez des êtres humains.** Utilisez des gens, non des systèmes automatisés (« Appuyez sur 1 pour le commercial, 2 pour la facturation »). Veillez à ce que des gens sachent répondre aux questions simples (comme « comment puis-je souscrire ? »), collectez l'information sur les problèmes, donnez un numéro et trouvez quelqu'un qui puisse prendre l'appel. Si vous devez utiliser un système automatisé, veillez à ce qu'il ne soit qu'à un seul niveau avec trois ou quatre options, et donnez une possibilité de contact avec un être humain.

**13. Utilisez un système de rappel.** Quelques sociétés ont un système de rappel permettant au client d'indiquer à quelle heure on peut les rappeler, plutôt que de les obliger à attendre en ligne. La première fois que j'ai fait l'expérience de ce genre de système, j'ai eu peur de perdre mon tour, mais cela a marché et depuis, j'y crois.

**14. Tenez informés les clients.** Les clients ne devraient pas avoir à vous demander ce que vous êtes en train de faire. Dites-leur ce qui se passe si vous êtes en train de vérifier leur compte ou de faire une recherche sur un problème. Dans le même esprit, indiquez sur votre site Web si vous avez une interruption de service pour éviter que les gens se demandent ce qui se passe. Soyez honnête : dites-leur s'il y a un problème, ce qui en est la cause, quand le service sera restauré et ce que vous allez faire pour éviter que cela ne se reproduise.

**15. Faites en sorte que les clients se sentent importants.** Formez vos employés à faire en sorte que les clients se sentent importants. Si un client fait une suggestion, l'employé doit la prendre en note et faire savoir au client qu'il le fait. N'hésitez pas à lui offrir quelque chose et à lui dire « comme nous apprécions que vous soyez un client, nous pouvons faire cela pour vous. » Les clients qui appellent le support sont en général frustrés, donc essayez de faire en sorte qu'ils se sentent bien.

**16. Faites un suivi.** La plus grosse différence entre un service client acceptable et un service client remarquable se situe au niveau de la qualité du suivi. Appelez les clients ou envoyez-leur un e-mail pour leur dire où en est leur plainte ou leur demande. Si vous pensez que le problème a été résolu, appelez-les ou envoyez-leur un mail pour leur demander s'ils sont satisfaits de la solution.

Tout le monde sait que le service client est un facteur déterminant dans la réputation d'une société, mais l'ironie veut qu'on lui alloue moins d'argent que pour le commercial et le marketing. Et pourtant, il n'y a rien de particulièrement coûteux dans les mesures que j'ai énoncées ci-dessus. Maintenant que vous savez quoi faire, comment le faire et à quel point c'est bon marché, vous êtes sans excuse si votre service client est médiocre.

# Chapitre 56

# Pouvoir 3.0 : plus aimable, plus poli et meilleur

Je suppose qu'il y a un temps, le leadership signifiait avoir du muscle ; mais de nos jours, c'est s'entendre avec les gens.

GANDHI

Choisissez vos armes :

- Pouvoir 1.0 = muscle et armes
- Pouvoir 2.0 = argent, part de marché ou pouvoir du cerveau

La plupart des gens et des sociétés choisissent les deux. Pourtant, le Pouvoir 1.0 comme le Pouvoir 2.0 reflètent une façon de penser à la Machiavel – mieux vaut être craint qu'être aimé. Dacher Keltner, professeur à U.C. Berkeley a défini ce que j'appellerais un « Pouvoir 3.0 » dans un article intitulé « Le paradoxe du pouvoir » (*GreaterGood Magazine*, hiver 2007-2008).

En bref, son concept est le suivant : le pouvoir est la capacité à influencer les gens par des techniques utilisées de façon responsable et visant à satisfaire leurs besoins et leurs intérêts. (Note : « leurs » besoins et « leurs » intérêts – non ceux de la personne ou de l'organisation exerçant le pouvoir.) Le paradoxe est que ces techniques se dégradent souvent quand on a le pouvoir. La vérité est que l'art de charmer repose sur une perspective différente. Selon Keltner, il y a trois mythes du pouvoir :

**1. « Pouvoir signifie argent, votes et muscle. »** Inexact. En psychologie, le pouvoir se définit comme « la capacité à altérer la condition ou l'état d'esprit d'une personne, en fournissant ou en retenant des ressources – comme de la nourriture, de l'argent, du savoir ou de l'affection – ou en administrant des punitions comme des sévices physiques, un licenciement ou l'ostracisme social ». Ainsi, un enfant peut exercer du pouvoir sur ses parents, ce que savent tous les parents. Cela veut dire qu'il n'est pas nécessaire de contraindre ou de dominer pour exercer un pouvoir.

**2. « Les machiavéliques gagnent au jeu du pouvoir. »** Inexact. « La capacité à avoir ou à maintenir son pouvoir dépend de la capacité à comprendre préalablement les objectifs des autres membres du groupe. En matière de pouvoir, l'intelligence sociale – la résolution de conflits, la négociation, l'aplanissement des tensions – l'emporte sur le darwinisme social. »

**3. « On acquiert le pouvoir par la stratégie ; il ne vous est pas donné. »** Inexact. Le fait est que des gens sans pouvoir peuvent se regrouper et « influer sur les actions de ceux qui sont au pouvoir ». Voici ce que montre la recherche de Keltner : « Nous avons trouvé que les machiavéliques acquièrent rapidement la réputation d'individus hostiles aux intérêts des autres, ce qui fait qu'ils se heurtent à un plafond de verre les empêchant d'accéder au pouvoir. »

Keltner ajoute que « le pouvoir tend à corrompre ; le pouvoir absolu corrompt absolument » pour citer l'historien britannique Lord Acton – et le pouvoir fait souvent agir de façon triplement dysfonctionnelle :

1. On s'appuie sur des stéréotypes et des raisonnements moins sophistiqués.
2. On agit sur la base de ses « caprices, désirs et impulsions ».
3. On se comporte comme un sociopathe.

Dacher Keltner conclut :

« Les comportements sociaux sont dictés par les attentes sociales. En débusquant les vieux mythes sur le pouvoir, nous sommes mieux en mesure d'identifier les qualités que doivent avoir les gens puissants et de comprendre comment ils exercent leur pouvoir. Le résultat est que nous tolérons moins les gens qui dirigent par la ruse, la contrainte ou une force excessive. »

Utilisez le Pouvoir 3.0 pour charmer les gens. Rappelez-vous ceci : ne contraignez pas, ne dominez pas, résolvez les conflits et donnez du pouvoir pour avoir du pouvoir. C'est comme cela qu'on influence les gens.

# Chapitre 57
# L'art du *schmoozing*[41]

La flatterie consiste à dire à une personne exactement
ce qu'elle pense d'elle-même.
Dale CARNEGIE

**LES TUYAUX DE GUY**

Selon Susan RoAne, la reine du *schmoozing*, « L'important n'est pas ce que vous savez ou qui vous connaissez, mais "qui" vous connaît ». J'adore cette distinction. Elle sait de quoi elle parle, car elle a écrit un livre sur le *schmoozing* : *How to Work a Room : Your Essential Guide to Savvy Socializing*[42] (Collins, révision 2007). Faire du *schmoozing* ou du réseautage – peu importe l'expression – est un talent essentiel pour charmer les gens. Voici d'abord mes tuyaux et ensuite, ceux de Susan.

**1. Comprenez l'objectif.** Darcy Rezac, dans son livre *The Frog and the Prince*[43] (Frog and Prince Networking Corporation, 2003), fournit la meilleure définition du *schmoozing* : « Découvrir ce qu'on peut faire pour quelqu'un d'autre. » C'est 80 % de la tâche à accomplir : les grands *schmoozers* veulent savoir ce qu'ils peuvent faire pour vous, non ce que vous pouvez faire pour eux. Si vous comprenez cela, le reste va de soi.

**2. Sortez.** Le *schmoozing* est analogique, un sport de contact. Vous ne pouvez pas en faire en restant seul dans votre bureau, avec votre téléphone ou votre ordinateur. Il est possible que vous détestiez les expositions, les conventions et les séminaires, mais forcez-vous à y aller.

---

41. Vous pouvez aussi vous reporter à *L'art de se lancer* (p.212). Le mot *schmoozing* vient du mot yiddish *shmuesn*. « Faire du *schmoozing* » ou *schmoozer* signifie converser de façon informelle, sociale.

42. *Comment manipuler une salle : Principes essentiels pour socialiser intelligemment.*

43. *La grenouille et le prince.*

**3. Posez les bonnes questions et ensuite, taisez-vous.** Le signe distinctif d'un bon interlocuteur n'est pas de beaucoup parler, mais de faire parler les autres. En conséquence, les bons *schmoozers* sont ceux qui savent écouter, non ceux qui savent parler. Posez des questions anodines comme : « Comment allez-vous ? », « D'où venez-vous ? », « Qu'est-ce qui vous a fait venir à cet événement ? » Ensuite, écoutez. L'ironie est qu'on se souviendra de vous comme de quelqu'un d'intéressant.

**4. Révélez vos passions.** Si vous ne parlez que de travail, vous êtes ennuyeux. Les bons *schmoozers* révèlent leurs passions. Les super *schmoozers* mènent le jeu grâce à leurs passions. Vos passions font de vous une personne intéressante – vous vous distinguerez parce que vous serez la seule personne à ne pas parler de composants électroniques lors d'une conférence. Pour ce qui me concerne, mes passions sont les enfants, le Macintosh, les montres Breitling, la photographie numérique et le hockey, bon à savoir si vous me rencontrez.

**5. Soyez un lecteur vorace.** Pour être un bon *schmoozer*, il faut être un lecteur vorace – et pas seulement de *EE Times*, *PC Magazine* et du *Wall Street Journal*. Il vous faut une culture vaste pour être capable d'aborder un grand nombre de sujets de conversation. Même si vous êtes lamentablement dépourvu de toute passion, vous pouvez être au moins assez cultivé pour discuter de plusieurs sujets.

**6. Faites un suivi.** Quand on me l'a demandée, j'ai donné ma carte de visite à des milliers de gens au cours de ma carrière. J'ai remarqué quelque chose : seulement une personne sur cent l'utilise pour me contacter. Les super *schmoozers* font un suivi dans les vingt-quatre heures. Un mail court fait l'affaire : « Ravi de vous avoir rencontré. J'espère que nous ferons quelque chose ensemble. J'espère que votre blog marche bien. J'ai adoré votre montre Breitling. J'ai deux tickets pour la finale de la Stanley Cup, si cela vous intéresse. » Incluez au moins un thème montrant au destinataire que ce que vous lui envoyez n'est pas un message standard.

**7. Soyez facile à contacter.** Il y a beaucoup de gens qui veulent être des super *schmoozers*, mais sont difficiles à contacter. Ils n'ont pas de carte de visite ou leur carte de visite ne comporte pas de numéro de téléphone ou d'adresse e-mail. Et s'il y a l'information, elle est en gris et en tout petits caractères. Parfait si vous voulez faire du *schmoozing* avec des teenagers, mais si vous voulez que des personnes âgées, riches et célèbres vous appellent ou vous envoient un e-mail, vous avez intérêt à utiliser une grosse police de caractères.

**8. Rendez service.** L'un de mes grands plaisirs dans la vie est d'aider les autres ; je crois qu'il y a un grand tableau d'affichage au ciel sur le karma. Dieu y inscrit le bien que vous faites et il est particulièrement heureux quand vous rendez service sans espérer qu'on vous rende la pareille. On est toujours payé en retour. Comme vous le devinez, je crois aussi fermement au fait de rendre service aux gens qui vous ont aidé.

**9. Demandez le renvoi d'ascenseur.** Les bons *schmoozers* rendent service. Les super *schmoozers* renvoient aussi l'ascenseur. Les *schmoozers* fantastiques demandent le renvoi d'ascenseur. Vous pouvez trouver cela troublant : vaut-il mieux que quelqu'un reste votre débiteur ? La réponse est « non » ; car le fait qu'une personne reste débitrice pèse inutilement sur la relation. Toute personne correcte se sent coupable. En demandant, et en acceptant le renvoi d'ascenseur, vous mettez les compteurs à zéro et vous pouvez repartir pour un tour.

## LES TUYAUX DE SUSAN

Susan (et je l'en remercie mille fois) a eu la gentillesse de m'envoyer ses tuyaux sur le *schmoozing* qui donne du pouvoir. Je les ai acceptés. Je suis content de lui renvoyer l'ascenseur.

**1. Pensez analogique, non numérique.** Nous devons interagir avec les gens, même si la technologie du monde numérique nous permet de garder le contact. Nous devons savoir comment rencontrer les gens, nous mêler à eux, leur faire la causette dans le monde analogique de la vie tant professionnelle que personnelle. Nous envoyons des textos et des messages Twitter, mais nous sommes aussi invités à une fête au bureau, au mariage d'une cousine et nous devons avoir des entretiens.

**2. Préparez-vous pour chaque événement.** Nous avons maintenant de multiples sources en ligne pour nous informer sur un événement, une association, une société ou une organisation. Sur le site, prenez note des nouvelles et des gens qui y sont mentionnés. Cherchez qui vous voulez rencontrer. Demandez à votre réseau ou à l'hôte de l'événement qu'il vous présente.

3. **Déterminez ce que vous avez en commun avec les personnes présentes à cet événement.** Si vous trouvez ce point en commun, vous serez plus à l'aise avec vos interlocuteurs.

4. **Préparez votre façon de vous présenter.** Soyez prêt à vous présenter vous-même s'il n'y a pas de comité d'accueil pour le faire. En cinq ou sept secondes. Pas trente secondes de pitch – mais de sorte qu'on comprenne pourquoi vous êtes là. Cela aidera les gens à trouver quoi vous dire.

5. **Soyez un lecteur vorace.** Lisez les blogs, les journaux en ligne et même les journaux sur papier. Toute page donne des nouvelles, des informations, des scores, des critiques et même des commérages qui sont des points de départ de conversations. Notez quelques éléments pour le cas où votre interlocuteur aurait un trou ou si vous avez quelque chose à ajouter. N'oubliez pas de lire les revues spécialisées ou les revues nationales. Certains peuvent avoir lu un article intéressant dans *Fast Company*, *Forbes* ou *O*. S'ils ne l'ont pas fait, vous pouvez le mentionner et faire rebondir la conversation. On peut regarder la télé. Personnellement, je cite souvent Jon Stewart du *Daily Show* !

6. **Abordez la personne qui est debout, toute seule.** Votre compagnie sera bienvenue. Personne n'aime être debout seul dans une salle. On se sent pataud.

7. **Souriez et dites « bonjour » ou « bonsoir ».** Les études montrent que ce sont les meilleures phrases d'introduction. Si vous attendez de trouver la phrase géniale qui dégèle l'atmosphère, la personne que vous vouliez rencontrer aura eu le temps d'aller à l'autre bout de la salle.

8. **Bavardez de choses anodines.** Nous sommes trop nombreux à penser que nous ne devons parler que pour dire des choses importantes et profondes. C'est un tort. L'oncle de Michael Korda, le producteur de cinéma Sir Alexander Korda, disait : « Un raseur est quelqu'un qui ne sait pas

bavarder de choses anodines. » Le bavardage est ce qui nous permet de savoir quels centres d'intérêts, quelles expériences et quelles connexions nous avons en commun.

**9. Ecoutez, écoutez, écoutez.** Les gens nous parlent de ce qui les intéresse. Si nous écoutions au lieu de planifier ce que nous allons dire pour faire notre pub personnelle, nous serions tous de meilleurs interlocuteurs. Je serais fautive si je ne mentionnais pas que nous ne sommes pas attentifs quand nous avons un iPod aux oreilles, un BlackBerry ou un Treo dans la main ou si nous avons l'air d'attendre la sonnerie de notre mobile BlueTooth – ce sont des messages que nous donnons aux autres et qui ne nous aident pas.

**10. Allez partout avec l'intention de vous amuser.** Les gens veulent être entourés de personnes amusantes, intéressantes et intéressées.

Grâce à mes tuyaux et à ceux de Susan, vous pouvez devenir un *schmoozer* de classe internationale. C'est un talent pratique pour toutes les fonctions allant du lancement à la construction d'une organisation, du recrutement d'employés à une levée de fonds ou à la clôture d'une vente.

# Chapitre 58
# L'art de se faire bien voir par le bas de la hiérarchie

La flatterie est l'infanterie de la négociation.
Lord CHANDOS

On s'imagine souvent, à tort, que pour vendre, faire un pitch ou un partenariat – bref toutes les fois qu'on veut que quelqu'un fasse quelque chose pour soi – il faut s'adresser aux gens qui ont des titres ronflants. C'est parfois le cas (nous y reviendrons), mais l'aptitude à faire ami-ami avec des gens plus bas dans la hiérarchie, ceux qui font avancer les choses, est souvent plus utile.

Un de mes amis qui travaillait à l'aéroport de Chicago, O'Hare International, m'a raconté une histoire qui illustre ce point. Il y avait une passagère qui s'en prenait à un agent au sol. Une fois la tirade terminée, mon ami demanda à l'agent comment il avait pu rester si calme. Il lui répondit : « C'est simple. Elle va à Paris, mais ses bagages vont à Sydney. »

1. **Comprenez la dynamique.** Qu'on le veuille ou non, voici comment va le monde : si vous voulez quelque chose, soyez gentil avec la personne qui est susceptible de vous le donner (appelons-la « Biff »). Peu importe que vous soyez plus puissant, plus célèbre, plus riche, plus beau ou plus éduqué. C'est Biff qui a le pouvoir, tenez-vous-le pour dit. Pour en revenir à l'agent au sol, il est insensé d'insulter la seule personne qui puisse vous aider.
2. **Comprenez leurs besoins.** Prenez l'emploi de l'agent, de l'hôtesse de l'air, de la secrétaire, de la réceptionniste, du serveur ou de l'employé au service client pendant une journée. Vous apprendrez que vous n'êtes pas payé cher pour supporter les états d'âmes des autres, tout en ayant à gérer

toutes sortes de problèmes personnels : une voiture en panne, un conjoint frustré, un enfant malade à la maison et peut-être même un patron minable. Ces gens veulent faire du bon travail, gagner leur vie et être heureux, comme vous. Le mot-clé ici est la sympathie. Si vous leur en montrez, vous les gérerez avec plus de succès.

**3. Soyez important.** Si vous voulez être traité comme un client important, soyez un client important. Cela veut dire, volez toujours sur la même compagnie aérienne, mangez au même restaurant et jouez au hockey toujours au même endroit. Si vous vous éparpillez, ne soyez pas surpris de vous faire balader. Je ne fréquente que trois restaurants dans toute la Silicon Valley : *Gombei*, *Juban* et *Buck's*. J'y ai toujours une place à tout moment – mais seulement à ces trois restaurants. Je voyage sur United entre 70 et 100 fois par an. On prend grand soin de moi. Je prends Air Canada une fois par an. On me place en classe économique, sur un siège au milieu, entre deux bébés qui hurlent. C'est la vie.

**4. Faites-les sourire.** Les trente premières secondes de votre rencontre avec Biff sont cruciales. Si vous pouvez le faire sourire, vous vous distinguerez de 95 % des affreux dont il doit s'occuper. Vous aurez beaucoup plus de chances d'avoir une place côté couloir, un rendez-vous avec le patron, une table dehors ou des instructions détaillées pour imprimer un document Word.

Commencez simplement la conversation en disant : « Comment ça va aujourd'hui ? » pour dégeler l'atmosphère. Vous savez, et il sait, que cela ne vous intéresse pas vraiment, mais au moins, vous vous donnez la peine de demander. Cela vous distingue de la troupe des hyènes. Voici des phrases qui ont fait leur effet.

- Maître d'hôtel dans un restaurant : « Avez-vous une réservation ? » Vous répondez : « Pas le moins du monde, mais je suis absolument certain de vouloir dîner ici. »
- Agent vendant des billets d'avion : « Que puis-je faire pour vous ? » Vous répondez : « Vous pourriez me surclasser en première et vous assurer que mon bagage arrive le premier sur le tapis, mais je me contenterai d'une place côté couloir. »

- Secrétaire : « Connaît-elle la raison de votre appel ? » Votre réponse : « Non, sauf si elle est extralucide. Mais puis-je essayer de vous expliquer pourquoi elle devrait le prendre ? »

1. **N'achetez pas les gens.** N'essayez pas d'acheter les gens avec des fleurs, des sucreries ou une carte cadeau iTunes. Le risque que Biff se sente insulté par le sentiment qu'on peut le soudoyer est trop grand. Soyez simplement honnête et ayez de la logique.

Je ne vous recommande pas de soudoyer les gens pour arriver à vos fins, mais une fois que vous avez obtenu ce que vous vouliez, il est approprié d'exprimer sa gratitude par des cadeaux qui sont gentils sans être extravagants. Comme le disait ma mère : « Sois gentil avec les gens quand tu montes, car tu les reverras en descendant. » Vous ne savez pas quand vous aurez à nouveau besoin de Biff.

2. **Ne vous plaignez jamais.** Imaginons que vous n'obteniez pas ce que vous voulez. Allez-vous passer au-dessus de Biff et vous plaindre ? C'est rarement efficace. Si Biff est compétent, il ne va pas se faire virer parce que vous pleurnichez. La mauvaise humeur est rarement plus efficace que l'amabilité. Persévérez et laminez la résistance de Biff par l'humour, le dévouement ou l'empathie, mais ne passez pas au-dessus de lui.

3. **Amassez des points de karma.** Il y a un tableau d'affichage sur le karma au ciel, où sont inscrits les points que vous avez gagnés et ceux que vous avez utilisés. Donc, quand vous avez l'occasion d'aider les autres, faites-le – et faites-le avec joie. Vous amasserez des points et, un jour, votre gentillesse sera payée en retour. Cela dit, comprenez que vous devez accumuler ces points avant d'en avoir besoin : vous ne pouvez pas être en déficit.

4. **Acceptez ce qui ne peut être changé.** Parfois certaines choses ne peuvent se faire : il n'y a plus de place côté couloir, toutes les tables dehors sont prises et le patron ne veut parler à aucun commercial. Si c'est le cas, prenez-en votre parti et passez à autre chose. N'ayez pas la présomption de penser que la compagnie aérienne vous en voulait en attribuant toutes les places de couloir aux autres. La vie est trop courte pour que vous vous laissiez affecter par si peu.

J'ai presque toujours une place côté couloir ; je suis presque toujours surclassé, et je récupère presque toujours mes bagages. J'attribue ma bonne fortune au fait que je sais caresser les gens dans le sens du poil et cela dans un monde où la plupart des gens considèrent qu'on peut être odieux avec des personnes qu'ils considèrent « de rang inférieur ». Ces gens-là attendent encore leurs bagages.

# Chapitre 59

# L'art de se faire bien voir par le sommet de la hiérarchie

La flatterie est une fausse monnaie qui n'a de cours que par notre vanité.

François de LA ROCHEFOUCAULD

Parfois la situation requiert de caresser dans le sens du poil le sommet de la hiérarchie – même si j'aimerais que ce soit vrai moins fréquemment. Si on le fait trop ouvertement, il y a un retour de bâton. Si on le fait trop mollement, on n'a pas ce qu'on veut. Quand on doit le faire, autant le faire bien. La manière parfaite repose sur les éléments suivants :

- **Crédibilité.** Si vous ne satisfaites pas aux critères (pour un emploi, une interview, ou n'importe quoi d'autre), vos efforts seront inutiles. Vous devez mériter ce que vous demandez.
- **Empathie.** Qui peut résister à ceux qui jouent sur l'émotion ? « S'il vous plaît, aidez-moi, nous sommes juste une petite société qui se bat. » Qui résiste à cela ? Les têtes de nœud qu'il ne vaut pas la peine de caresser dans le sens du poil.
- **Utilité.** Les situations les plus favorables sont celles qui bénéficient aux deux parties. Vous n'obtenez pas seulement quelque chose, vous fournissez aussi quelque chose. Ou, si vous n'êtes pas en position de le faire immédiatement, vous le ferez plus tard.
- **Gratitude.** Si vous essayez d'obtenir quelque chose, exprimez de la gratitude pour ce que vous avez déjà. C'est mieux que d'avoir l'air frustré. On se fait rarement aider par les gens à coups de matraque.

- **Obligation.** Comme nous l'avons appris de Robert Cialdini, l'auteur de *Influence* que j'ai interviewé plus tôt, si quelqu'un fait quelque chose pour vous, vous êtes plutôt poussé à faire quelque chose en échange.
- **Fluidité.** Si vous comptez demander à quelqu'un de faire quelque chose, arrangez-vous pour limiter ses efforts. Vous n'aurez probablement qu'une chance, donc prenez pour hypothèse que la réponse sera « oui » et dites-lui ce qu'il y a à faire.
- **Flatterie.** Vous pensez peut-être que c'est l'élément le plus important, mais ce n'est pas le cas. La plupart des gens que vous caresserez dans le sens du poil sont trop souvent flattés (à juste titre ou non), donc ne faites pas de la flatterie la partie centrale de votre pitch. Une phrase au début suffit et concentrez-vous ensuite sur les raisons crédibles pour lesquelles la personne devrait vous aider.

## SE FAIRE BIEN VOIR DANS LES FAITS

Souvenez-vous d'Alltop dont je parle plus haut dans ce livre. C'est un site de nouvelles qui agrège les flux RSS de sites Web et de blogs par sujets, comme par exemple le sport, les voyages, le vin, l'économie, les sports, etc. Les articles qui sont placés le plus haut sur la page ont plus de lecteurs, car il n'est pas nécessaire de faire défiler la page ; donc les gens nous caressent dans le sens du poil pour avoir une meilleure position. Comme nous l'expliquons dans notre FAQ, nous prenons soin des gens qui prennent soin de nous. Voici une excellente illustration de la bonne façon de se faire bien voir.

*Je m'appelle Brad Ward ; je suis co-fondateur avec Matt Herzberger de www.bloghighed.org, que vous mentionnez dans votre section Éducation sur alltop.com. Pour le moment, nous sommes tout seuls, en dernière position. Nous apprécions d'être présents et sommes ravis d'être inclus, mais nous ne pouvions résister à la tentation d'améliorer notre position.*

*Nous sommes assez cool, je vous assure. Voici ce que nous faisons à bloghighed.org : nous regroupons vingt des meilleurs blogueurs spécialisés dans l'enseignement de niveau supérieur, qu'il s'agisse de webmasters, de marketeurs, de conseillers pour les admissions, etc. Cela vous rappelle quelque chose ? Nous sommes comme un petit frère d'Alltop ou quelque chose de ce genre. Quid d'un peu de tendresse pour nous ? Nous vous en avons donné un peu déjà dans nos blogs.*

*Il faut le dire, nous ne sommes pas* The Chronicle. *Nous ne sommes pas* Inside Higher Ed *ou le* Washington Post. *Et nous ne le serons jamais. Mais savez-vous qui nous sommes ? Nous sommes ceux qui font avancer les choses. Nous faisons des communications plus de cent fois par an aux conférences. Nous écrivons pour* University Business. *Nous avons EduStyle.net. Nous avons TargetX. Nous sommes des photographes de campus accomplis. Nous faisons des discours. Nous servons des milliers d'abonnés.*

*Par-dessus tout, nous sommes une communauté de gens très fidèles les uns aux autres, à la cause de l'enseignement supérieur ainsi qu'au succès de bloghighed.org. Soyez-en sûr, nous allons durer et continuer à grandir. Nous ne gagnons pas d'argent en faisant du blogging. Pas de pubs. Nous faisons cela après le travail, les week-ends et à l'heure du déjeuner (comme maintenant). Et si ce n'est pas assez génial pour nous propulser en haut de la section Éducation, je ne sais pas ce qu'il faut.*

*Merci pour votre temps.*

Brad

Avons-nous placé son flux en haut de page ? Bien sûr que oui. Vérifiez Education.alltop.com en cherchant bloghighed.com.

# Chapitre 60
# Comment se faire bien voir d'un blogueur

Mettez cela devant eux, brièvement pour qu'ils le lisent, clairement pour qu'ils l'apprécient, pittoresquement pour qu'ils s'en souviennent et, surtout, précisément pour qu'ils soient guidés par sa lumière.

Joseph PULITZER

Le blog a bouleversé les relations presse. Il y avait un temps où la presse générait le buzz. De nos jours, c'est le buzz qui génère de l'encre. La vie était simple autrefois : vous vous faisiez bien voir du *Wall Street Journal* ; l'un de ses journalistes écrivait quelque chose sur votre produit et le buzz démarrait. Les journalistes ne créent plus le buzz ; ils y réagissent : « Tout le monde parle de Facebook. Il y a certainement quelque chose et il faut que j'écrive sur le sujet. » Ce chapitre explique les techniques qui permettent d'attirer les blogueurs.

1. **Soyez ami avec autant de blogueurs que possible.** Comme vous l'avez déjà lu, se concentrer sur les gens influents est une stratégie douteuse (Chapitre 43 : « Finalement, oubliez les influenceurs »). Le soutien de beaucoup de blogueurs aux connexions mêmes modérées est plus efficace que celui des grands noms du blog qui sont très connectés. Et quelques-uns de ces blogueurs inconnus peuvent devenir un jour des grands noms.
2. **Créez un bon produit ou un bon service.** Il y a un piège à cette démocratisation de la création de buzz : les blogueurs tolèrent mal les foutaises. Il est facile de dire que vous allez courir après les blogueurs, mais cela suppose qu'ils aimeront votre produit ou votre service. La chose la plus importante pour les attirer est de créer un produit ou un service DICEE (voir Chapitre 40).

**3. Citez et faites des liens.** « Les liens sont la forme la plus sincère de la flatterie. » Il est difficile de démolir une société, un produit, un service ou une personne qui fait un lien vers votre blog. Personnellement, je n'ai jamais vu une personne que je n'aimais pas faire un lien vers mon blog.

**4. Faites-leur plaisir.** Lisez au moins le site du blogueur. Beaucoup de marketeurs ont des formules si génériques que le blogueur voit tout de suite qu'ils n'ont même pas lu le blog. Vous pouvez envoyer aux blogueurs des e-mails avec ce genre de message (s'il est sincère) :

> « Il ne se passe pas une journée sans que je lise votre blog. »
>
> « Pourquoi ne faites-vous pas un livre à partir de votre blog ? »
>
> « Vos textes ont tant de substance que vous pourriez les découper en plusieurs billets. »
>
> « J'ai fait suivre votre blog à beaucoup de mes amis. »
>
> « Je fais un "digg" pour votre blog presque tous les jours. »

**5. Faites des cadeaux.** Pour le cas où vous ne l'auriez pas remarqué, la plupart des blogueurs ne se font pas d'argent avec leur blog. C'est pourquoi des échantillons de votre produit, des t-shirts et des stylos peuvent avoir un impact sur eux, comme ils l'ont sur les évangélistes. Je ne dis pas que vous pouvez les acheter, mais vous pouvez leur faire plaisir assez facilement. Les cadeaux aux blogueurs sont l'un des meilleurs investissements marketing (bien qu'ils ne soient pas efficaces pour les journalistes, comme le précise Adam Lashinsky de *Fortune*).

**6. Soyez réactif.** C'est un truisme qui est violé presque tous les jours : si vous voulez du buzz, vous devez rappeler les blogueurs qui vous appellent ou répondre à leurs mails. Vous fonctionnez en fonction de leur agenda ; ils ne fonctionnent pas en fonction du vôtre. Bien sûr, si vous êtes un Steve Jobs, vous pouvez imposer vos lois, mais tant que vous n'en êtes pas un, respectez les règles du jeu.

**7. Utilisez un fusil, non une mitrailleuse.** Toute société qui envoie des tapis de bombes aux blogueurs mérite qu'on lui tire dessus. Ça provoque le même effet que d'envoyer à deux douzaines de personnes le même mail pour demander de l'aide. Non seulement la technique échouera, mais les blogueurs en tireront la conclusion que vous êtes un âne bâté. Votre tâche consiste à savoir précisément pour qui vous êtes pertinent. Ce n'est pas à la communauté des blogueurs de faire le tri.

**8. Soyez un ami pendant les mauvais jours.** Tout le monde peut être amical et disponible quand tout va bien. Le vrai test, c'est quand les choses vont mal : votre société se plante ou le blogueur écrit quelque chose de négatif (à juste titre ou non). Quand cela arrive, certains se barricadent et se planquent – grosse erreur.

**9. Soyez une source.** Voyez les choses en face : il arrive que votre société ne mérite pas qu'on en parle. Ne rentrez pas chez vous, le ballon sous le bras. Voyez plus loin et aidez le blogueur en vous transformant en une source d'information, en le présentant à d'autres sources ou en offrant des analyses perspicaces. Il se pourrait qu'un jour vous deveniez le sujet du blog et pas seulement une source.

**10. Faire un suivi des contacts.** Imaginons que vous avez du succès et que votre produit a gagné l'attention des blogueurs. Cela ne veut pas dire que vous pouvez vous reposer ; non, continuez à approfondir la relation parce que vous pouvez avoir besoin de cette connexion à nouveau. Même si vous n'avez gagné l'attention de personne, persévérez. Se faire bien voir n'est pas un événement ponctuel, mais un processus.

**11. Faites votre pitch aux reporters via leur blogs.** Il est difficile de faire un pitch aux journalistes « en passant par la grande porte », quand le contact est info@newsweek.com. La probabilité pour que votre mail parvienne au journaliste est nulle. Mais beaucoup d'entre eux ont des blogs personnels et ils sont beaucoup plus accessibles via ces blogs que via les publications qui les emploient.

Le fait que le buzz génère de la presse a déconcerté plus d'un marketeur. Vous avez intérêt à vous y faire car le buzz des blogueurs sera de plus en plus puissant et « la presse » de moins en moins puissante. Si vous voulez optimiser votre marketing, il vous faudra maîtriser l'art de vous faire bien voir des blogueurs.

# Chapitre 61
# L'art de faire un partenariat

L'amitié n'est qu'un autre nom pour une alliance avec les sottises et le malheur des autres. Notre part personnelle de misères est suffisante : pourquoi entrer volontairement dans celles de quelqu'un d'autre ?

Thomas JEFFERSON

Pendant l'ère « dotcom », entre 1998 et 2000, « partenaire » devint le maître mot de multiples start-up sans business model et elles brassaient de l'air en parlant de leurs alliances avec de grosses sociétés. L'idée était que si une société avait un partenariat avec un Microsoft ou un IBM, elle réussirait.

Encore aujourd'hui, toutes les fois que j'entends un entrepreneur dire qu'il a « fait un partenariat », j'entends « relation bidon qui ne va pas accroître le chiffre d'affaires ». Mais je ne suis pas un petit hargneux, et pour améliorer un processus devenu défectueux, voici en quoi consiste l'art de faire un partenariat.

- **Faites des partenariats pour faire du chiffre.** La plupart des sociétés entrent dans des partenariats pour une mauvaise raison : satisfaire le P.-D.G., la presse et les analystes. C'est stupide. La raison légitime pour faire un partenariat est d'accroître ses ventes ou diminuer ses coûts. Voici un test rapide : allez-vous revoir vos projections financières s'il y a un partenariat ? Si ce n'est pas le cas, ce partenariat est voué à l'échec. Vous pouvez faire autant de grands discours que vous le voulez sur la « visibilité », la « crédibilité » ou la « reconnaissance », si vous ne pouvez pas quantifier ce partenariat, c'est qu'il n'y en a pas.
- **Définissez les objectifs.** Si le but premier d'un partenariat est financier, l'exécution dépendra des objectifs fixés, comme par exemple des revenus supplémentaires, des coûts moindres, la pénétration de nouveaux marchés ou de nouveaux produits et services. La seule façon de vérifier si un partenariat fonctionne est la réponse à des questions quantifiant les

résultats. Par exemple : « Combien avons-nous de téléchargements supplémentaires grâce au lien entre nos deux sites ? »

- **Assurez-vous que les niveaux intermédiaires et la base aiment l'alliance.** La plupart des partenariats sont provoqués par la rencontre de deux P.-D.G. lors d'un événement professionnel. Et vous découvrez ensuite qu'ils ont concocté un partenariat que « la presse et les analystes vont adorer » ; l'étape suivante est une ébauche d'annonce par les relations presse. Comment s'étonner que ces partenariats marchent rarement ! Les partenariats qui marchent sont ceux qui sont soutenus par les niveaux intermédiaires et la base des deux organisations. Les meilleurs sont ceux où ils travaillent ensemble et n'impliquent pas les directions tant que tout n'est pas fait.
- **Désignez des champions en interne.** Il faut un champion du partenariat à l'intérieur de chacune des organisations. Par exemple, John Scull (pas Sculley) était « Monsieur PAO » chez Apple. Son homologue chez Aldus était Paul Brainerd. La responsabilité du succès de l'initiative incombait à John et Paul – non John, Paul, George et Ringo, plus une bande de collaborateurs à temps partiel.
- **Mettez l'accent sur les points forts, ne masquez pas les faiblesses.** Les sociétés forment la plupart des partenariats pour masquer leurs faiblesses respectives. Apple et DEC avaient fait ce genre de partenariat dans les années 1980. La faiblesse d'Apple était sa stratégie en gestion de données ; celle de DEC était l'absence de stratégie en matière d'informatique personnelle. Mais la stratégie de gestion de données de DEC ne pouvait pas aider Apple et la stratégie d'Apple ne pouvait pas aider DEC. Le partenariat entre Apple et Intel est meilleur, car il repose sur le point fort de chacune des deux sociétés : la capacité d'Apple à créer de superbes produits pour les utilisateurs et celle d'Intel à construire des composants rapides consommant peu d'énergie. Et ce partenariat est certainement financièrement justifié.
- **Faites des partenariats où tout le monde est gagnant.** Il y a rarement des partenariats entre égaux. Par conséquent, la partie la plus puissante est tentée de faire pression sur l'autre partie. La partie la plus faible, quant à elle, accepte les choses à contrecœur et essaie d'obtenir ce qu'elle peut. Mauvaise idée. Mauvais karma. Mauvaise application. Si le partenariat

fait un gagnant et un perdant, il échouera car des murs de béton ou des fils barbelés ne peuvent pas maintenir un accord.

- **Prévoyez une clause de sortie.** Même si les choses se présentent très bien, prévoyez une clause permettant aux deux parties de mettre fin au partenariat assez facilement. Ceci peut sembler contre-productif, mais si les sociétés savent qu'elles peuvent se désengager, elles ne sont que plus portées à travailler au succès de leur accord. Les clauses de sortie peuvent accroître la motivation : « Il vaut mieux que nous fassions ce qu'il nous incombe de faire parce que nous avons besoin de ces gars, sinon, ils iront voir ailleurs. » Franchement, si ce qui soutient l'accord n'est qu'un document juridique, il ne marchera pas de toute façon.
- **Demandez aux femmes.** Les hommes ont un défaut génétique fondamental. En fait, ils en ont beaucoup, mais un seul nous intéresse ici : le désir de s'associer avec tout ce qui bouge. Ils ne s'inquiètent pas des modalités ou des implications à long terme. Les femmes n'ont pas ce défaut. Donc, quand une idée de partenariat est dans l'air, ne demandez pas aux hommes ce qu'ils en pensent, parce qu'ils trouveront presque toujours que c'est une bonne idée. Demandez aux femmes si ce partenariat fait sens.
- **Faites les documents au bon moment.** Ne rédigez pas un e-mail ou une lettre pour faire démarrer la négociation. C'est seulement une fois que vous vous serez mis d'accord sur les termes (après plusieurs réunions, appels téléphoniques et e-mails) que vous pourrez ébaucher le texte du contrat. Faites cela à la fin du processus, parce que vous voulez l'engagement psychologique des gens. Si vous commencez trop tôt le contrat, vous vous exposez aux pinaillages qui retardent les choses et font échouer les discussions. Notez au passage que si vous demandez trop tôt l'intervention de votre conseil, vous tuerez le processus. La meilleure façon de gérer les avocats est de leur dire : « Voici ce que nous voulons faire. Trouvez maintenant le moyen de nous éviter la prison. »

Malheureusement, faire un partenariat avec une grande société, même dans les meilleures conditions, c'est un peu comme être bloqué dans le ventre d'un serpent. Le prochain chapitre a pour objectif de vous faire comprendre les mensonges des grandes sociétés.

# Chapitre 62
# Les dix principaux mensonges des partenaires

Alliance, n. : « En politique internationale, l'union de deux voleurs où chacun a la main si profondément enfoncée dans la poche de l'autre qu'ils ne peuvent pas piller un tiers séparément. »
Ambrose BIERCE

Avez-vous l'impression qu'un serpent est sur le point de vous avaler ? Pour éviter que ses mâchoires ne se referment sur vous, écoutez ces mensonges et voyez-y un avertissement lorsque vous les entendez.

1. **« Nous voulons faire cela pour des raisons stratégiques.** » C'est le verbiage des sociétés pour : « Je n'ai aucune idée de la raison pour laquelle nous faisons cela. Mon P.-D.G. a rencontré le vôtre lors d'une conférence et nous a dit de vous parler. » Idéalement, vous devriez entendre ceci : « Nous pensons que nous ferons plus d'argent en faisant un partenariat avec vous. » En d'autres termes, la grande société veut faire cela pour des raisons tactiques solides.
2. **« Notre direction veut vraiment le faire.** » Il y a deux façons de comprendre ceci. La première : vous avez un bon produit, la grande société « a pigé » et la vie pourrait être géniale. La seconde : la grande société est paumée et désespérée. D'une manière générale, si vous n'êtes pas certain à 110 % que c'est la première hypothèse qui est vraie, c'est donc la seconde. Dans ce cas, demandez-vous s'il est sage de faire ce partenariat.
3. **« Nous pouvons aller très vite.** » Cela signifie qu'à ce stade, très peu de gens dans l'entreprise sont au courant. Mais quand plus de gens seront impliqués et que la politique interne s'en mêlera, les choses iront plus lentement, et non l'inverse. Il se peut aussi que ce ne soit pas un mensonge parce que « très vite » signifie neuf à douze mois pour la grande société.

**4. « Notre service juridique ne posera pas de problème.** » En d'autres termes, il n'a pas encore vu la proposition. Il y a deux sortes de services juridiques dans les grandes sociétés : (a) celui qui dit automatiquement « non » quand on lui demande « Pouvons-nous faire ceci ? » ; (b) celui qui dit automatiquement « non » quand on lui demande « Pouvons-nous faire ceci ? »

**5. « L'équipe informatique aime vraiment » ou « l'équipe marketing aime vraiment ».** Cela signifie (a) que l'équipe de marketing n'a encore rien vu ; (b) que l'équipe informatique n'a rien vu non plus. Prenez les choses du bon côté : une fois que vous aurez survécu au marketing, à l'informatique et au juridique, il ne restera plus que la comptabilité.

**6. « Nous voulons synchroniser l'annonce de notre partenariat avec la sortie de notre nouveau produit.** » C'est un mensonge qui repose sur une bonne intention. Malheureusement, cela signifie que la condition du partenariat repose sur la capacité de la grande société à livrer un nouveau produit. Que le ciel soit avec vous !

**7. « Notre préoccupation principale est de savoir si vous pouvez travailler à grande échelle.** » Techniquement, ce n'est pas un mensonge. Ils ont des inquiétudes, somme toute justifiées, car vous n'avez jamais vendu de produit et vous n'avez plus que six mois de trésorerie. Mais leur capacité à travailler à grande échelle devrait aussi vous préoccuper, car les grandes sociétés avec des ressources infinies ne peuvent pas nécessairement travailler à grande échelle non plus, en raison de leur inertie.

**8. « Nous voudrions la majorité du code informatique et des fonctionnalités sur vos serveurs.** » Ce n'est pas un mensonge à proprement parler. C'est l'aveu plus effrayant que le produit de la grande société tient à coups de sparadrap et que tout changement pourrait le faire exploser. Bienvenue à ces partenariats : une des choses que vous apprendrez est que l'empereur n'a pas de code.

**9. « Nous constituons une équipe polyvalente pour assurer le succès de ce projet.** » C'est vous dire que personne n'est responsable du succès du partenariat et que personne ne sera blâmé en cas d'échec. Vous devez demander que la grande société assigne un « champion ». Un champion, c'est toujours mieux qu'une équipe polyvalente.

**10. « Je quitte bientôt la société, mais nous avons quelqu'un de très bien pour prendre la relève.** » Maintenant votre champion sc tirc et la personne qui était opposée au partenariat a la charge de le mettre en place. Vous avez beaucoup de travail d'évangélisation à faire et de ponts à réparer. Que la force soit avec vous !

Les partenariats peuvent néanmoins marcher. La chose principale sur laquelle il faut se concentrer : le fait que les deux organisations vont soit accroître leurs ventes, soit réduire leurs coûts. Si c'est le cas, alors ce partenariat peut marcher.

# Chapitre 63
# Dix questions « avec » Jackie Onassis

Même quand les gens sont célèbres, ils ont dans le cœur les émotions d'une personne simple lors des moments les plus importants que nous connaissons sur terre : la naissance, le mariage et la mort.
**Jackie ONASSIS**

Le chapitre final de cette section est basé sur un livre écrit par Shelly Branch du *Wall Street Journal* et Sue Callaway, ancienne vice-présidente et directeur général de Jaguar Cars U.S. : *What Would Jackie Do ?—An Inspired Guide to Distinctive Living*[44] (Gotham, 2006). Le livre explique ce que Jackie Onassis « ferait » face à diverses situations. Ce livre traite de l'art de plaire par l'intermédiaire du concept « noblesse oblige », une expression qui signifie que les gens exceptionnellement fortunés ont aussi des obligations sociales exceptionnelles. Voici un extrait du livre :

*Jackie préférait héler le taxi pour se déplacer dans New York. Une fois dans la voiture jaune, elle se penchait parfois en avant et faisait quelque chose que peu de gens se donnent la peine de faire : elle demandait au chauffeur comment était sa journée. Un jour, elle supplia le chauffeur de terminer sa journée plus tôt et de rentrer chez lui, pour sa sécurité, tant il pleuvait. A quoi bon, après tout, être au-dessus de tout le monde, si vous ne laissez pas des qualités splendides se répandre sur les autres ?*

• **Dorlotez les petits rôles.** Il est terriblement cruel de ne pas fournir des accessoires aux gens qui nous simplifient la vie. Ceci inclut le concierge, le facteur, et si vous en avez la chance, le cuisinier et le

44. *Que ferait Jackie ? Guide inspiré pour vivre avec distinction.*

pilote. Dans le cas de Jackie, la liste comprend aussi toutes sortes de politiciens mineurs. Allez au-delà des pourboires et des signes de tête. Femme du candidat pendant la campagne, Jackie se souvenait des noms des maires et délégués à la convention. A la Maison Blanche, elle surprit son nouveau personnel parce qu'elle savait qui ils étaient dès leur premier entretien.

• **Ne critiquez pas (publiquement) vos ennemis ou adversaires.** Laissez ce genre de comportement aux politiciens contemporains. Résistez à la tentation de dire du mal des gens par e-mail : il n'y a rien de pire que les calomnies électroniques, qu'on peut faire suivre indéfiniment. Même si elle était entourée d'ennemis (politiques) et de femmes jalouses (mal fagotées), Jackie ne voulait pas être méchante. Au cours de la campagne de 1960, elle refusa de lancer des piques à Hubert Humphrey. Vingt ans plus tard, quand la publicité négative inonda Nancy Reagan, Jackie montra sa sympathie, au point de l'appeler pour lui donner des conseils sur la façon de gérer la presse.

• **Tapez plus haut pour aider ceux qui ont besoin d'aide.** Quand vous avez épuisé vos ressources immédiates, regardez à droite et à gauche, en haut et en bas pour exploiter les six degrés de séparation entre vous et la solution à un problème donné. Ne soyez pas trop fier pour demander à un ami influent de vous donner un coup de main pour quelqu'un que vous connaissez, même s'ils ne se sont jamais rencontrés. C'est à cela que servent les connexions.

En 1980, Jackie incita Mary Lasker, une philanthrope, à aider un enfant malade, le fils d'une manucure, pour qu'il ait accès au traitement adéquat. En remerciement, Jackie écrivit à Mary le message suivant : « Maintenant, ils n'ont pas l'impression d'être seulement un numéro parce qu'ils sont pauvres, » dit-elle sur son papier à en tête de Doubleday. « Quoi qu'il arrive, ils savent qu'une personne au cœur noble leur a permis d'avoir les meilleurs soins possibles. »

• **Tendez l'autre joue.** Parfois, vous devez montrer aux gens qui vous êtes en sachant rester calme, même dans des situations où vous n'en avez pas envie (quand on vous pique une place de parking sous le nez ou que l'on vous arrache des mains la dernière paire de gants Loro Piana en solde chez Bergdorf). Comme Jackie, vous ferez bien de passer sur les choses dérisoires sans trop faire d'histoires.

Voyageant avec Thomas Hoving, alors directeur du Metropolitan Museum of Art, Jackie fut stupéfaite et effrayée par un paparazzi français qui lui tomba dessus dans un petit restaurant de la rive gauche. Furieux, Hoving retourna à leur hôtel, le Plaza Athénée, exigeant le renvoi du concierge qui avait révélé où ils allaient. Lorsqu'il informa Jackie du fait accompli : « Elle se mit en colère contre moi », se souvient Hoving, et elle ajouta : « Vous avez affecté la subsistance de cet homme pour cela ? »

- **Mettez en sourdine l'appel de Mammon.** L'argent qui a le plus de classe est aussi celui qui est le plus tranquille. Donc si vous en avez, ne l'étalez pas devant ceux qui en ont moins. Cela ne veut pas dire que vous devez vous priver de jolies choses. Ce n'était pas le cas de notre dame. Mais la richesse requiert une certaine discrétion sur ce que vous possédez.
- **Ne parlez pas d'argent, le vôtre, celui de vos parents, de votre petit ami ni de vos plans grandioses pour le dépenser.** Quand Jackie a reçu 26 millions de dollars en héritage d'Aristote Onassis, les mondains l'ont criblée de questions sur ce qu'elle allait faire de cette aubaine. Elle était stupéfaite et elle a répondu : « On ne parle pas de ce genre de chose. »
- **Ne coupez pas la file d'attente.** Même si votre statut social ou vos connexions vous le permettent, n'essayez pas de passer avant les gens ordinaires. A New York, Jackie faisait la queue comme tout le monde – ou évitait tout simplement la foule, au lieu de se frayer un chemin pour passer devant les gens.

*On ne peut pas ne pas aimer Jackie O. Quelle femme ! J'aurais aimé la connaître – ce livre est ce qui m'a permis de l'approcher de plus près. Je dois aussi à mon père de m'avoir enseigné l'art de plaire, car depuis mon succès chez Apple, il n'a cessé de me rappeler le concept «* noblesse oblige ».

# La concurrence dans les faits

À un moment ou un autre, vous serez en concurrence avec d'autres organismes. En fait, si vous n'avez pas de concurrence pendant trop longtemps, cela peut vouloir dire que vous essayez de servir un marché qui n'existe pas. J'ai eu comme concurrents IBM et Microsoft, et plus tard dans ma carrière, en tant que P.-D.G., beaucoup de start-up. Cette section contient les leçons que j'ai retenues en faisant des choses à la fois bonnes et mauvaises.

# Chapitre 64
# L'art de la protection

La concurrence n'a pas pour but d'écraser quelqu'un,
mais de faire ressortir le meilleur de chaque joueur.
Walter WHEELER

Un lecteur m'a un jour posé cette question : que doit répondre un entrepreneur quand on lui demande ce qui protège sa société ? On vous pose généralement cette question quand vous levez de l'argent, mais elle peut aussi venir de vos employés, partenaires et clients. Cette section explique la réalité de la concurrence sur le marché.

Cette question, apparemment simple, est l'une des questions les plus difficiles. Une bonne réponse combine de la clairvoyance, de la chance, du bon sens, de l'humilité, de l'honnêteté et un peu d'impudence. C'est aussi souvent une question-piège destinée à vous tester. Voici d'abord les pires réponses :

• **« Les brevets protègent notre activité. »** Allez-y et déposez-les, parce qu'un jour vous aurez beaucoup de succès, et, en conséquence, le temps et les ressources pour les défendre. Cela dit, le résultat le plus valable des brevets est d'impressionner vos parents et de remplir de l'espace sur votre profil MySpace. (La biotechnologie, les composants électroniques et les appareils médicaux sont l'exception à cette règle ; là, les brevets signifient quelque chose.)

Il est hautement improbable que des brevets confortent la position de votre start-up, car vous n'avez ni le temps ni l'argent d'entrer dans une bataille contre des concurrents comme Microsoft. Bien sûr, on apprend de temps en temps que Microsoft a dû verser des dizaines de millions de dollars à une société, mais « attaquer Microsoft en justice » n'est pas une stratégie viable (ni séduisante).

• **« Nous sommes les seuls à savoir faire cela. »** C'est le signal pour les investisseurs que vous êtes nul et que vous ne savez pas utiliser Google. Il y a très peu d'équipes qui ont le monopole du savoir et des compétences de mise en application. C'est comme Terrell Owens prétendant qu'il est le seul receveur capable de faire gagner une équipe au Super Bowl, donc finissez-en avec les illusions.

• **« [Concurrent potentiel qui est un grand nom] ne va pas nous concurrencer ; ils vont simplement nous racheter. »** En matière de grandes illusions, c'est pire encore que les illusions de Terrell Owens. Prendre pour théorie que ce qui rend votre société défendable est que les concurrents potentiels vous rachèteront vous rend digne du Panthéon des Branquignols.

Maintenant que vous savez ce que vous ne devez pas dire, voici la liste des dix choses les plus importantes non seulement à dire, mais aussi à croire. Cela dit, comme me le disait mon patron dans la bijouterie : « Ne sois pas un *chazzer* » (« un cochon » en yiddish), en essayant de les utiliser toutes, parce que votre réponse sonnera faux.

1. **« Nous savons qu'il n'y a pas de solution magique capable de nous protéger. »** C'est une très bonne entrée en matière. Cela montre que vous savez comment ça se passe et que vous comprenez comment le monde fonctionne. Un investisseur qui a de l'expérience poussera un soupir de soulagement ; un investisseur sans expérience aura envie d'appeler sa maman.

2. **« Nous avons déposé des brevets, mais nous savons que nous ne pouvons pas les considérer comme une élément majeur de notre protection. »** C'est la manière parfaite de voir les brevets : vous les déposez pour le cas où, un jour, vous en auriez besoin en tant qu'outil juridique, mais vous vous rendez compte qu'en attendant ce jour heureux, vous devrez vous battre avec d'autres armes, sur un terrain qui s'appelle le marché, et non le terrain juridique.

3. **« Nous avons x mois d'avance et ce que nous faisons est difficile. Nous savons que nous sommes temporairement en tête. C'est si difficile que peu de sociétés établies changeraient de cap pour essayer**

**de faire ce que nous faisons. »** Ceci montre que vous êtes en tête tout en étant conscients que cela ne va pas durer. De plus, les investisseurs aiment à croire qu'ils ont de l'avance sur la meute.

**4. « Nous avons déjà développé une affaire similaire. »** Cela montre que vous avez un avantage : vous l'avez déjà fait, donc si d'autres font la même chose, vous pouvez être meilleur et plus rapide.

**5. « Nous avons accumulé une vaste expertise dans le domaine car nos fondateurs ont travaillé avec les clients dans le passé. »** Là, vous dites quelque chose qui tient la route. Vous avez des contacts et une réputation établis. Cela devient intéressant.

**6. « Nous avons travaillé chez [nom d'une grande société], donc nous savons que ce ne sera pas un concurrent. En fait, nous avons quitté la société pour commencer la nôtre, parce que la direction a refusé de s'intéresser à ce marché lucratif. »** Vous faites d'une pierre deux coups : vous êtes crédible car vous avez de l'information interne sur un concurrent potentiellement inquiétant et c'est une autre manière de revendiquer votre expérience du domaine.

**7. « Nous ne savons pas si nous sommes les seuls à pouvoir faire cela, mais nous avons déjà des clients clés [donnez les plus grands noms] qui utilisent notre produit. On peut penser que s'il y avait de meilleures solutions, ils le sauraient. »** L'idée ici est la reconnaissance extérieure de ce que vous faites.

**8. « Nous venons vers vous parce que nous pensons que si c'est une entreprise comme la vôtre qui nous soutient, cela dissuadera d'autres investisseurs de soutenir des sociétés concurrentes. Nous savons aussi que vous avez le meilleur Rolodex du monde et que vous avez accès aux meilleurs talents. »** Il faut le dire sans rire, car c'est du cirage de pompes, mais les investisseurs aiment cela. C'est plus facile à dire à un Sequoia Capital, Draper, Fisher, Jurvetson ou Kleiner Perkins qu'à, disons, Chaim, Yankel, and Pippel, LLP.

**9. « Nous nous attendons à ce qu'il y ait de la concurrence, mais nous ne faisons pas un gadget pour devenir riches tout de suite. C'est une vraie opportunité commerciale qui, à notre avis, peut devenir**

**considérable. »** Un investisseur adore entendre cela : un grand marché où il y a de la concurrence est mille fois mieux qu'une position dominante sur un marché qui n'existe pas.

**10. « C'est une course et nous allons travailler comme des fous pour aller très vite. Aussi simple que cela. »** C'est parfait. Ce qui assure la protection d'une société, c'est sa capacité à atteindre une masse critique au point qu'elle devient synonyme de ce marché (vidéo en ligne : YouTube), de ce secteur (location de DVDs : NetFlix), ou de cette tâche (recherche : Google). C'est ce qui rend tout le baratin qu'on peut fabriquer inutile sinon carrément risible.

Le but à atteindre est celui-ci :

- Vous avez du bon sens et vous savez que vous ne pouvez pas dépendre de brevets.
- Vous savez que très peu de sociétés peuvent défendre leur position autrement que par la création d'une masse critique ou par une avance de neuf mois.
- Vous avez une expérience du domaine, des connexions et ce que vous faites est difficile.
- Vous n'êtes pas la seule équipe à pouvoir faire cela, mais vous êtes en meilleure position que la plupart des concurrents.
- Vous croyez que vous pouvez construire une affaire mieux que quiconque (un peu d'impudence est nécessaire à la survie d'un entrepreneur).

Un dernier point : ces explications ne marchent que pour les gens qui croient vraiment en ce que vous faites. Dans le cas contraire, rien ne pourra les convaincre de la pérennité de votre société. Franchement aussi, cette protection ne sera pas la seule raison pour laquelle ils ne seront pas intéressés – ou si c'est le cas, allez voir ailleurs en sachant que le succès est la plus délicieuse des revanches.

# Chapitre 65

# Contrepoint : brevets et protection[45]

Nous devons nous méfier les uns des autres.
C'est notre seule défense contre la trahison.
Tennessee WILLIAMS

*Après la lecture du chapitre précédent, trois de mes amis avocats, spécialisés en propriété intellectuelle, ont exprimé leur désaccord avec ma diatribe sur les brevets. Ils sont avocats à Rethink (IP) et il s'agit de J. Matthew Buchanan, Douglas J. Sorocco et Stephen M. Nipper. Comme je suis ouvert, je leur ai offert de publier leur point de vue pour que vous ayez une perspective plus large sur la question de la propriété intellectuelle pour les start-up.*

La législation sur les brevets est actuellement dans une situation de chaos et ceci a pour résultat que les brevets n'ont plus le lustre qu'ils avaient, particulièrement pour les start-up. Par exemple, suite à la décision récente de la Cour suprême dans l'affaire eBay contre MercExchange, beaucoup de gens s'attendent à ce que la valeur des brevets change pour les petites sociétés qui ne fabriquent pas et ne vendent pas encore de produit.

Il en résulte que les start-up en technologie ne peuvent tout simplement pas considérer leurs brevets comme un outil capable de stopper les Microsoft du monde. Et cela, même si vous avez effectivement un brevet – et en arriver à ce stade peut prendre des années et des années.

De plus, le retard dans l'examen des brevets au Patent and Trademark Office est plus important que jamais. Les statistiques actuelles

45. Cette section considère les questions de propriété intellectuelle sous l'angle américain. Pour la protection de votre propriété intellectuelle, prenez connaissance des systèmes propres aux différents pays où vous avez l'intention d'exercer votre activité.

montrent qu'il s'écoule plus de trente mois entre le moment où on dépose le brevet et celui où il est accepté. Si vous ajoutez le retard supplémentaire pour les domaines relatifs aux méthodologies commerciales, soyez réaliste, il vous faudra attendre au moins cinq ans avant que le Patent Office ne commence à examiner votre demande.

Nous avons même entendu parler de retards supérieurs à 10 ans dans certains domaines. Pendant ce temps vos concurrents auront pu vous laminer et nous en serons au Web 5.0 lorsque vous aurez le joli ruban de l'attestation.

Nous n'allons cependant pas changer de métier dans l'immédiat, parce que les brevets continuent à jouer un rôle important dans la création d'une société. Dans la plupart des cas, les entrepreneurs doivent éviter la réaction automatique qui consisterait à tout breveter et se concentrer plutôt sur une stratégie globale pour la défense de leur propriété intellectuelle. Voici quelques tuyaux pour ce faire :

- **Donnez aux brevets la place qui leur convient.** Ne vous méprenez pas. Nous ne disons pas qu'ils ne sont pas importants. Ils le sont. Mais vous devez mettre les choses en perspective, ce qui sous-tend la position de Guy. D'un point de vue pratique, cela veut dire que vous devez vous poser cette question : « Devons-nous breveter ? » Prenez alors en considération les points suivants :
    - Quel usage nos concurrents font-ils des brevets ? Dans certaines industries comme la biotechnologie, la pharmacie et les appareils médicaux, vous ne pouvez pas vous en passer.
    - Votre invention serait-elle mieux protégée par un secret de fabrique ? Les secrets de fabrique sont toute formule, dessin, machine ou méthode de fabrication utilisés dans une entreprise et pouvant conférer un avantage par rapport à un concurrent. La formule du Coca-Cola est un exemple.
    - Toute information ne peut être conservée comme secret de fabrique. Il faut pouvoir garder le secret en interne – en limitant l'accès à l'information – et veiller à ce que les concurrents ne puisssent

pas faire de rétro-ingénierie. L'inconvénient des secrets de fabrique est que si vos concurrents inventent ensuite la même chose et obtiennent un brevet, votre « secret » ne vous protégera pas de la violation de ce brevet.

- Le fait de rendre une invention publique et accessible librement crée-t-il plus de valeur pour la société ? La mise à disposition du code source et de l'API peut vous donner le soutien d'une communauté conduisant à une masse critique et une impulsion réelle importante dans la vie de la société.
- Est-ce que mettre une invention dans le domaine public par une « publication défensive » serait une bonne idée ? Une publication défensive est une publication de l'information et du savoir ayant pour but d'éviter que, plus tard, un concurrent n'obtienne un brevet pour la même invention.

Beaucoup de grandes sociétés ont eu recours à cette tactique ; c'est ce que fait le Technical Disclosure Bulletin d'IBM. Une variation diabolique de cette stratégie consiste à publier le document, non aux États-Unis, mais en Elbonia[46], au Kazakhstan ou dans une contrée lointaine pour que ce soit « publié » et que cela reste secret – cela vous donne néanmoins une antériorité selon le Patent Act.

Ce ne sont pas des droits solides comme le roc, mais cela évite que vos concurrents n'obtiennent un brevet pour la même chose. Gardez en tête, cependant, que cette tactique est véritablement un don. Une fois que c'est fait, le génie ne peut être remis dans la bouteille.

- **Voyez au-delà de l'action juridique.** Quand vous examinez le rôle des brevets dans votre stratégie globale, souvenez-vous que vous pouvez ajouter une valeur qui va au-delà de la capacité à intenter un procès à un concurrent. C'est un point fondamental négligé par Guy. En empêchant vos concurrents d'avoir ces brevets, vous pouvez les empêcher

---

46. Un pays imaginaire censé être quelque part en Europe de l'Est dans la bande dessinée de Scott Adams : *Dilbert et Plop*.

d'intenter une action contre vous. Vous pouvez contre-attaquer et la menace de cette contre-attaque peut éviter l'action juridique ou pousser à une transaction. De plus, ils savent que vous payer une licence sur votre brevet sera moins coûteux que de vous faire la guerre au tribunal. Enfin, un portefeuille d'actifs peut avoir de la valeur pour les acquéreurs futurs de votre société et eux peuvent être en mesure d'intenter une action en justice.

• **Considérez le rôle que les inventions joueront pour votre activité.** Notez que nous disons « inventions » et non brevets. N'oubliez pas que les brevets viennent en second lieu. Pensez aux inventions et à leur rôle dans votre activité : sont-elles un élément important dans la valeur et la croissance de la société ? Si les inventions sont importantes, mettez en place un système efficace pour les identifier et les gérer.

• **Ayez des dépôts de marques puissants et protégeables.** Si vos marques ne sont pas protégeables, mettez-vous au travail. Regardez aussi si le nom de domaine est disponible. Nous n'en finissons pas de devoir conseiller des gens qui n'ont pas vérifié s'ils pouvaient utiliser un mot ou un symbole. Ils supposent simplement qu'ils peuvent l'utiliser.

• **Obtenez le nom de domaine.** Vous ne pouvez pas vous permettre de perdre à ce jeu. Soyez créatif et trouvez quelque chose qui convient à votre stratégie en matière d'image de marque. Et n'oubliez pas les fautes d'orthographe et les variantes que les gens peuvent taper accidentellement lorsqu'ils vous recherchent. (Avez-vous entendu parler de Utube.com et Youtub.com ?) En dépensant quelques dollars sur GoDaddy aujourd'hui, vous pouvez économiser des milliers de dollars d'avocat plus tard. Voyez ce nom de domaine comme une « assurance ».

• **Développez une stratégie globale d'image pour vos marques et votre nom de domaine.** Beaucoup d'entrepreneurs mettent trop de temps à prendre en compte cet aspect très important de la propriété intellectuelle. Si vous vous interrogez sur l'importance et la valeur d'une image solide, posez-vous cette question : si je démarrais une société qui crée un moteur de recherche, serait-il génial de pouvoir l'appeler « Google » ? Mais voilà : vous ne le pouvez pas. Une image de marque solide avec les protections adéquates crée une valeur significative. Un point c'est tout.

L'image de marque est aussi importante que votre technologie, et c'est l'horreur de devoir en refaire une vingt mois après le démarrage des opérations, tout simplement parce que vous n'avez pas passé le temps et dépensé l'argent qu'il fallait pour vérifier la disponibilité d'un nom.
En conclusion, si votre avocat vous dit de tout breveter sans prendre une vue d'ensemble, faites-vous un cadeau : changez-en. Un bon avocat en propriété intellectuelle regarde l'ensemble et propose une stratégie – non une collection disparate de mesures tactiques.

*Les brevets ne sont pas le tout et la chose sur la question de la protection. Et, oui, il se pourrait que vous ayez l'air d'un idiot si vous fondiez votre protection sur une affirmation comme celle-ci : « Nous avons des tonnes et des tonnes de brevets ! » Mais une stratégie solide concernant votre propriété intellectuelle et adaptée au contexte de l'industrie dans laquelle vous êtes, vous donne une protection.*

# Chapitre 66
# L'art d'affoler la concurrence

> Si l'un de mes concurrents était en train de se noyer,
> je lui mettrais un tuyau dans la bouche.
>
> Ray KROC

Je ne suis pas sûr que la meilleure défense soit l'offensive dans le sport, mais c'est le cas dans les affaires. Si vous innovez constamment et vous occupez bien de vos clients, vous mettrez vos concurrents en porte-à-faux. Cela dit, les sociétés font fausse route si battre la concurrence devient un enjeu plus important que de prendre soin des clients – n'en déplaise à Ray Kroc. Quand la poursuite de l'excellence est l'obsession des sociétés, elles atteignent souvent un niveau supérieur de qualité. Voici comment y parvenir :

• **Connais-toi toi-même.** Avant de pouvoir affoler la concurrence, comprenez le système de valeurs de votre société. Sinon, c'est vous qui deviendrez fou. Par exemple, Apple est le symbole d'une technologie cool. Ce ne sera jamais le pari prudent d'un directeur informatique, une « société de logiciels pour entreprise », de service et de support. Si Apple essayait d'affoler Microsoft en courtisant les directeurs informatiques, c'est elle-même qu'elle affolerait – si elle ne périssait pas à s'y essayer.

• **Connais ton client.** Le deuxième point est de vraiment comprendre ce que votre client attend de vous. Votre client veut rarement vous aider à affoler la concurrence. Cette préoccupation est la vôtre, non celle de votre client. Autre remarque : une bonne société écoute ce qu'un client dit vouloir. Une société remarquable anticipe les besoins du client avant même qu'il sache qu'ils existent.

• **Connais ton ennemi.** Le troisième point est de vraiment comprendre la concurrence. Vous ne pouvez pas affoler la concurrence si vous ne connaissez pas ses forces et ses faiblesses. Devenez son client en achetant ses produits et services. Je n'avais pas vraiment compris ce que c'était d'être un client de Microsoft avant d'acheter un Sony Vaio et d'utiliser Windows. Bien sûr, j'avais lu de nombreuses analyses comparatives, mais rien ne vaut le contact direct.

• **Concentrez-vous sur le client.** Voici ce qui surprend les gens : la meilleure façon d'affoler la concurrence est de ne pas y toucher. La meilleure approche est de réussir, parce que c'est votre succès, plus que toute autre action de votre part, qui l'affolera. Et la façon de réussir n'est pas de faire des choses *contre* la concurrence, mais de faire des choses *pour* le client. Ainsi, pour la plupart des sociétés, la clé est d'être plus innovant, d'offrir un meilleur service et un meilleur prix.

• **Transformez les clients en évangélistes.** Rien de pire pour un concurrent que de voir des clients se transformer en évangélistes d'une société. J'ai parlé de ce sujet en détail dans le chapitre « L'art d'évangéliser ». En voici l'essentiel : créer un super produit ou service, le mettre en circulation, voir qui en tombe amoureux, ouvrir les bras aux gens (ils courront vers vous) et prendre soin d'eux. C'est aussi simple que cela.

• **Faire le bien en faisant bien.** Bien faire est en soi gratifiant, mais, parfois, vous pouvez faire le bien en même temps. Par exemple, si vous avez une chaîne de quincaillerie, vous pouvez aider à la reconstruction d'une communauté après un désastre naturel. Cela vous fera beaucoup de publicité et créera des liens avec la communauté – tout en affolant la concurrence.

• **Transformez les concurrents en alliés.** Une façon de se débarrasser de ses concurrents est de les mettre en faillite. Une autre façon est de les transformer en alliés. Mon auteur préféré de livres pour enfants est Tomie DePaola et le livre que j'aime le plus est *The Knight and the Dragon*[47] (Putnam Juvenile, 1980). C'est l'histoire d'un chevalier et d'un dragon qui essaient de s'entre-tuer. Comme ils n'y parviennent pas, ils décident de s'associer.

---

47. Littéralement : *Le Chevalier et le Dragon*.

• **Jouez-vous de vos concurrents.** Si vous faites bien les choses, vous pouvez aussi vous amuser un peu aux dépens des concurrents, et vous jouer d'eux intentionnellement. Voici des exemples qui peuvent vous inspirer :

- Un jour Hannibal fit attacher de la broussaille aux cornes du bétail par ses soldats. La nuit, ils mirent le feu aux broussailles et les ennemis romains crurent que des milliers de soldats étaient en train d'avancer vers eux.
- Une société de pizzas qui venait d'arriver sur le marché de Denver fit une promotion offrant deux pizzas pour le prix d'une aux clients qui leur apporteraient les pages de publicité des concurrents sur l'annuaire du téléphone.
- Une grande chaîne de quincaillerie s'ouvrit à côté d'une petite quincaillerie locale. Après un moment de désespoir et de panique, le propriétaire eut l'idée d'un stratagème intéressant. Il plaça devant sa boutique un panneau indiquant : « Entrée principale ».
- Quand la Security Pacific Bank fusionna avec Bank of America, de nombreuses succursales de Security Pacific fermèrent. Interstate Bank loua alors des camions qu'elle stationna devant les succursales qui fermaient et les employés de First Interstate dans les camions aidèrent les gens à ouvrir des comptes.
- En 1986, British Airways fit une promotion offrant 5 200 places aux gens qui voyageraient le 10 juin. Virgin Atlantic Airways y répondit par une publicité annonçant : « La politique de Virgin est de vous encourager à voler vers Londres pour le tarif le moins cher possible. Donc le 10 juin, voyagez sur British Airways. » Cette promotion de British Airways généra une grande couverture presse, qui mentionna aussi la publicité amusante de Virgin. Elle a coûté beaucoup plus cher à British Airways qu'à Virgin.
- Une société fit une étude sur un échantillon de 750 employés de bureau aux États-Unis. Elle montra que 81 % d'entre eux estimaient qu'une tenue sport améliorait le moral et 47 % qu'elle améliorait la productivité ; 46 % déclarèrent que pouvoir s'habiller sport était un facteur séduisant pour aller travailler dans une société et seulement

4 % considéraient que les tenues sport avaient un impact négatif. Quand la société Levi Strauss entendit parler de cette recherche, elle en informa des milliers de publications. La société installa même une ligne gratuite pour aider les sociétés à mettre en place ce nouveau code vestimentaire. Devinez qui profita le plus de cette étude ? Levi Strauss, bien sûr, et sa ligne Dockers.

- Un magasin Goodyear à Chattanooga (Tennessee) se trouvait dans une situation difficile : il voulait mettre deux panneaux Goodyear. Mais la réglementation locale n'en autorisait qu'un seul. Imperturbable, le directeur du magasin écrivit Goodyear en dessinant le nom avec des soucis sur un parterre de fleurs. L'inspecteur de la ville y vit une violation, mais le public soutint la boutique et les autorités publiques durent battre en retraite.
- Un électricien qui n'avait qu'un seul camion était constamment raillé par sa concurrence parce que sa société était petite. Pour les dérouter, il peignit trois numéros différents sur son camion, à droite, à gauche et à l'arrière.
- International Harvester ne pouvait pas livrer d'acier à son usine de Melrose Park dans l'Illinois en raison de la grève d'un syndicat de camionneurs. La société ne pouvait pas utiliser des employés non syndiqués à cause des tireurs embusqués sur l'autoroute. Finalement, la société a loué des cars scolaires, habillé les chauffeurs en bonnes sœurs, chargé les cars d'acier et fait ses livraisons. Personne ne tirerait sur des cars scolaires pleins de bonnes sœurs, n'est-ce pas ?

J'adore ces histoires montrant comment des sociétés peuvent s'affoler les unes les autres. Mais je ne veux pas que vous pensiez qu'elles sont une raison pour affoler la concurrence. Veillez, par-dessus tout, à faire en sorte que vos clients soient contents. Ensuite, vous pourrez faire des choses marrantes.

# Chapitre 67
# Comment rester sain d'esprit

> Je déteste l'idée de me faire l'avocat de la drogue, de l'alcool, de la violence ou de la folie, mais ils ont toujours bien marché pour moi.
>
> Hunter S. THOMPSON

Quand on affole la concurrence, il n'en faut pas moins rester sain d'esprit soi-même. L'objectif de ce chapitre est d'éviter que la concurrence ne vous rende fou. Je ne vous donne pas une liste des dix points les plus importants ; il n'y en a que cinq, car la clé pour rester sain, c'est de rester simple.

- **Enchantez votre client.** « La meilleure défense est une bonne offensive. » Si vous continuez à enchanter votre client, il est improbable que votre concurrence vous attaque. Deux raisons à cela. Premièrement, c'est vous qui rendrez fous les concurrents, et pas l'inverse. Deuxièmement, vous serez si occupé que vous n'aurez pas à vous inquiéter de ce que vos concurrents tentent de faire contre vous.
- **Ne supposez pas que « l'information parfaite » existe.** C'était déjà assez difficile avant les alertes Google et tous les services d'informations, mais maintenant, c'est pire et les sociétés ont commencé à croire à un monde d'information parfaite résultant de la technologie. Elles croient qu'à l'instant où un concurrent annonce une nouvelle fonctionnalité, un service ou un partenariat, c'est tout le marché qui le sait. En réalité, seuls vous, votre concurrence et les serveurs de Google sont au courant de ce qui est annoncé. En exagérant votre réaction, vous accroissez par inadvertance la prise de conscience de l'information et vous exacerbez le problème.
- **Prenez un calmant.** Ne laissez pas voir aux concurrents qu'ils vous donnent des sueurs froides. Attachez-vous plutôt à contenter vos clients.

Ne vous laissez pas aller à toutes sortes d'invectives, parce que vous ferez certainement quelque chose de stupide. Dans l'histoire de Sinbad, il y a un épisode où les marins jettent des pierres aux singes dans les cocotiers pour les obliger à leur lancer des noix de coco. C'était exactement ce que voulaient les marins affamés et assoiffés pour avoir ces noix de coco.

Cela ne veut pas dire, bien sûr, que vous devez ignorer les concurrents. Il faut que vous sachiez tout ce que vous pouvez savoir sur eux. S'ils vous portent un coup, prenez-le personnellement et répondez énergiquement en innovant plus qu'eux et en exécutant mieux qu'eux. Mais ne laissez pas vos concurrents vous donner des sueurs froides, car votre nervosité renforcera leur confiance.

Il y a un autre cas où vous devez prendre un calmant : quand un concurrent vous a porté un coup et que vous n'avez pas de riposte. Dans ce cas, comme ma mère me le disait : « Ne te laisse pas affecter par ce que tu ne peux pas changer. Concentre-toi sur ce que tu peux faire. »

• **Affichez le point négatif de la concurrence.** Quand F. W. Woolworth a ouvert son premier magasin, un concurrent qui avait opéré dans le voisinage pendant des années a accroché un panneau annonçant : « Au même endroit depuis 50 ans ». Pas mal, non ? A ceci près que Woolworth riposta ainsi : « Vieux d'une semaine. Pas de vieux stock ». La leçon : trouver le point négatif critique à coller sur le dos de votre concurrent. Il se peut qu'il vous fiche la paix la prochaine fois.

• **Agissez comme un maniaque.** Oui, c'est apparemment en contradiction avec le fait de prendre un calmant. Que dire ? Je suis complexe. Pour poursuivre sur ce thème, une stratégie efficace est de convaincre votre concurrence de ne pas vous attaquer parce que vous pourriez faire quelque chose de vraiment dément. Virgin Airlines incarne ce comportement. Qui veut se bagarrer avec une compagnie aérienne offrant le transport gratuit par moto ou limousine à l'aéroport, des massages en vol et des manucures, et acceptant les programmes de fidélité des concurrents ? La plupart des sociétés rationnelles concluent qu'il est intelligent de ne pas provoquer un maniaque.

Au bout du compte, si vous voulez rester sain d'esprit, voire prospérer, employez-vous à améliorer votre société plutôt qu'à descendre vos concurrents. Ray Kroc, le fondateur de Mc Donalds qui placerait un tuyau dans la bouche d'un concurrent en train de couler, a aussi dit ceci :
« Ma façon de combattre la concurrence est l'approche positive. Mettez l'accent sur vos points forts, la qualité, le service, la propreté et la valeur, et la concurrence s'épuisera en essayant de maintenir le rythme. »

# Embaucher et licencier dans les faits

Embaucher et licencier relèvent de la magie noire pour la plupart des gens. Peu sont formés à recruter – nous sommes plutôt portés à faire confiance à notre intuition. Peu sont formés à licencier – nous sommes plutôt portés à croire que les sociétés ne font jamais d'erreur de recrutement, contribuent correctement à la progression de leurs employés et, donc, n'auront jamais de raisons de licencier quiconque. La réalité est qu'embaucher et licencier sont des opérations difficiles et cette section améliorera votre capacité à faire l'un et l'autre.

# Chapitre 68
# L'art d'embaucher

L'Église a embauché des gens qu'on a empesés
et repassés avant de les avoir lavés.
**John WESLEY**

Le *Washington Post* convainquit un violoniste de renommée mondiale, Joshua Bell, de se faire passer pour un musicien de rue pour voir combien de gens s'arrêteraient pour l'écouter et combien d'argent ils lui donneraient. Bell joua la *Partita en ré mineur pour violon* de Jean-Sébastien Bach sur un violon d'Antonio Stradivari valant 3,5 millions de dollars à 7 h 51 un vendredi matin, pendant 45 minutes, dans une station de métro à Washington et cela, devant 1 097 voyageurs. Qu'arriva-t-il selon vous ?

a) Il fallut fermer le métro parce que les gens s'arrêtaient et ne voulaient pas quitter la station avant qu'il ait terminé.

b) Quelque 1 096 personnes ne devinèrent pas qui il était et il récolta 32 dollars.

La réponse est que personne ne le reconnut ni le remercia. En réalité, les gens évaluent la qualité en fonction du contexte et de l'opinion des autres. Au fait, le reporter de cette histoire, Gene Weingarten, remporta le Prix Pulitzer pour cet article ("Pearls Before Breakfast"[48], *Washington Post*, 8 Avril 2007, page W10).

Recruter est un art, et ce chapitre vous explique ce qu'il faut pour y exceller.

• **Ignorez ce qui n'est pas pertinent.** C'est le point important dans l'histoire de Joshua Bell. Les diplômes et l'expérience professionnelle d'un candidat sont souvent appropriés sur le papier, mais pas dans le monde réel. Un vice-président de Microsoft avec un doctorat en informatique

48. *Des perles pour le petit-déjeuner.*

est-il un employé idéal pour une start-up ? Pas nécessairement. Il a travaillé dans une société qui a soixante milliards de dollars en trésorerie et 95 % du marché et il s'est réveillé tous les jours, inquiet, non à cause de la concurrence ou des clients, mais à cause de la Division Antitrust du ministère de la Justice. Un candidat qui n'a pas d'antécédents parfaits peut être la perle cachée.

- **Embauchez des gens contaminés.** Les entreprises recherchent traditionnellement des candidats qui ont la formation et l'expérience professionnelle adéquates. J'ajouterais, voire je substituerais à cela, une autre qualité : le candidat est-il contaminé par l'amour pour votre produit ? Toute la formation et l'expérience professionnelle du monde ne servent à rien si le candidat ne « pige » pas ou n'aime pas. C'est comme cela qu'un idiot de la joaillerie comme moi a réussi dans la technologie.
- **Embauchez des gens meilleurs que vous.** Dans la division Macintosh, nous avions un adage : « Les acteurs de série A engagent des acteurs de série A ; les acteurs de série B engagent des acteurs de série C. » Bref, les gens super engagent des gens super. En revanche, les gens médiocres embauchent des candidats encore moins bons qu'eux pour se sentir supérieurs. (Si vous suivez cette pente, vous finissez bientôt par des acteurs de série Z : on appelle cela l'explosion des bozos. Elle est suivie par un licenciement.) Je suis arrivé à la conclusion que nous avions tort – les acteurs de série A engagent des acteurs de série A+, et pas seulement de série A. Cela suppose de la confiance en soi et la conscience de qui on est, mais c'est la meilleure façon de construire une équipe géniale.
- **Vérifiez votre intuition.** Le problème de l'intuition c'est qu'on ne se souvient que des situations où elle était juste. Mais elle est probablement aussi souvent erronée. Je vous recommande de poser à tous les candidats les mêmes questions et de prendre des notes détaillées. Vous pourriez même faire le premier entretien par téléphone pour ne pas juger le candidat sur son apparence. Les fondateurs, notamment, croient avoir une bonne intuition et ils conduisent des entretiens non structurés qui sont trop subjectifs et, finalement, ils prennent de mauvaises décisions d'embauche.

• **Lancez un défi.** Ne présupposez pas que tout le monde cherche un emploi facile. Les meilleurs recherchent un emploi génial et les emplois géniaux sont souvent un formidable défi. Donc n'hésitez pas à lancer un défi pour attirer un candidat. Quand Steve Jobs a engagé John Sculley comme P.-D.G. d'Apple, voici ce qu'il lui a demandé : « Voulez-vous passer le reste de votre vie à vendre de l'eau sucrée ou voulez-vous saisir la chance de changer le monde ? » J'en conviens, les choses n'ont pas marché comme Steve le voulait, mais mon point de vue reste valable.

• **Vérifiez des références indépendantes.** Combien sommes-nous à nous être contentés de ne vérifier que les références fournies par le candidat ? Je sais que je suis dans ce cas. Est-il possible d'être plus stupide ? C'est souvent ce qui arrive parce que nous ne questionnons pas notre intuition : une fille nous plaît, et nous n'appelons que les références qu'elle fournit, parce que nous n'avons pas envie d'entendre que nous aimons une idiote. Faites ce que je dis, non ce que j'ai fait : vérifiez des références indépendantes – de préférence une personne pour laquelle elle a travaillé et une autre qui a travaillé pour elle. LinkedIn, un service qui permet aux gens de créer des réseaux de contacts professionnels, est très utile pour cela.

• **Appliquez le test de la galerie marchande.** Au dernier stade du processus d'embauche, appliquez le test de la galerie marchande, qui fonctionne comme suit : Imaginez que vous êtes dans une galerie marchande et que vous voyez le candidat. Il est à quinze mètres de vous et ne vous a pas vu. Vous avez trois options : (1) vous diriger vers lui pour lui dire bonjour ; (2) vous dire intérieurement : « Cette galerie marchande n'est pas si grande que cela ; si je tombe dessus, je lui dirai bonjour, sinon peu importe. » ; (3) sauter dans votre voiture et foncer vers une autre galerie marchande. Mon point de vue : si un candidat n'entre pas dans le premier cas de figure, ne l'embauchez pas.

• **Utilisez toutes vos armes.** Une fois que vous avez trouvé le candidat parfait, utilisez toutes les armes à votre disposition pour le faire venir – pas simplement un salaire et des actions. Par exemple, l'attrait de votre vision et la qualité des employés (qui n'aime pas travailler avec des gens intelligents qui réussissent ?) sont aussi des armes importantes. Ajoutez à cet arsenal les membres de votre conseil d'administration et vos conseillers pour l'influencer. Et enfin, faites valoir l'intérêt qu'il y a à avoir une entreprise comme la vôtre sur son CV (ne soyons pas naïf).

• **Convainquez tous les décideurs.** Un candidat prend rarement sa décision tout seul. Plusieurs autres personnes peuvent avoir leur mot à dire. En général, ce sont les conjoints, mais les enfants, collègues et amis jouent souvent un rôle. Pour les Américains d'origine asiatique, les parents ont un rôle important, car les Américains d'origine asiatique essaient perpétuellement de satisfaire leurs parents. Lors des entretiens, demandez simplement : « Qui vous aide à prendre votre décision ? » Et veillez ensuite à ce qu'eux aussi soient contents.

• **Attendez pour parler de la rémunération.** Une erreur commune est d'utiliser la lettre d'offre d'embauche comme le point de départ de la négociation. C'est très risqué parce que vous ne savez pas ce que sera la réaction. Si le candidat est un Américain d'origine asiatique, par exemple, il est susceptible de la montrer à sa mère et votre offre de départ pourrait l'offenser. Si l'offre lui semble trop basse, elle dira alors au candidat de laisser tomber parce que votre société aura déshonoré sa famille. La lettre d'offre n'est là que pour confirmer ce sur quoi tout le monde est d'accord. C'est la dernière phase des négociations.

• **Ne croyez pas que vous êtes quitte.** Garage a un jour recruté un banquier d'affaires (premier *mea culpa*) venant d'une grande banque d'investissement (deuxième *mea culpa*). Après des semaines de pourparlers, plusieurs offres et des contre-propositions, il accepta de venir chez nous. Il travailla quelques jours et ensuite, il se fit porter malade. Tard un soir, il m'envoya un mail m'indiquant qu'il avait accepté l'offre d'un ancien client de sa banque. J'en ai tiré une leçon importante : ne vous imaginez jamais que votre travail d'embauche se termine une fois que le candidat a accepté. Vous devez recruter vos employés tous les jours, car quand ils partent chez eux le soir, il est possible que vous ne les revoyiez jamais si vous ne surveillez pas la cote d'amour.

L'embauche est l'une des formes les plus pures de l'évangélisation parce que vous incitez les gens à croire en votre société et à faire un pari sur leur existence en travaillant pour elle. C'est plus sérieux que le simple fait d'essayer un produit ou un service. Si ce que vous avez appris dans ce chapitre vient s'ajouter à un bon produit ou service, vous devriez être capable de recruter qui vous voulez.

# Chapitre 69
# Recruter dans le monde réel

Recrue, n. Une personne qu'on distingue d'un civil par son uniforme et d'un soldat par sa démarche.
Ambrose BIERCE

*Craig James est le chef de la technologie de eMolecules. Il a lu le chapitre précédent et m'a fourni ses recommandations en matière de recrutement. Craig a travaillé dans la chimie, avec des chimistes et des bases de données de produits chimiques pendant toute sa carrière. Il a géré un projet de spectromètre de masse économique chez HP Scientific Instruments (maintenant Agilent) et a été le directeur de l'ingénierie d'Accelrys.*

J'ai eu le plaisir d'appartenir à l'équipe de recrutement de Hewlett Packard qui avait le taux de succès le plus élevé du groupe en termes de rétention et de performance des employés que nous engagions. Le chef de l'équipe m'a appris des choses que vous ne mentionnez pas dans votre chapitre sur l'embauche, parce que vous abordez ce que vous essayez d'apprendre, mais non comment faire pour apprendre. C'est cela, l'art réel de l'embauche. Nous traitions l'entretien au même titre qu'un projet au sens plein du terme. Il y avait un chef d'équipe et chaque personne avait sa spécialité. Chaque entretien suivait le même canevas.

- **Hôte.** La tâche de cette personne est d'accueillir le candidat, de lui souhaiter la bienvenue, de lui montrer les lieux (si c'est approprié), de lui présenter le déroulement de l'entretien, de lui dire qui il rencontrera et de répondre aux questions initiales. De vingt à trente minutes.
- **Technicien n°1.** Il va mettre le candidat sur la sellette sur des sujets techniques difficiles. C'est l'entretien le plus dur de la journée et il a pour

but de déterminer si le candidat est compétent techniquement. On lui présente des problèmes, souvent réels, auxquels l'équipe est confrontée et le candidat doit montrer son niveau de compétence dans ses réponses. Il doit répondre à des questions basiques relatives à son domaine, par exemple un électromécanicien doit être capable de résoudre des problèmes de circuit, de trouver les défauts d'un schéma, etc. Cet entretien a généralement l'effet d'un électrochoc sur le candidat. Une heure.

- **Responsable de projet.** Le responsable du recrutement fait passer un entretien non technique, mais se concentre sur le poste à pourvoir : le candidat semble-t-il convenir ? Est-il intéressé ? Il peut poser des questions sur le projet, etc. De quarante-cinq minutes à une heure.
- **Déjeuner.** Le responsable du projet avec un membre de l'équipe. Conversation informelle, antécédents du candidat, école, etc.
- **Ressources humaines.** Le responsable des ressources humaines présente les avantages sociaux offerts par la société, demande les références, répond aux questions du candidat sur la société, etc. Trente minutes.
- **Technicien n°2.** Comme Technicien n°1, mais généralement moins intense. Il examine davantage les réalisations spécifiques du candidat, se renseigne sur ce qu'il a fait de mieux et sur ses échecs les plus lamentables. Il demande au candidat de décrire un projet en détail et pose des questions en profondeur. Il interroge le candidat sur son propre terrain, là où il doit briller. Une heure.
- **Hôte** (reprise). Questions supplémentaires, il explique ce qui vient ensuite, et remercie le candidat. De quinze à vingt minutes.

Nous organisions aussi les entretiens de telle sorte que pour un poste à pourvoir, tous les candidats soient testés au cours d'une période aussi courte que possible (généralement une semaine). Cela nous permettait de comparer les candidats et de leur donner une réponse rapidement.

À la fin de la journée d'entretien, il y avait une réunion obligatoire de l'équipe. Le responsable demandait à chacun son opinion. Il y avait ensuite une discussion. Il était remarquable de voir qu'on finissait toujours sur un consensus – je ne me souviens pas de cas où il n'a pas été évident d'offrir ou ne de pas offrir un poste. La plupart du temps, si l'une des personnes qui faisaient passer l'entretien disait non, c'était là le dernier mot.

Il est essentiel que ce soient les mêmes personnes qui fassent passer les entretiens. Elles s'améliorent au fil du temps, apprennent à mieux se connaître, et leurs échanges leur donnent une perspective et des points de référence communs pour les discussions. Si une personne de l'équipe n'est pas assez bonne, trouvez-en une autre capable de s'intégrer à l'équipe. Et ce n'est pas parce que vous êtes le patron que vous devez être dans l'équipe qui fait passer ces entretiens !

Une chose curieuse à propos de nos entretiens : nous étions très durs pour les candidats (en particulier pendant les entretiens techniques), mais au lieu de nous en vouloir, les candidats étaient toujours impressionnés et voulaient travailler pour nous. Ils savaient que s'ils nous rejoignaient, ils allaient rejoindre un groupe de recherche-développement de qualité supérieure.

J'ai passé des entretiens où j'avais l'impression que les personnes qui m'interrogeaient ne semblaient pas se connaître ; leurs questions se chevauchaient ; elles omettaient des sujets sur lesquels elles auraient dû me poser des questions et tout à l'avenant. J'ai refusé leurs offres.

*Les recommandations de Craig sont très sages. Donc, structurez le processus d'entretien. Vous découvrirez probablement que plus le processus est discipliné et rigoureux, meilleurs seront les employés que vous attirerez dans la société.*

# Chapitre 70

# Treize questions à Libby Sartain, « chef des gens » à Yahoo!

Qu'un homme vienne de la prison de Sing Sing ou de Harvard, pour moi, c'est du pareil au même. Nous engageons un homme, non son histoire.

Malcolm S. FORBES

Libby Sartain avait la responsabilité de diriger l'ensemble des ressources humaines de Yahoo!, de gérer et développer l'équipe. Avant de rejoindre Yahoo! en août 2001, elle était « vice-présidente des gens » à Southwest Airlines. Dans cette interview, elle explique ce qu'est le processus de recrutement pour une grande société de technologie autour de 2006.

***Q. À un instant donné, combien de postes avez-vous à pourvoir ?***

**R.** Le nombre fluctue, mais si je fais une moyenne, je dirais qu'il y en a environ mille à tout moment et environ deux mille cinq cents par an.

***Q. Combien de demandes avez-vous en moyenne par poste à pourvoir ?***

**R.** Au cours des dernières années, nous avons reçu plus de 120 000 CV par an. Donc nous commençons avec un ratio de 50/1, mais quand nous nous limitons aux candidats vraiment qualifiés, nous en avons dix pour chaque poste.

***Q. Comment un candidat peut-il sortir du lot ?***

**R.** Les candidats qui nous envoient un CV ne correspondant pas spécifiquement à un poste disponible sont ceux qui sont confrontés à l'obstacle le plus important. Compte tenu du nombre de CV que nous recevons et du fait que les recruteurs regardent ce qu'il y a à pourvoir au jour le jour, ils passent à travers les mailles du filet. Donc le mieux est de poser sa candidature pour un ou deux emplois où il y a une exacte correspondance entre la qualification et le besoin. Il est aussi utile d'être recommandé par quelqu'un qui est dans la société. Mais assurez-vous que cette personne puisse se porter garante de vous et de votre travail.

***Q. Qu'est-ce qui fait qu'un e-mail de motivation ou qu'un CV attire votre attention ?***

**R.** Dans l'e-mail de motivation ou le CV que vous rédigez en soumettant votre candidature par l'intermédiaire de sites comme Hot Jobs, nous nous attendons à ce que votre personnalité transparaisse. Il faut que vous puissiez formuler succinctement qui vous êtes, ce que vous apportez et pourquoi nous devrions vous engager… mais votre caractère unique doit sauter aux yeux.

Je vous suggère d'écrire un pitch sur vous pour l'avoir à disposition quand vous cherchez un travail. Vous pouvez résumer dans votre lettre/e-mail de motivation/candidature en ligne : qui vous êtes, ce à quoi vous croyez, votre objectif personnel, la contribution que vous voudriez avoir dans votre prochain poste. S'asseoir et écrire un pitch de 50 à 75 mots pour un lecteur imaginaire est une remarquable expérience d'auto-découverte. Être capable de condenser son existence toute entière en quelques mots est une façon de communiquer au monde l'essentiel de qui on est. Ou du moins, ce que vous voulez que soit cet essentiel. Le fait d'être à l'aise avec ce pitch vous aide lors de l'entretien.

***Q. Que redoutez-vous dans un CV ?***

**R.** Je redoute les CV qui ne me disent pas où vous avez travaillé ni ce que vous y avez fait. Beaucoup de gens font dans la formule, mais il manque la substance montrant comment et où ils ont acquis les qualifications qu'ils prétendent avoir. L'exagération joue toujours contre eux.

Aussi étrange que cela puisse paraître dans la Silicon Valley, j'aime aussi constater une certaine stabilité. Si quelqu'un n'a occupé chaque emploi que deux ans ou moins, une sonnette d'alarme se déclenche dans ma tête. Je me demande si le candidat n'a pas atteint la limite du temps où il était le bienvenu dans une société.

***Q. Un CV long de plus d'une page réduit-il les chances d'un candidat ?***
**R.** Nous regardons les CV électroniques, donc le nombre de pages n'est pas vraiment un problème. Il faut qu'ils soient succincts, mais s'ils ont deux ou trois pages et s'ils sont bons, cela marche. Plus de trois pages, c'est trop.

***Q. Dans quel ordre classez-vous les caractéristiques suivantes : parcours universitaire, expérience, enthousiasme ?***
**R.** Il faut l'ensemble, mais l'enthousiasme a une place importante pour moi. Je cherche des gens qui s'intégreront dans notre culture, qui sont intelligents, amusants, amicaux et qui se passionnent pour ce qu'ils font.

***Q. En quoi vos critères différent-ils de ceux d'autres sociétés de la Silicon Valley comme Apple ou Google ?***
**R.** Nous offrons une opportunité d'un autre type. Nous offrons généralement au candidat un spectre d'expériences différentes parce que nous avons un très grand nombre de produits et de services ainsi que l'audience la plus étendue au monde. Les gens nous préfèrent à la concurrence parce que nous leur offrons un poste adapté à leurs centres d'intérêt et à leurs objectifs. Ils apprécient aussi le fait de pouvoir évoluer vers d'autres domaines, et en conséquence, les perspectives de développement de leur carrière.

***Q. Quel effet un candidat fait-il s'il dit qu'il veut aider Yahoo! à botter le derrière de Google ?***
**R.** Nous adorons les gens qui veulent nous voir gagner du terrain sur les concurrents, et nous avons des concurrents pour chacun des produits et services que nous offrons.

***Q. Comment les candidats peuvent-ils accroître leurs chances d'exceller lors d'un entretien ?***
**R.** En arrivant préparé ! Le minimum est que vous ayez étudié la société, son type d'activité et scs produits. Vous devez savoir ce que vous allez nous apporter et nous convaincre que vous êtes capable de faire le travail. Et, une fois de plus, nous voulons savoir quelle est votre personnalité.

***Q.* Est-ce que quelqu'un qui a un diplôme en histoire de l'art et qui n'a pas de formation ou pas d'expérience en technologie peut décrocher un emploi chez Yahoo! ?**

**R.** Bien sûr, mais pas un emploi dans la technologie. Nous avons des employés avec une formation en histoire de l'art travaillant dans certains domaines comme la navigation sur Internet, l'expérience utilisateur, le design, le marketing, voire les ressources humaines. Il est utile d'avoir une expérience dans une autre société quand on a ce genre de diplôme.

***Q.* Si un candidat n'a pas de nouvelle de sa demande, dans quelle mesure doit-il essayer d'initier le contact – ou bien les gens se contentent-ils « d'envoyer leur CV et de prier » ?**

**R.** Prier peut aider, mais je suggère que les candidats vérifient s'ils n'ont pas de retour. Si la réponse est que nous avons trouvé quelqu'un d'autre, ils doivent passer à autre chose.

***Q.* Donnez-moi les pourcentages approximatifs des voies par lesquelles les candidats non cadres vous arrivent ?**

**R.**

- Pages job de Yahoo! : 30 %
- Recommandation par un employé de Yahoo! : 30 %
- Recruteurs internes de Yahoo! contactant un prospect (c'est-à-dire une personne qui ne recherche pas un emploi) : 20 %
- Chasseurs de tête sous contrat avec Yahoo! contactant un prospect : 2 %
- Conversion de contractuel à employé : 10 %
- Hot Jobs et autres sites d'emplois : 7 %

À l'époque de cette interview, en 2006, Yahoo! était déjà moins en vogue que Google ; donc vous pouvez imaginer qu'il est encore plus difficile d'avoir un entretien ou un emploi chez Google ou dans toute autre société à la mode. Maintenant vous savez ce qui vous attend et comment vous préparer.

# Chapitre 71

# Conseils de carrière pour ce siècle

Il n'est jamais trop tard pour être ce que vous auriez pu être.

George ELIOT

Penelope Trunk est l'auteur de *Brazen Careerist : The New Rules for Success* (Business Plus, 2007)[49]. Elle est aussi journaliste au *Boston Globe*. Avant cela, elle était cadre chez un éditeur de logiciels et elle a aussi fondé deux sociétés. Elle a fait l'expérience d'une entrée en Bourse, d'une acquisition et d'une faillite. Encore auparavant, elle était professionnelle en beach-volley. J'ai inclus l'interview que j'ai faite d'elle, car ses conseils sont radicalement différents de ceux de la plupart des « experts en carrières ».

***Q. Combien d'argent faut-il pour être heureux ?***

**R.** Autour de 40 000 dollars. Peu importe le nombre de vos enfants et la ville dans laquelle vous habitez – c'est couper les cheveux en quatre, car votre niveau de bonheur dépend de votre niveau d'optimisme et de la qualité de vos relations. Si vous avez assez d'argent pour vous nourrir et vous loger, votre niveau d'optimisme se mettra en marche et vous dictera à quel point vous êtes heureux.

***Q. Qu'est-ce qui est le plus important, être compétent ou être sympathique ?***

**R.** Les gens préfèrent travailler avec des gens incompétents qui sont sympathiques plutôt qu'avec des gens compétents qui sont antipathiques.

49. Littéralement : *Le carriériste éhonté*

Mais il y a plus. Au travail, si vous êtes antipathique, les gens commencent à penser que vous êtes moins compétent. Donc arrêtez de penser que vous pouvez compter sur votre Q.I. de génie, parce que ce n'est pas le cas. Il vous faut aussi de l'intelligence émotionnelle. L'aisance sociale est aussi importante que l'intelligence pour le succès à long terme, même quand on est un génie.

***Q. Dois-je attaquer un patron qui me harcèle sexuellement ?***

**R.** Dans la plupart des cas, vous détruirez votre carrière. Donc, sauf si vous êtes physiquement en danger, ne signalez pas le problème. Les lois sur le harcèlement sexuel ne protègent pas les femmes qui signalent le problème. La loi protège les sociétés des poursuites judiciaires éventuelles de femmes qui signalent le harcèlement. Les professionnels des ressources humaines sont formés pour protéger l'entreprise, et non les femmes.

Quand vous signalez un abus, les mesures de rétorsion vous font perdre votre emploi. Ces mesures de rétorsion sont illégales mais pratiquement impossibles à prouver devant un tribunal. Et quand bien même vous parviendriez à les prouver, vous auriez à vivre un enfer émotionnel, sans salaire, et un niveau de tension vous rendant incapable de trouver un autre emploi. Tout cela pour une transaction finale qui, c'est presque certain, ne vous permettra pas de prendre votre retraite.

C'est tout simplement ainsi que marche le système légal. Je ne dis pas que c'est bien, mais si vous êtes préoccupée par votre carrière, vous devez faire tout ce qui est possible pour ne pas signaler un harcèlement sexuel. La plupart des femmes n'ont pas la possibilité de sacrifier leur carrière – ni leur pouvoir d'achat.

***Q. Quand puis-je demander une promotion ?***

**R.** Jamais, peut-être. L'augmentation moyenne de salaire est de 4 %. Est-ce que cela va changer votre vie de façon significative ? De plus, on vous promeut sur une échelle donnée, mais monter sur cette échelle n'est pas nécessairement ce qu'il y a de mieux pour vous.

Donc concentrez-vous sur ce que vous voulez plutôt que de suivre les voies que les autres tracent pour vous.

Avoir une promotion fait très siècle dernier. Déterminez ce qui a le plus de sens pour vous : de la formation, du *mentoring*, des horaires flexibles, ou toute autre chose plus utile que 4 % de salaire en plus. Ce sont des choses qui peuvent vraiment améliorer votre vie et votre carrière.

***Q. Vaut-il mieux être généraliste que spécialiste pour avancer vers des postes de direction ?***

**R.** A Hollywood, la meilleure façon d'avoir le choix d'un rôle est de devenir un spécialiste – un type amusant, une fille coriace, un héros de film d'action. Vous vous faites connaître comme étant le meilleur dans un genre et vous utilisez ensuite votre pouvoir de star pour vous diversifier. C'est vrai aussi dans l'entreprise.

Les emplois qui ne requièrent pas de spécialisation sont de bas niveau. Pour gravir les échelons, il faut que vous soyez bon en quelque chose et que vous disiez aux gens ce que vous ne faites pas. Personne n'est génial en tout. Même si votre objectif n'est pas de devenir cadre, spécialisez-vous. Si vous n'avez pas de spécialisation et que vous voulez partir faire de la randonnée au Tibet pendant cinq mois, on vous remplacera facilement. Si vous avez une compétence bien spécifique, vous retrouverez votre emploi à votre retour.

***Q. Que faire des trous dans mon CV si je suis parti en voyage ou si j'ai été dans l'incapacité de trouver un emploi ?***

**R.** Parlez-en bien. Un trou est vraiment mauvais si vous avez passé votre temps à regarder des dessins animés, installé sur votre sofa. Mais si vous avez regardé des dessins animés pour préparer une nouvelle carrière dans la programmation pour les enfants, vous avez l'air dynamique. Même télé, même sofa, deux histoires différentes.

Les gens ne veulent pas entendre l'histoire de votre vie. Bonne nouvelle pour les gens qui ont eu des phases sofa. Dans presque tous les cas, vous apprenez quelque chose pendant ces périodes. Racontez une histoire sur ce que vous avez appris pendant ce temps et les trous n'occuperont pas le devant de la scène. Laisser de côté des détails n'est pas mentir ; cela fait partie de l'art de raconter de bonnes histoires.

***Q. Obtenir un MBA ou un autre diplôme de bon niveau est-il une bonne façon d'utiliser son temps et son argent quand on ne trouve pas d'emploi ?***

**R.** Non. Si vous ne trouvez pas d'emploi, investissez dans quelque chose comme un habillement plus adéquat, un meilleur CV ou un coach améliorant votre aisance sociale. Voilà ce qui empêche les gens de trouver un emploi. Au lieu de retourner à l'école, cherchez pourquoi vous ne trouvez pas d'emploi parce que c'est peut-être quelque chose qu'un diplôme ne peut pas changer.

Plus de diplômes vous rendent généralement plus difficile à employer. Par exemple, avec un second cycle en lettres, vous auriez plus de chances de survivre au Titanic que d'avoir un poste fixe d'enseignant.

Sauf si c'est pour aller dans une école de commerce de haut niveau au début de votre carrière, n'arrêtez pas de travailler pour avoir un diplôme supplémentaire. Prenez des cours du soir, car vous ne compenserez pas votre perte de salaire en ayant un titre supplémentaire.

Une formation juridique est l'un des rares diplômes qui vous rend plus facile à employer. Malheureusement, c'est la profession dans laquelle les gens sont le moins heureux. Le droit récompense le perfectionnisme et le perfectionnisme peut engendrer de la dépression. Les avocats ont peu de contrôle sur leur travail et leurs horaires, car ils sont à la merci de leurs clients, et beaucoup parmi eux travaillent constamment avec des clients qui ont des problèmes que les avocats ne peuvent pas résoudre.

***Q. Quelle est la longueur idéale d'un CV dans un monde où les CV sont électroniques et ne sont pas lus sur un papier imprimé ?***

**R.** Toujours une page. Un CV est un document marketing, non un résumé de votre vie, donc chaque ligne doit présenter une réalisation. Plus vos réalisations sont extraordinaires, plus la liste est courte. Par exemple, si vous pouvez écrire : « Évangélisa le Macintosh et en fit une des marques les plus aimées du monde », vous n'avez pas besoin de paragraphes supplémentaires sur vos compétences commerciales et marketing.

Si vous pensez avoir deux pages de réalisations incroyables, pensez bien que les directeurs du personnel évaluent un CV en dix secondes et qu'un scanner regarde dix mots-clés, ce qui tient certainement sur une page. Donc, sauf si vous avez un très bon contact avec le directeur du personnel et que vous savez qu'il va regarder les deux pages, ne vous donnez pas la peine de les envoyer. Et si vous avez ce bon contact, vous aurez probablement un entretien, même si votre CV est mal fichu.

***Q. Comment dois-je me préparer pour un entretien ?***

**R.** Un entretien est un test que vous pouvez étudier. Donc mémorisez les réponses aux cinquante questions les plus communes. La plupart des gens qui font passer les entretiens font des variations standard sur des questions standard, et il y a des réponses correctes à ces questions.

Que vous soyez une strip-teaseuse ou un agent de la CIA, la réponse à la question « quel est votre point faible ? » est une histoire sur la façon dont votre point faible s'est manifesté dans votre travail et ce que vous avez fait pour le surmonter. La plupart des autres réponses doivent aussi être des histoires. Cela signifie que vous devez les construire avant l'entretien. Les histoires de votre vie sont inoubliables. Les listes ne le sont pas. Soyez inoubliable si vous voulez être embauché.

Une autre façon de se préparer est d'aller à la gym juste avant l'entretien. Peu importe que nous n'alliez jamais à la gym – même si c'est ce que vous devriez faire – mais les gens qui font régulièrement de l'exercice ont plus de succès dans leur carrière. Allez-y juste avant un entretien car les gens vous jugent d'abord sur votre apparence, et si vous soulevez des poids et faites des abdominaux, vous vous tiendrez beaucoup plus droit lors de l'entretien. Vous aurez l'air d'avoir plus confiance en vous, ce qui est la moitié de la bataille dans le jugement sur l'apparence.

***Q. Quelle est la bonne stratégie pour la recherche d'un premier emploi juste après l'université ?***

**R.** N'accordez pas trop d'importance à votre premier emploi. Vous en aurez bien d'autres. La plupart des gens ont eu huit emplois avant l'âge de trente ans et ce n'est pas un problème. Il est presque impossible de savoir quelle carrière vous convient avant d'avoir essayé plusieurs choses. Donc donnez-vous la latitude de beaucoup essayer. Et ne vous perdez pas en introspection. Pour trouver un super emploi, vous n'avez pas besoin de savoir quel est le sens de l'existence, mais seulement ce que travailler beaucoup signifie.

***Q. Est-ce qu'il n'y a que les ratés qui vivent à la maison après la fac ?***

**R.** En un sens, il serait insensé de ne pas revenir chez soi ; c'est pourquoi 50 % des diplômés le font. Revenir chez vos parents est une étape intelligente dans la recherche de la carrière qui vous convient, parce que le salaire d'un premier emploi ne permet généralement pas de payer un loyer, le remboursement des emprunts d'études et les assurances – postes qui augmentent tous plus rapidement que les salaires. Si vous n'avez pas de loyer à payer, vous avez plus de flexibilité pour rechercher un emploi qui vous correspond et vous pouvez prendre un emploi qui paie mal, mais qui vous convient.

***Q. Que dois-je faire si je travaille pour un zozo ?***

**R.** Partir. Je sais, il y a des exemples de zozos vénérés comme Steve Jobs (Bob Sutton, professeur à l'université de Stanford, a écrit sur eux, comme vous le verrez plus tard dans ce livre), mais je me pose toujours des questions sur les gens qui les supportent. Ne peuvent-ils pas trouver un autre visionnaire, moins cinglé ?

Le fait de rester dans un emploi comme ça ne donne pas une bonne impression de vous. Les gens se demandent pourquoi vous supportez cela. Et franchement, vous devriez aussi vous poser la question. C'est comme être une épouse maltraitée. L'épouse prend toujours la défense de la relation en expliquant ce qu'elle en retire, mais pour tout le monde, il est évident qu'elle devrait partir. Le problème c'est la perte de perspective personnelle.

### LES NEUF PLUS GRANDS MYTHES RELATIFS AU TRAVAIL

J'ai tant aimé cette interview de Penelope que je lui en ai demandé plus. Voici sa liste des neuf plus grands mythes relatifs au travail :

**1. « Vous serez plus heureux si vous aimez votre emploi. »** La corrélation entre votre bonheur et votre emploi est surfaite. Les facteurs les plus importants sont, de loin, votre niveau d'optimisme et vos relations personnelles. Un super emploi ne permet pas de surmonter le pessimisme. Pensez aux zozos en haut de la pyramide. Et si vous avez de très bons amis et une famille, vous pouvez probablement être heureux, même si vous détestez votre travail – imaginez un éboueur amoureux.

**2. « Sauter d'un emploi à un autre va vous nuire. »** Passer d'un emploi à un autre est l'une des meilleures façons de rester passionné et d'assurer son épanouissement personnel au cours d'une carrière. Et il y a de bonnes nouvelles pour les sauterelles ; comme je l'ai dit plus haut, la plupart des gens ont eu huit emplois entre 18 et 30 ans. Cela signifie que les jeunes passent d'un emploi à un autre. Donc les directeurs du personnel n'ont pas d'autre choix que d'engager ces sauterelles. Essayez-vous, vous aussi, à plusieurs emplois.

**3. « Le plafond de verre existe toujours. »** Il n'y a plus de plafond de verre, non pas parce que les gens l'ont brisé, mais parce que les gens ne regardent pas en haut. La vie au-dessus du plafond de verre implique des semaines de cent heures, travailler pour quelqu'un d'autre et pas de temps libre pour les amis et la famille. Et ce ne sont pas seulement les femmes qui se refusent à gravir les échelons : c'est aussi le cas des hommes. Les gens veulent personnaliser leur propre succès, non gravir des échelons définis par quelqu'un d'autre. Donc, si personne ne grimpe, il n'y a pas de plafond de verre qui maintienne les gens en bas.

**4. « La politique au bureau est une histoire de coup de poignard dans le dos. »** Les gens qui sont les plus efficaces en matière de politique interne sont les gens authentiquement gentils. La politique interne est l'art d'aider les gens à obtenir ce qu'ils veulent. Ceci signifie qu'il vous faut prendre le temps de savoir ce qui plaît aux gens et trouver comment les aider à obtenir ce qu'ils cherchent. Soyez toujours tout ouïe pour être prêt à aider. Si vous faites cela, vous n'avez pas besoin de faire dans le bras de fer ou la manipulation. Le fait que vous soyez attentionné donnera aux gens l'envie de vous aider quand vous en aurez besoin.

5. **« Faites du bon travail et tout ira bien. »** D'abord personne ne sait ce que vous faites si vous ne le leur dites pas. Donc, quand vous faites du bon travail, faites-le savoir. Ce n'est pas exagéré que de chanter ses propres louanges ; c'est de la folie de penser que quelqu'un le fera pour vous. De plus, si vous faites un bon travail mais que vous êtes insupportable, les gens estimeront que votre travail est moyen. Bref, on peut dire que « le bon travail » n'importe vraiment que si vos collègues ont plaisir à entendre parler de vous.

6. **« Vous avez besoin d'un bon CV. »** Seuls 10 % des emplois sont alloués suite à une candidature spontanée. La plupart des gens trouvent du travail grâce à leur réseau. Une fois que vous avez un contact, la personne regarde votre CV pour s'assurer qu'il n'y a pas une raison de s'alerter. Il vous faut donc un bon CV et un excellent réseau.

7. **« Les gens avec de bons réseaux sont bons en réseautage. »** Soyez simplement gentil, intéressez-vous sincèrement aux gens que vous rencontrez et restez en contact avec les gens que vous aimez. Cela créera un groupe de gens capables de vous aider parce qu'ils vous connaissent et vous apprécient. Utilisez LinkedIn pour tirer parti des réseaux et vous vous construirez un réseau très solide en fréquentant les gens que vous aimez.

8. **« Travaillez beaucoup et de bonnes choses en résulteront. »** N'importe qui peut faire 70 heures par semaine. Cela ne veut pas dire que vous faites du bon travail. Donc voici une idée : assurez-vous que vous n'êtes pas la personne qui travaille le plus. Faites de longs déjeuners. Faites tout ce que vous avez à faire de bonne heure. Pour bien penser, il faut de l'espace, de la flexibilité et du temps. Permettez aux gens de vous voir regarder le mur fixement. Ils sauront que vous êtes une personne qui a de grandes idées. Prendre du temps pour penser vous donne plus de valeur.

**9. « Donnez-vous une image de marque reluisante ! »** Il n'y a pas de formule magique pour une superbe carrière, sauf celle qui consiste à être vous-même. Vraiment vous. Sachez qui vous êtes et ayez l'humilité de comprendre que l'effort de se connaître est une entreprise sans fin. Trouvez un moyen de faire ce que vous aimez et vous serez très bon. Offrez aux autres ce que vous avez de bon en vous et vous aurez un très bon réseau. Les gens qui se distinguent en tant que leaders se signalent par leur authenticité qui leur permet de nouer des contacts significatifs avec beaucoup de personnes. L'authenticité est un moyen de changer le monde en faisant le bien.

L'essentiel du message de Penelope est que vous avez la responsabilité de votre carrière et de votre bonheur. Personne (ni aucune société) ne va vous apporter une bonne carrière ou une existence agréable sur un plateau. Mais son point de vue radical peut vous aider.

# Chapitre 72

# Tout ce que vous vouliez savoir sur la manière de trouver un emploi dans la Silicon Valley, alors que vous ne saviez pas qui interroger

L'échec n'est pas de tomber mais de refuser de se relever.

Proverbe chinois

Beaucoup de gens me demandent des conseils sur la façon de trouver un emploi dans la Silicon Valley, donc voici ma réponse en exclusivité. Tout le monde ne sera pas d'accord avec moi et je ne suis ni Penelope Trunk, ni Libby Sartain. Il y a des gens qui vont catégoriquement démentir ce que je dis, mais si vous tirez parti de ces tuyaux, vous vous distinguerez haut la main de la plupart des candidats pour un emploi dans la Silicon Valley.

- **Aimez ce que fait la société.** Être passionné par ce que fait une société est le facteur le plus important pour trouver un emploi dans la Silicon Valley. Les sociétés sont construites sur la passion – peut-être plus que sur la réalité. Du coup, elles engagent des gens passionnés qui sont déjà dans le *Reality Distortion Field*[50].

La meilleure preuve de votre passion : les commentaires qui montrent que vous utilisez le produit ou le service de la société. Vous pouvez

50. Cette expression qui veut dire littéralement « champ de distorsion de la réalité » est en réalité une citation dans ce contexte. L'expression aurait été créée par Bud Tribble chez Apple en 1981 pour décrire les effets du charisme de Steve Jobs sur son équipe de développeurs lorsque l'aventure Macintosh a commencé. Source : http://en.wikipedia.org/wiki/Reality_distortion_field.

faire semblant avec un peu d'effort, mais la plupart des candidats ne s'en donnent même pas la peine. Faites tout ce que vous pouvez pour montrer que vous n'êtes pas le candidat ordinaire qui a simplement regardé le site Web. Si la société est un peu clairvoyante, votre passion peut compenser l'absence d'une formation ou d'une expérience professionnelle « parfaites ».

- **Créez un pitch robuste et apportez-le avec vous.** Dans la Silicon Valley, vous voyez qu'une personne fait un pitch au mouvement de ses lèvres. Voyez votre CV comme un « pitch » sur vous, le produit. J'espère que vous vous souvenez de la règle des 10/20/30. Voici la règle 1/2/3 des CV :
    - **1 page.** Quand certains candidats liront ça, ils se diront : « Guy pense au commun des mortels, pas à moi. J'ai dix ans d'expérience dans quatre sociétés différentes et cinq postes différents. Il me faut un CV de deux, voire trois pages pour expliquer à quel point je suis merveilleux. Et plus j'en dirai, plus une société trouvera des choses qu'elle aime. » D'une manière générale, si vous ne pouvez pas pitcher votre société en dix diapos ou vous-même en une page, c'est que votre idée est stupide et vous ne tenez pas la route.
    - **2 points clés.** Votre CV (et l'entretien) ne doivent communiquer que deux, peut-être trois points clés. Les points clés sont une expérience professionnelle pertinente, une formation en accord avec l'emploi et l'enthousiasme pour ce que fait la société. Un point clé c'est trop peu et trois sont à la limite du trop.
    - **3 sections.** « Deux points clés » : cela signifie que votre CV ne doit avoir que trois sections : informations pour vous contacter, expérience professionnelle et formation. Cela exclut spécifiquement les « objectifs » (est-ce que vous croyez vraiment qu'une société s'intéresse à ce que vous voulez être quand vous serez grand ?), « références disponibles sur demande » (bien sûr que vous en fournirez, mais quand on vous les demandera) et « autres centres d'intérêt ».

Puisque j'y suis, voici quelques petits tuyaux supplémentaires :

- **Faites relire votre CV par un œil neuf.** Un œil neuf trouvera toujours des fautes que vous avez oubliées.
- **Utilisez des verbes actifs.** Des verbes comme « créer »,« concevoir », « écrire » et « vendre » sont bienvenus.
- **Dites ce que vous avez accompli – pas vos titres ou responsabilités.** Ce qu'il y a de mieux, ce sont les résultats quantifiables, comme des ventes, des réductions de coût, ou des lancements de produits. Ce qu'il y a de pire, c'est le nombre de gens que vous avez dirigés ou le montant d'un budget que vous avez dilapidé. Ce qui est important, ce n'est pas la taille de l'équipe ou celle du budget : c'est ce que vous en avez fait.
- **Apportez une copie de votre CV à l'entretien.** Imaginez que l'une des personnes faisant l'entretien vous demande une copie de votre CV. Il est bien d'en avoir une sur vous car une bonne partie de la Silicon Valley souffre de troubles chroniques de l'attention et une fois que vous êtes loin des yeux, vous êtes loin des esprits.
- **Connaissez – et même mieux – détestez les concurrents.** Une autre forme d'enthousiasme est de détester les concurrents d'une société. Ne poussez pas trop loin, parce qu'aucune société ne voudra engager un psychopathe, mais exprimer le désir de battre Microsoft chez Apple, Google chez Microsoft ou Nintendo chez Sony est bienvenu. Cela montre à tout le monde que vous comprenez la réalité du marché.
- **Attendez-vous à la bande des rigolos.** Selon toute probabilité, vous êtes passé par des groupes de quatre ou cinq personnes. Il est probable aussi qu'une seule aura engagé ou géré des gens. Voici les personnages que vous allez rencontrer. Utilisez ces stéréotypes pour vous préparer à leurs questions et préoccupations.

| STÉRÉOTYPE | DESCRIPTION | QUESTION CLÉ | RÉPONSE CLÉ |
|---|---|---|---|
| L'enfant prodige | A abandonné la business school de Stanford.<br>A eu 1 600 à son SAT.<br>Encore vierge.<br>A besoin de faire une régression linéaire pour acheter un paquet de chewing-gum.<br>Va bientôt être sous-traité (c.-à-d. va devenir responsable de la stratégie informatique), mais ne le sait pas encore. | Comment se sont déroulés les oraux de votre doctorat ? | Bien, et les vôtres ? |
| La maman | C'est peut-être la seule adulte dans l'équipe.<br>S'occupe de la gestion du bureau, est la psy, la maman et la directrice d'école.<br>Facile de la négliger en pensant qu'elle fait partie du personnel administratif, mais c'est vers elle que vont les enfants prodiges quand ils ont besoin de conseils face au monde réel. | Quels sont vos passions en dehors du travail ? | J'ai des enfants adorables. Vous voulez voir leur photo ?<br>Ou :<br>Je suis à un stade de ma vie où je me concentre sur ma carrière, mais je voudrais fonder une famille un jour. |
| M. Marketing Produits | Ce sont les enfants prodiges qui l'ont fait venir même s'ils pensent que le gadget de la société est si cool qu'il n'a pas besoin de marketing. Il ne peut pas faire une démo du produit, mais il croit que tout est une affaire de présentation. MBA.<br>A travaillé cinq ans chez Playtex à s'occuper du marketing de tampons.<br>A une Cadillac en leasing. | Que pensez-vous des 4 P du marketing de Kotler ? | Ils sont encore importants, mais l'Internet et les communautés en ligne ont rendu la vie des marketeurs beaucoup plus complexe.<br>Je suis content que vous occupiez ce poste ici, car je vais apprendre beaucoup de choses à votre contact. |

| STÉRÉOTYPE | DESCRIPTION | QUESTION CLÉ | RÉPONSE CLÉ |
|---|---|---|---|
| Sunil | VP de l'ingénierie.<br>Après six mois de recherche, les enfants prodiges ont finalement choisi quelqu'un qui va pouvoir faire évoluer l'infrastructure et qui a un QI niveau température ambiante. (Est-il difficile de supporter six millions d'utilisateurs simultanés ?)<br>Les capital-risqueurs étaient ravis de son embauche.<br>Son beau-frère a une entreprise de programmation offshore à Bangalore que la société utilise. | Que pensez-vous du Squid web proxy caching ? | Je crois qu'une bonne architecture rend superflu le proxy caching. |
| Jasmine McGuire | L'experte commerciale. Finalement, les enfants prodiges ont trouvé une commerciale qu'ils ont pu supporter plus d'un quart d'heure.<br>Pas contente qu'il n'y ait pas plus de cadres féminins dans la société.<br>A travaillé 10 ans dans une société établie de la Silicon Valley où elle a dépassé les quotas tous les ans.<br>Se sent sporadiquement coupable de ne pas voir ses enfants suffisamment. | Quel est, selon vous, l'argument de vente clé de notre produit ? | Il y a tant de possibilités : facilité d'utilisation, rapidité, extensibilité, support technique de classe internationale… Mais c'est vous l'experte : qu'est-ce qui a marché pour vous ? |
| L'employé à vie | A commencé dans la société quand c'était « deux gars dans un garage ».<br>Veut être sûr que la société n'oubliera jamais ses racines.<br>Parfaitement content d'être seulement un très bon ingénieur.<br>Conduit une Prius d'occasion. | Avez-vous regardé l'émission spéciale du History Channel sur Arpanet ? | Oui, bien sûr ; en fait, je l'ai enregistrée sur mon système Betamax. Je continue à penser que c'est mieux que VHS. |

| STÉRÉOTYPE | DESCRIPTION | QUESTION CLÉ | RÉPONSE CLÉ |
|---|---|---|---|
| Grecian Gray | C'est un Monsieur Marketing Produits qui a duré.<br>Connaît tout le monde dans l'industrie, mais superficiellement.<br>Trop vieux pour aller dans une autre start-up mais trop jeune pour prendre sa retraite.<br>Organise les réunions à l'extérieur – dans des endroits où il y a de superbes terrains de golf.<br>A eu plusieurs affaires sentimentales dans la société.<br>A une Boxster en leasing. | Que pensez-vous des BMW série 7 ? | Très bien, mais c'est plus pour un père de famille. Donnez-moi une voiture de sport quand vous voulez. |
| La professionnelle des ressources humaines | Adore sa société.<br>Adore son boulot.<br>A tout vu.<br>Allergique aux cracks. Vous pouvez penser que c'est « juste une personne des ressources humaines », mais elle va vous torpiller si vous lui déplaisez.<br>L'une des premières personnes à engager quand vous quittez la société pour démarrer quelque chose. | Que voudriez-vous faire dans cinq ans ? | Je voudrais évoluer vers une position de direction dans une société pour continuer à étendre mes compétences. |
| Mme P.-D.G. | La preuve que de l'eau glacée peut couler dans les veines des gens. Coriace, pleine de talent.<br>A brisé le plafond de verre en mille morceaux.<br>Exhibe un mari comme trophée.<br>Donne l'impression que Merrill Streep dans *The Devil Wears Prada* est une girl scout.<br>Amie avec Carly Fiorina. | Avez-vous vu cet article sur moi dans Forbes ? | « Vu ? » Vous plaisantez ? Je l'ai sur moi. Voulez-vous bien me donner un autographe ? |

| STÉRÉOTYPE | DESCRIPTION | QUESTION CLÉ | RÉPONSE CLÉ |
| --- | --- | --- | --- |
| Don Corleone | Dirigeant dans la société depuis 20 ans.<br>Redouté par les employés qui ne le connaissent pas.<br>Adoré par ceux qui le connaissent.<br>Il a une fortune de plus de 50 millions de dollars.<br>Vit seul, mais a donné des boulots d'été à ses enfants dans la société quand ils étaient encore à la maison.<br>Membre du conseil d'administration.<br>Sa secrétaire répond à ses e-mails. | Qu'est-ce qui vous fait penser que vous pouvez apporter quelque chose à la société ? | J'ai lu beaucoup de choses sur ce que vous avez fait pour la société au cours de votre carrière et je ne puis qu'espérer apporter une contribution aussi importante que la vôtre. |

- **Présentez-vous de bonne heure.** Arrivez à votre entretien au moins trente minutes à l'avance parce que (a) vous pouvez avoir de la circulation ; (b) cela peut prendre du temps de s'enregistrer et de se faire faire un badge ; (c) vous pourriez apprendre des choses de la réceptionniste et (d) vous ne devez pas être nerveux au début de l'entretien.
- **Soyez très habillé ou demandez quel est le code vestimentaire.** Les sociétés de technologie sont connues pour leurs jeans-t-shirts, mais la question de savoir s'il s'agit de la tenue appropriée pour un entretien dépend de la position et de la personne qui sera en face de vous (elle peut avoir rejoint la société récemment et venir d'une entreprise avec des codes plus stricts). Une bonne pratique est de s'habiller mieux que la norme dans la société : par exemple, pour une société style t-shirt, ayez un polo avec col. Dans le doute, demandez ce qui convient.
- **Répondez à la première question « Comment allez-vous ? » par une bonne réponse.** Par exemple : « Je vais très bien. J'ai hâte d'en savoir plus sur cet emploi et de vous dire qui je suis pour qu'on sache si je corresponds au profil. » Dans d'autres cas, la question est une formalité sans importance. Il est toujours important d'impressionner par son enthousiasme la personne faisant l'entretien.

Quoi qu'il en soit, évitez des vérités comme : « Je suis bloqué dans un mauvais mariage, mes enfants ont des maladies chroniques, donc j'ai besoin d'un bon plan médical. » Les sociétés de technologie n'embauchent pas par sympathie et c'est un entretien pour un boulot, non une séance de thérapie.

• **Obtenez la primeur de la première personne qui fait passer les entretiens.** Un entretien pour un emploi est une visite commerciale : écoutez ce dont le client dit avoir besoin et expliquez ensuite pourquoi vous êtes la solution. Les personnes qui font passer les entretiens vous diront comment vous vendre à leur société. Plus vous avez cette information tôt, mieux c'est.

Voici de bonnes questions pour faire avancer les choses :

– « Que recherchez-vous pour ce poste ? »

– « Quels sont les principaux challenges de la société ? »

– « Quels sont les points clés pour les autres personnes que je vais rencontrer ? »

Pensez : branchez et ça marche, branchez et ça marche et branchez et ça marche. Désolé, mais les sociétés de la Silicon Valley ne s'intéressent pas à la progression des employés. Pour prendre une métaphore, nous aimons ouvrir la boîte, brancher le gadget et que tout fonctionne. Donc, vous devez toujours répondre à la question : comment pouvez-vous aider immédiatement la société ? Si ce n'est pas possible, ce n'est peut-être pas une société pour vous.

Cela ne veut pas dire que vous avez besoin de cinq ans d'expérience pour trouver un emploi dans la Silicon Valley. Par exemple, quelqu'un qui vient de sortir de la fac (ou du lycée) peut tester les logiciels, répondre au téléphone ou à des questions de support technique, entre autres choses. Mais ne vous attendez pas au luxe d'un long programme de formation avant de commencer à faire quelque chose qui compte.

• **Prenez des notes.** Prendre des notes est une bonne idée pour trois raisons. La première : vous pouvez utiliser ce que vous avez appris lors des entretiens qui suivent ; la deuxième : si on vous demande « à qui avez-vous déjà parlé ? » il est bien d'être capable de répondre ; et la troisième : vous avez l'air d'un candidat sérieux et attentif.

• **Confessez vos péchés.** Si vous avez fait quelque chose de stupide dans le passé, la société le découvrira, donc il est préférable qu'elle l'apprenne de vous plutôt que par une recherche sur Internet. Un entrepreneur en technologie m'a dit un jour qu'il avait loué sa poitrine comme panneau d'affichage et gagné 2 500 dollars (c'est une longue histoire). Une femme qu'il avait rencontrée sur Match.com le découvrit et cela occasionna des problèmes. Si une simple connaissance peut trouver ce genre de chose dans votre passé, croyez-moi, la personne qui fait passer l'entretien le trouvera aussi. Espérons que cela vous aidera à y regarder par deux fois avant de faire les choses stupides que vous êtes tenté de faire sur MySpace et Facebook.

• **Corrigez vos erreurs.** Si vous répondez une ânerie lors d'un entretien, vous pouvez parfaitement dire : « C'est une mauvaise réponse. Permettez que je me reprenne. » Cela montre que vous êtes capable de vous rendre compte de vos erreurs et de les corriger en temps réel. Il vaut mieux se rétracter si une réponse est mauvaise que de laisser l'impression permanente qu'on est idiot.

• **Préparez cinq points sur lesquels, selon vous, la société pourrait s'améliorer.** Si vous êtes nouveau dans la Silicon Valley, vous allez apprendre très rapidement quelque chose : nous sommes tout aussi paumés que dans n'importe quel lieu sur terre. Ici, les aveugles guident les aveugles et dans la vallée des aveugles, les borgnes sont séduisants. Tout cela pour dire que vous devez préparer cinq bonnes idées qui permettraient à la société d'améliorer son produit, son marketing et ses ventes. Parfait si on se souvient de vous comme « le type qui a de bonnes idées ».

• **Fournissez des références immédiatement.** Imprimez la liste de références pour pouvoir les fournir pendant l'entretien – plutôt que de les fournir plus tard. D'une manière générale, essayez d'anticiper tous les éléments qui peuvent faire partie du suivi : références, échantillon de travail, logiciel que vous avez écrit, etc.

Autre chose, concernant les références : ne donnez que les coordonnées des personnes qui jureront sur une pile de bibles que vous êtes quelqu'un de bien. Avant de le faire, posez-vous la question à 64 000 dollars : « Suis-je à 100 % à l'aise avec la personne qui me recommandera ? » Ainsi vous éliminerez les recommandations mitigées et vous vous assurerez l'engagement de gens qui peuvent être une bonne recommandation – si c'est possible.

Si vous voulez jouer le jeu de la recommandation au plus haut niveau, demandez à la personne qui vous recommande d'appeler de façon anticipée celle qui fait passer l'entretien. Cela fonctionne particulièrement bien si la personne qui vous recommande est célèbre.

• **Si c'est vrai, dites à la personne qui vous fait passer l'entretien que cette société vous plaît et que vous voulez cet emploi.** Vous seriez surpris du petit nombre de candidats qui essaient de clore l'affaire. Vous devez clairement faire comprendre que vous voulez l'emploi car dans la Silicon Valley votre combativité compte beaucoup lors des entretiens. Ensuite, demandez à la société ce qu'elle veut savoir de plus sur vous et quelles sont les étapes suivantes.

Si vous pensez qu'il n'y a pas compatibilité, dites-le. Au moins on se souviendra de vous comme d'une personne honnête. Peut-être la société aura-t-elle un poste vacant plus approprié à l'avenir.

Dernier tuyau. Avec les sociétés de la Silicon Valley, et je crois, la plupart des sociétés en croissance, restez flexible sur l'emploi que vous occuperez. La réceptionniste d'aujourd'hui devient souvent l'assistante du responsable produit manager, puis du responsable du marketing, et éventuellement du vice-président du marketing. Et on peut entrer comme testeur de produit et finir vice-président de l'ingénierie. Donc, ne soyez pas trop fier, mettez un pied dans la place et réussissez.

# Chapitre 73

# Neuf questions à poser à une start-up

Toute personne qui a maîtrisé une profession
devient sceptique sur le sujet.

**George Bernard SHAW**

Trouver un emploi consiste essentiellement à impressionner la société et à lui plaire. Maintenant regardons les choses dans l'autre sens et voyons ce qu'un bon candidat doit demander à une start-up privée financée par des investisseurs, avant de faire le saut dans « l'infini et au-delà », comme le dirait Buzz Lightyear. Notez bien : il y a un ordre précis à suivre pour cela : obtenez d'abord une offre et posez ensuite ces questions !

**1. Quel est le nombre d'actions en circulation ?**

La plupart des sociétés proposent un nombre époustouflant d'options d'achat de titres. Après tout, 100 000 options semblent un grand nombre – surtout si la société entre en Bourse à, disons, 20 dollars l'action, et si son cours monte comme celle de Google à 400 dollars, comme on essaie de vous le faire croire. Cela fait 40 000 000 de dollars – vous pourriez acheter la maison de Larry Ellison avec un tel montant !

Pourtant le nombre d'options d'achat de titres n'a pas de sens si vous ne connaissez pas le montant total des actions en circulation. C'est ce qui vous permet de calculer le pourcentage que ces options représentent dans la société, et c'est ce qui compte. Par exemple, 100 000 options sur un total de 1 000 000 est beaucoup mieux que 250 000 sur un total de 10 000 000.

Vous pourriez simplement demander quel pourcentage vous recevrez, mais cela fait un peu lourd et pourrait être interprété comme un manque de discernement. Il reste que ce n'est pas parce que vous connaissez ce pourcentage que vous devez vous faire des illusions sur ce que vous valez.

Voici les *guydlines*[51] pour une start-up qui a déjà levé un premier tour de un à trois millions de dollars et qui a moins de quinze employés. Ne vous arrêtez pas au chiffre le plus élevé, car plusieurs autres variables entrent en jeu, comme le salaire, le bonus, le lieu géographique et, par dessus tout, votre valeur telle qu'elle est perçue.

- Ingénieur expérimenté : 0,3 – 0,7 %
- Ingénieur niveau intermédiaire : 0,2 – 0,4 %
- Responsable Produit : 0,2 – 0,3 %
- Architecte : 1 – 1,5 %
- Vice président : 1,5 – 3 %
- CEO, à savoir celui qui a le rôle de « supervision par un adulte » pour remplacer le fondateur : 5 – 10 %

À propos de ces pourcentages : quand la société croît – et peut-être lève plus d'argent – votre pourcentage diminuera. Il vaut mieux avoir un petit pourcentage d'une grande société qu'un grand pourcentage d'une petite société. De plus, la société peut attribuer des options supplémentaires aux employés de valeur.

**2. Quel est le rythme mensuel de consommation de capitaux ?**

Demandez un chiffre clair.

**3. Combien y a-t-il en banque ?**

C'est une question directe. Divisez le montant qu'on vous donne par le rythme mensuel de consommation de capitaux. Vous saurez quand la société sera à court d'argent. Si c'est dans moins de six mois, soyez

51. Jeu de mots sur « guideline » – indications.

prudent – à moins que la société n'ait déjà signé une nouvelle levée de fonds. Si ce n'est pas le cas, partez du principe qu'il faut six mois pour clore une levée de fonds.

**4. Quand le flux de trésorerie généré par la société sera-t-il positif ?**
Posez cette question parce qu'on vous dira sans doute qu'il y a des mois et des mois de trésorerie et que le prochain tour de financement se présente bien. Si la réponse est « plusieurs années », vous prenez un risque plus important car les investisseurs ne sont pas les gens les plus patients ni les plus loyaux. On peut prendre des risques – car il faut des années pour construire une bonne société – mais sachez dans quoi vous vous engagez.

**5. Quand lancez-vous le produit sur le marché ?**
C'est une autre façon de demander quand le flux de trésorerie généré par la société sera positif. Il est évident que le flux de trésorerie généré par la société ne peut pas être positif avant le lancement du produit, mais si la société vous dit que la trésorerie sera positive peu après le lancement, il y a quelque chose de louche – ou la direction est stupide. Mon conseil : ajoutez six mois à ce que l'on vous présentera comme étant le scénario le pire, car personne ne lance à la date prévue.

**6. Puis-je parler à l'un des investisseurs qui sont au conseil d'administration ?**
Si les investisseurs ont une opinion aussi favorable de la société qu'on vous le dit (et si vous êtes une superstar pour une position de cadre), la société devrait être d'accord. Si ce n'est pas le cas, c'est que les investisseurs se sont « lassés » ou que vous n'êtes pas si important que cela. En fait, si vous êtes une superstar, vous n'aurez pas à demander, car la direction vous fera appeler par un grand nom qui siège au conseil d'administration.

**7. Puis-je parler à plusieurs utilisateurs de la version bêta ?**
C'est une façon de vérifier ce qu'il en est : la société vous raconte probablement des histoires sur les utilisateurs en bêta qui adorent le produit. Si

on vous dit que vous ne pouvez pas les contacter, c'est que la société ne veut pas déranger de futurs clients (ce qui est raisonnable) ou que vous n'êtes pas important (ce qui est possible). Bien sûr, il se peut aussi que le produit pose des problèmes et que la société ait peur que vous parliez aux utilisateurs. Il serait bien de savoir si c'est le cas.

**8. Quel est le montant des actions des investisseurs à clause de liquidation préférentielle ?**

Supposez que la société ait levé 25 millions de dollars et que les actions à clause de liquidation préférentielle ne soient que de 25 millions (ce peut être un multiple, tout dépend des termes négociés avec les investisseurs). Cela signifie que les investisseurs sont remboursés de leurs 25 millions avant que les employés ne reçoivent quoi que ce soit. Si la société est acquise pour 25 millions de dollars ou moins, les employés ne reçoivent rien. S'il y a beaucoup d'actions à clause de liquidation préférentielle, vos options peuvent ne jamais valoir quoi que ce soit.

**9. Y a-t-il des problèmes de propriété intellectuelle ou des poursuites judiciaires en cours ?**

Pour dire les choses gentiment, il est bon de savoir qu'il n'y a pas de problème sur la propriété intellectuelle de la société et qu'il n'y a pas de poursuites judiciaires susceptibles de faire plonger la société. Si vous ne posez pas la question, ne vous attendez pas à ce qu'on vous donne l'information spontanément au cours du processus d'embauche.

Pour finir, un mot de mise en garde : la direction peut interpréter ces questions comme la preuve que vous n'y croyez pas ou comme une incapacité de votre part à voir l'essentiel (il vaut la peine de le répéter : attendez qu'on vous fasse l'offre et posez ces questions ensuite.) D'un autre côté, il se peut aussi que vous impressionniez la direction par votre connaissance de ce qu'est une start-up et de son financement. Bienvenue dans le monde complexe et contradictoire des start-up.

# Chapitre 74
# Comment trouver un emploi sur Craigslist

C'est quand ils remplissent une demande d'emploi que la plupart des gens s'approchent le plus de la perfection.
**Inconnu**

Beaucoup de gens utilisent Craigslist pour vendre et acheter toutes sortes de choses. Les sociétés, notamment les start-up, l'utilisent aussi comme un outil de recrutement en raison du nombre de *techies* et de gens aimant le risque qui la lisent. Quand j'y ai passé une annonce pour de l'édition photos pour l'un de mes sites, j'ai appris plusieurs leçons que vous pouvez retenir si vous utilisez Craigslist pour trouver un emploi.

- **Répondez rapidement.** J'ai signalé cet emploi à 23 h 19, le jeudi 2 août. La première réponse est arrivée 31 minutes plus tard. Quinze réponses supplémentaires sont arrivées le jour suivant. Donc, 43 % des réponses sont arrivées en 24 heures. Si vous attendez plusieurs jours, les employeurs qui ont passé l'annonce sur Craigslist peuvent avoir déjà pourvu le poste. En tout état de cause, chercher un emploi est un emploi à plein temps, donc ne restez pas un seul jour sans vous occuper de votre recherche, même pendant le week-end.
- **Écrivez une lettre de motivation adaptée au poste.** Deux personnes avaient simplement joint leur CV à leur réponse. J'ai demandé à l'une d'elles de m'envoyer une lettre de motivation. Elle a copié/collé la description du poste pour, je suppose, me faire savoir à quelle annonce elle répondait. Inutile de vous dire qu'aucun de ces candidats n'a été retenu. Je ne sais pas ce qu'il en est des autres employeurs, mais il n'y a rien qui me soit plus insupportable que la paresse.
- **Montrez-vous à la hauteur de la situation.** La grande majorité des candidats étaient des designers professionnels hautement qualifiés, des

photographes et des spécialistes de l'édition photos. Ma réponse aux 31 premiers candidats (qui s'étaient appliqués à m'envoyer une lettre de motivation) était un test consistant à trouver des images pour illustrer cinq exemples d'histoires. Parmi les candidats, 26 (84 %) ont immédiatement fait le test.

• **Faites bien votre demande.** Vous devez sauter sur l'occasion, car si le poste est pourvu, il n'y a plus rien à faire. Cela dit, les trois personnes que nous avons engagées ont envoyé leur demande les cinquième et septième jours après la publication de l'annonce, car ce sont elles qui ont choisi les images que nous avons préférées.

• **Faites votre demande vraiment bien.** La personne qui nous a paru être le « bon candidat » le plus évident a fait quelque chose que personne d'autre n'a fait : elle a non seulement choisi de bonnes images, mais elle les a mises au format que nous utilisons sur notre site.

Plusieurs autres candidats ont dit des choses comme : « Elles ne sont pas au bon format pour votre site, mais je pensais que vous vouliez seulement vérifier mon goût, et pas mon aptitude à changer le format des photos. » En fait, nous voulions savoir si les candidats étaient des perfectionnistes. La plupart des sociétés veulent trouver le candidat meilleur que tous les autres, donc soyez celui-là. Posez-vous cette question simple : « Si j'étais la personne cherchant à pourvoir ce poste, qu'est-ce qui m'impressionnerait ? »

• **Ne soyez pas stupide.** J'avais mentionné que des compétences sur Macintosh, et en particulier sur une poignée d'applications, étaient souhaitables. Une personne a répondu : « Franchement, je n'ai jamais entendu parler de FlySketch, Skitch, MarsEdit, Ecto ou Qumana. » L'honnêteté n'est pas la meilleure tactique : ne mentionnez pas votre absence de qualification ou bien consacrez dix minutes à trouver ce que font ces applications. Ma conclusion fut que ce candidat était paresseux et la paresse n'entrait pas dans la description du poste.

Au fait, l'annonce a coûté 75 dollars et a attiré 37 bons candidats— soit un coût de deux dollars par candidat. J'avais entendu parler de l'extraordinaire efficacité de Craigslist ; maintenant je sais que c'est vrai. Si vous déposez votre candidature pour un emploi sur Craigslist, vous savez désormais ce qui vous attend.

# Chapitre 75

# Comment ne pas embaucher quelqu'un par l'intermédiaire de Craigslist

Recherchons des hommes pour Expédition Danger.
Petits salaires, grand froid, obscurité totale pendant des mois, danger permanent, retour sain et sauf douteux. Honneurs et consécration en cas de succès.
**Ernest Henry SHACKLETON**

Après avoir lu mon billet sur la façon d'obtenir un emploi sur Craigslist, mon ami Danny Kay m'a envoyé un lien vers un site illustrant ce que les employeurs ne doivent pas faire sur Craigslist. J'ai été stupéfait par cet exemple sur l'édition new-yorkaise de Craigslist :

*Nous recherchons une personne de talent, très motivée et expérimentée en design sur le Web et sur papier. Minimum de 1 à 2 ans d'expérience professionnelle et exemples de travaux effectués obligatoires pour tous les candidats.*

***Conditions :***

- *Diplôme en design graphique/Web avec un minimum de deux ans d'expérience sur le Web et sur documents papier.*
- *Portfolio exceptionnel démontrant des compétences robustes en matière de conception et mise en page.*
- *Expertise sur Adobe Photoshop, Adobe Illustrator, Adobe ImageReady et Macromedia Dreamweaver.*
- *Expérience confirmée en HTML, CSS et connaissance JavaScript de base requise.*

- *Expérience sur InDesign et/ou QuarkXPress et bonne compréhension des besoins et spécifications pour le design de documents imprimés.*
- *Expérience sur Macromedia Flash et savoir faire du scripting est un plus.*
- *Doit avoir un esprit d'équipe et d'initiative, être capable de travailler de façon indépendante et dans une équipe.*
- *Travail sur PC.*
- *Expérience d'encadrement.*
- *Rémunération : selon expérience.*

Je parie que c'est un travail à 15-20 dollars/heure quand je vois « rémunération : selon expérience. » C'est le langage de recruteur pour : « Nous pensons pouvoir engager quelqu'un de très bien pour rien du tout et nous préférons engager des gens bon marché, médiocres plutôt que des gens chers et bons qui feraient exploser notre échelle de salaires. »

Voici mon conseil aux employeurs :

- **Vendez.** Presque toutes les annonces d'offre d'emploi mettent l'accent sur l'achat et non la vente et parlent des qualifications que les candidats doivent avoir et les obstacles qu'ils doivent franchir. Pourtant, dans la bataille pour trouver les talents, c'est le contraire de ce qu'il faut faire. Cette annonce, par exemple, devrait mentionner des choses comme « studio ayant gagné plusieurs prix », « travail avec des designers célèbres », « projets intéressants pour Disney, Apple et Audi ».
- **Utilisez le bon outil.** Craigslist n'est pas le meilleur endroit pour embaucher des cadres et attirer des candidats qui travaillent dans des sociétés établies. Creativeheads.net, Creativecircle et I.D. sont plus adéquats. Mais Craigslist est un endroit génial pour recruter des débutants ou des contractuels.
- **Faites des descriptions de poste correspondant à des fonctions honnêtes.** N'essayez pas d'attirer les candidats par la promesse de responsabilités ou d'opportunités plus importantes qu'elles ne le sont en vérité. Et ne vous faites pas d'illusion : si on vous amène un candidat surqualifié, allez-vous vraiment faire évoluer le poste ?

- **Faites correspondre l'expérience requise avec la nature de l'emploi.** S'il s'agit d'un emploi de base, rédigez des spécifications de base. Malheureusement, la plupart des offres d'emploi présentent des exigences qui sont irréalistes par rapport à la réalité du poste.
- **Donnez une chance aux jeunes.** Dans le passé des très bons employés, il y a des dirigeants qui leur ont donné une chance. Ils n'avaient peut-être pas la formation idéale ou l'expérience professionnelle, mais ils avaient l'esprit, l'âme et le style.

Les gens qui rédigent les caractéristiques d'un poste et les annonces semblent n'avoir jamais fait de demande d'emploi eux-mêmes. Ou bien ils sont encore furieux de ce qu'il leur a fallu subir pour avoir le leur. Que pensez-vous de l'idée de changer et de dire ce que vous voulez réellement et ce que vous êtes prêt à payer ? Votre société sera probablement plus solide si vous faites cela.

# Chapitre 76
# L'effet « effort » de Carol Dweck

Qui n'avance pas, recule.
**Johann Wolfgang von GOETHE**

Si vous passez de la position de recruteur à celle de recrue, si vous gérez des gens ou si vous êtes un parent (ce qui équivaut, d'une certaine manière, à gérer des gens), vous aimerez ce que fait Carol Dweck, professeur de psychologie à Stanford. Elle a étudié pendant 30 ans les raisons pour lesquelles certaines personnes sont excellentes alors que d'autres ne le sont pas. Elle est l'auteur de *Mindset : The New Psychology of Success*[52] (Random House, 2006).

Elle pense que les gens ont un état d'esprit soit pour « progresser » soit pour « faire du surplace ». Dans le premier cas, les gens voient la vie comme un ensemble permettant de s'améliorer. Dans le second, ils pensent qu'ils sont programmés pour être ou bons, ou mauvais. Le problème est que ceux qui se croient bons ne pensent pas devoir travailler beaucoup et que ceux qui se croient mauvais pensent que travailler beaucoup ne changera rien. Voici les tuyaux offerts par Dweck :

- Écoutez ce que vous dites à vos enfants et soyez sensible au message que vous véhiculez.
- Au lieu de louer l'intelligence ou le talent des enfants, mettez l'accent sur le processus qu'ils ont utilisé.

  « Cet exercice était si long et si complexe que j'admire la façon dont tu t'es concentré et dont tu l'as terminé. »

  « Cette image a de si belles couleurs. Dis-m'en un peu plus. »

  « Il y a tant de réflexion dans cet essai que je vois à présent Shakespeare sous un angle nouveau. »

---

52. Littéralement : *État d'esprit : La nouvelle psychologie du succès*

- Quand votre enfant rate quelque chose, faites une critique constructive, et donnez-lui un feedback qui l'aide à résoudre le problème, plutôt que de catégoriser ou d'excuser l'enfant.
- Faites attention aux objectifs que vous fixez à vos enfants ; avoir un talent inné n'est pas un but ; accroître ses capacités et son savoir en est un.
- Ne vous employez pas à louer vos enfants parce qu'ils sont intrinsèquement bien. Il est important pour eux de savoir qu'ils sont bien et aimés sans conditions, dit Carol Dweck. « Il y a un problème quand les parents louent leurs enfants d'une telle façon qu'ils ont l'impression qu'ils ne sont bons ou dignes d'affection que s'ils se comportent d'une manière qui fait plaisir aux parents. »

La recherche de Dweck explique la marche inexorable vers la médiocrité dans de nombreuses sociétés :

- **Phase 1 :** Votre start-up est dans le vent. Vous vendez un super produit et vous faites de l'argent. Vous attirez donc les meilleurs, les plus intelligents et les plus talentueux. On leur a dit depuis l'enfance qu'ils étaient les meilleurs. Et le fait qu'ils soient embauchés par une société dans le vent est une « preuve » de plus qu'ils sont des joueurs de série A et A+.
- **Phase 2 :** Malheureusement, les employés finissent par se persuader qu'ils sont les plus talentueux et se mettent à croire que leur succès continu est un droit. Il y a un problème car le talent pur ne marche que si tout est facile.
- **Phase 3 :** Maintenant les gens ne prennent pas de risque parce que l'échec pourrait abîmer leur image. Et s'ils échouent, ils nient l'échec ou l'attribuent à tout sauf à leurs limites, donc ils se corrigent très peu.

Et souvenez-vous de ceci, c'est le début de la fin. Donc suivez le conseil de Dweck et concentrez-vous sur l'éthique professionnelle, et non sur le génie de vos employés.

# Chapitre 77

# Comment gérer un licenciement économique

Vous n'aurez pas de bons employés si vous licenciez
la moitié d'entre eux simplement parce qu'une année l'économie
n'était pas très bonne, pour, ensuite, les réembaucher.

Ken IVERSON

J'espère que vous n'aurez jamais à licencier des gens, mais la réalité est que vous aurez à le faire un jour ou l'autre dans votre carrière. Si vous vous moquez de moi (« Guy, vous ne savez pas de quoi vous parlez : nous n'allons jamais devoir réduire nos effectifs parce que nous nous développons très rapidement et nous ne faisons aucune mauvaise embauche »), vous devez lire ce chapitre.

- **Prenez la responsabilité de ce qui arrive.** En fin de compte, c'est la décision du P.-D.G. de faire des coupes, donc ne jetez pas le blâme sur les administrateurs, les conditions du marché, la concurrence ou quoi que ce soit d'autre. Vous devez simplement dire : « J'ai pris cette décision. Voici ce que nous allons faire. » Si vous n'en avez pas le courage, ne soyez pas P.-D.G. C'est plus que jamais le moment où la société a besoin d'un leader et les leaders acceptent les responsabilités. Faites aussi attention à la remarque de Ken Iverson sur l'inefficacité des licenciements faits de façon simplement réactive.
- **Faites une coupe profonde et en une fois.** En général, la direction pense que les choses vont s'améliorer, et licencie un plus petit nombre de gens dans l'attente d'un miracle. Mais la plupart du temps, ce miracle ne se produit pas et la société procède à plusieurs coupes. Si vous avez le choix, coupez profondément en une fois – et prenez le risque d'avoir un

bon problème, celui de devoir réembaucher. Les coupes à répétition sont terribles pour le moral des employés qui restent.

- **Agissez rapidement.** Dans l'heure qui suit la réunion où l'équipe de direction a discuté de la nécessité d'un licenciement, toute la société saura qu'il se passe quelque chose. Dès que les gens « savent » qu'il va y avoir un licenciement, la productivité est en chute libre. Vous devez soit licencier les gens soit ne pas le faire, mais évitez le mode qui consiste à « envisager » un licenciement.
- **Faites le nettoyage.** Un licenciement est l'occasion de mettre un terme au contrat des employés peu importants. C'est bien pour le salarié peu important parce que son image n'est pas endommagée par un licenciement pour faute. Finalement, c'est bien aussi pour les employés restants, car cela leur montre que vous savez qui est bon et qui ne l'est pas.
- **Séparez-vous de « Freddy ».** La plupart des dirigeants ont embauché un ami, un ami d'ami ou ont fait une faveur à un parent. Au moment d'un licenciement, les employés vont surveiller ce qui arrivera à « Freddy ». « Va-t-il survivre ou non ? Est-ce le copinage ou la compétence qui compte dans la société ? » Assurez-vous que Freddy disparaisse.
- **Partagez la peine.** Quand les gens autour de vous perdent leur emploi, partagez la peine. Réduisez votre salaire. En fait, plus l'employé a une position élevée dans la hiérarchie, plus la réduction de son salaire doit être importante. Prenez un bureau plus petit. Rendez le véhicule d'entreprise. Nommez votre assistante personnelle à un poste qui génère des revenus. Voyagez en économique. Séjournez dans des hôtels moins coûteux. Donnez votre écran plat 30 pouces au programmeur qui pourrait l'utiliser pour déboguer plus rapidement. Faites quelque chose, même symboliquement.
- **Montrez de la cohérence.** Je ne comprends pas comment des sociétés peuvent prétendre réduire les coûts et donner des indemnités de départ correspondant à 6 mois ou un an de salaire[53]. On pourrait penser que pour

53. Le régime du licenciement pour motif économique aux États-Unis ne prévoit pas d'indemnité légale comme c'est le cas en France, à partir d'un an d'ancienneté.

garder leur trésorerie, elles ne donneraient que des indemnités réduites. Voici ce qu'il y a généralement derrière les indemnités généreuses :

- Réduire les effectifs même s'il y a des indemnités est moins coûteux que de garder indéfiniment l'employé, et nous ne voulons pas de poursuites en justice.
- Nous avons beaucoup de trésorerie et notre compte de résultat est donc bon, mais nous voulons couper des têtes pour que le compte d'exploitation ait meilleure allure.
- Wall Street (ou vos investisseurs) attend de vous des actes spectaculaires et vous devez faire ce licenciement pour montrer aux analystes que vous avez l'étoffe d'un leader.

Aucune de ces raisons n'a de sens. Si vous devez faire un licenciement pour réduire les coûts (et garder votre trésorerie), donnez le minimum d'indemnités. Vous aurez au moins une histoire cohérente.

- **Ne demandez pas qu'on vous plaigne.** Parfois les dirigeants entrent dans toutes sortes de considérations pour faire sentir aux gens qu'ils licencient à quel point cela leur est difficile. Cela me rappelle une ancienne définition du *chutzpah*[54] : un garçon assassine ses parents et demande l'indulgence du tribunal parce qu'il est orphelin. La personne qui souffre est celle qui est licenciée, non celle qui licencie.
- **Apportez du soutien.** Généralement, les personnes licenciées ne sont pas « en faute ». La faute est plus probablement du côté de la direction – les gens qui ont les parachutes dorés. En conséquence, vous avez l'obligation morale d'offrir des services comme de l'assistance pour la recherche d'un autre emploi ou pour la rédaction d'un CV. Il y a des sociétés qui se spécialisent dans l'aide aux employés pendant ces « transitions ». Utilisez-les.
- **Ne permettez pas que les employés se portent volontaires.** Nous avions une blague chez Apple à l'époque sombre de la fin des années 80 : nous devions annoncer aux employés désireux de partir d'assister à une grande réunion – et à ceux ne voulant pas partir de ne pas venir. Ensuite, nous devions faire partir ceux qui ne le voulaient pas et garder ceux qui le voulaient – parce

54. Un terme hébreu désignant une force d'audace, bonne ou non.

qu'ils étaient assez intelligents pour savoir que la société était en mauvaise posture et qu'ils pourraient trouver des opportunités ailleurs.

Le fait est que si vous donnez aux gens le choix d'être licenciés ou de prendre leur retraite, vous pouvez perdre vos meilleurs employés. Décider d'un licenciement est une décision que vous devez anticiper : sélectionnez l'équipe qui va continuer, pour être sûr de ne pas avoir à refaire un licenciement. Ne laissez pas faire le hasard.

• **Reconduisez les gens jusqu'à la porte.** À de rares exceptions près, la seule chose à faire est de laisser les gens finir la journée ou peut-être la semaine. (Ma théoric cst que le vendredi est le meilleur jour pour faire un licenciement parce que cela laisse le week-end aux gens pour décompresser.) Reconduire les gens à la porte peut sembler inhumain, mais c'est mieux à la fois pour ceux qui partent et pour ceux qui restent.

• **Allez de l'avant.** Laissez les gens dire au revoir et passez à la suite. C'est là que le leadership compte. Après le licenciement, voici l'état d'esprit des employés qui restent :

  • Sentiment de culpabilité : « Pourquoi ai-je survécu et pas mes collègues ? »
  • L'avenir de mon emploi : « Vais-je survivre à la prochaine charette s'il y en a une autre ? »
  • L'avenir de la société : « La société va-t-elle survivre ? »

Donc, vous devez remettre l'accent sur les objectifs et expliquer à tout le monde ce qui doit être fait pour les atteindre. La meilleure façon de surmonter un licenciement est de se remettre au travail.

Immédiatement après un licenciement, vous pouvez avoir envie de vous retirer dans votre bureau, couper le téléphone, cesser de répondre aux e-mails et éviter tout le monde. Ce sont les pires choses à faire. C'est le moment où vous devez motiver les gens et aller dans les bureaux. Les employés ont besoin de vous voir, de vous parler, de bénéficier de votre aide et de vos conseils. Ils ne veulent pas penser que leur leader est en train de trembler de peur dans son abri. Le courage dont vous devez faire preuve est peut-être de la comédie, mais c'est une comédie d'importance.

# Chapitre 78

# Comment gérer un licenciement individuel[55]

Rien de grave ne va nous arriver.
Un licenciement n'est pas un échec ; c'est une
crise de réévaluation professionnelle.
P. J. O'ROURKE

Même si un licenciement pour motif économique est désagréable, c'est un processus plus facile qu'un licenciement individuel, car le premier est généralement lié à une mauvaise conjoncture alors que le second concerne une seule personne. J'ai procédé à quelques licencements dans ma carrière et j'ai vraiment détesté cela. Je ne suis pas sûr d'avoir procédé correctement quand je l'ai fait, mais j'ai souvent pensé à la manière dont il fallait le faire. Voici ce que je peux vous dire de mieux sur le sujet.

- **Consultez des gens impartiaux.** Dès que vous avez des doutes sur quelqu'un, parlez-en à une ou deux personnes pour avoir une évaluation impartiale de la situation : est-ce vraiment la faute de cette personne ? Est-elle un bouc émissaire ? Ceux qui demandent sa tête valent-ils mieux ? Dans ma carrière, j'ai eu la chance d'avoir trois personnes comme caisses de résonance sur ce type de sujet. Toutes étaient des femmes, car elles sont meilleures que les hommes pour cela.
- **Prenez les conseils d'un professionnel.** C'est mauvais signe d'être trop bon dans ce domaine parce que cela signifie que vous le faites trop souvent. Dès que vous pensez qu'il est nécessaire de renvoyer un

55. Cette section est traduite telle quelle du texte américain et reflète donc le contexte américain. Aucune adaptation n'a été faite pour refléter le contexte juridique francais.

employé, consultez une personne qui connaît le droit du travail. C'est généralement une personne des ressources humaines, mais cela peut être aussi un avocat.

• **Réfléchissez bien.** Vous devez être capable de déterminer exactement ce qui va mal. Est-ce que cela pourrait être votre faute ? Avez-vous fait une erreur et embauché la mauvaise personne ? Est-ce le poste qui est impossible ? Avez-vous établi des objectifs clairs et offert les outils et la formation permettant de les atteindre ? Si les ventes allaient bien, auriez-vous ce problème ? La question la plus révélatrice à laquelle il faut répondre est celle-ci : est-ce que vous et les autres demandez le licenciement d'un salarié en jugeant de ses résultats par rapport à vos intentions ?

Par exemple, est-ce que vous jugez ses résultats commerciaux par rapport à vos intentions de mise sur le marché du produit à la date prévue ? Dans un monde parfait, cela devrait être le contraire : juger des intentions de l'employé par rapport à vos résultats. Dans un monde réaliste, vous jugeriez de ses résultats par rapport aux vôtres. Malheureusement, les seules personnes à avoir le bénéfice du doute sont celles qui demandent le licenciement.

• **Donnez aux gens une seconde chance.** Même si le contrat de travail vous autorise à mettre un terme à l'emploi de quelqu'un comme vous le voulez et à tout moment, il est immoral de licencier les gens sans les aider à comprendre en quoi ils doivent s'améliorer et leur donner la chance de le faire.

Il y a des gens qui raisonnent comme ceci : « On ne licencie jamais les gens assez tôt… Ne remettez pas une décision difficile à plus tard car tout le monde se demande pourquoi vous gardez ce bozo… Vous auriez dû le virer depuis longtemps. »

Je croyais à cette « action rapide » jusqu'au jour où je vis une équipe de direction se comporter comme des piranhas attaquant un veau en train de se noyer. Personne ne voulait laisser le bénéfice du doute au salarié. La chance voulut que le P.-D.G. intercéda et garda l'employé qui devint un collaborateur remarquable.

Agir trop rapidement pose trois problèmes : premièrement, l'employé peut ne pas être responsable du fait que quelque chose va mal. Deuxièmement, l'employé peut s'améliorer – les gens changent. Troisièmement, même si certains employés peuvent se réjouir de son départ, ceux qui sont intelligents se disent : « Je vois, c'est comme cela que fonctionne la société. Pas d'avertissement. Si on n'est pas populaire, on est dehors. »

- **Documentez tout.** Idéalement, vous avez déjà des traces écrites décrivant les performances professionnelles de l'employé, mais dès que vous pensez qu'il pourrait faire l'objet d'un licenciement, faites des comptes-rendus détaillés. Deux raisons à cela. D'abord, vous vous couvrez. Ensuite, le fait d'écrire vous force à clarifier les choses.
- **Faites-le vous-même.** C'est probablement vous qui avez embauché la personne. Même si elle a été ajoutée à votre service, c'est vous qui la gérez. Donc c'est à vous de le faire. Vous ne pouvez pas déléguer. Faites une réunion courte avec elle (15 minutes au maximum) et faites-lui part de votre décision. Soyez aussi calme et rationnel que possible. N'altérez pas votre approche même si (ou, plus exactement, surtout si) la personne ne reste pas calme et rationnelle.

Si vous avez beaucoup de mal à faire ce licenciement, c'est peut-être parce que vous n'avez jamais communiqué avec elle de manière adéquate. Et si c'est le cas, peut–être êtes-vous la cause de ses performances médiocres, et que c'est vous-même que vous devriez virer.

- **Soyez ferme.** Ne commencez jamais cette conversation « finale » en pensant que si tout allait bien, vous pourriez ne pas faire le licenciement. Prenez une décision et appliquez-là. Mais ne confondez pas fermeté et mesquinerie. Soyez ferme sur votre décision, mais aimable sur la manière de communiquer et d'appliquer votre décision.
- **Veillez à ce que le sentiment de culpabilité ne vous influence pas.** Par exemple, on peut vous demander une recommandation pour un autre emploi. Ne promettez rien parce que vous vous sentez coupable. Votre service du personnel peut s'occuper de fournir les dates d'emploi, et c'est tout ce à quoi vous pouvez vous engager. Vous pourrez toujours prendre la décision de faire davantage plus tard.

- **Reconduisez les gens jusqu'à la porte.** Le jour de l'annonce du licenciement devrait être le dernier jour où la personne est dans les bureaux, à la différence des licenciements pour motif économique. Il y a très peu à gagner à garder dans les bureaux une personne qu'on licencie et beaucoup à perdre (sabotage, voire vol). Donnez à l'employé la possibilité de réunir ses objets personnels, reprenez les clés, détruisez ses comptes e-mail et autres et changez les mots de passe.
- **Ne dénigrez pas la victime.** Trois bonnes raisons. Premièrement, c'est ce qu'on fait quand on a de la classe, et vous voulez montrer aux employés restants que vous en avez. Deuxièmement, vous pouvez être dans le même cas un jour. Troisièmement, la personne que vous licenciez sera peut-être un jour responsable du département des achats chez votre plus gros client.

Idéalement, ce n'est pas une situation à laquelle vous devriez être confronté. Vous auriez dû créer un poste raisonnable et embaucher la bonne personne. Vous auriez dû définir et communiquer les bons objectifs. Vous auriez dû fournir à l'employé les moyens de corriger le tir. Vous êtes partiellement en « faute ». C'est trop tard pour cette fois-ci, mais il n'est pas trop tard pour éviter que cela se reproduise, donc regardez-vous longuement dans le miroir.

# Travailler dans les faits

Au début, les sociétés sont comme une page blanche, une patinoire après le passage d'une Zamboni ou une piste de ski bien entretenue : il n'y a que des opportunités et des avantages, avec la possibilité d'avoir du sens et de changer le monde. Puis s'installe la réalité du travail. Il est difficile et même sacrément difficile de construire une société qui marche. Cette section examine la partie non féerique du conte, le travail dans le monde réel.

# Chapitre 79
# Le travail comme une prison ?

Oh, vous détestez votre travail ? Pourquoi ne l'avez-vous pas dit ? Il y a un groupe d'entre-aide pour cela. Il s'appelle TOUT-LE-MONDE et les gens se rencontrent au bar.
**Drew CAREY**

Ce chapitre est une interview du Dr. Philip G. Zimbardo, le professeur de psychologie à Stanford qui a expliqué précédemment la banalité de l'héroïsme. Ses travaux expliquent les facteurs qui déterminent le comportement humain : notamment, comment les gens adoptent les rôles qu'on leur donne et s'y adaptent.

***Q. Quelle est la séquence des événements de la Stanford Prison Experiment ?***

**R.** La *Stanford Prison Experiment* (SPE) essayait de déterminer ce qui se passe quand on place des gens bien dans un endroit maléfique : est-ce que l'humanité triomphe ou la situation finit-elle par contrôler même ce qu'il y a de meilleur en nous ? Mes étudiants de troisième cycle, Craig Haney et Curt Banks, et moi-même, avons simulé un environnement semblable à celui d'une prison où nous avons placé 24 étudiants volontaires soigneusement sélectionnés pour une expérience de deux semaines.

Nous les avons choisis à la suite d'une batterie de tests psychologiques et d'entretiens parmi les soixante-quinze étudiants qui avaient répondu à une annonce placée dans le journal local. Après un tirage à pile ou face, une moitié jouait le rôle des gardiens et l'autre, celui des prisonniers. Naturellement, les prisonniers vivaient là 24 heures sur 24, alors que les gardiens faisaient les trois-huit. Le premier jour, tous les étudiants étant occupés à entrer dans leur rôle, il ne se passa rien.

Mais au matin du second jour, les prisonniers se sont rebellés ; les gardiens ont écrasé la révolte et pris des mesures contre ces « prisonniers » qu'ils considéraient désormais comme dangereux. À partir de ce moment-là, les sévices, l'agression, voire le plaisir sadique d'humilier les prisonniers se firent coutumiers. Au bout de trente-six heures, un premier prisonnier fit une dépression et il fallut le libérer. Il y eut ensuite des dépressions similaires tous les jours au cours des quatre jours qui suivirent.

Des hommes biens et normaux avaient été corrompus par le pouvoir que leur donnait leur rôle et par le support institutionnel qui leur offrait une supériorité sur d'humbles prisonniers. Le projet d'étude, initialement prévu sur deux semaines, se termina prématurément, au bout de six jours seulement, parce que les choses étaient devenues incontrôlables.

***Q. Comment l'expérience se termina-t-elle ?***

**R.** Les gardiens s'étaient mis à infliger des sévices sexuels aux prisonniers. De toute évidence, j'aurais dû mettre un terme à l'étude spontanément en constatant moi-même les dépressions émotionnelles et les abus sexuels, mais je ne l'ai pas fait parce que j'avais assumé le second rôle de responsable de la prison, ajouté à celui d'enquêteur, et les officiels de la prison ne s'inquiétaient pas de telles réactions. Heureusement pour moi, quelqu'un fut assez troublé pour me forcer à fermer « cette boutique aux horreurs ».

J'avais invité quelques étudiants et jeunes professeurs comme observateurs extérieurs pour interviewer toute personne impliquée dans l'expérience et avoir leur point de vue désintéressé sur ce qu'ils découvraient. L'une d'eux, Christina Maslach, venait de finir sa thèse à Stanford et était sur le point de devenir professeur assistant à Berkeley ; je venais juste de commencer à sortir avec elle. Elle se rendit à notre cellule au cours de la cinquième nuit de notre recherche, et après avoir observé ce qui était devenu notre routine normale de « toilette des prisonniers » le soir, elle se montra vraiment perturbée.

Elle les vit avec des sacs sur la tête, des chaînes aux chevilles, les mains sur les épaules de leur voisin, avancer le long du corridor comme des zombies, en passant devant des gardiens qui leur lançaient des insultes. « Ce que TU fais subir à ces garçons est abominable », hurla-t-elle et elle ajouta quelque chose comme : « Je ne suis pas sûre de vouloir poursuivre ma relation avec toi si c'est vraiment comme cela que tu es ! » Cette double gifle me fit prendre conscience que l'étude avait trop bien marché et que la situation m'avait, moi aussi, corrompu. J'ai interrompu la *Stanford Prison Experiment* le lendemain.

Dans mon livre, *The Lucifer Effect : Understanding How Good People Turn Evil* (Random House, 2008)[56], je donne pour la première fois le détail, jour après jour et nuit après nuit, de tous les événements qui transformèrent pratiquement tous les gens impliqués dans cette histoire. C'est seulement en voyant la créativité diabolique des gardiens pour casser le désir des prisonniers de leur résister qu'on se rend compte comment certains facteurs, dans une situation donnée, se cumulent et poussent des gens bien à faire des choses abominables. C'est là qu'on voit vraiment ce qu'est l'effet Lucifer. Lucifer, l'ange préféré de Dieu, fut exclu du paradis pour désobéissance et devint le Diable, Satan.

***Q. Comment appliqueriez-vous ce que vous avez appris de la Stanford Prison Experiment à ce qui s'est passé à Abu Ghraib ?***

**R.** Nous avons mené la *Stanford Prison Experiment* en août 1971. Plus de trois décennies après, le scénario s'est reproduit avec des similarités qui donnent froid dans le dos. Les images sur toutes les télévisions du monde montrant les abus et la torture de prisonniers irakiens par des hommes et des femmes de la police militaire américaine m'ont choqué, mais ne m'ont pas surpris.

J'avais vu l'équivalent dans mon sous-sol à Stanford. C'est un comportement inexcusable, mais explicable. Au-delà du parallèle visuel, les mêmes principes psychologiques s'étaient mis en action. L'investigation menée par l'ancien secrétaire à la Défense, James Schlessinger, et son comité conclut que « l'expérience historique menée à Stanford » aurait dû être une mise en garde pour l'armée.

---

56. *L'effet Lucifer : Comment des gens bien deviennent malfaisants.*

***Q. Y a-t-il une différence entre « les bons commandants » et « les bons professeurs » quand ils laissent faire quelque chose de mal ?***

**R.** Les pires abus, dans les deux prisons, se sont passés la nuit, à un moment de moindre surveillance de ma part, le bon professeur, ou de leur part, les bons commandants. Dans les deux cas, on avait donné trop de pouvoir aux gardiens, avec trop peu de contrôle d'en haut. Je crois qu'à Abu Ghraib, le gratin avait intentionnellement mis en place ce cadre pour permettre à des réservistes de bas rang, « les soldats du week-end », sans entraînement, d'effectuer des missions spécifiques de « préparation des détenus à l'interrogatoire ».

***Q. Comment distribueriez-vous le « blâme » entre les trois facteurs suivants : le prédisposition, la situation et les conditions systémiques ?***

**R.** *The Lucifer Effect* prouve qu'on ne peut pas limiter le blâme à quelques fripouilles en bout de chaîne. Si leurs actes immoraux sont attisés par la situation horrible dans laquelle ils sont contraints à travailler, il faut aussi voir qui a contribué à créer cette situation – ce sont les gens au pouvoir qui mènent la danse. Il faut inclure les architectes des conditions qui ont conduit aux abus – ceux dans l'Administration Bush et les chefs militaires qui auraient dû savoir ce que faisaient leurs subordonnés au cours de ces trois longs mois.

***Q. Comment reconstruiriez-vous le « système » pour éviter que cela ne se reproduise ?***

**R.** De tels abus ne se produisent pas quand il y a un leadership responsable ; quand les chefs et les leaders de toutes les institutions expliquent clairement qu'ils ne toléreront pas qu'on fasse le mal ; quand la dignité personnelle est toujours respectée ; quand les règles sont connues de tous ; quand chacun est personnellement responsable de ses actes ; et que toute violation au protocole est publiquement punie.

De plus, il est impératif que les leaders se rendent compte de la dynamique psychologique dans les situations qu'ils créent et aient un personnel psychologiquement entraîné, chargé de les faire opérer de façon positive et non destructive.

*Q. Les gens sont-ils bons ou méchants de façon inhérente et cohérente ?*
**R.** On connaît cette déclaration classique de John Milton sur le pouvoir de l'esprit humain : il peut « faire de l'enfer un paradis, et du paradis un enfer ». Je poursuis sur la célébration de la capacité infinie de l'esprit, qui peut faire de chacun de nous un méchant ou un héros, en nous permettant d'être humain ou indifférent, désintéressé ou égoïste, créatif ou destructeur.

Les gens ne naissent pas méchants, mais plutôt avec des talents de survie et des structures mentales remarquables permettant d'être tout ce qui est imaginable – un peu comme les enfants se mettent à parler et comprendre l'une des mille langues existantes à un moment donné de leur développement. La nature nous donne un coup de pouce dans diverses directions, ce qui fait que nous sommes inhibés ou audacieux, mais ce que nous devenons est le résultat d'un processus complexe d'expériences culturelles, historiques, religieuses, économiques et politiques dans l'environnement familial et institutionnel.

La plupart d'entre nous ne se rendent pas compte à quel point notre comportement dépend des situations, parce que nous préférons croire qu'il a une cause intérieure. Nous nous baladons dans la vie drapés dans une illusion de vulnérabilité, mal armés par le sentiment arrogant de notre libre arbitre et de notre rationalité.

Nous nous connaissons mal et connaissons mal les gens qui nous entourent. Nous pouvons à peine faire confiance à nos déclarations sur ce que nous ferions dans une situation nouvelle ou étrangère, parce que nous avons choisi de vivre dans des situations connues, sûres ou prévisibles. Et nous jouons et rejouons toujours les mêmes rôles dans nos divers environnements, comme c'est aussi le cas des gens que nous pensons connaître.

Ces rôles comportent des scripts d'action et des dialogues familiers à notre public, puisqu'on nous impose rarement d'improviser. Nous chérissons aussi l'illusion que la frontière entre le bien et le mal est claire, avec d'un côté les méchants et de l'autre, nous, dans le royaume de la bonté.

La science attaque cette illusion en démontrant avec quelle facilité les gens ordinaires peuvent parfois se laisser entraîner à obéir aveuglement à l'autorité, à se montrer conformistes sans réfléchir, à fuir leur responsabilité, à adhérer aux normes et à jouer de façon rigide les rôles qui leur sont attribués. La frontière entre le bien et le mal n'est pas une abstraction mais « passe au centre du cœur humain », comme le dit Alexandre Soljenitsyne.

***Q. Qu'est-ce qui fait que les gens tournent mal ?***
**R.** Bien des raisons ; tout dépend de la situation – exception faite des désordres psychiques qui peuvent déclencher la colère et la violence. Il y a les tueurs de la mafia, l'armée ou les milices rebelles d'enfants. Ils suivent sans réfléchir les idéologies qui leur permettent d'arriver à leurs fins. Ils veulent « avoir l'esprit d'équipe ».

Il y a ceux qui tournent mal en ne faisant rien, coupables d'inaction, en faisant ce que leur mère leur a conseillé de faire – de « s'occuper de ce qui les regarde », et de laisser faire des horreurs en tournant la tête de l'autre côté. Les braves gens ne se précipitent pas pour faire le mal ; ils dévient plutôt de leur centre moral progressivement, jusqu'à ce qu'il soit trop tard et que leur comportement devienne choquant.

***Q. Comment résiste-t-on aux influences indésirables ?***
**R.** Des gens bons sont capables de faire des choses terribles, mais cela ne veut pas dire qu'on suspende sa responsabilité personnelle ou donne son aval au déterminisme. Nous sommes finalement responsables des conséquences de tout comportement intentionnel.

Ma théorie est que prévoir que certaines personnes soient des « patrons » et d'autres des « travailleurs » aura des effets semblables à ceux de la *Stanford Prison Experiment* : chaque groupe acceptera rapidement le rôle type associé à sa position. Cela signifie que vous devez vous assurer que les patrons ne dépassent pas les bornes et que les travailleurs n'acceptent pas la servilité. Un peu d'anarchie est préférable à la prison.

# Chapitre 80
# Comment ne pas s'étouffer

Faites attention à ce que vous utilisez pour arroser vos rêves.
Si vous les arrosez avec de l'inquiétude et de la crainte, vous produirez
les mauvaises herbes qui asphyxieront la vie dans votre rêve.
LAO TSEU

J'ai pris un jour des cours de hockey pour adulte où, à chaque séance, nous nous mettions à patiner en arrière quand l'instructeur, Ken Yackel, donnait un coup de sifflet. Nous devions tous nous arrêter au second coup de sifflet ; et Yackel regroupait les étudiants en fonction de la distance sur laquelle ils avaient patiné dans cet intervalle de temps.

Yackel essayait de regrouper les gens de niveau similaire pour créer un environnement d'apprentissage plus efficace. Je lui fis remarquer un jour qu'en regroupant les gens ainsi, ceux qui étaient plus lents (comme moi) apprenaient qu'ils étaient nuls et se mettaient en tête des pensées négatives et qu'en conséquence, nous avions des performances pires que celles que nous pouvions (théoriquement) avoir. Bien sûr, il ignora ma brillante idée – après tout, il vient du Minnesota et moi, de Hawaii.

«*The Choke Factor : How Stereotypes Affect Performance*[57] » (*Scientific American*, 12/05/2007) analyse comment les stéréotypes compromettent les performances. Par exemple, si, avant un test de mathématiques, on dit aux filles que les femmes sont moins bonnes en maths, elles ont un moins bon score.

L'idée, c'est qu'en faisant prendre conscience à un groupe des stéréotypes qui les caractérisent, on peut introduire « une charge cognitive additionnelle ». Des idées importunes et négatives causent une surcharge qui affecte négativement les performances. Que pensez-vous qu'il arrive quand (et non « si ») on vous dit que vous ne savez pas diriger une

57. *Le facteur d'étouffement : comment les stéréotypes affectent les performances.*

société ? Les entrepreneurs – comme les joueurs de hockey en herbe et les filles qui passent un test en maths – doivent prendre en compte l'étouffement sous-jacent et l'impact des stéréotypes négatifs.

Voici trois moyens d'éviter cet étouffement :

- **Évitez les gens négatifs.** Si vous pensez à ce que les gens disent de vous, cela peut vous amener à être ce qu'ils disent de vous, évitez-les. Si vous ne pouvez pas les éviter, ignorez-les. La meilleure façon d'éviter et d'ignorer les gens négatifs est de créer des produits et de bien servir vos clients.
- **Invoquez des stéréotypes positifs.** Améliorez vos performances en « combattant le feu par le feu », comme on dit. Par exemple, les entrepreneurs pourraient invoquer le stéréotype positif suivant : deux gars/filles qui aiment la technologie et ne sont pas des entrepreneurs « qui ont fait leurs preuves » peuvent lancer des sociétés comme Apple, Yahoo!, Google, YouTube ou Facebook. C'est peut-être la raison pour laquelle la Silicon Valley est un endroit génial pour les jeunes qui démarrent des sociétés : le stéréotype de l'enfant prodige est très positif ici.
- **Positionnez-vous ou repositionnez-vous vous-même.** Vous avez le contrôle sur les groupes auxquels vous vous identifiez et sur la force de cette association. Nous avons appris cela du Dr. George Lakoff plus haut. Vous n'avez pas à vous identifier à des « pirates de la musique ». Vous pouvez vous auto-définir plus solidement « comme un révolutionnaire de la musique » ou une mère, un père, une épouse, un mari, un universitaire, un programmeur ou un marketeur.

Pour en revenir à mon problème de médiocre joueur de hockey, je ne prends plus de cours et j'ignore Yackel s'il me dit que je ne vais pas m'améliorer. De plus, je me positionne moi-même comme le meilleur débutant de hockey de 54 ans dans la Silicon Valley. Il y a une autre manière de ne pas s'étouffer : c'est de ne jamais prendre une bouchée de quoi que ce soit. C'est-à-dire, de ne pas démarrer de société, de ne pas créer de produit, ou ne pas jouer au hockey. Mais si c'est l'option qui vous convient, vous n'êtes probablement pas en train de lire ce livre.

# Chapitre 81

# Les non-conformistes sur le lieu de travail

Gérer une agence de publicité n'est pas toujours une partie de rigolade. Au bout de quatorze ans, je suis arrivé à la conclusion que l'homme au sommet a une responsabilité principale : assurer une atmosphère dans laquelle des non-conformistes créatifs peuvent faire un travail utile.

**David OGILVY**

Polly LaBarre est co-auteur (avec Bill Taylor) de *Mavericks at Work : Why the Most Original Minds in Business Win*[58]. Les stratégies, les tactiques et les conseils de *Mavericks at Work* proviennent de l'analyse en profondeur d'une série de sociétés innovatrices. Ces sociétés non-conformistes attirent des millions de clients, créent des milliers d'emplois et génèrent des milliards de dollars.

Bill Taylor est le co-fondateur de *Fast Company*. Polly LaBarre y a été rédactrice pendant huit ans et c'était l'une des meilleures journalistes sur l'entrepreneuriat et le marketing. Dans cette interview, elle nous dit ce qu'il en est de l'innovation dans le travail.

***Q. Quelle différence faites-vous entre un non-conformiste et un cinglé ?***

**R.** Les non-conformistes sont si différents, si anxieux et si indépendants que leur style personnel peut ne pas plaire à tout le monde. Mais c'est précisément le sujet : les non-conformistes se définissent par le pouvoir et l'originalité de leurs idées. Ils se démarquent de la foule parce qu'ils défendent quelque chose de vraiment unique. De plus, ils prennent position contre le *statu quo*, défient l'élite de

58. *Les non-conformistes au travail : pourquoi ce sont les esprits les plus originaux en affaires qui gagnent.*

l'industrie et offrent des alternatives convaincantes aux manières de faire habituelles.

Les non-conformistes peuvent être combatifs, mais ce ne sont pas des rebelles sans cause et c'est là une distinction fondamentale. Leur mission n'a pas seulement un pouvoir distinct (pensez à la quête de Southwest Airlines consistant à démocratiser le ciel), elle est provocatrice et occasionne une rupture (pensez à la déclaration d'originalité de HBO : « Ce n'est pas de la télé, c'est HBO »).

Ne confondez pas l'engagement indéfectible des non-conformistes pour une cause, et leur impatience devant le *statu quo*, avec l'égotisme, la monomanie et la manie du pouvoir qui caractérisent trop de P.-D.G. et de magnats célèbres. En fait, les non-conformistes ont le sens de l'humilité.

***Q. « Une humilité non-conformiste » ? Cela ressemble à une contradiction.***

**R.** Ce n'est pas parce que vous avez un regard perçant sur les choses que vous allez bousculer tout le monde pour arriver à vos fins. Parfois les innovateurs choisissent de diffuser leurs idées en chuchotant plutôt qu'en hurlant.

Un des exemples les plus frappants d'humilité d'un non-conformiste est l'adhésion de Craigslist à ses *Nerd Values*. Craigslist est l'une des entreprises les plus discrètes à avoir jamais acquis un rayonnement mondial. Craig Newmark est devenu une sorte de personnage culte, mais passez un moment avec Jim Buckmaster, son P.-D.G. (le P.-D.G. le plus réservé et minimaliste qu'on puisse rencontrer) et vous percevrez de façon distincte l'idée – en décalage – qui est au cœur de la société : la fourniture d'un service public sans tralala, sans discours marketing pompeux.

***Q. Comment voyez-vous Steve Jobs ?***

**R.** Steve Jobs est sans aucun doute un non-conformiste qui a changé pour toujours notre relation aux ordinateurs et aux films animés. Il a eu l'intelligence d'acheter Pixar pour dix millions de dollars en 1986 et de la vendre à Disney 7,4 milliards, mais il a été plus intelligent encore en engageant Ed Catmull et John Lasseter pour diriger la société.

Ce qu'il y a d'éminemment remarquable en Pixar, c'est que la société est devenue l'envie d'Hollywood parce qu'elle n'est jamais allée à Hollywood. Plus d'un pontife de l'industrie a conçu la société du futur sur le modèle de travail à Hollywood : une réunion d'acteurs, de producteurs et de techniciens assemblés autour d'un script et d'un financement et qui se dispersent lorsque le film est terminé. Le problème de ce modèle est qu'il fournit le maximum de flexibilité et le minimum de loyauté. C'est même habituellement à la fin que les gens impliqués découvrent comment ils peuvent travailler ensemble.

Inversez ce modèle et vous avez la version Pixar sur la bonne façon de faire des films : une société unie, faite de collaborateurs qui sont ensemble sur le long terme, apprennent les uns des autres et font tout pour s'améliorer à chaque production. Un élément clé de ce modèle est la politique de Pixar de ne pas engager sous contrat pour un projet donné. Des metteurs en scène célèbres et talentueux comme Brad Bird, Peter Docter, Andrew Stanton et Lee Unkrich, qui pourraient tous obtenir des contrats lucratifs de n'importe quel studio, sont des salariés de Pixar et ils participent à tous les projets du studio et non pas simplement à leurs projets personnels favoris.

Ce modèle s'attaque à l'un des problèmes de personnel les plus constants dans toute industrie : comment non seulement attirer des gens extrêmement talentueux dans sa société, mais aussi comment faire en sorte que ces gens extrêmement talentueux soient capables de produire ensemble et de façon continue des choses remarquables ? Ou, comme le dit Randy Nelson, doyen de la Pixar University : comment fait-on de l'art comme on fait une équipe sportive ?

***Q. Naît-on ou devient-on non-conformiste ?***

**R.** Il y a probablement un peu d'inné et un peu d'acquis. Nous avons écrit ce livre pour faire éclore le non-conformisme chez les entrepreneurs. Y a-t-il des gens avec du caractère qui se lèvent le matin, se regardent dans le miroir et se disent : je pense qu'aujourd'hui je vais incarner « le travail comme d'habitude » ?

Chacun veut mettre sa marque, se tracer une voie ou s'exprimer. Il se trouve que certains parmi nous ont besoin d'un coup de pouce pour ce faire. Nous espérons que les personnes et les idées non-conformistes que nous présentons sont assez exaltantes et instructives pour faire bouger les gens.

Les trente-deux sociétés que nous décrivons ont des histoires, des cultures et des business models très différents les uns des autres. Nous examinons des domaines prestigieux comme la mode, la publicité et Hollywood, mais aussi des industries traditionnelles comme la construction, les exploitations minières et des produits de consommation courante. Les leaders non-conformistes de ces organisations sont des personnes jeunes, âgées, des femmes, des hommes, des Américains, des Européens, charismatiques ou bien discrets. Il n'y a pas d'archétype.

***Q. Quelle est la place du genre dans le monde du non-conformisme ?***

**R.** Selon nous, bon nombre de non-conformistes les plus exaltants, sont des femmes. Qui plus est, le monde du non-conformisme en général est libre des structures de pouvoir qui ont écrasé les femmes depuis trop longtemps. Les non-conformistes accrochent et gagnent sur la base du sens d'une mission, et l'emballage importe peu.

Par exemple, Jane Harper chez IBM n'est pas une non-conformiste improbable parce qu'elle est une femme, mais parce qu'elle a survécu et prospéré en défiant le *statu quo* chez IBM pendant un quart de siècle. Elle a occupé toutes sortes de postes, mais sa vraie particularité a été de créer un poste complètement nouveau en entraînant la société dans de nouvelles directions. Elle est devenue directeur de la technologie et des opérations Internet après avoir incité la société à lancer l'un des premiers sites Web de sociétés en 1994. Elle a convaincu IBM de construire un site Web en partie en annonçant à Lou Gerstner – et son chef et collaborateur John Patrick – qu'IBM avait acheté un espace énorme à InternetWorld et se devait donc de créer rapidement une présence Internet respectable.

En 1999, Jane Harper posa une question à laquelle personne ne voulait répondre : pourquoi des gens géniaux avec un grand talent en technologie ou en gestion auraient-ils envie d'aller travailler chez IBM ? À une époque où la première idée de tout programmeur, ingénieur ou entrepreneur jeune et doué était d'écrire un business plan ou d'aller chez eBay ou Google, la vie de soldat d'infanterie dans l'armée des 320 000 personnes de Big Blue était plutôt difficile à vendre. Jane Harper avait compris que les gens bien veulent travailler sur des projets passionnants, qui ont un impact, dans une petite équipe et un environnement dynamique. C'est donc exactement ce qu'elle a créé avec le laboratoire de Cambridge dans le Massachusetts et elle a lancé un programme pour stagiaires tout à fait original et très efficace appelé Extreme Blue.

Cette expérience (pour laquelle elle n'avait ni autorisation, ni budget, une caractéristique des non-conformistes), s'est transformée en une série de programmes d'un an qui attirent 250 stagiaires de qualité et des centaines d'employés d'IBM comme sponsors et mentors. Depuis six ans que ce programme existe, près de 80 % des participants ont accepté des postes à plein temps chez IBM (et beaucoup avaient aussi des offres de Google et autres). Qui plus est, les étudiants rédigent plus d'une centaine de brevets chaque été et transforment presque la moitié des idées qu'ils ont eues au cours d'un programme d'été intensif de douze semaines en véritables produits et services pour les clients d'IBM.

***Q. Est-ce qu'un non-conformiste peut survivre, ou prospérer, dans une grande société cotée en Bourse et pleine de MBA – pour prendre le pire des scénarios ?***

**R.** Une meilleure question serait : comment les grandes sociétés cotées en Bourse et pleines de MBA survivent-elles, ou prospèrent-elles, si elles n'ont pas le supplément d'âme qu'apportent les non-conformistes ? Mais permettez-moi de répondre à votre question. Nous avons rencontré des quantités de non-conformistes dans de grandes sociétés traditionnelles. Ils semblaient tous avoir en commun les stratégies de survie suivantes : ils posent des questions difficiles et font des critiques à leur société tout en leur restant loyaux. C'est le genre de question que tout P.-D.G. devrait poser. Par exemple, Jane Harper a demandé chez IBM : « Pourquoi des gens géniaux auraient-ils envie de travailler ici ? » Et Larry Huston, maintenant vice-président de l'innovation chez Procter & Gamble, dit ceci : « Le modèle actuel de recherche-développement ne fonctionne pas. Comment pouvons-nous acquérir seuls toutes les compétences scientifiques dont nous avons besoin ? »

Les non-conformistes ne se contentent pas de poser des questions, ils agissent. Nous avons vu cela partout : ils commencent sans budget ni autorisation formelle. Jane Harper a mendié des ressources pendant deux ans, jusqu'à ce que l'impact de son programme apparaisse clairement. Les non-conformistes recherchent des pairs et des compagnons en dehors des frontières de leur société. Et – ce n'est pas une surprise – leur rencontre avec d'autres non-conformistes fait souvent tilt. Ce sont de très bons réseauteurs ; ils apprennent vite et cherchent toujours le soutien d'âmes sœurs.

***Q. Les non-conformistes font-ils fuir les médiocres ou les médiocres font-ils fuir les non-conformistes ?***

**R.** Les deux. Les médiocres tendent à faire fuir les non-conformistes des sociétés – et ces non-conformistes créent souvent des sociétés qui mettent les médiocres en faillite.

***Q. Quelle est la différence entre l'innovation open source et le fait d'écouter les clients ?***

**R.** L'idée de l'*open source* est que vous n'avez pas besoin d'être assez intelligent pour avoir réponse à toutes les questions —vous avez simplement à être assez intelligent pour inviter les autres à jouer dans votre bac à sable. Eric von Hippel appelle cela « l'innovation par un utilisateur chef de file » et Tim O'Reilly parle d'« architecture de participation ». Ce dont il s'agit véritablement, c'est de tirer parti d'une passion partagée.

Si vous voulez des liens durables et émotionnels avec les clients, créez un sentiment de partage de propriété et une relation de participation des clients entre eux. Plus vous inviterez de gens à modeler la personnalité de votre société et de vos produits et plus vous leur permettrez de partager des idées entre eux, plus ils se sentiront engagés dans ce que fait la société. Partager est une chose plus profonde que simplement écouter.

Prenons l'exemple de Jones Soda, une société basée à Seattle qui a pour cible démographique les 12-24 ans avec des arômes comme *Fufu Berry*, *Blue Bubblegum*, *WhoopAss* et des boissons de fête spéciales comme *Brussels Sprout with Prosciutto*. Quand Peter van Stolk a démarré la société, il savait que le monde n'avait pas besoin d'un autre soda, mais que tout le monde a envie de quelque chose à quoi on peut s'identifier. C'est ce qui a forcé l'équipe à penser très différemment la conception de la société.

Un des points clés de l'identité d'un produit comme le soda est son conditionnement. Jones a délégué cela à ses clients en les invitant à soumettre des photos pour l'étiquette. Au cours des années, Jones a reçu quelque quatre millions de photos de clients ; les gens votent ensuite pour déterminer quelles photos iront sur les étiquettes.

Les clients envoient aussi par e-mail leurs dictons, leurs aphorismes et messages préférés, qui sont ensuite utilisés à l'intérieur des capsules. En 2004, Jones a lancé un site Web, Jones Independent Music, où des groupes mettent des chansons, des images, leur biographie et le moyen de les contacter. Les clients de Jones peuvent télécharger ces chansons gratuitement, évaluer les groupes et créer des listes de partage. Tous les mois, quelque vingt groupes apparaissent sur les étiquettes des bouteilles.

Pourquoi une société de soda offrirait-elle un service de musique ? Le message n'est jamais la vente de soda, mais le lien entre la marque et ses clients. Cela va au-delà de la simple écoute du client. Il s'agit de partager la marque avec lui. Jones cherche à transformer le soda en une plateforme communautaire.

***Q. Quelle est la meilleure idée dans le livre ?***

**R.** La stratégie du non-conformiste tend à être aussi pointue que durable, aussi décalée que typée, et aussi opportune qu'intemporelle. Dans une ère d'hyper concurrence et d'innovation incessante, les idées les plus puissantes sont celles dont l'ordre du jour est la réforme et le renouveau – celles qui transforment une société en une cause.

Nous appelons cela une stratégie plaidoyer. Les leaders non-conformistes ne commencent pas par un business plan, mais par un plan directeur montrant où leur entreprise peut et doit aller. Ils présentent des idées qui reconfigurent ce qui est possible pour les clients, les employés et les investisseurs. Par exemple, ING Direct est à la banque ce que Southwest est au transport aérien : une caisse d'épargne directe, sans tralala, qui prospère en défiant le *statu quo* et qui offre une alternative aux pires pratiques de ses rivales.

Le but déclaré d'ING Direct est de remettre les Américains sur le chemin de l'épargne et d'être un antidote à une culture financière toxique qui n'encourage pas les gens à épargner suffisamment, leur fait dépenser trop et joue avec leurs investissements. Le business model est simple : pas de succursales, pas de distributeurs de billets, pas de carnets de chèques – juste un simple menu de comptes d'épargne, de certificats de dépôt et de fonds communs de placement. Ce que la banque n'a pas, ce sont un dépôt minimum, un droit d'entrée et une paperasserie compliquée. Ces différences et la critique pointue de l'industrie par la banque font tilt auprès des gens et la transforment en une cause.

La division Macintosh était le rassemblement le plus important de non-conformistes de l'histoire de la Silicon Valley – en tout cas, c'est ce que nous qui y travaillions pensions. Nous avions hissé un drapeau de pirate sur le bâtiment. Notre cause était d'empêcher la domination mondiale d'IBM et la création d'un monde orwellien, *1984*. Mais je ne me souviens pas qu'il y ait eu beaucoup d'humilité dans cette division. Détail, détail.

# Chapitre 82

# Une dizaine de choses à apprendre au cours de cette année scolaire

> Le différence entre l'école et la vie ? À l'école, on vous enseignait une leçon et ensuite on vous faisait passer un test. Dans la vie on vous fait passer un test qui vous donne une leçon.
>
> Tom BODETT

Tous les étés, ma famille prend ses vacances sur le campus de l'université de Santa Barbara. Cet environnement m'a donné l'idée d'écrire ce que les étudiants devraient apprendre pour se préparer au monde réel après leurs diplômes. Il me semble que les écoles enseignent souvent le contraire de ce qui est nécessaire pour le monde réel.

C'est peut-être parce qu'à l'école, les étudiants ont beaucoup de temps et pas d'argent, que les longues dissertations, les e-mails et les exposés ne sont pas un problème. Mais dans le monde réel, les gens ont plus d'argent et peu de temps. Voici ce que j'aurais voulu apprendre à l'école.

**1. Comment parler à votre patron.** Quand vous êtes à la fac, vous êtes censé soulever des problèmes devant vos professeurs et vous tentez, à plusieurs, d'y apporter une solution. Dans le monde réel, vous êtes censé apporter des solutions à votre patron par e-mail, dans le couloir ou lors d'une conversation de cinq minutes. Soit votre patron connaît le problème, soit il ne veut pas le connaître. Votre rôle est de fournir des réponses, non des questions. Croyez-le ou non, dans le monde réel, ceux qui savent faire, font. Ceux qui ne savent pas faire partagent le problème avec d'autres qui ne savent pas non plus.

**2. Comment survivre à une réunion.** Survivre à une réunion ennuyeuse et sans intérêt suppose un vrai talent. Il y a trois façons d'y parvenir :

premièrement, prenez pour hypothèse que la majeure partie de ce que vous y entendez relève de l'art de se couvrir et que c'est la règle du jeu. Cela vous évitera de devenir fou. Deuxièmement, focalisez-vous sur ce que vous voulez accomplir dans la réunion et ignorez tout le reste. Une fois que vous avez obtenu ce que vous vouliez, retirez-vous dans votre coquille et jouissez du spectacle. Troisièmement, promettez-vous de démarrer une société un jour et qu'alors vos réunions ne fonctionneront pas comme ça.

**3. Comment gérer une réunion.** Un jour, vous gérerez une réunion. Quand ce sera le cas, sachez ceci : ne prévoyez une réunion que lorsque c'est nécessaire. Le but premier d'une réunion est de prendre une décision. Ce n'est pas de partager des expériences ou de se sentir bien. Avec ceci à l'esprit, voici les cinq points clés à connaître : (1) commencez à l'heure, même si tout le monde n'est pas là, parce que la prochaine fois, les gens seront à l'heure ; (2) invitez le moins de gens possible ; (3) faites un ordre du jour correspondant exactement à ce qui va se passer ; (4) terminez à l'heure pour que les gens se focalisent sur les problèmes pertinents ; (5) envoyez un e-mail à tous les participants pour confirmer les décisions et passant en revue les sujets. Il existe d'autres tuyaux pour gérer de bonnes réunions, mais si vous suivez ces cinq conseils, vous ferez mieux que 90 % des gens.

**4. Cherchez les solutions vous-même.** Tirez parti de Google, des manuels en PDF et de votre initiative personnelle pour en savoir le plus possible par vous-même. Le monde réel est souvent un apprentissage long et solitaire, acceptez ce fait.

**5. Comment négocier.** Ne croyez pas ce que les émissions de télé réalité vous présentent comme étant de la négociation ou du travail d'équipe. La seule méthodologie dans le monde réel implique cinq étapes : (1) préparez-vous pour la négociation en maîtrisant vos données ; (2) déterminez ce que vous voulez vraiment ; (3) cernez ce qui ne vous intéresse pas ; (4) comprenez ce que l'autre partie veut vraiment ; et (5) élaborez une solution où tout le monde est gagnant pour que tout le monde soit content. Vous serez un champion si vous faites ça.

**6. Comment faire la conversation.** Généralement la question « Que faites-vous ? » se prête à une réponse conduisant à une bonne conversation. D'une manière générale si vous écoutez plus que vous ne parlez, d'une façon paradoxale vous serez considéré non seulement comme un bon interlocuteur, mais aussi comme une personne intelligente. La vie est parfois mystérieuse.

**7. Comment expliquer quelque chose en trente secondes.** Malheureusement, bien des écoles n'ont pas d'ascenseur – sinon les étudiants sauraient comment faire leur pitch en 30 secondes[59]. Pensez mantra (trois mots) et non déclaration de mission (soixante mots). Pensez que le temps, non l'argent, est la denrée importante. Si vous ne pouvez pas susciter l'intérêt en trente secondes, vous aurez une carrière longue et ennuyeuse.

**8. Comment écrire un rapport d'une page.** Je me souviens avoir eu du mal à écrire le nombre minimum de pages requis en fac. Mais dans le monde réel, j'ai rencontré des patrons qui ne voulaient pas des rapports de plus d'une page. Les meilleurs rapports font une page ou moins.

**9. Comment écrire un e-mail en cinq phrases.** Les jeunes ont un avantage sur les vieux (comme moi) à qui on a appris à écrire des lettres sur papier, signées, mises sous enveloppe et expédiées. Les jeunes d'aujourd'hui sont habitués à la messagerie instantanée et au chat. Au pire, les e-mails sont trop brefs, mais il est plus facile d'enseigner aux gens comment écrire un long message qu'un message court.

**10. Comment s'entendre avec ses collègues.** Le succès à l'école dépend essentiellement des réalisations individuelles. Peu d'activités sont des initiatives de groupe. Puis vous allez dans le monde réel, et plus vous vous élevez dans la hiérarchie, moins les réalisations individuelles ont d'importance. Ce qui devient majeur est l'aptitude à travailler avec (et parfois malgré) les autres. Leçon importante : partagez le crédit avec les autres, car la marée montante fait flotter tous les bateaux.

---

59. Jeu de mots dans le texte américain : le terme « elevator » est le mot pour « ascenseur » et un pitch express en quelques secondes est appelé un « elevator pitch ».

**11. Que faire des profiteurs qui ne font rien ?** À l'école, vous pouvez leur dire ce que vous pensez. Dans le monde réel, ce n'est pas possible, car ils ont l'art de monter dans la hiérarchie et ils prendront leur revanche. La meilleure solution est de les tolérer, d'essayer de ne pas les avoir deux fois dans son équipe, mais il y a peu d'avantages à les critiquer.

**12. Comment utiliser PowerPoint (ou Keynote).** J'ai vu les diapos PowerPoint de beaucoup de professeurs – des modèles terribles, à ne pas imiter. Peut-être pensent-ils ceci : « J'ai un cours d'une heure, je peux faire une diapo à la minute, donc j'ai besoin de 60 diapos. J'ai déjà écrit tout cela dans mon manuel, donc je peux recopier mon manuscrit dans la présentation. » C'est peut-être le fait d'être titulaire d'un poste qui crée ce genre de problème. Dans le monde réel, vous devez vous limiter à dix diapos, 20 minutes et une police de caractères de 30 points, si vous voulez obtenir ce que vous voulez.

**13. Comment laisser un message téléphonique.** Peu de gens, quel que soit leur âge, savent laisser de bons messages téléphoniques. Le but est d'obtenir un résultat. Le message téléphonique devrait être la version orale du mail en cinq phrases ; la durée optimale du message est de 15 secondes.

Deux tuyaux : donnez votre numéro de téléphone lentement, au début et à la fin du message. Comme dans un mail, faites avancer les choses. Ne laissez jamais un message comme : « Rappelez-moi et je vous dirai quand nous pourrons nous rencontrer. » Dites simplement : « Mardi, 10 heures, à votre bureau. »

Une dernière chose : le but de l'école n'est pas de préparer au travail, mais à la vie. Le travail est une partie de la vie et il y a plus dans la vie que le travail, donc étudiez ce que vous aimez.

# Chapitre 83

# « Pourquoi des gens intelligents font des choses stupides »

Un esprit fort cache de l'immaturité.
**Dr. Mortimer FEINBERG et John J. TARRANT**

À la fin de mes vacances d'été de 2007, j'ai découvert que le disque dur de mon MacBook était à moitié mort. Voici la question à 64 000 dollars : « Pourquoi n'avais-je pas une sauvegarde complète et à jour ? » Au cours de ce week-end où tout allait mal, j'ai lu, sur la suggestion de mon ami Bill Meade, un livre intitulé *Why Smart People Do Dumb Things*[60] du Dr. Mortimer Feinberg et de John J. Tarrant. Ce livre répondait à ma question.

- **Hybris.** Un niveau d'orgueil tel, qu'on n'a plus de sentiment de honte, qu'on ne pense plus être exposé à l'opinion publique et qu'on n'a plus peur des « dieux ». Exemples : la liaison de Gary Hart avec Donna Rice qui mit un terme à sa candidature pour la présidence et l'orgie romaine à deux millions de dollars de Dennis Kozlowski (Tyco).
- **Arrogance.** Du mot latin *arrogare*, s'attribuer, s'approprier. Les gens arrogants croient que tout leur est dû. Le roi David, par exemple, considérait qu'il avait le droit de s'approprier la femme de l'un de ses soldats (Bethsabée). Les rois David du monde moderne considèrent qu'ils ont droit à des jets appartenant à l'entreprise et à un entourage qui leur dit que leur discours était génial.
- **Narcissisme.** Un égocentrisme qui empêche de voir la réalité. Le monde n'existe que pour vous donner satisfaction. Exemples : Richard

60. *Pourquoi les gens intelligents font des choses stupides.*

Nixon et le Watergate ; les Clinton et Whitewater – presque tous les politiciens et P.-D.G. tombent en disgrâce.

• **Besoin inconscient d'échouer.** Si vous pensez qu'il est difficile d'échouer, essayez de gagner. Les questions qui traversent l'esprit des gens quand ils sont au bord du succès sont les suivantes : est-ce que je mérite vraiment de gagner ? Est-ce que je veux être soumis à la pression constante de devoir gagner à l'avenir ? Est-ce que je peux vraiment gérer le succès ? Ceci explique peut-être pourquoi des athlètes professionnels continuent à se doper même après avoir vu leurs collègues se faire prendre.

Les auteurs poursuivent sur la notion de maturité (la « capacité à utiliser de façon constructive ses sentiments intérieurs ») et sur ce qu'ils appellent les « Six Principes de Base de la Maturité ».

**1. S'accepter soi-même.** « Vous êtes sur la voie de la maturité quand vous commencez à vous apprécier vous-même sans chercher à être ce que vous ne pouvez pas être. » Les P.-D.G. qui ont échoué chez Apple ont échoué parce qu'ils voulaient être un autre « Steve Jobs ». Ils ne s'acceptaient pas et n'acceptaient pas d'avoir des aptitudes et des limites différentes.

**2. Accepter les autres.** « Vos relations aux autres montrent votre maturité. Si vous ne vous entendez pas avec les autres, ce n'est pas parce que vous n'êtes pas assez intelligent ou parce que vous êtes intelligent et eux stupides, c'est parce que certains centres vitaux de votre être doivent encore se développer. » Par exemple, il y a des sociétés de la Silicon Valley qui maintiennent une « tyrannie du doctorat », où seuls ceux qui ont un doctorat sont estimés, tandis que les ventes, le marketing, les opérations et autres fonctions sont sous-estimés.

**3. Garder son sens de l'humour.** « Votre humour reflète votre attitude à l'égard des gens. Une personne mûre utilise l'humour, non pour matraquer, mais pour arrondir les angles. »

**4. Accepter les plaisirs simples.** « La capacité à s'enthousiasmer pour certaines choses, même si elles semblent ordinaires aux autres, est le signe d'une personnalité saine. » Par exemple, il y a des entrepreneurs en haute technologie dont les yachts passent à peine sous le pont du Golden Gate. (Je serais content de savoir patiner en marche arrière.)

**5. Jouir du présent.** « Les adultes “émotionnels” ne vivent pas sur la base de l’espérance. Ils font des plans pour l’avenir, mais savent aussi qu’ils doivent vivre au présent. Une personne d’âge mûr se rend compte que la meilleure assurance pour demain est l’utilisation efficace d’aujourd’hui. »

**6. Aimer travailler.** « Aimer travailler est un signe distinctif des gens matures. Les gens immatures ne cessent de se battre contre certains aspects de leur travail. Ils n’aiment pas les rapports, les réunions ou la correspondance. Et ils se laissent continuellement agacer par ces détails. La satisfaction qu’il y a à faire un bon travail est obstruée par des futilités. »

Tout cela est intéressant. Photocopiez ce chapitre et glissez-le sous la porte de qui vous savez. Revenons-en à mon disque dur. Pourquoi moi, qui suis censé être intelligent et qui ai une formation en informatique, n’avais-je pas fait de sauvegarde de mon disque dur ?

- **Hybris.** Je n’avais plus peur des dieux des disques durs.
- **Arrogance.** Je considérais qu’un disque dur sans problème était un dû, et que si j’avais un problème, j’avais assez de relations pour que les gens se mettent en quatre et le résolvent pour moi.
- **Narcissisme.** Une panne de disque dur ne peut pas m’arriver, à moi, Guy Kawasaki. Maintenant permettez-moi de continuer à m’admirer.
- **Besoin inconscient d’échouer.** J’avais peut-être envie inconsciemment que mon disque dur me lâche pour ne pas avoir à répondre à 700 e-mails en retard.

Comme je l’ai appris en lisant ce livre, qu’on parle d’entreprises, de politique ou de disque dur, la maturité est payante. Ça aide aussi quand Apple introduit un produit cool de backup, Time Machine.

# Chapitre 84

# Pourquoi des sociétés intelligentes font des choses stupides

Vraiment dommage que la stupidité ne soit pas douloureuse.

Anton LAVEY

Donc, les gens intelligents font des choses stupides, mais vous pourriez penser que lorsque plusieurs personnes intelligentes travaillent ensemble, elles évitent à une société de faire des choses stupides. Après tout, elles peuvent se corriger les unes les autres. Vous avez tort : les entreprises font souvent des choses stupides allant de la vente de produits minables aux infractions à la loi. On trouve des exemples qui vont de A (Adelphia) à X (Xerox) avec des arrêts au E (Enron) et G (Global Crossing). *Why Smart People Do Dumb Things* explique aussi pourquoi des sociétés intelligentes font, elles aussi, des choses stupides.

• **Consensus.** Quand il s'agit de faire des choses stupides, la somme des parties est inférieure au tout. Mettre plus de cerveaux autour d'un problème signifie plus de données, plus de perspectives, plus de solutions possibles, plus de critiques et plus de cerveaux (et de mains) pour trouver la solution, n'est-ce pas ?

C'est possible, mais il y a aussi un inconvénient à réunir plus de gens : quand un consensus commence à se former, il est plus difficile de modifier une décision. C'est une chose d'argumenter contre quelques personnes, c'en est une autre d'aller contre la « sagesse » de la foule. Les individus qui insistent, posent des questions ou expriment leur désaccord, sont souvent étiquetés comme étant incompétents, non coopératifs et manquant d'esprit d'équipe.

- **Conviction.** Le consensus pointe sa sale tête au cours du processus de prise de décision. La situation peut empirer lors du développement parce que l'organisation avance en croyant fermement à ce qu'elle fait. À ce stade, une décision a une vie sacrée qui lui est propre et une société ne peut pas en voir les défauts.

  La conviction n'est pas intrinsèquement mauvaise et, à dire vrai, c'est une composante importante du succès. Mais il faut combiner conviction, clairvoyance et ouverture d'esprit pour réduire la probabilité d'être convaincu à tort.
- **P.-D.G.** C'est le type de consensus qui est particulièrement puissant et dangereux : un P.-D.G. (ou toute personne au poste de direction) qui donne des indications sur ce qu'il aimerait. Alors, exprimer un désaccord peut signifier risquer sa carrière ; mais les gens intelligents ne se transforment pas nécessairement en fayots, alors quoi ?

  Il se pourrait que des gens, même très intelligents, refassent la réalité. Ils n'obéissent pas simplement aux signaux donnés par le P.-D.G. En fait, il y a une étape intermédiaire : ils voient les signaux, réarrangent les faits dans leur esprit et en concluent que le P.-D.G. a raison. Mais le résultat est le même.
- **Experts.** S'il y a quelque chose que les gens intelligents vénèrent, ce sont les autres gens intelligents. Par exemple, vous n'y connaissez pas grand chose en géographie, donc vous engagez un expert en géographie et il vous dit que la terre est plate. Il est difficile d'être assez fort pour ne pas s'incliner devant un expert.

  La plupart des experts ont du mal à accepter des surprises sortant de leur zone de confort. Par exemple, si vous venez vers moi avec un problème de marketing, je vous dirai sans doute qu'évangéliser est la réponse.
- **Bonnes nouvelles.** Les concurrents, les clients, les gouvernements et les *schmexperts* (*schmucks*[61] + experts) assaillent constamment une société. C'est pour cela que les bonnes nouvelles sont séduisantes, voire une drogue dangereuse. Cela vous donne encore plus envie d'avoir de

61. *Schmuck* est un mot yiddish désignant un pauvre type.

bonnes nouvelles et vous refusez de communiquer les mauvaises à la chaîne de commande. Vous finirez même peut-être par refuser d'entendre les mauvaises nouvelles. Combien de chefs des armées sont ainsi tombés dans l'histoire à cause de ce phénomène ?

• **Objectifs nobles.** Les objectifs nobles peuvent justifier toutes sortes de moyens bizarres et inappropriés. Regardez simplement les quêtes pour la paix qui génèrent désordre et violence. Ou le désir de faire un profit (quelque chose qui est bon pour les actionnaires et les clients) qui pervertit le code éthique de la société alors que cette société est composée de gens intelligents et honnêtes. Les sociétés cherchant à atteindre un but noble peuvent commencer à croire que tous les moyens sont bons pour y parvenir.

J'ajouterai aux remarques de Feinberg et Tarrant trois facteurs que j'ai remarqués au cours de ma carrière :

• **Budgets.** Certaines idées ont leur vie propre. Et la mise en application de ces idées peut aussi avoir sa vie propre. C'est le cas d'un budget. C'est un document sacré qui remplace la direction, l'observation, la prise de décision et l'analyse pendant toute une année. Ensuite, cette façon problématique de voir le budget sert de base pour l'année suivante.

• **Cupidité.** Vous avez entendu parler de l'ouvrage de Jim Collins, « De la performance à l'excellence[62] ». De la même façon on peut passer « de la performance à la cupidité », lorsque la cupidité l'emporte sur l'intelligence. Quand une société peut tout, elle contourne souvent les règles, les réglementations et le sens commun. La cupidité prend alors le pas sur l'intelligence.

• **Arrogance.** C'est la sœur jumelle de la cupidité. L'arrogance s'installe quand une société commence à considérer son succès comme un droit divin. L'arrogance fait croire que la société est au-dessus des lois. La cupidité l'emporte à elle seule sur l'intelligence ; si vous y ajoutez l'arrogance, l'intelligence n'a aucune chance.

Je serais négligent si je ne vous fournissais pas les moyens d'éviter à votre société intelligente de faire des choses stupides. Les voici :

62. Éditions Village Mondial, 2003

- **Écrasez l'arrogance et la cupidité.** Cette recommandation repose directement sur les épaules du P.-D.G. Les gens arrogants et cupides attirent des gens arrogants et cupides. Supposons que vous ne soyez ni arrogant ni cupide mais que vous ne soyez pas le P.-D.G. Alors, n'engagez pas des gens arrogants et cupides dans votre département.
- **Retardez le consensus.** Parfois, plus vous allez vite, moins vous voyez les choses. Le P.-D.G., notamment, ne doit pas précipiter une décision, parce que la plupart des employés ne la remettront pas en question. C'est parfois difficile parce qu'avoir une image de décideur est très séduisante. Attendez d'avoir assez d'informations pour prendre une décision en toute connaissance de cause.
- **Chérissez la diversité.** Parlez, pensez et agissez de façon à convaincre les employés que les divergences d'opinion sont une bonne chose. Franchement, il est bon pour une société d'avoir quelques empêcheurs de tourner rond. Et ne tirez pas sur ceux qui vous donnent les mauvaises nouvelles, car ils font leur devoir – et vous font une faveur.
- **Dites les choses clairement.** Si vous occupez un poste de direction, il n'est pas sage de dire « Organisez cette fuite » et d'assumer que ce sera fait légalement. Vous devez dire : « Organisez cette fuite par des méthodes légales, éthiques et raisonnables. »
- **Bougez la couronne.** Quand les employés se mettent à dire : « Nous devons faire cela ainsi parce que Bill/Steve/Carly veulent que ce soit comme cela », vous allez au-devant des problèmes. Cela signifie que les employés prennent des décisions sur la base de ce qui, selon eux, satisfera les rois – par opposition à ce qui est bien pour le client, les employés ou les actionnaires. Les bons P.-D.G. placent la couronne sur la tête de leurs clients, non sur la leur.
- **Cantonnez les experts à des domaines spécifiques.** N'utilisez pas des experts pour créer votre plan stratégique, sauf si vous voulez que des MBA qui n'ont jamais rien dirigé de plus grand que le snack-bar d'une école décident de votre sort.
- **Demandez les mauvaises nouvelles.** Ne prenez pas pour hypothèse que les mauvaises nouvelles vous trouveront – c'est à vous de les trouver.

Vous devez trouver du temps à consacrer aux mauvaises nouvelles. Il vaut mieux prendre connaissance des mauvaises nouvelles quand elles sont mauvaises plutôt que catastrophiques.

• **Voyez les budgets comme des directives de travail.** Ne gravez rien dans le marbre. Si votre budget ne change pas en cours d'année, c'est que vous êtes ou très clairvoyant ou idiot.

Ce chapitre a examiné ce qui se passe quand des sociétés intelligentes font des choses stupides. Mais parfois les sociétés souffrent de l'impact de gens stupides faisant des choses stupides, ce qui est encore pire. C'est l'objet du chapitre suivant.

# Chapitre 85

# Comment empêcher une explosion de bozos

Mais le fait qu'on se moque de certains génies n'implique pas que tous les gens dont on se moque soient des génies. On se moquait de Christophe Colomb, de Fulton, des frères Wright. Mais on se moquait aussi de Bozo le Clown.

**Dr. Carl SAGAN**

Il est déprimant de voir une société se détériorer dans la « médiocratie » (médiocre + bureaucratie). Dans la Silicon Valley, nous appelons ce processus « l'explosion de bozos ». Cette pente descendante semble inévitable après le succès d'une société – souvent au cours des années qui suivent l'entrée en Bourse. J'ai créé le *Guy's Bozo Aptitude Test* ou GBAT pour aider les gens à diagnostiquer si leur société est en train de glisser vers la « bozoïtude ».

## FAITES LE GBAT

Donnez-vous un point quand vous répondez « oui » aux questions suivantes :

1. Les mots « partenaire » et « stratégique » sont-ils les mots les plus populaires dans votre société ?
2. Votre direction fait-elle des séminaires à l'extérieur dans des endroits comme le Ritz Carlton pour encourager la communication ou élaborer le texte de la mission de la société ?
3. Le texte de la mission de votre société comporte-t-il plus de 20 mots ?
4. L'assistante du P.-D.G. a-t-elle une assistante ?
5. Le « biorythme » du parking de votre société se présente-t-il comme ceci ?

a) 8 h – 10 h : Il y a plus de voitures japonaises que de voitures allemandes.
b) 10 h – 17 h : Il y a plus de voitures allemandes que de voitures japonaises.
c) 17 h – 22 h : Il y a plus de voitures japonaises que de voitures allemandes.

6. Votre département des ressources humaines exige-t-il un MBA pour un poste ?
7. Votre société considère-t-elle que le temps est plus important que l'argent de sorte que la société a une cafétéria, un club de remise en forme et un service de toilettage pour animaux domestiques ? De plus, sont-ce les premières choses que les employés montrent aux visiteurs ?
8. Est-ce que quelqu'un dont la musique est vendue à la boutique iTunes joue à la fête de Noël de la société ?
9. La société paie-t-elle un employé qui ne fait rien d'autre qu'écrire un blog ?
10. Les employés lisent-ils ce blog pour savoir ce qui se passe dans la société ?
11. Le succès d'un concurrent vous contrarie-t-il davantage que la perte d'un client ?
12. Les responsables au niveau intermédiaire ont-ils tous des antécédents professionnels dans une grande société de produits de consommation ?
13. Faites-vous appel à une grande société de consultants qui confie à des MBA de 23 ans la responsabilité de repenser les stratégies de la société ?
14. La société a-t-elle apprécié certains de ces MBA et les a-t-elle engagés ?
15. Est-ce que le personnel d'accueil a un meilleur look, mais est moins compétent ?
16. Le seul moment où vous voyez votre P.-D.G. c'est lorsqu'il/elle est sur CNBC ?
17. Regardez-vous CNBC pendant la journée sans vous sentir coupable ?
18. Le ratio ingénieurs-avocats est-il inférieur à 25 pour 1 ?
19. Votre société a-t-elle créé une affiche sur « les valeurs de la société » ?

20. Est-ce que les expressions « tirant parti des compétences essentielles » et « maximisant la valeur pour les actionnaires » apparaissent dans un même paragraphe sur les documents officiels ?
21. Est-ce que les nouveaux cadres font campagne pour améliorer les produits avant même de savoir les utiliser ?
22. La société sous-traite-t-elle le service client ?
23. La chaise de votre P.-D.G. coûte-t-elle plus cher que votre première voiture ?
24. Y-a-il plus de deux dirigeants qui ont le mot « *chef* » dans leur titre[63] ?
25. Votre société est-elle devenue une source de gadgets : stylos, sacs, bloc-notes, sacoches ?

Donnez-vous deux points si vous répondez « oui » à ces questions :
26. Votre P.-D.G. a-t-il écrit un livre ?
27. Votre P.-D.G. est-il allé au *World Economic Forum* de Davos et a-t-il donné des conseils aux présidents des sociétés d'Europe de l'Est sur l'entrepreneuriat ?
28. Votre société possède-t-elle un jet privé ?
29. Le jet privé appartient-il au P.-D.G. et est-il loué par la société ?
30. Votre société a-t-elle engagé un athlète professionnel à la retraite comme coach ?
31. Votre société a-t-elle engagé un politicien retraité comme coach ?

**FEUILLE DE NOTE**

Voici la note de votre société :

- **0-5 :** Vous avez probablement bootstrappé la société et vous ne dépensez pas l'argent des autres. Vous êtes très loin de la bozoïtude.
- **6-10 :** La société est encore jeune, affamée et au stade de l'innovation. Pas d'inquiétude à avoir pour le moment.

---

63. En anglais, le terme « chief » (chef) est utilisé dans plusieurs titres, comme Chief Executive Officer, Chief Financial Officer, Chief Technology Officer, Chief Marketing Officer, etc.

- **11-30 :** Le glissement inexorable vers la bozoïtude a commencé.
- **31 ou plus :** Mettez à jour votre CV parce que votre société va droit dans le mur.

**QUE FAIRE ?**

Avez-vous la gorge serrée ? Vous êtes en nage ? Vous n'êtes pas tout seul. En fait, vous seriez plus solitaire si vous n'étiez pas sur la pente descendante. Voici les mesures que vous pouvez prendre pour décélérer le glissement vers la bozoïtude, voire remonter la pente.

1. **Regardez au-delà du CV.** Le but de l'embauche est de construire une super équipe. La formation et les antécédents professionnels des employés sont des indications commodes. Pourtant, ce qu'on perçoit comme étant la formation et les antécédents professionnels « adéquats » ne sont pas une condition suffisante d'excellence. Engager un bozo qui a un « bon » CV peut affaiblir les autres employés et accroître la probabilité d'embauche de bozos supplémentaires. Ne pas engager quelqu'un de remarquable parce qu'il n'a pas le « bon » CV est une erreur tragique.
2. **Diversifiez.** Il y a des sociétés qui ont l'air d'être la version entreprise du film *The Stepford Wives* : tout le monde est né dans une famille blanche de la haute société, est allé dans une très bonne université et a un MBA. Quand c'est le cas, cela signifie que la forme l'emporte sur la fonction et la façon pour les gens de réussir est d'être adéquat à la forme, non d'exceller dans la fonction. C'est l'inverse qu'il faut faire.
3. **Demandez aux cadres d'embaucher des gens meilleurs qu'eux.** Par exemple, un cadre en ingénierie doit engager un programmeur qui programme mieux que lui (ou elle). D'ailleurs, ce principe est valable aussi pour les administrateurs quand ils engagent le P.-D.G.
4. **Éliminez l'arrogance.** L'arrogance se manifeste essentiellement dans deux cas de figure : le premier, quand vos employés décrivent la concurrence en utilisant des mots comme « minable », « bozo » ou tout simplement « stupide ». Deuxièmement, quand vos employés commencent à croire que la « destinée manifeste » de la société est de dominer le marché.

Quand vous tombez sur ce genre d'attitude, prenez l'employé à part et dites-lui de se réveiller.

**5. Sous-employez.** Engagez moins de personnes que le nombre de personnes dont vous êtes « sûr » d'avoir besoin, pour être prêt à la croissance en crosse de hockey que vous êtes « sûr » d'avoir. Quand vous vous pressez de pourvoir un poste afin de répondre à la croissance, vous faites erreur.

**6. Réduisez la croissance.** C'est l'inconvénient lorsque l'on a trop peu d'employés. Je vous suggère de renoncer à des ventes intentionnellement. Rester petit et en bonne forme est une politique de gestion parfaitement acceptable. Calculez l'impact exact en terme d'effectifs pour faire une vente de plus, créer une nouvelle ligne de produits ou faire une acquisition.

**7. Fusionnez et purgez.** Vous devez à vos employés de leur donner du retour, des directions et toutes les chances de réussite. Mais vous devez aussi à la personne et à la société de licencier quiconque ne fait pas son boulot.

Honnêtement, presque toutes les sociétés passent par l'explosion de bozos. Ainsi la question n'est pas tant : « Aurons-nous une explosion de bozos ? » que « Quand nous aurons l'explosion de bozos, allons-nous changer nos méthodes ? » Ce qui rend difficile le changement de cap, c'est que l'explosion se produit habituellement quand (et peut-être parce que) la société va bien. D'où la recommandation d'avoir moins de personnel et de limiter la croissance, aussi pénible et illogique que cela puisse paraître.

# Chapitre 86
# Êtes-vous un égomaniaque ?

Pendant plus de mille ans, les Romains revenant de la guerre ont joui de l'honneur de parades triomphales. Dans le défilé, il y avait des trompettistes, des musiciens, et des animaux étranges venant des territoires conquis, comme des chars chargés de trésors et d'armes capturées. Le conquérant arrivait sur le char triomphal, et les prisonniers hagards marchaient en tête avec leurs chaînes. Parfois ses enfants se tenaient à côté de lui sur le char ou sur les chevaux qui ouvraient la route. Un esclave se tenait derrière le conquérant, tenant une couronne en or et il lui soufflait à l'oreille que toute gloire est éphémère.

Général George C. PATTON

Steven Smith a passé les dix dernières années à explorer comment les grands leaders se servent de leur ego différemment de nous tous. Il a rassemblé ses résultats dans un livre qu'il a écrit avec David Marcum, intitulé *Egonomics : What Makes Ego Our Greatest Asset (or Most Expensive Liability)*[64] (Fireside, 2007). Le thème de cette interview est d'une importance capitale pour quiconque veut changer le monde : Ego. Trop ? Trop peu ? Quelle est la bonne mesure ?

***Q. Faut-il un gros ego pour réussir ou est-ce qu'on commence avec un ego normal, avant de réussir puis de développer un gros ego ?***

**R.** D'abord, il y a une différence vitale entre un « gros ego » et une grande ambition. Ceux qui réussissent commencent généralement avec une grande ambition ou de grandes idées et un ego « normal » ou sain. Cette combinaison détermine leur succès. Mais s'ils ne font pas attention, il crée l'illusion qu'ils ont obtenu ce succès tout seuls, et plus ils

64. *L'égonomique : Ce qui fait que notre ego est notre actif le plus important (ou le passif le plus coûteux).*

sont exposés au public, plus ils croient aux titres des journaux qui leur attribuent ce succès.

Leur ego leur parle alors de leur grandeur et leur murmure que tout ce qu'ils pensent et font par ailleurs est grand. C'est alors qu'ils se mettent à avoir un « gros » ego.

***Q. La phrase d'introduction à votre livre est celle-ci : « L'ego est la section invisible sur les rapports financiers de toute société ». Pourquoi invisible ?***

**R.** Parce qu'il n'est pas chiffré, mais les gens savent que les coûts sont là. On estime que les coûts de l'ego représentent entre 6 et 15 % des revenus annuels d'une société ; beaucoup considèrent que cette estimation est trop prudente. Mais même s'il n'est que de 6 % des revenus, le coût annuel est proche de un milliard de dollars pour la moyenne des sociétés dans le *Fortune 500*.

La raison pour laquelle l'ego reste invisible, c'est qu'on n'en parle pas. On parle de tout le reste, comme des chiffres, et il est aussi plus facile de parler de sujets plus légers comme la « communication », la « prise de décision », « le leadership » ou « le travail d'équipe ». Mais le sujet le plus sensible, et le plus puissant, c'est l'ego.

À mon avis, les gens devraient regarder les capacités de direction comme Dimitri Mendeleïev regardait le tableau périodique des éléments. C'est lui qui a classé les éléments par leur masse, du plus léger au plus lourd. La chose est vraie dans les affaires – les capacités ont des poids différents ; les unes sont plus légères, les autres plus lourdes. Le « poids atomique » de l'ego est le plus grand.

Il y a d'autres éléments importants sur le « tableau » du leadership, mais c'est l'ego qui a le plus de poids, en grande partie parce qu'il affecte tout le reste. Pourtant, c'est celui qu'on évite le plus. Les gens ont peur de parler de l'ego, parce qu'ils ne comprennent pas comment il fonctionne, notamment dans le travail. On en parle généralement en privé et, plus important, on voit presque toujours le sujet comme étant le problème de quelqu'un d'autre.

***Q. Quels sont les indices révélateurs d'un ego excessif ?***

**R.** D'abord, soyons clair, la plupart des gens, 99 % d'entre nous, n'avons pas d'ego excessif en continu, mais parfois, seulement. Il y a quatre signes précurseurs au gonflement excessif de l'ego :

a) Comparaison : être trop compétitif rend moins compétitif.

b) Défense : défendre des idées rend défensif.

c) Reconnaissance : désirer le respect et la reconnaissance interfère avec le succès.

d) Brio : les idées peuvent être éclipsées par votre propre intelligence et par votre talent.

Parlons du premier signe, qui déclenche généralement les trois autres, le fait de se comparer et de vouloir être trop compétitif. Voici les choses à surveiller :

– Considérer quelqu'un avec qui vous travaillez comme un rival et penser aux moyens de le « battre ».

– Prendre de façon personnelle le fait qu'on soit en désaccord avec ses idées.

– Suivre compulsivement l'exemple de ses concurrents pour qu'ils ne fassent pas quelque chose que vous ne faites pas.

– Critiquer les stratégies de vos concurrents et les rejeter prématurément comme n'étant pas pertinentes.

– Croire que vous ne méritez jamais de perdre à un jeu, dans une conversation, un débat, une promotion, une augmentation, etc., et ne pas être *fairplay* dans la défaite.

– Être en désaccord avec une personne simplement parce qu'elle vient juste de dire quelque chose.

– Vous sentir moins bien dans votre peau quand vous voyez les autres réussir.

***Q.** Donc qu'est-ce qu'un ego « sain » ?*

**R.** Une confiance en soi authentique ; une confiance qui n'a pas besoin de se fatiguer à prouver qu'elle existe. Un ego sain nous évite d'avoir une opinion trop haute ou trop pauvre de nous-mêmes. Mais pour comprendre ce qu'est un ego sain, il faut comprendre la relation entre ego et humilité. Pour la plupart des gens, le contraire d'un ego excessif est l'humilité, alors qu'en réalité, trop peu d'ego est aussi dangereux et improductif que d'en avoir trop.

Quand nous arrivons à un bon équilibre entre ego et humilité, nous sommes authentiquement confiants. Dans le livre nous appelons cela « l'équilibre de l'ego ». Mais comme il y a une tendance naturelle à dévier de cet équilibre, le déséquilibre peut donner une confiance en soi factice et l'ego peut nous orienter dans la mauvaise direction. Le résultat est que nos points forts peuvent se transformer en faiblesses. Par exemple une personne qui est passionnée devient impatiente, ou si nous avons une volonté forte, nous devenons inflexible. Nous pensons que c'est la même chose, mais les gens qui nous entourent voient la différence.

***Q.** Comment l'humilité peut-elle survivre dans un marché où l'homme est un loup pour l'homme ?*

**R.** Nous avons découvert que l'humilité est le seul moyen de devenir grand. L'humilité est un point d'équilibre entre trop et pas assez d'ego. L'humilité a la réputation de se situer à l'opposé de l'ego. En réalité, le contraire de l'ego est l'absence de confiance en soi et l'humilité est ce qui assure l'équilibre entre les extrêmes. Ce que Jim Collins a montré dans *Good to Great*, c'est que l'humilité est l'une des deux seules caractéristiques qui distinguent les leaders capables de diriger des sociétés dont les performances sont bonnes – et même très bonnes – des leaders qui ont obtenu que leurs sociétés aient des performances exceptionnelles. Et tous les leaders qui ont élevé très haut leurs sociétés et ont maintenu cette splendeur pendant 15 ans vivent dans le même monde que nous, un monde où l'homme est un loup pour l'homme. L'humilité a été spécialement créée pour un monde où l'homme est un loup pour l'homme.

***Q. Existe-t-il quelque chose comme un ego insuffisant ?***

**R.** Sans aucun doute. En fait, beaucoup de gens et de cultures d'entreprises en souffrent, et beaucoup plus qu'on ne le pense. Nous appelons cela l'ego « classe de première au lycée », où on a tellement besoin de l'approbation des autres qu'on prend des décisions que l'on ne prendrait pas si on avait vraiment confiance en soi.

L'insuffisance d'ego a pour effet que ce sont les autres qui dirigent la confiance en soi – et qu'on modèle ses actions et ses pensées d'après ce qui sera avalisé par les autres ; on veut faire plaisir et on ne dit pas ce qu'on pense. C'est ainsi que les sociétés obtiennent des gens de « bonnes » idées, mais pas les meilleures qu'ils pourraient avoir.

***Q. Quelle est votre analyse de Steve Jobs ?***

**R.** Steve est passé par une métamorphose dans sa manière de travailler. Il a toujours été exceptionnellement doué en tant que créateur et designer, mais il utilisait ses talents d'une façon telle qu'il faisait fuir les gens en minimisant le talent et le QI créatif de ceux qui l'entouraient. Quand il a été viré d'Apple, il est devenu plus humble et, chose intéressante, il est ressorti de cette période de sa vie avec un ego plus sain. La vie l'a rendu plus modeste et il en a accepté les leçons.

Dans son discours lors de la remise des diplômes à Stanford en 2005, il dit ceci : « Je suis à peu près sûr que rien de tout cela [NeXT, Pixar, son retour à Apple, l'iPod et iTunes] ne serait arrivé si je n'avais pas été viré de chez Apple. Le médicament avait un goût abominable, mais je suppose que le patient en avait besoin.[65] »

L'humilité est un antidote puissant à un ego malsain, et soit nous nous rendons humbles nous-mêmes, soit nous attendons que la vie le fasse pour nous. *Fortune* a fait une couverture avec Steve il y a un an à peu près, mais sur la double-page intérieure, il y avait six ou sept personnes assises à côté de lui. Cette photo disait tout ; il n'est plus tout seul dans

---

65. Ce discours de Steve Jobs est disponible dans son intégralité sur YouTube : http://www.youtube.com/watch?v=D1R-jKKp3-NA

cette histoire et il semble qu'il le reconnaisse. Le résultat est qu'il est un bien meilleur leader.

***Q. Comment un « égotiste » se réforme-t-il/elle ?***

**R.** Par la thérapie ! À dire vrai, les égotistes se réforment rarement. L'*egonomics* n'est pas pour le petit pourcentage des égotistes qui ont besoin d'une thérapie. Nous avons tous besoin de réforme quelque part. Ce peut être dans notre façon de présenter nos idées, de défendre nos positions, de penser à nous-mêmes, de partager notre talent et notre expertise, de motiver les gens, etc. Mais le premier pas pour se réformer, c'est la prise de conscience.

Et cette prise de conscience ne peut venir que de nous. Demandez du retour, demandez aux gens ce qu'ils pensent et surveillez les quatre signes précurseurs. Nous donnons aux sociétés qui lisent *Egonomics* un accès gratuit à une estimation de la santé de leur ego collectif.

***Q. Que faut-il faire quand on travaille pour un égotiste ?***

**R.** Fuir le plus vite possible et aller travailler pour quelqu'un d'autre, mais si ce n'est pas possible, combattre son ego avec le sien n'est pas non plus la réponse. Les égotistes gagnent rarement sauf s'ils sont en position de pouvoir, et dans ce cas, vous ne pouvez pas faire grand-chose. Mais s'ils ne sont pas votre patron, alors parlez avec eux de ce que vous remarquez et assurez-vous que ce n'est pas votre propre ego qui parle.

Parfois nous attribuons aux autres le pire de ce que nous voyons en nous. Nous parlons aussi beaucoup dans le livre de la manière de communiquer pour faire en sorte que les gens s'ouvrent à vous et changent leur manière de travailler avec vous. Robert Sutton de Stanford a écrit un très bon livre intitulé *The No Asshole Rule : Building a Civilized Workplace and Surviving One That Isn't*[66] (Business Plus, 2007) qui traite davantage des égotistes purs. Notre travail porte sur le reste d'entre nous, qui ne sommes pas des « cons prétentieux », mais à qui il manque seulement l'humilité nous permettant d'atteindre notre potentiel réel.

---

66. *Objectif zéro sale con* (Vuibert, 2007)

***Q. Quel est le candidat à la présidence qui, selon vous, gère le mieux son ego ?***

**R.** Plutôt que de vous donner mon opinion, permettez-moi de vous répondre par le résultat d'une enquête que nous avons faite. Nous avons fait cette enquête Internet sur un échantillon de 1 200 personnes et avons demandé à des électeurs de classer l'humilité, la curiosité et l'authenticité de chaque candidat ; comment ils géreraient leurs erreurs ; le genre de personnes qu'ils mettraient dans leur cabinet, l'étendue de leur ouverture d'esprit, leur intérêt pour des politiques qu'ils ne comprennent pas, leur compétence diplomatique au niveau international, etc.

Environ deux tiers des personnes interrogées étaient des républicains. Je ne sais pas très bien pourquoi. Mais ce qui est intéressant, c'est que ce n'est pas un républicain qui a remporté cette étude sur l'« égonomique présidentielle ». C'est un démocrate, Barack Obama, vainqueur incontestable avec un score de 80,3 sur 100[67]. Cela signifie que ceux qui ont répondu ont considéré Obama comme le candidat le plus ouvert d'esprit, le plus curieux, le plus honnête intellectuellement, capable de collaborer avec les autres et authentiquement confiant en lui.

Le pire candidat ? Hillary Clinton était clairement la dernière avec 68,4. Edwards, Giuliani, Romney et McCain ont tous eu un score à peu près identique, autour de six points derrière Obama.

***Q. Qu'est-ce que ça changerait en nous, si nous gérions mieux notre ego ?***

**R.** Nous serions plus ouverts aux opinions qui diffèrent des nôtres et moins rigides à l'idée de modifier nos points de vue quand ils sont remis en question. Un esprit borné et des positions figées sont peut-être les signes les plus communs d'un ego mal géré. Les bons leaders ont l'esprit ouvert. Mais les très bons leaders ouvrent l'esprit des autres dans les circonstances les plus sérieuses.

D'une manière générale, quand nous confondons notre identité – qui nous sommes – avec nos idées – ce que nous pensons et croyons – l'ego

67. Remarque : ce livre est paru aux États-Unis avant l'élection présidentielle (novembre 2008).

peut tous nous piéger, à tout moment. Quand nous glissons sur cette pente, nous cessons de défendre nos idées et nous devenons simplement défensifs. Nous cessons de partager notre enthousiasme et essayons seulement de dominer la conversation. Et au lieu de laisser les idées entrer en compétition et faire en sorte que la meilleure l'emporte, nous commençons à entrer dans des rivalités entre personnes. Tout ceci a pour conséquence de fermer les esprits et de stopper la chance d'innover ou de changer une société. Et si l'esprit des gens se ferme – même partiellement – il n'y a pas grande innovation ou grand changement dans la société.

Les japonais ont un dicton : « Il y a deux sortes de gens stupides. Celui qui ne monte jamais au sommet du Mont Fuji pour admirer la vue incroyable sur la campagne. Et celui qui y monte deux fois. » J'ai travaillé deux fois pour Steve Jobs, ce qui, je suppose, me rend stupide. Je ne ferais pas les choses comme lui, mais c'est mon problème, pas le sien. Cette interview de Steven Smith m'a aidé à comprendre et à apprécier les gens qui ont un ego surdimensionné. Ce que je dis, c'est que tant qu'ils assurent, donnons-leur plus de pouvoir.

# Chapitre 87
# La règle « anti-con prétentieux »

Si vous vous comportez comme un con prétentieux
un soir, peut-être ne vous en souviendrez-vous pas.
Mais nous, nous nous en souviendrons.
**Robert LORENC**

Ce chapitre nous offre encore la sagesse de Bob Sutton. On ne peut qu'admirer un auteur qui a le courage de quitter les éditions Harvard Business School Press, parce qu'elles ne lui ont pas permis d'utiliser le mot « *asshole*[68] » dans le titre d'un livre. Même si je ne suis pas fanatique de l'irrévérence, le mot « *asshole* » est le seul qui caractérise correctement certains cas, donc pardonnez-moi de l'utiliser ici.

Le livre de Sutton, *The No Asshole Rule : Building a Civilized Workplace and Surviving One That Isn't (*Business Plus, 2007*)*, est un guide décisif pour comprendre, contrer et ne pas devenir un con prétentieux. Je suis bien placé pour en parler parce que (a) j'en ai été un et (b) j'ai été la victime de certains d'entre eux.

La première phase consiste à identifier un con prétentieux. Le blog de Sutton mentionne une méthode, qu'il appelle le Starbucks Test. Voici en quoi il consiste : si vous entendez quelqu'un commander chez Starbucks un « grand décaféiné, lait de soja moins de mousse, sans matières grasses, vanille glacée, double-shot, cappuccino pain d'épice, très sec, glace légère, avec un Sweet-n'-Low et un NutraSweet », vous êtes en présence d'un con prétentieux. Il est improbable que cette combinaison soit nécessaire, et la personne en question cherche à jouer de son pouvoir.

Une seconde méthode est de se référer à la liste des comportements quotidiens typiques chez ce genre de personnes :

---

68. Littéralement « trou du cul ».

a) insultes personnelles ;
b) envahissant ;
c) donne un contact personnel sans qu'on le lui demande ;
d) utilise menaces et intimidation, à la fois verbales et non verbales ;
e) insulte au moyen de sarcasmes et de taquineries ;
f) e-mails cinglants ;
g) remarques visant à humilier ses victimes ;
h) fait honte aux gens en public ;
i) interrompt les gens ;
j) attaques doubles ;
k) coups d'œil antipathiques ;
l) traite les gens comme s'ils étaient invisibles.

Une troisième méthode – moins scientifique, mais plus amusante – consiste à faire une recherche sur Google comportant le nom de la personne (ou d'une profession) en plus du mot « *asshole* ». Vous obtenez des résultats intéressants :

| | |
|---|---|
| Steve Ballmer | 8 860 |
| Terrell Owens | 21 200 |
| Guy Kawasaki | 6 850 |
| Lawyers | 280 000 |
| Donald Trump | 61 800 |

## COMMENT ÉVITER D'ÊTRE UN CON PRÉTENTIEUX

Voici une liste résumée des dix premières méthodes :

**1. Évitez de faire en sorte que les gens se sentent opprimés, humiliés, démotivés ou dévalorisés.** Si vous trouvez que vous produisez cet effet, il est temps de changer de comportement, quoi que vous pensiez de vous-même.

**2. Présentez des excuses si vous agissez comme un con prétentieux.** Le désagrément d'avoir à s'excuser est tel qu'il devient dissuasif de se comporter de cette manière.

**3. Assumez votre passé.** Le passé augure très bien de vos comportements futurs. Par exemple, étiez-vous une petite brute à l'école ? Si vos parents, vos frères et sœurs étaient des cons prétentieux, vous avez peut-être attrapé la maladie. Prendre conscience qu'on en est un est un premier pas vers le changement.

**4. Me maltraitez pas les gens qui ont moins de pouvoir que vous.** L'une des caractéristiques principales des cons prétentieux consiste à traiter de façon dégradante des gens comme les réceptionnistes, les hôtesses de l'air et les serveurs.

**5. Résistez à la tentation d'être un con prétentieux dès le début.** C'est le moment où il est le plus facile de le faire. Ne pensez pas que vous pouvez faire « ce que vous devez faire » et changer ensuite. Ce ne sera pas le cas.

**6. Partez et ne fréquentez pas les cons prétentieux.** N'ayez pas peur de prendre vos distances. Il est peu probable que vous puissiez les transformer en personnes agréables alors qu'il est très probable que vous tombiez à leur niveau.

**7. Considérez le comportement d'un con prétentieux comme une maladie infectieuse.** Si vous êtes malade et que vous avez le sens des convenances, vous évitez le contact avec les gens pour ne pas les contaminer. Donc, si vous vous comportez comme un con prétentieux, ce n'est pas seulement vous que vous affecterez ; vous montrerez aux autres qu'il est normal d'en être un.

**8. Focalisez-vous sur les situations où tout le monde est gagnant.** Les enfants (jeunes et vieux) pensent que le monde est un jeu à somme nulle. Si un autre enfant est en train de jouer avec la poupée Dora, vous, vous ne le pouvez pas. Quand on vieillit, on devrait se rendre compte qu'il n'est pas obligatoire que la vie soit une proposition gagnant-perdant – sauf quand on est un con prétentieux.

**9. Focalisez-vous sur les cas où vous n'êtes ni meilleur ni pire que les autres.** Le fait de penser qu'on est plus beau ou plus intelligent que les autres transforme les gens en cons prétentieux. Le fait de penser qu'on n'est ni meilleur ni pire permet de rester humble.

**10. Focalisez-vous sur ce qui vous rend semblable aux autres, non sur ce qui vous rend différent.** Si vous vous concentrez sur les objectifs, désirs et passions que vous avez en commun avec les autres, vous êtes moins enclin à vous comporter en con prétentieux. Comment pouvez-vous traiter avec dédain des gens qui vous ressemblent ?

**11. Dites-vous ceci : « Je suis suffisamment gâté (argent, jouets, amis, voitures…). »** Le mécontentement et l'envie sont les raisons majeures qui font qu'on devient un con prétentieux. Quand on est heureux, on n'a pas de raison de piétiner les autres.

## COMMENT TRAITER LES CONS PRÉTENTIEUX

Disons que vous n'en êtes pas un, mais que vous avez à supporter quelqu'un qui en est un. Que faire ? Voici les réponses de Sutton.

- **Espérez que tout ira bien, mais attendez-vous au pire.** L'une des choses les plus frustrantes avec eux, c'est qu'ils sont décevants et qu'ils vous poussent à vous poser des questions sur l'humanité. En limitant vos attentes, vous limiterez vos désillusions, mais ne faites pas que cela, car vous pourriez tomber dans le cynisme (et peut-être vous transformer en l'un d'entre eux à votre tour).
- **Cultivez de l'indifférence et un détachement émotionnel.** Sutton est peut-être le seul auteur à avoir la perspicacité et le cran de recommander l'indifférence et le détachement dans un environnement de travail. Je présenterais cela différemment : améliorez votre capacité de résistance et vivez avec la situation. La vie n'est pas juste.
- **Recherchez de petits gains.** Les petits gains permettent de continuer à supporter la situation. La plupart des cons prétentieux se vantent de tout contrôler et d'avoir une domination absolue. Toute victoire, même petite, est bonne à prendre. Les petites victoires peuvent permettre de gagner la guerre.
- **Limitez vos contacts.** Faites ce que vous pouvez pour éviter les réunions et les contacts avec ces gens-là. Cela suppose la découverte ou la construction de poches de « sécurité, support et d'équilibre mental », pour utiliser les mots de Sutton. Il cite l'exemple du bureau d'une infirmière pour se protéger d'un médecin qui est un con prétentieux.
- **Révélez-les à tout le monde.** Dans son blog, Sutton mentionne des paramètres de mesure de Marge. C'est un système en quatre points qui va de 0 à 3, où Marge évalue les gens comme suit :

**1** = Vous êtes une personne normale pouvant occasionnellement vous affirmer sur un sujet pour lequel vous avez une passion, mais vous n'êtes presque jamais provocateur.

**2** = Vous pouvez vous affirmer sans être provocant et vous êtes occasionnellement un con prétentieux, mais vous vous sentez très mal après. Vous présentez ou ne présentez pas d'excuses (mais, un jour, vous confesserez probablement votre remords à quelqu'un).

**3** = Vous êtes un con prétentieux régulièrement et soit vous le reconnaissez soit vous vous en réjouissez.

Au fait, dans son système, avec **0** vous êtes une personne gentille, mais très passive. Personne ne dit rien de mal sur vous et personne ne penserait à vous traiter de con prétentieux.

Si vous avez une position sûre, crier haro sur ces individus est une bonne façon de s'occuper d'eux.

- **Associez-vous avec d'autres pour les dénoncer.** Si vous n'êtes pas vous-même dans une position confortable, vous ne pouvez pas les dénoncer tout seul. Dans ce cas, associez-vous avec d'autres employés.
- **Rééduquez.** Cette stratégie requiert que la personne à laquelle vous avez affaire ne soit pas un con prétentieux « chronique » et « certifié ». Cela implique que l'on garde son calme et qu'on tente de rééduquer la personne sur sa manière de se comporter.

Encore une chose : la résistance ne doit pas vous faire peur. Quand j'étais employé chez Apple, je me trouvais dans une réunion avec un cadre dirigeant d'Apple et l'agence de publicité d'Apple. La personne de l'agence montra la nouvelle publicité pour la télé et indiqua qu'elle en donnerait une copie au cadre dirigeant et à moi. Le cadre dirigeant demanda à la personne de l'agence de ne pas me donner de copie. J'ai osé intervenir : « Êtes-vous en train de dire que vous ne me faites pas confiance ? » Le cadre dirigeant répondit : « Oui. » À quoi j'ai répliqué : « Très bien, parce que je n'ai pas confiance en vous non plus. » Vous savez quoi ? Le soleil s'est levé le lendemain et ma famille m'aimait encore.

# Chapitre 88
# Votre chef est-il un con prétentieux ?

L'amour est de la rigolade. Les émotions sont de la rigolade.
Je suis un roc. Un cinglé. Je suis un con prétentieux indifférent et j'en suis fier.
Chuck PALAHNIUK

***Q. Combien de chefs faut-il pour changer une ampoule ?***
**R.** Un seul. Il tient l'ampoule et s'attend à ce que l'univers tourne autour de lui.

Il est facile de voir si son chef est ou non un con prétentieux. Est-il mal élevé ? Les chefs de ce type font attendre les gens ; ils crient ; et ils sont humiliants. Ils pensent pouvoir s'en tirer comme ça, parce que cela a toujours été le cas et que la société tolère ce comportement de la part des gens riches et célèbres.

Je m'égare, mais je me suis toujours demandé ce qui venait en premier : est-ce que cette personne a toujours été un con prétentieux ou bien est-ce que le fait qu'elle a réalisé quelque chose de remarquable (probablement par un coup de chance) a pour conséquence que les gens acceptent ce type de comportement de sa part ? Cela dit, une chose est sûre : les cons prétentieux ne font pas tous des choses géniales, donc il n'y a pas de relation de cause à effet.

Votre chef est un con prétentieux s'il :

• **Pense que les règles sont différentes pour lui.** Par exemple, il est persuadé qu'une place de parking réservée aux personnes handicapées est vraiment pour les handicapés plus lui, parce que son temps est si précieux qu'il ne peut pas marcher 15 mètres. Ou bien, il prend la voie réservée aux voitures qui transportent plusieurs personnes et aux voitures hybrides, parce qu'il est en retard pour une réunion.

• **Ne comprend pas la différence entre une fonction qui fait une personne et une personne qui fait une fonction.** Le vice-président des acquisitions d'une grande société de média est très important, mais tout son pouvoir, et de ce fait, sa capacité à se comporter comme un con prétentieux s'évaporent sans ce titre. Ces gens-là ne comprennent habituellement pas que leur position ne leur octroie que des privilèges temporaires.

• **Demande des sbires.** Sous ce terme, je regroupe les assistantes personnelles, les secrétaires qui s'occupent des rendez-vous, les « laquais » en charge des relations publiques et un chauffeur. Bien sûr, s'il n'avait ni position/ni argent/ni statut social, il pourrait répondre au téléphone, prendre ses rendez-vous, parler à la presse et conduire lui-même.

• **Exige qu'on satisfasse à des demandes spéciales pour être heureux/productif/efficace.** Par exemple, pour faire un discours, il a besoin d'une eau de source spéciale qui vient du sud de la France.

• **N'a de relations avec les gens que dans la mesure où ils peuvent faire quelque chose pour lui.** En d'autres termes, les gens qui sont « bons » peuvent beaucoup pour lui. Ceux qui sont « mauvais » sont ceux qui lui sont inutiles.

• **Juge les gens d'après ses valeurs personnelles, non d'après celles de ses employés ou de la société.** Les cons prétentieux pensent que ce qu'ils considèrent comme important doit l'être pour tout le monde. Par exemple, un chef ne peut valoriser que les réalisations professionnelles et financières et donc quelqu'un qui n'est qu'une mère ou un père et qui se consacre à sa famille est inférieur.

• **Juge les résultats des employés mais ne se juge lui-même qu'en fonction de ses intentions.** Les cons prétentieux échouent rarement parce qu'ils ne jugent que leurs intentions (« J'avais l'intention de faire une revue trimestrielle »), en revanche, ils jugent les employés sur leurs résultats (« Vous n'avez pas terminé le logiciel dans les temps »).

• **Vous demande de faire quelque chose qu'il ne ferait pas lui-même.** Votre chef vous demande-t-il de voyager en classe économique alors qu'il voyage en première ? Vous demande-t-il de travailler le week-end alors qu'il se rend à un tournoi de hockey ? Je reconnais qu'il faut utiliser efficacement le temps de son chef (par exemple, ne pas lui demander d'aller déposer un paquet chez Federal Express), mais s'il n'est pas occupé à faire quelque chose de plus utile pour la société, ferez-vous ce qu'il vous demande de faire ?

- **Appelle les employés n'importe quand.** Si c'est occasionnel et pour une urgence, c'est acceptable, mais si c'est souvent, c'est que votre chef est vraiment un con prétentieux. Son bonheur n'est pas votre problème 24 heures sur 24. Vous avez le droit d'avoir une vie personnelle.
- **Croit que le monde lui en veut quand on le critique ou quand on oublie de lui dire quelque chose.** Par exemple, les blogueurs ne parlent pas de lui, parce qu'ils sont tous jaloux de lui. Il a besoin d'apprendre qu'il n'est pas le centre du monde.
- **Ralentit ou stoppe votre carrière.** On peut pardonner ou ignorer les neuf problèmes qui précèdent, mais celui-ci est, de loin, le pire de ce que peut faire un con prétentieux. C'est habituellement une affaire de commodité : « Comment pouvez-vous me laisser tomber ? J'ai besoin de vous. » Dieu ne vous a pas envoyé sur terre pour améliorer la vie de votre chef, donc n'hésitez pas à abandonner un chef qui vous met des bâtons dans les roues.

Des crétins mesquins continuent à gérer le lieu de travail et il est temps de prendre position. La plupart du temps, la méchanceté va des supérieurs à leurs subordonnés ; donc avant d'accepter un emploi, renseignez-vous pour savoir ce qu'il en est.

Pour cela, je vous suggère de vérifier les références de votre chef – tout comme il vérifie les vôtres. Utilisez LinkedIn. D'abord, regardez si vous avez des relations en commun. Si oui, posez des questions à des gens en qui vous avez confiance. Ensuite, cherchez des gens qui l'ont rencontré dans le passé. La beauté de LinkedIn est qu'il n'est pas nécessaire que ce chef soit un membre de LinkedIn. Vous n'avez qu'à spécifier la société et la période où il a été employé par cette société et LinkedIn vous trouvera des gens dans votre réseau qui ont travaillé dans la société à la même époque.

Une fois que vous avez identifié les gens pour vérifier les références, il faut que vous sachiez quoi demander. Bob Sutton vous a préparé une liste de questions.

- **Lèche-botte et tyran :** « Comment votre chef potentiel prend-il le feedback de gens qui sont au-dessus de lui et de ceux qui sont en dessous ? » « Pouvez-vous donner des exemples ? » L'une des caractéristiques des cons prétentieux certifiés est qu'ils tendent à rabaisser ceux qui ont moins de pouvoir et à lécher les bottes de leurs supérieurs.
- **Ne supporte pas la critique :** « Votre chef potentiel accepte-t-il la critique ou le blâme quand les choses vont mal ? » Faites attention aux gens qui balancent constamment des critiques, mais qui ne peuvent pas en supporter une certaine dose eux-mêmes.
- **Colérique :** « Dans quelles situations a-t-on vu votre chef potentiel perdre son calme ? » Parfois la colère est justifiée et efficace – si on l'utilise avec parcimonie, mais quelqu'un qui « tire sur le messager » trop souvent peut créer un climat de crainte sur le lieu de travail. Les collègues appréhendent-ils de se trouver dans un ascenseur avec cette personne ?
- **Mauvais créditeur :** « Quel est le style qui décrit le mieux votre chef potentiel : il donne du crédit gratuitement, attribue les crédits là où ils sont dus, ou croit que chacun doit être son propre champion ? » Cette question permet de savoir si quelqu'un a tendance à s'attribuer le mérite de ce qui est fait, sans reconnaître le travail de son équipe.
- **Crée des conflits :** « Que disent des collaborateurs passés sur la perspective de travailler avec ce chef potentiel ? » Les cons prétentieux ont habituellement pour spécialité de créer des conflits dans les équipes. Le monde semble vouloir tolérer ceux qui ont du talent, mais cela ne veut pas dire que vous le devez.
- **Message injurieux :** « Quelles sortes d'e-mails votre chef potentiel envoie-t-il ? » La plupart de ces personnes ont du mal à se retenir : ils insultent les gens, mettent tout le monde en copie et envoient des copies cachées pour se couvrir. Le comportement en matière d'e-mail est une fenêtre sur l'âme des gens.

- **Déprimant :** « Quel est le profil de ceux qui ont du mal à travailler avec ce chef potentiel ? Quel est le profil de ceux qui semblent bien travailler avec lui ? » Faites attention aux réponses qui suggèrent que les gens « qui ont du caractère » ou « savent se motiver tout seuls » sont ceux qui ont tendance à travailler le mieux avec ce chef, parce que les cons prétentieux ont tendance à faire perdre leur énergie à ceux qui sont autour d'eux.
- **Rétention d'information :** « Ce chef potentiel partage-t-il les informations avec tout le monde ? » Sinon, c'est le signe indicateur d'une personne qui traite ses collègues comme des concurrents à battre pour passer devant.
- **Une armée d'un seul soldat :** « Les gens prendraient-ils ce chef potentiel dans leur équipe ? » Il y a parfois des avantages à avoir un con prétentieux dans son équipe, mais pas si les collaborateurs refusent de travailler avec lui. Utilisez cette question pour déterminer si les avantages l'emportent sur les inconvénients.
- **Architecture ouverte :** « Quelle serait la réaction de ce chef s'il trouvait *The No Asshole Rule* sur son bureau ? » Faites attention si la réponse est « À terre ! »

Vous craignez peut-être d'être le seul à penser que votre chef est un con prétentieux. Voici ma théorie : si vous pensez que votre chef en est un, il est probable que d'autres le pensent aussi. Il est rare d'être le seul à penser de quelqu'un qu'il est un con prétentieux et que tout le monde pense le contraire.

# Chapitre 89

# Les dix-sept mensonges principaux des P.-D.G.

> Je ne suis pas contrarié que vous m'ayez menti, je suis contrarié de ne plus pouvoir vous croire à partir de maintenant.
>
> Friedrich NIETZSCHE

Glenn Kelman de Redfin m'a aidé à établir la liste des bobards qui viennent d'en haut. Si vous êtes P.-D.G., vérifiez où vous en êtes en utilisant cette liste.

**1. « En travaillant ensemble, nous avons fixé nos objectifs. »** En d'autres termes, ce sont les objectifs choisis par le P.-D.G. Peu de cadres pensent qu'ils sont réalisables et pourtant ce sont eux qui devront les atteindre. Mais voilà ce que signifie « travailler ensemble » : le P.-D.G. décide et les travailleurs exécutent.

**2. « Il y a une atmosphère de start-up ici. »** Cela peut vouloir dire : il manque un peu de supervision par un adulte, l'argent diminue, le produit est en retard, les investisseurs ont abandonné ou les employés sont payés en dessous du marché. Ou cela peut vouloir dire que la société est dynamisée, entrepreneuriale et fait un malheur, mais vérifiez bien.

**3. « Votre projet se fera sous le manteau et dépendra directement de moi. »** Personne dans la direction ne croit à l'idée. Il est possible que le P.-D.G. la protège – comme l'implique ce mensonge. Ou vous serez peut-être en train de vous battre pour votre survie contre les défaitistes quand le P.-D.G. passera à la prochaine idée brillante du jour.

**4. « Je voulais le faire, mais le conseil d'administration m'a dit non. »** Il se défile. Un bon P.-D.G. dit au conseil ce qu'il veut faire. Il ne demande pas la permission – le pardon, parfois, mais jamais la permission. Donc cette déclaration signifie soit que le P.-D.G. n'a pas vraiment fait son possible pour obtenir une approbation soit que le conseil est en train de perdre confiance en son P.-D.G.

**5. « Je m'attends à ce que vous trouviez la solution. »** C'est un compliment qui est censé vouloir dire : « J'ai tant confiance en vous que je sais que vous pouvez le faire. » Parfois c'est le cas, mais la plupart du temps, le P.-D.G. n'a pas la solution et il espère que vous allez le tirer d'affaire.

**6. « Notre pipeline commercial se présente bien. »** Le vice-président des ventes s'appuie sur le responsable commercial régional pour gonfler les prévisions parce que le P.-D.G. ne veut pas faire mauvaise figure au conseil d'administration.

**7. « Nous serons bientôt rentable. »** S'appuyant sur son organisation commerciale et son bon pipeline, le P.-D.G. pourrait fiablement prédire que la société sera rentable. Mais il n'a rien vérifié avec le directeur financier. Si la société n'est pas rentable, ce sera la faute du vice-président des ventes ou du directeur financier, de toute façon.

**8. « La valeur de l'action n'est pas importante ; ce qui est important, c'est de construire une très belle société. »** Il y a une poignée de P.-D.G. visionnaires qui sont sincères quand ils disent cela. Mais vous ne travaillez pas pour l'un d'eux. Si vous pouviez avoir une réponse honnête des P.-D.G., la plupart vous diraient qu'ils préfèrent une action en hausse à une super société. Très peu ont le courage de construire une super société et de penser que la hausse des actions en sera la conséquence naturelle.

**9. « Je n'ai jamais travaillé avec un meilleur groupe. »** C'est une déclaration destinée à remonter le moral quand on la fait rarement. Mais si un P.-D.G. la sort plus d'une fois tous les cinq ou dix ans, vous savez qu'il y a des bozos dans l'équipe (souvent protégés par le P.-D.G.) et vous savez qu'il se joue de vous.

**10. « Je suis ouvert aux idées nouvelles. »** Le P.-D.G. doit avoir lu récemment un livre écrit par un gourou de la gestion. Il est certainement ouvert aux idées nouvelles et probablement ouvert aux idées nouvelles des consultants à 10 000 dollars/jour. Mais est-il ouvert aux idées nouvelles des employés de la société ?

**11. « Je veux la vérité ; je ne veux pas de oui, monsieur, oui. »** C'est peut-être vrai. Mais j'en doute. Il se pourrait qu'il soit si arrogant qu'il croit avoir toujours raison, ce qui élimine toute raison de désaccord. Mais j'en doute aussi. L'explication la plus probable est qu'il ment tout simplement et qu'il veut que les gens soient toujours d'accord avec lui.

**12. « Je serai content de céder ma place en temps voulu. »** Très bien ; avec des indemnités de départ de dix millions, qui ne serait pas content de se faire mettre à l'écart ?

**13. « Voici comment nous avons fait à (nom de la société précédente qui l'a viré) et cela a marché. »** Et c'est pour cela que la société l'a laissé partir. Et c'est pour cela que les employés de la société précédente s'étaient réjouis de son départ. Mais, malheureusement, c'est la raison pour laquelle les administrateurs de cette société l'ont engagé : parce qu'il était cadre supérieur dans une société de produits de consommation et que le conseil pense que les produits de technologie doivent être vendus comme des paquets de lessive.

**14. « Je n'ai pas besoin de comprendre tout ça pour être un bon P.-D.G. »** Absolument. Vos clients ne sont pas si intelligents. Ni vos employés, fournisseurs ou partenaires, d'ailleurs. Le P.-D.G. n'a qu'à être là, grand, blanc avec des cheveux gris, et à laisser les gens baiser sa bague.

**15. « Je n'ai pas besoin de répéter mon discours. »** C'est parce qu'il ne va pas évaluer la réaction du public puisque sa limousine l'attend pour qu'il file juste après. Il va simplement demander à ses sbires, Trixie et Biff, ce qu'ils auront pensé de sa prestation.

**16. « Notre société est orientée client. »** Si au moins le P.-D.G. avait ajouté : « ce trimestre », parce qu'au prochain trimestre, la société sera orientée innovation. Et le trimestre d'après, elle sera Six Sigma. Ensuite elle produira des vaches pourpres. Puis elle fera dans l'évangélisation (selon que le P.-D.G. aura lu mes livres ou ceux de Seth Godin en premier).

**17. « Je peux télétravailler et avoir ma maison sur le terrain de golf à Carmel. »** Le P.-D.G. doit vivre et mourir avec la société et y être plus que quiconque.

Plutôt que ces mensonges, voici les quatre choses que doivent dire les P.-D.G., même si je ne les ai pas souvent entendues dans leur bouche :

1. « Je ne sais pas. »
2. « Merci. »
3. « Faites ce qu'il faut. »
4. « C'est ma faute. »

# Pause

# Quel est votre QE (Quotient Entrepreneurial) ?

Je crois que faire passer des tests à un étudiant pour voir s'il satisfait à un critère imposé par l'enseignant est directement contraire à la thérapie implicite nécessaire pour apprendre.

Carl ROGERS

Nous arrivons à la fin de ce livre. Dans la dernière partie, nous verrons comment faire bien dans les faits, mais avant cela, voici un questionnaire qui déterminera votre « quotient entrepreneurial ».

Le but est de tester votre connaissance de l'entrepreneuriat, non de tester si vous êtes un bon entrepreneur ou non. Donc un bon score ne veut pas dire que vous êtes le prochain Steve Jobs et un mauvais score ne signifie pas que vous n'en serez pas un. Bref, ce test est aussi fiable que les tests de QI, mais il ne fait pas de mal d'avoir une bonne connaissance de la réalité de ce qu'est l'entrepreneuriat.

*1. Votre société est en train de créer un nouveau logiciel. Le programmeur principal vient de vous montrer un prototype opérationnel et a promis que ce sera terminé dans six mois. Vous devez considérer qu'il sera vraiment fini dans :*

a) 3 mois
b) 6 mois
c) 12 mois
d) 18 mois
e) Juste avant que la société soit à court d'argent

*2. Vous êtes en train de lancer une société : vous ne devez pas avoir peur de polariser les gens sur un produit ou un service qui défie les conventions.*

a) Vrai
b) Faux

*3. Les brevets sont ce qui protège la société de la concurrence.*

a) Vrai
b) Faux

*4. La base d'une image de marque qui réussit est :*

a) Un marketing efficace
b) Des clients qui évangélisent
c) Une publicité considérable
d) Un conditionnement séduisant
e) Un produit ou un service excellent

*5. Finalement, qui positionne un produit ou un service – établissant la perception qu'en auront les clients ?*

a) La société qui le fait
b) L'agence de publicité de la société
c) L'agence de relations publiques de la société
d) Les clients eux-mêmes
e) La presse et les analystes

*6. Si vous voulez le succès de la société, quel est l'objectif le plus important à viser ?*

a) Être le fabricant le moins cher
b) Être l'image de marque la plus connue
c) Être la société la plus rentable
d) Être le seul fournisseur de quelque chose que les gens veulent vraiment
e) Avoir le plus grand nombre de clients

*7. Quand vous faites votre pitch à des investisseurs potentiels, quel est le nombre de diapos à avoir ?*

a) 0-5
b) 10-15
c) 30-40
d) 1
e) 60

*8. Tant que les fondateurs ont plus de la moitié de la société, ils contrôlent la société.*

a) Vrai
b) Faux

*9. Quelle est la déclaration qui montre qu'un capital-risqueur n'est pas intéressé par votre affaire ?*

a) « C'est trop tôt. »
b) « Vous n'avez pas d'expertise dans ce domaine. »
c) « Si vous trouvez d'autres investisseurs, revenez vers nous. »
d) « Revenez nous voir quand vous aurez commencé la commercialisation. »
e) Tout ce qui précède

*10. Quelle est la partie la plus importante d'un business plan ?*

a) Les projections financières
b) La biographie des dirigeants
c) L'analyse de la concurrence
d) L'*executive summary*
e) La description du produit

*11. Vous voulez plus que tout que votre business model soit :*

a) Spécifique
b) Simple
c) Unique
d) Évolutif
e) Prouvé

*12. Quelle sont les suppositions clés à tester avant de démarrer une société ?*

a) Nombre d'appels que peut faire un commercial
b) Ratio de conversion des prospects en clients
c) Longueur du cycle de vente
d) Montant du support technique nécessaire par unité vendue
e) Tout ce qui précède

*13. Une société qui bootstrappe doit éviter :*

a) De gérer pour la trésorerie, non pour la rentabilité
b) D'essayer de recruter l'équipe « de rêve »
c) De se positionner contre le leader de l'industrie
d) De construire des prévisions ascendantes
e) D'encaisser rapidement et de payer lentement

*14. Beaucoup de sociétés gigantesques comme Microsoft, General Electric et 3M ont une vaste ligne de produits, mais, curieusement, elles ont commencé par un produit spécifique.*

a) Vrai
b) Faux

*15. Vous venez de rencontrer un grand compte potentiellement clé. Cela pourrait donner lieu à une grosse vente et soutenir la crédibilité de votre société dans l'industrie. Mais ce grand compte a peur de travailler avec une « start-up ». La meilleure façon de vaincre sa résistance est de :*

a) Demander à un investisseur de renom mondial d'appeler le client.
b) Faire en sorte que le P.-D.G. de votre société rencontre l'acheteur.
c) Proposer de développer un produit pilote avec une grosse remise.
d) Dire au client que vous le recontacterez quand votre société aura fait ses preuves sur le marché.
e) Demander à votre mère d'être votre référence quant à votre personnalité.

*16. Dans les premières soixante secondes d'une présentation, vous devez :*

a) Fournir vos antécédents biographiques
b) Établir la taille du marché que vous visez
c) Fournir un résumé de vos projections financières
d) Résumer les fondations techniques de votre produit ou service
e) Expliquer ce que fait votre société

*17. Quel est le facteur le plus important à considérer quand on choisit les premiers employés d'une start-up ?*

a) Les antécédents universitaires du candidat
b) L'expérience professionnelle du candidat
a) L'amour du candidat pour votre produit ou service
b) L'empressement du candidat à travailler pour des actions plutôt que pour du salaire
c) Votre relation personnelle antérieure avec le candidat

*18. Pourquoi ne devez-vous pas offrir des actions à un employé en remplacement d'un salaire ?*

a) Cela fixe implicitement le prix de l'action.
b) Il peut être long de lever de l'argent et en conséquence l'employé pourrait accumuler beaucoup d'actions.
c) Cette pratique est interdite par la loi.
d) a et b
e) a, b, et c

*19. Le but d'une lettre d'offre d'emploi à un candidat est de :*

a) Fixer un point de départ pour la négociation
b) Démontrer que la société est sérieuse dans son offre
c) Confirmer un accord verbal entre les deux parties
d) Créer une trace d'audit pour le département des ressources humaines
e) Tout ce qui précède

*20. La meilleure raison de former un partenariat est d' :*

a) Augmenter les revenus ou diminuer les coûts
b) Attirer l'attention des analystes
c) Avoir une couverture presse
d) Effrayer vos concurrents
e) Impressionner des investisseurs potentiels

*21. L'intérêt d'une clause de sortie dans un accord de partenariat est de :*

a) Vous permettre de sortir d'un mauvais accord
b) Satisfaire vos avocats
c) Permettre aux deux parties de travailler ensemble en confiance
d) Faire comme tout le monde

*22. Le P.-D.G. de votre société vient de vous dire qu'il est d'accord avec le P.-D.G. d'une autre société pour faire un partenariat. Votre première tâche, en tant que vice-président des alliances stratégiques, est de :*

a) Contacter les agences de presse des deux sociétés pour rédiger une annonce en commun
b) Contacter le vice-président du marketing des deux sociétés pour le faire
c) Rencontrer les employés de votre société qui devront faire fonctionner ce partenariat
d) Faire une recherche complète sur l'autre société pour déterminer comment travailler avec elle le mieux possible
e) Faire une ébauche de plan de déploiement du partenariat

**Réponses :** 1. c ; 2. a ; 3. b ; 4. e ; 5. d ; 6. d ; 7. b ; 8. b ; 9. e ; 10. d ; 11. c ; 12. e ; 13. b ; 14. a ; 15. c ; 16. e ; 17. c ; 18. d ; 19. c ; 20. a ; 21. c ; 22. c.

Ce que signifie votre score :

- **0-5**. Votre score est bas ; vous auriez donc intérêt à améliorer vos connaissances sur l'entrepreneuriat. Mais ne vous découragez pas ou ne vous inscrivez pas dans un programme de MBA, parce que cela ne veut pas dire que vous ne serez pas un super entrepreneur.
- **6-16**. Vous en savez assez pour savoir ce que vous ne savez pas. Si vous avez une passion pour l'entrepreneuriat, vous êtes prêt à vous mettre en piste.
- **17-22**. Votre score est élevé, donc concentrez-vous maintenant sur le fait de « faire » et non celui d'« apprendre ».

# Faire le bien dans les faits

Dans la dernière partie de ce livre, j'explique ce qu'est « faire le bien dans les faits ». J'inclus cela parce que je crois qu'à la fin de sa vie, on est évalué non par l'argent qu'on a gagné, le nombre de maisons qu'on possède ou même le nombre de livres qu'on a écrits. On est évalué pour sa contribution à l'amélioration du monde.

# Chapitre 90
# Les six leçons de Kiva

L'action est tout, la gloire n'est rien.
**Johann Wolfgang von GOETHE**

Le but de ce chapitre est de vous montrer comment les sociétés caritatives enseignent, elles aussi, des leçons importantes. Matt et Jessica Jackely Flannery ont créé Kiva pour permettre aux gens de faire des micro-prêts aux entrepreneurs dans le monde. Les résultats sont impressionnants : à ce jour (2008) plus de 123 000 personnes ont prêté plus de 12,4 millions de dollars à 18 000 entrepreneurs. Récemment, il y a eu tant de prêteurs qu'il a fallu fixer une limite aux prêts individuels pour que tout le monde puisse y contribuer.

Le processus comprend la lecture du profil de chaque entrepreneur et, ensuite, la décision de qui financer. On peut faire un prêt en moins de cinq minutes. Même si les prêteurs ne perçoivent pas d'intérêts, les organismes de micro-financement qui aident Kiva à trouver les entrepreneurs reçoivent des honoraires. Les entrepreneurs ont remboursé 99,67 % des prêts.

Voici ce que tout entrepreneur peut apprendre de Kiva :

**1. Créez des partenariats sérieux.** La plupart des entrepreneurs créent des partenariats pour impressionner les investisseurs, les journalistes, les clients et leurs parents. C'est pour cela que la plupart des partenariats sont une blague. Un partenariat efficace est un partenariat qui change quelque chose aux revenus et aux coûts. Kiva a 67 partenariats avec des organismes de micro-financement. Ce sont ces organismes qui fournissent aux prêteurs les candidats pour un financement.

De plus, Kiva a des partenariats avec PayPal (transactions gratuites), Google (traffic gratuit) ainsi qu'avec Yahoo!, Microsoft, MySpace et YouTube. Comme vous l'imaginez, ce genre de partenariat change quelque chose aux comptes de la société.

**2. Catalysez et soutenez l'évangélisation.** Kiva a 250 volontaires actifs à son service. Ces gens veulent aider Kiva à faire du monde un monde meilleur en encourageant l'entrepreneuriat. L'évangélisation commence par un très bon produit ou service, et c'est pourquoi les sociétés comme Apple, Harley-Davidson, Tivo et maintenant Kiva, ont des évangélistes.

**3. Trouvez un business model.** Vous serez surpris du nombre de gens qui veulent complètement éviter le sujet du business model. Le modèle de Kiva, c'est un minimum de 2,50 dollars payés volontairement par les prêteurs. Vous entendez bien : les prêteurs ne perçoivent pas d'intérêt et paient un montant volontairement à Kiva pour prêter de l'argent. Et vous qui pensiez que Google avait un super business model !

**4. « Banquez » sur des gens qui n'ont pas fait leurs preuves.** Quels sont les antécédents idéaux pour être fondateur de Kiva ? Avoir été un banquier d'investissement chez Goldman Sachs ? Vice-président de la Banque Mondiale ? Vice-président du Peace Corps ? Vice-président de la Fondation Rockefeller ? Associé chez McKinsey ? Quid d'une assistante administrative temporaire à la Stanford Business School ? Parce que c'est comme cela que Jessica a démarré.

**5. Mettez l'accent sur du marketing gratuit.** Kiva a été lancé en 2005 avec sept entreprises en Ouganda. Le première initative « marketing » a été d'envoyer un e-mail à la liste des invités au mariage de Jessica et Matt. Ces sept entreprises ont été financées en un week-end. Puis, le *Daily Kos* a noté leur histoire dans un communiqué de presse fait à la hâte. Ensuite, l'émission de PBS, *Frontline*, a parlé de l'organisme et le montant des prêts est passé de 3 000 à 30 000 dollars en une soirée. Pas de présentation à la presse ou de conférences sur le circuit des conférenciers.

**6. Ignorez les défaitistes.** On avait dit aux Flannery que Kiva ne pouvait pas envoyer d'argent sur Internet sans accord gouvernemental ; ne pourrait pas s'occuper de plus que de quelques villages africains ; ne pourrait pas offrir un produit d'investissement ; et ne pourrait pas être en règle avec le Patriot Act. Comme aurait dû le dire George Orwell : « Ignorer est une bénédiction. »

Et vous croyez être dans un secteur d'activité difficile ? Parce que tout ce que Kiva avait à faire était de s'occuper des réglementations bancaires dans le monde, de trouver des emprunteurs qualifiés à des milliers de kilomètres de chez eux, de convaincre les gens de prêter de l'argent à ces emprunteurs à un taux d'intérêt 0 et de payer pour avoir ce privilège. On peut apprendre beaucoup de choses de Kiva.

# Chapitre 91
# L'entrepreneuriat social

Une fois commencé, le changement social ne peut être annulé.
On ne peut pas déséduquer la personne qui a appris à lire.
On ne peut pas humilier la personne qui éprouve de la fierté.
On ne peut pas opprimer les gens qui n'ont plus peur.
Nous avons vu l'avenir et l'avenir nous appartient.
César CHÁVEZ

David Bornstein est l'auteur de *How to Change the World : Social Entrepreneurs and the Power of New Ideas*[68] (Oxford University Press, mise à jour 2007). Nelson Mandela lui-même, a dit de ce livre qu'il est « merveilleusement optimiste et instructif ». Cette interview explique ce qu'est l'entrepreneuriat social et comment cette catégorie spéciale d'entrepreneurs change le monde.

***Q. Y a-t-il des différences fondamentales entre les fondateurs d'organisations sociales et ceux qui créent des entreprises à but lucratif ?***
**R.** Tout dépend de ce que vous entendez par « fondamental ». Pour ce qui est du tempérament, des compétences, du dynamisme, de leur façon de poser les questions et de penser aux problèmes, ils se ressemblent énormément. Nous constatons aussi que beaucoup de fondateurs d'entreprises sociales choisissent une approche commerciale pour atteindre leurs objectifs. Un entrepreneur social n'est donc pas obligé de diriger une société caritative, et dans l'avenir, on verra beaucoup plus d'entrepreneuriat social non caritatif, ainsi qu'un mélange de statuts juridiques.

La différence se situe dans ce que le fondateur cherche à maximiser. Quelle est la motivation première à la création de votre organisation – quel que soit son statut ? Essayez-vous de trouver des médicaments pour des

68. *Comment changer le monde : les entrepreneurs sociaux et le pouvoir des idées nouvelles.*

maladies qui affectent un grand nombre de gens pauvres dans des pays en voie de développement comme le fait Victoria Hale avec One World Health, ou essayez-vous de dominer le marché mondial des sneakers et des shorts à la mode ? Les entrepreneurs de société à but lucratif font toutes sortes de choses. Les entrepreneurs sociaux sont essentiellement motivés par un impératif éthique. Ils cherchent à répondre à des besoins urgents. La question du « pourquoi » est prédominante.

***Q. Y a-t-il des différences fondamentales entre les gens qui vont travailler pour une organisation à but social et ceux qui vont travailler dans une société à but lucratif ?***

**R.** La grande différence est que les gens qui vont travailler dans une start-up qui se focalise sur le changement social sont moins motivés par l'idée de gagner beaucoup d'argent dans la mesure où il n'y a généralement pas d'avantages en sus du salaire. Cette différence reflète, d'une certaine manière, la hiérarchie des valeurs qui guide les décisions des gens – et ce qu'ils pensent « avoir besoin » d'accomplir pour être heureux, pour se sentir bien dans leur peau ou pour recevoir l'estime et d'admiration qu'ils recherchent.

***Q. Dans les sociétés non caritatives, on voit les résultats par les ventes. Comment évalue-t-on les résultats dans le monde caritatif ?***

**R.** C'est très difficile. Dans l'industrie, on peut comparer les performances financières des sociétés, qu'elles vendent du café ou des voitures. Comment comparer le succès d'une association qui aide les handicapés à avoir plus d'autonomie avec une association qui offre des activités extrascolaires pour des enfants défavorisés ? Il n'y a pas un critère unique comparable aux revenus ou à la rentabilité, mais à l'intérieur de sous-groupes – comme, par exemple, l'accès à une éducation universitaire ou à des soins médicaux, ou les causes relatives à l'environnement – il y a clairement des organismes qui ont plus d'impact par dollar dépensé que d'autres.

Ce n'est pas aussi simple que de pouvoir mettre des données sur une feuille de tableur et de faire les calculs. Mais en combinant des paramètres et des équivalences bien pensés, il est possible d'avoir une estimation raisonnée et fiable sur les organismes qui font le meilleur travail et qui, en conséquence, doivent avoir accès à plus de capital à moindre coût.

Au final, ce n'est pas très différent de ce que font intuitivement beaucoup d'investisseurs et d'agences de notation dans le monde des affaires. Quand des investisseurs prennent une décision, ils considèrent beaucoup d'actifs incorporels, comme l'équipe, l'enthousiasme, la nature de la solution à un problème, le dynamisme, la clientèle et le potentiel de croissance. On peut faire la même chose quand il s'agit d'entrepreneurs sociaux.

***Q. Comment les entrepreneurs sociaux peuvent-ils attirer les talents sans proposer de hauts salaires ou sans offrir des actions ?***

**R.** En offrant aux gens des opportunités en accord avec leur talent, leurs intérêts et leurs valeurs. En les inspirant par la vision de changer le monde, d'être partie prenante de quelque chose de plus important qu'eux-mêmes. Dans votre question, il y a le présupposé que les gens cherchent à maximiser leurs chances de gagner de l'argent. Il est certain que nous voulons tous gagner de l'argent, mais les choix que font les gens tous les jours en devenant enseignants, en ayant des enfants ou en donnant de l'argent à des œuvres caritatives indiquent que nous sommes des créatures complexes motivées par différentes choses.

Nous sommes aussi à une période intéressante de l'histoire des États-Unis. Malgré notre richesse et nos libertés, il semble que nous soyons obsédés par la recherche du bonheur. J'ai l'impression qu'il y a tous les jours un nouveau livre sur ce qui peut nous rendre heureux. La plupart des Américains d'aujourd'hui sont phénoménalement riches comparés à leurs grands-parents, et pourtant beaucoup d'études montrent qu'ils ne sont pas plus heureux, voire qu'ils le sont moins. En tête de liste des choses qui comblent les gens, qui les rendent heureux, il y a le fait de faire des choses qui sont ambitieuses et ont un sens profond, avec des collègues qu'ils respectent et qu'ils aiment bien. C'est ce qu'offre l'entrepreneuriat social.

*Q. Est-ce la raison pour laquelle certains chefs d'entreprise très en vue s'engagent dans l'entrepreneuriat social ?*

**R.** Ils s'engagent dans l'entrepreneuriat social pour les mêmes raisons que bien d'autres : ils y voient l'opportunité de résoudre des problèmes de façon créative. En tant qu'individus, ils ont beaucoup plus de pouvoir que dans le passé pour comprendre ces problèmes et leur échelle. Ils voient le besoin énorme de résoudre des problèmes qui ne peuvent l'être par les institutions traditionnelles, que ce soient les entreprises, les gouvernements ou les sociétés caritatives. Ils ont fait l'expérience de ce qu'on pourrait appeler « l'échec du succès » – l'accumulation extraordinaire au cours des cinquante dernières années d'une fortune qui a donné aux gens un sentiment d'insatisfaction et, souvent, de vide.

Quand Bill Gates a annoncé qu'il allait se retirer de Microsoft pour diriger sa fondation, il a clairement dit qu'il ne prenait pas sa retraite, mais qu'il redéfinissait ses priorités. Pourquoi ? Parce qu'au cours de ses voyages, il s'est trouvé en face de gens qui souffraient et mouraient – et il ne pouvait pas chasser cela de son esprit. Il a découvert que financer le développement de vaccins contre le SIDA ou la malaria et qu'accroître l'accès à des systèmes de santé avait plus de valeur pour le monde que la création de logiciels supplémentaires, aussi importants soient-ils. Beaucoup de gens arrivent à des conclusions semblables. On a l'impression d'un réveil global.

*Q. Les gens célèbrent les magnats de l'entreprise qui donnent des fortunes ou se mettent à travailler pour elles. Mais voit-on aussi l'inverse ?*

**R.** On voit aujourd'hui une plus grande fluidité entre le monde des affaires et celui de l'entrepreneuriat social. Il est de plus en plus courant de trouver des personnes qui ont travaillé sur des problèmes sociaux ou d'environnement pendant plusieurs années et qui découvrent une opportunité de créer une entreprise qui augmentera leur impact.

La recrudescence de l'entrepreneuriat dans les technologies propres en est un exemple parfait. Le monde des technologies propres est piloté par beaucoup de gens qui se sont faits les dents dans le domaine de l'environnement. Ils voient la création d'une entreprise comme un moteur puissant leur permettant de parvenir à leur but. C'est vrai aussi dans le secteur de la santé. Les gens cherchent à avoir un impact et recherchent l'outil le mieux adapté. Cette tendance va probablement se poursuivre.

***Q. Qu'est-ce qui fait que certaines personnes passent à l'action alors que d'autres en restent au stade de la pensée ?***

**R.** C'est difficile à dire. Pourquoi les gens tardent-ils pendant des mois à remplir leur feuille d'impôts, pourquoi s'y mettent-ils subitement et ont-ils terminé à la date limite ? À un certain stade, la souffrance résultant de l'inaction – des pénalités – l'emporte sur celle qu'il y a à faire sa feuille d'impôts. Le même phénomène s'applique sans doute à d'autres aspects de la vie. Il y a une souffrance associée à l'inaction, surtout si on s'intéresse à quelque chose. Par conséquent, si nous aidons les gens à avoir connaissance de certains problèmes, de sorte qu'il leur devient de plus en plus difficile de les accepter émotionnellement, nous verrons plus de gens passer à l'action.

Il y a aussi l'avantage de l'action – l'anticipation d'un plaisir et d'une satisfaction. Reprenons l'exemple des impôts : si vous savez que vous aurez un remboursement important, vous avez une motivation à remplir votre feuille d'impôts très tôt, pour encaisser l'argent le plus rapidement possible. Le fait de passer à l'action, avec le plaisir de collaborer, le sentiment de satisfaction et l'excitation qu'il y a à voir que quelque chose change sont potentiellement très motivants, et souvent on oublie de parler de ces aspects.

On se focalise sur le fait de « faire le bien », sur le sacrifice et les composantes éthiques, mais on néglige souvent de mentionner à quel point on se sent bien à faire des actions qui ont du sens et qui sont en accord avec ses convictions profondes. Enfin, les gens temporisent souvent parce qu'ils ne savent pas où aller, quoi faire ou par où commencer. Il y a un réel besoin d'outils destinés à aider les gens à trouver leur place dans le domaine de l'entrepreneuriat social et de l'innovation sociale. C'est en fait le sujet du livre sur lequel je travaille en ce moment.

***Q. Quelles sont les choses qui empêchent les entrepreneurs sociaux potentiels de parvenir à la réalisation de leur potentiel ?***

**R.** Le blocage majeur est l'absence de rationalité en matière de financement de la croissance, alors que c'est ce qui permettrait aux gens de construire des institutions de classe internationale. La plupart des entreprises majeures ont la possibilité de lever des millions de dollars sur le marché des capitaux, mais les entrepreneurs sociaux doivent trouver des subventions auprès de fondations qui font des versements généralement limités et sur le court terme. Compte tenu de ce financement fragmenté, les entrepreneurs sociaux finissent par passer 80 % de leur temps en levée de fonds au lieu de se consacrer à la gestion de leur organisation.

C'est un goulet d'étranglement considérable. Les entrepreneurs sociaux qui dirigent des « entreprises sociales » rencontrent le même problème avec le fait qu'il est plus difficile de recruter et de retenir des gens de grand talent. Un autre problème est l'absence de passerelles entre les entrepreneurs sociaux d'une part et les entreprises classiques et les gouvernements d'autre part.

***Q. Que pourrait faire le gouvernement ou la société pour stimuler l'entrepreneuriat social ?***

**R.** Il y a plusieurs niveaux auxquels l'entrepreneuriat social peut et devrait être stimulé. Si on va au fond des choses, le but est d'aider à construire une société dans laquelle beaucoup de gens aient la compétence et le désir de résoudre les problèmes qu'ils voient autour d'eux. Les qualités les plus importantes dans l'entrepreneuriat social sont l'empathie, l'aptitude à bien collaborer avec les autres et la ferme conviction qu'il est possible de faire une différence – ce qui motive les gens à agir.

Il y a bien des façons d'améliorer le système éducatif pour permettre aux jeunes gens de bénéficier des expériences qui donnent ces qualités, pour générer en eux un sens de l'action et le sentiment de leur pouvoir personnel dans un cadre éthique. Je dirais même que c'est l'un des objectifs fondamentaux de l'éducation. Si un enfant fait cette expérience une fois, il ne se cantonnera jamais au rôle d'acteur passif de la société.

Il posera toujours la question : pourquoi ne corrigeons-nous pas ce problème ? Il fera des vagues de « destruction créative » partout où il ira.

On pourrait même mettre au programme ce genre d'expériences dans toutes les écoles et universités. On pourrait utiliser la puissance de nos médias pour améliorer la visibilité de l'entrepreneuriat social. À des niveaux plus élevés, les entrepreneurs sociaux ont besoin d'une quantité de soutiens financiers et structurels – de nouvelles lois, l'accès à un capital moins fragmenté et plus rationnel, et des passerelles plus solides avec les gouvernements, le monde des affaires et le monde universitaire. Du pain sur la planche pour quiconque est un peu créatif et a envie d'être un déviant positif.

***Q. Qui est le « Steve Jobs » de l'entrepreneuriat social ?***
**R.** L'entrepreneur social le plus célèbre pourrait être Muhammad Yunus, le fondateur de Grameen Bank. Comme Jobs, Yunus a pris un produit, « le crédit », qui était quelque chose de réservé à une élite (comme les premiers ordinateurs) et l'a rendu accessible à la masse. En faisant cela, sa banque a contribué à démocratiser l'accès à du capital un peu comme Apple a démocratisé l'accès à l'information. L'effet est similaire : davantage de choix et de possibilités d'autodétermination à la portée d'un plus grand nombre de gens.

***Q. Est-ce qu'un entrepreneur au milieu de l'Afrique qui reçoit un micro-prêt et qui soutient sa famille est très différent de Bill Gates ou de Steve Jobs ?***
**R.** Oui et non. En terme de vision et d'aspiration, les Bill Gates et les Steve Jobs sont plutôt rares. Oublions la question de l'Afrique, il y a beaucoup de gens nés dans un monde privilégié qui ont reçu une excellente éducation et qui ne deviennent pas des entrepreneurs pour autant. Ce n'est pas ce qui les attire. Ce qui passionne les entrepreneurs, c'est de faire de leur vision une réalité. Les gens tirent leur satisfaction de choses différentes.

Il n'y a pas grande différence entre des leaders du monde des affaires, comme Gates ou Steve Jobs, et des leaders qui sont des entrepreneurs sociaux comme Jim Grant, Muhammad Yunus, Fazle Abed ou Bill Drayton. Mais il est clair que tout le monde n'a pas le tempérament ni le désir d'être un entrepreneur dans une société à but non lucratif – Dieu merci !

Il y a aussi des entrepreneurs à divers niveaux. Il y a des gens qui construisent de petites organisations, d'autres qui font des organisations de taille moyenne et d'autres qui en font de grandes. La différence est dans ce qui leur importe le plus dans la vie et dans la dimension de leurs rêves. Il est indéniable qu'il y a des millions de micro-entrepreneurs en Afrique, au Bangladesh et dans tout le monde en voie de développement, et dont le potentiel est sous-utilisé.

Si on leur donnait le bon soutien structurel et les bonnes opportunités, y compris le capital, beaucoup se mettraient à construire des sociétés ou organisations sociales qui marcheraient bien ; un certain nombre d'entre eux construiraient des entreprises de dimension internationale, tout comme on le fait aux États-Unis. Mais ne nous focalisons pas sur le rôle des entrepreneurs, il est important de se rendre compte qu'ils ne sont qu'un ingrédient dans le processus de changement.

Les entrepreneurs n'ont de succès que dans la mesure où ils peuvent faire venir d'autres gens avec des talents et des aptitudes différents et peuvent, en équipe, construire des choses que personne ne pourrait faire seul. Les entrepreneurs sont des plates-formes et des aimants organisant des forces. Il faut beaucoup de mains travaillant simultanément pour produire tout changement significatif.

J'ai été aux conseils d'administration d'un organisme parareligieux appelé Hawaiian Islands Ministry et d'une école Montessori appelée la Bowman International School. Avec l'expérience, je peux vous dire que les entrepreneurs sociaux et les entrepreneurs de sociétés à but lucratif ont les mêmes défis à affronter : définir les objectifs de leur organisme, lever de l'argent, faire leur positionnement, établir une image et embaucher. David est en plein dans le mille – donc tenez compte de ce qu'il vous dit ici et changez le monde.

# Chapitre 92

# Passer de l'entreprise au monde caritatif

La sympathie ne peut pas se substituer à l'action.
David LIVINGSTONE

Richard Stearns est le président de World Vision. C'est « une association chrétienne de secours et de développement aidant les enfants du monde entier, ainsi que leurs communautés, à réaliser leur potentiel en attaquant les causes de la pauvreté ». Il était le P.-D.G. de Lenox Inc., gérant 500 millions de dollars de revenus annuels. Il a rejoint World Vision en tant que président en 1998. Cette interview fournit des aperçus sur le passage du monde de l'entreprise à celui du monde caritatif et montre ce qu'on peut apprendre d'un organisme qui lève des milliards de dollars chaque année.

***Q. Vous aviez un salaire à quasiment sept chiffres, une Jaguar d'entreprise et pourtant, vous avez fait le saut et accepté une réduction de salaire de 75 %. Pourquoi avez-vous quitté une grande entreprise en 1998, après 23 ans de carrière, pour diriger une organisation humanitaire internationale chrétienne ?***

**R.** Ce n'est pas quelque chose que j'avais planifié. À l'époque, je ne voulais pas de cette fonction. J'étais donateur à World Vision depuis quinze ans quand, après une série de circonstances, World Vision m'a approché, interviewé et offert le poste. Comme je suis très chrétien, j'ai senti que je ne pouvais pas refuser. Quand Dieu vous donne l'opportunité de Le servir, vous obéissez. J'avais parlé comme un chrétien pendant des années et, désormais, il fallait que j'agisse comme un chrétien. Le fait est que le plus grand privilège qui m'ait été donné dans la vie est de servir les plus pauvres parmi les pauvres au nom du Christ.

***Q. Quelle adaptation majeure avez-vous dû faire dans ce nouveau rôle ?***

**R.** Il y a eu beaucoup de choses auxquelles il a fallu que je m'adapte. Voyager signifie maintenant se faire vacciner contre la fièvre jaune, la malaria, la typhoïde ou l'hépatite et avoir les médicaments adéquats. J'avais l'habitude d'aller à Londres, Paris et Milan, de partager des dîners à 1 000 dollars avec les patrons d'autres sociétés de produits de luxe. Maintenant, je rencontre des gens désespérés dans des endroits comme l'Éthiopie, le Pérou ou l'Ouganda. Il y a plus de chance que je visite des décharges de déchets, des bordels et des camps de réfugiés que des hôtels cinq étoiles.

***Q. Quelles sont les divergences et les points communs les plus importants entre la direction d'une grande entreprise et celle d'un grand organisme caritatif ?***

**R.** Dans les deux cas, ce sont des entreprises avec des recettes, des dépenses et un résultat. Dans les deux cas, il y a du marketing, des ventes, de la finance, une direction informatique, des ressources humaines, de la stratégie, etc. Mais peut-être la plus grande différence est-elle que, pour nous, le résultat c'est d'avoir changé des vies – l'argent est simplement un moyen pour y arriver. Nos actionnaires sont les pauvres et les donateurs qui rendent possible notre travail.

***Q. Quels sont les fonds levés par World Vision chaque année ?***

**R.** En tout dans le monde, World Vision lève environ deux milliards de dollars par an ; les opérations américaines, que je dirige, en lèvent environ la moitié.

***Q. La règle des 80/20 où 20 % des gens contribuent à 80 % des fonds levés, s'applique-t-elle à World Vision ou les donations sont-elles plus diversifiées ?***

**R.** La force de World Vision est que nous sommes soutenus par des centaines de milliers de gens fidèles qui donnent un dollar par jour en faisant du parrainage d'enfants. Nos « grands donateurs » représentent moins de 5 % de notre revenu total. De plus, nous avons un portefeuille diversifié de sources de revenus pour une société caritative. Un peu plus de 40 % est de l'argent donné par des personnes privées ; 30 % provient des subventions gouvernementales en nourriture et en argent ; et environ 30 % sont des produits donnés par les sociétés – ce que nous appelons « dons en nature ».

***Q. Essayez-vous de mettre fin à la pauvreté ou d'évangéliser le christianisme ?***

**R.** En tant qu'organisme chrétien, nous sommes motivés par notre engagement au Christ d'aimer notre prochain et de prendre soin des infortunés. C'est pour cela que nous faisons ce que nous faisons. Mais nous ne faisons pas de prosélytisme. Nous n'imposons nos croyances religieuses à personne et ne faisons pas de discrimination dans notre aide. Si les gens que nous servons veulent savoir pourquoi nous sommes là, nous le leur disons. Saint Francis a dit ceci : « Prêchez l'Évangile à tout moment. Utilisez les mots si c'est nécessaire. » L'amour en action est une vision du monde convaincante et séduisante.

***Q. Comment les gens qui ne veulent pas radicalement changer leur mode de vie peuvent-ils faire une différence dans la vie des pauvres ?***

**R.** Pour vraiment changer le monde, il faut changer de système de valeurs. Regardez le Mouvement des droits civiques. La discrimination raciale était ouvertement acceptée aux États-Unis. De nos jours, elle est inacceptable. Très peu parmi nous sommes des activistes en matière de droits civiques, mais nos valeurs s'expriment sur le lieu de travail, dans les écoles et à travers nos élus.

Aujourd'hui, nous vivons dans un monde qui tolère l'extrême pauvreté un peu comme on tolérait le racisme il y a un peu plus de cinquante ans. Nous pouvons tous devenir des gens déterminés à faire quelque chose pour changer le monde. Nous pouvons intervenir, être volontaires et donner. Mettre fin à la pauvreté extrême nécessitera de l'argent, une volonté politique et morale et un changement de notre système de valeurs. Quand il y aura assez de gens ordinaires pour comprendre ces problèmes, les choses commenceront à changer. Margaret Mead a dit un jour : « Ne doutez jamais qu'un petit groupe de citoyens réfléchis et engagés soit capable de changer le monde. En vérité, c'est la seule chose qui l'ait jamais fait. »

***Q. Pensez-vous qu'aux yeux de Dieu quelqu'un qui va en Afrique et aide les victimes du SIDA soit meilleur ou pire que quelqu'un qui fait un chèque tous les mois ?***

**R.** Je ne peux pas parler au nom de Dieu, mais je crois que Dieu est content toutes les fois que quelqu'un fait quelque chose pour aider les opprimés. Les mains, les cœurs et les carnets de chèques sont tous vitaux. Si nous faisions tous un petit quelque chose, nous pourrions changer le monde.

***Q. Qu'est-ce qui vous empêche de dormir la nuit en tant que P.-D.G. de World Vision ?***

**R.** Si je pensais sans cesse à la souffrance incroyable qu'il y a dans le monde, je ne dormirais jamais. Je m'applique à respecter les engagements que nous avons vis-à-vis des pauvres et vis-à-vis de nos donateurs. C'est une responsabilité sacrée.

***Q. Quels sont les plus gros obstacles à la réduction de la pauvreté ?***

**R.** En un mot : l'apathie. Ce qu'il y a de plus frustrant, c'est que nous avons le savoir et les capacités permettant de mettre fin à la pauvreté la plus extrême. Mais le monde ne s'en soucie tout simplement pas assez. Le gouvernement américain a dépensé plus de 400 milliards de dollars à ce jour avec la guerre en Irak[69].

Notre budget annuel d'assistance humanitaire pour le monde n'est que de 21 milliards. Nous dépensons moins de 0,5 % de notre budget fédéral en assistance humanitaire et moins de 2 % des dons à des œuvres caritatives sont versés à des causes internationales. Les gens et les gouvernements font des choix par rapport à leurs priorités. La pauvreté n'est toujours pas une priorité importante pour le monde.

---

69. Chiffres estimés autour de mars 2008.

***Q. Quel est le plus grand obstacle à surmonter pour obtenir des gens riches qu'ils s'intéressent à ceux qui sont pauvres ?***

**R.** L'obstacle est que la pauvreté ne vous touche pas personnellement. Si un enfant de votre voisinage était en train de mourir et que vous pouviez le sauver en donnant cent dollars, vous y penseriez. Mais le cas d'un enfant qui est à 15 000 kilomètres et que vous n'avez jamais vu est tout simplement différent.

Environ 29 000 enfants meurent chaque jour pour des raisons qu'on peut prévenir, oui 29 000 ! Ces enfants ont des noms, des visages, des espoirs et des rêves. Leurs parents les aiment autant que nous nous aimons nos enfants. Il faut que nous fassions de la pauvreté une affaire personnelle. Staline a dit un jour : « Un million de morts est une statistique, une seule mort est une tragédie. » Nous devons essayer de voir le visage d'un enfant en particulier.

***Q. Pourquoi World Vision a-t-il tant de succès dans ses levées de fonds ?***

**R.** Le vrai secret de nos levées de fonds, c'est la notion de parrainage d'un enfant. Nous permettons aux gens de voir le visage de cet enfant – nous rendons cet enfant réel aux yeux des gens. Il est très difficile de lever de l'argent pour éradiquer la pauvreté – mais beaucoup plus facile d'en lever pour un enfant en particulier. C'est plus personnel.

Bien sûr, nous avons des marketeurs diaboliquement intelligents et engagés qui aiment vraiment leur cause. Nous avons un slogan très séduisant : à quoi d'autre pouvez-vous dépenser votre argent en sachant que vous pourriez avoir sauvé une vie ou amélioré le monde ?

***Q. Comment la technologie a-t-elle touché l'activité de World Vision ?***

**R.** Nous n'avons encore que superficiellement utilisé la technologie et Internet pour changer les valeurs des Américains et lever de l'argent pour notre cause. La technologie peut rendre réelle la notion abstraite et éloignée de pauvreté. Nous pouvons vous faire aller tout droit en Afrique grâce au Web et vous faire rencontrer l'enfant dont vous êtes le parrain. Nous pouvons vous montrer les festivités au village quand une foreuse fait sortir une eau propre pour la première fois ou qu'on inaugure une clinique ou une école. Nous commençons à expérimenter les techniques qui peuvent apporter ces informations aux gens. Vos lecteurs peuvent peut-être nous aider.

***Q. Que conseillez-vous à quelqu'un qui envisage de quitter son emploi dans une grande société pour « changer le monde » ?***

**R.** Les gens qui sont sous-informés sur la pauvreté globale ont tendance à dire : « Ce n'est pas très compliqué. Les gens ont faim, nourrissons-les. » Ce qu'ils ignorent, c'est que plus on creuse les questions de secours et de développement, plus on se rend compte que c'est compliqué. Les problèmes comme la pauvreté, les maladies et la faim sont des plus complexes. On ne les a pas résolus en 5 000 ans et on ne va pas les résoudre en un jour.

Il faut traiter systématiquement un large éventail de problèmes sociaux, environnementaux, culturels, politiques et religieux. Mais la bonne nouvelle, c'est que nous avons les réponses. Maintenant, nous devons seulement prendre la résolution de lutter contre la pauvreté et de persévérer dans cette voie jusqu'à ce que nous voyions des résultats. Nous pouvons corriger cela ; nous le pouvons vraiment.

***Q. Les initiatives des stars du rock et du cinéma contribuent-elles vraiment à la réduction de la pauvreté et du SIDA ou ces gens cherchent-ils à se faire de la publicité pour vendre leurs albums ?***

**R.** Elles font une différence. Compte tenu du nombre de gens célèbres dans notre monde, il est en fait choquant que si peu d'entre eux utilisent leur célébrité pour faire une différence. Bono est extraordinaire. Il en a peut-être fait plus pour les pauvres que quiconque au siècle dernier. Je l'appelle « Martin Luther Bono », parce qu'il a vraiment été le leader de notre mouvement.

Bill et Melinda Gates sont en train de changer le paysage global pour la santé et le développement. Les médias ont rarement envie de me parler de la pauvreté, mais beaucoup de journalistes se précipitent sur les occasions de parler avec Brad Pitt, Angelina Jolie ou Oprah. C'est comme cela. Je me réjouis qu'il y ait des célébrités qui veuillent vraiment faire une différence.

***Q. Comment voulez-vous que World Vision soit perçu dans 25 ans ?***
**R.** Je veux que nous soyons les meilleurs. Il y a trop d'enjeux pour qu'on veuille moins que cela. Si l'on dit que nous avons donné la parole aux pauvres, que nous avons incité les riches et les puissants à agir et que nous avons apporté l'espoir à des gens enfermés dans le désespoir, je serai profondément satisfait. Mon passage préféré dans la *Bible* vient du livre de Job. Ce serait une merveilleuse épitaphe pour World Vision :

> **Job XXIX, 11.** L'oreille qui m'écoutait me proclamait bienheureux, et l'œil qui me voyait me rendait témoignage,
> **Job XXIX, 12.** parce que j'avais délivré le pauvre qui criait, et l'orphelin privé de secours.
> **Job XXIX, 3.** La bénédiction de celui qui allait périr venait sur moi, et je consolais le cœur de la veuve.
> **Job XXIX, 14.** Je me suis revêtu de la justice, et l'équité me servit de manteau et de diadème.
> **Job XXIX, 15.** J'ai été l'œil de l'aveugle, et le pied du boiteux.
> **Job XXIX, 16.** J'étais le père des pauvres, et j'examinais avec un soin extrême l'affaire que je ne connaissais pas.
> **Job XXIX, 17.** Je brisais les mâchoires de l'injuste, et je lui arrachais sa proie d'entre les dents.[70]

Je dois admettre que ça sonne bien, « Martin Luther Bono ». Stearns relève des contrastes puissants. D'un côté, il dit que la clé pour les levées de fonds est de faire savoir à tous les donateurs qu'ils sauvent un enfant en particulier. Puis il dit que des gens comme Bono et Angelina Jolie sont aussi importants pour faire la différence. Ce que je retiens de cette interview, c'est que nous devons tirer parti de tous les outils à notre disposition et ne pas rester figés dans l'idée que la manière de faire habituelle dans une industrie est la seule manière de faire.

---

70. Traduction française : http://www.magnificat.ca/textes/bible/job.html

# Chapitre 93
# L'art de survivre

Lorsque les Japonais réparent des objets brisés, ils accentuent les dégâts en emplissant les fentes avec de l'or. Ils considèrent que lorsqu'une chose a été endommagée et a une histoire, elle en devient plus belle.
Barbara BLOOM

Jerry White est le co-fondateur de Survivor Corps (préalablement appelé Landmine Survivors Network). Sa vie a pris un nouveau tournant en 1984 quand il a perdu une jambe lors de l'explosion d'une mine, en visitant Israël. Après cette expérience, il s'est fait le champion de la cause de la survie et il est devenu un leader de l'International Campaign to Ban Landmines[71]. En 1997, son initiative lui a valu de partager le prix Nobel de la paix avec Jody Williams. Il a aussi écrit un livre intitulé *I Will Not Be Broken : Five Steps to Overcoming a Life Crisis*[72] (St. Martin's Press, 2008).

***Q. De quoi les gens ont-ils le plus besoin pour surmonter une crise dans leur vie ?***
**R.** Nous avons un besoin fou de sympathie et de soutien. Nous avons besoin de savoir qu'il y a quelqu'un – n'importe qui ! – qui comprend ce que nous endurons. Oui, il y a des « choses » dont nous avons besoin d'urgence, comme la sécurité, de la nourriture, un abri, une assistance directe, mais au bout du compte, nous sommes des êtres sociaux recherchant le contact et le sens.

***Q. De quoi ont-ils le plus besoin de la part de leur gouvernement ?***
**R.** Les gouvernements fournissent le plus de valeur dans les situations d'urgence quand ils s'occupent des problèmes généraux comme le

71. Campagne Internationale pour l'Interdiction des Mines.

72. *Je ne me laisserai pas briser : Les cinq étapes pour surmonter une crise dans la vie.*

respect des lois, la sécurité, la mobilisation de ressources, les communications stratégiques, le respect pour les droits de l'homme sans discrimination et la coordination des services. Malheureusement, des exemples récents comme le cyclone Katrina et la crise actuelle sur les emprunts logement montrent que le gouvernement nous lâche souvent et réagit lentement dans les cas de destruction massive.

Il faut tout un village pour survivre aux situations d'urgence, l'aide du secteur privé, du secteur social et du secteur public. Les choses ne peuvent pas être faites par une seule agence gouvernementale ou un seul secteur. Nous avons besoin de nos voisins et de la société civile. C'est toujours une erreur d'attendre passivement un sauvetage par les bureaucrates et les agences gouvernementales.

***Q. Quelle sont les étapes clés pour surmonter une crise ?***

**R.** Devant une crise et une catastrophe, nous avons peur. Notre première tentation est de combattre les faits ou de les fuir. Mais pour les surmonter, il nous faut affronter la vérité de notre vie et des circonstances. Voici les cinq étapes permettant aux survivants de surmonter une crise :

- **Regarder les faits en face.** Cette chose terrible est arrivée. Je ne peux pas remonter le temps.
- **Choisir la vie, non la mort.** Je veux espérer, créer des solutions pour un avenir positif.
- **Chercher le contact.** Personne ne survit seul. L'isolement nous tuera. Permettons aux autres d'entrer dans nos vies.
- **Aller de l'avant.** Il faut se lever et sortir de chez soi. Faites vos « abdominaux du survivant ».
- **Payer en retour.** Devenez un bienfaiteur, et pas seulement un bénéficiaire. Oui, vous ajouterez de la valeur.

***Q. Comment les gens peuvent-ils « payer en retour » quand on leur a tant pris ?***

**R.** On trouve les gens les plus généreux parmi les gens les plus pauvres, les gens qui ont fait eux-mêmes l'expérience d'une crise ou de la pauvreté. Beaucoup ont découvert que la clé pour découvrir la joie, c'est de donner en retour à la communauté. Nous sommes nombreux à faire un effort énorme pour simplement survivre, mais quand nous apprenons à donner en retour, nous retrouvons des forces. Le fait de donner nous empêche de glisser dans la mentalité de victime.

Aucun des survivants avec lesquels j'ai travaillé, qu'il revienne de Bosnie, du Vietnam ou d'Éthiopie, ne veut dépendre de la charité ou de la pitié. Ils veulent revenir dans le jeu. C'est pourquoi absolument tous les survivants avec lesquels nous travaillons sont d'accord avec l'idée de rendre des services à la communauté. Par exemple, si nous aidons un survivant à obtenir une jambe artificielle ou à trouver un emploi, il/elle a l'obligation d'aider un autre survivant de sa communauté. Parfois, c'est aussi simple que de réparer un toit ou partager de la nourriture. On se sent bien après avoir donné. Est-ce qu'on se sent bien si on est débiteur ?

***Q. Le fait d'accepter une crise est-il le plus important, ou bien les gens peuvent-ils aller de l'avant et en ressortir plus forts ?***

**R.** L'acceptation n'est que le début. Progressivement, nous nous mettons à voir les choses en face et à nous débarrasser du déni ou de la peur initiaux. Quand la vie explose, notre instinct premier est le combat ou la fuite. Nous sommes fous de rage devant ce qui s'est passé ou nous voulons fuir la situation. Ce sont des instincts de survie à court terme, mais non des stratégies de survie sur le long terme nous permettant de traverser des temps difficiles. Simplement « traverser » une mauvaise période n'est pas notre premier objectif dans la vie.

En tant qu'êtres humains, nous avons la capacité étonnante de nous recadrer et de donner un sens à nos blessures. Les milliers de survivants que nous avons interviewés nous disent qu'ils sont ressortis plus forts d'une catastrophe. Mais ils ont fait d'excellents choix en cours de route ; ce n'est pas par accident qu'ils ont découvert la joie après une perte accablante.

***Q. Pensez-vous que ceux qui « réussissent » voudraient que la même chose leur arrive à nouveau ?***

**R.** J'aimerais encore aujourd'hui ne pas avoir marché sur une mine en Israël et ne pas avoir perdu ma jambe droite. Je n'idéalise pas la souffrance et je ne donne pas aux mines le crédit de mon succès. Ces mines sont des horreurs militaires meurtrières qui mutilent et tuent tous les jours des hommes, des femmes et des enfants innocents. Je ne connais pas de survivante à un viol qui puisse voir un aspect positif à la violence sexuelle ou de personnes ayant survécu à un cancer pour qui le cancer et la chimiothérapie soient des réalités agréables.

Ce qui nous fait prospérer, ce n'est pas la chose elle-même, mais notre détermination à choisir la voie de la survie et à nous orienter vers un avenir salutaire et positif. La vie peut nous infliger de terribles blessures, mais nous sommes, Dieu merci, la somme de ces blessures. Nous avons la capacité de choisir notre réponse à la tragédie et au traumatisme.

***Q. Qu'est-ce qui différencie quelqu'un qui surmonte une crise, voire, qui en sort grandi, de quelqu'un qui sera anéanti par cette crise ?***

**R.** Les gens qui surmontent une crise et en sortent grandis sont ceux qui ont dépassé leurs blessures et qui ont donné en retour à leur communauté. Les gens sont anéantis par une crise s'ils deviennent cette crise et s'ils la laissent diriger leur existence. La clé, c'est de voir dans une crise ce qu'elle est : un tournant et une opportunité.

J'ai refusé qu'une mine me dérobe plus qu'une jambe. Cette mine ne pouvait pas faire de moi moins qu'une personne entière, sauf si je me laissais faire. Je ne me définirais jamais par une partie de moi ou par un aspect de mon passé. Je ne me vois pas comme « un amputé », mais comme un type normal qui se trouve avoir une jambe manquante. Les survivants qui croient être davantage que leur corps ont un avantage. La foi et le sens de l'humour sont les signes distinctifs des personnalités résistantes.

***Q. Pensez-vous qu'il y ait une différence fondamentale entre fonder une organisation comme Survivor Corps et lancer une société à but lucratif ?***
**R.** Je ne vois pas grande différence. La pulsion entrepreneuriale est la même dans les deux cas, même si les motivations sont différentes. Certains recherchent le profit et d'autres recherchent des « profits plus élevés ». Mais un bilan est un bilan. La trésorerie est ce qu'elle est. Revenus et dépenses sont des maths simples pour toute société, à but lucratif ou non. J'ai consacré la totalité de ma carrière professionnelle au secteur social parce que ma première motivation était d'aborder le marché en croissance des gens marginalisés dans le besoin. Je ne les appelle pas des « clients », mais d'autres pourraient le faire.

Après mon MBA à l'université de Michigan, j'ai été de plus en plus convaincu que la dynamique du développement organisationnel était la même qu'il s'agisse d'organismes à but lucratif ou à but non lucratif. Je pense sincèrement que les sociétés pourraient apprendre davantage du secteur caritatif, notamment en ce qui concerne l'exploitation des motivations intérieures, du sens de la mission et de la passion. « Accroître la valeur pour les actionnaires » n'est pas une déclaration de mission soutenable ni une stratégie commerciale. Les employés veulent et méritent mieux.

***Q. Quels sont les challenges lorsqu'on démarre une organisation qui sert des gens à des milliers de kilomètres de la plupart de vos supporters ?***
**R.** Pour les gens, c'est un challenge d'éprouver de la sympathie et de la compassion par-delà les océans. Il s'avère que la plupart des dons charitables, comme la politique, sont des phénomènes locaux. Moins de 3 % de la philanthropie privée américaine va à des causes ou à des organisations internationales. Les Américains sont très généreux, mais la plupart de leurs dons vont aux églises, aux synagogues, aux hôpitaux, aux écoles et aux institutions culturelles à côté de chez eux.

Je me suis trouvé un jour dans un groupe où beaucoup de participants ont admis qu'ils seraient plus enclins à faire des donations à une organisation internationale comme Survivor Corps s'ils savaient que nous aidions aussi des survivants ici, comme les vétérans revenant d'Afghanistan et d'Irak. Ce que nous faisons. Les États-Unis sont une nation très affectée par la guerre. Il nous faut avoir des stratégies de contact avec les survivants de conflits pour offrir de l'aide et promouvoir une réintégration réussie dans la communauté après la guerre et la violence.

***Q. Quelles sont vos recommandations, étape par étape, pour quiconque veut « changer le monde » comme vous l'avez fait ?***

**R.** Regardez votre propre existence et faites « le Serment du Survivant » : 1) Je ne veux pas être une victime. 2) Je veux m'élever au-dessus des circonstances. 3) Je veux donner en retour. 4) Je veux changer le monde.

Comme me l'a dit un jour Sa Sainteté le Dalaï Lama : « Nous devons d'abord supprimer les mines de nos cœurs avant de pouvoir complètement déminer le monde et apporter la paix. » Donc faites votre introspection et donnez-vous un sens de la perspective pour dépasser votre égocentrisme et tendre la main à ceux qui sont dans le besoin. Au début, ce processus peut faire peur, parce qu'il suppose qu'on sorte de sa zone de confort, qu'on passe des frontières et des barrières pour aller rencontrer des gens qui semblent différents, marginalisés et menaçants au premier abord.

La question est alors de savoir comment être non pas un citoyen global, car nous le sommes tous, mais comment être un citoyen global actif. Et cela devient personnel, car il faut se connaître soi-même et se demander : « Qui suis-je ? Qu'est-ce qui m'intéresse ? À quoi suis-je bon ? Comment puis-je aider utilement ? » Et ensuite, il faut être capable de mettre en accord ses réponses et ses actes et d'apprendre où on peut avoir une valeur ajoutée unique dans le monde. Il se trouve que le fait de donner est tout simplement bon pour soi. Comme l'exercice, cela stimule les niveaux de sérotonine.

***Q. Que se passe-t-il exactement quand on gagne un prix Nobel ?***

**R.** C'était vraiment passionnant d'être à Oslo en décembre 1997 avec les leaders de l'International Campaign to Ban Landmines. Quelques semaines plus tôt, nous nous étions réunis à Washington pour écouter la nouvelle et nous avions sauté de joie. Les cérémonies sont exquises, pleines de spectacles de musique remarquables, de discours et comportent une audience avec la famille royale de Norvège. Grisant et très amusant.

Mais au moment où nous levions nos verres de champagne, je craignais que cette attention publique ne nous éloigne des champs de mines, alors même que notre travail ne faisait que commencer. Il y avait encore des dizaines de millions de mines à détruire et des centaines de milliers de victimes de mines et leurs familles qui avaient désespérément besoin de notre aide. 1997 a été une grande année pour notre mouvement. Nous avons travaillé étroitement avec Diana, la princesse de Galles. Nous avons lancé des réseaux innovants de survivants dans le monde entier. Nous avons aidé à l'ébauche et à la négociation du traité historique de 1997 bannissant les mines – le premier traité de contrôle d'armes comportant l'obligation spécifique d'aider les victimes à se rétablir.

Dix ans plus tard, nous nous sommes réunis à Oslo pour célébrer nos progrès. Aujourd'hui, le nombre de victimes est passé de 26 000 par an à quelque chose comme 8 000 (encore beaucoup trop, mais un progrès néanmoins). Des dizaines de millions de mines ont été extraites et détruites. Les droits des survivants commencent à être reconnus dans le monde entier. Il y a encore beaucoup à faire, mais c'est une superbe histoire de survie, digne du prix Nobel de la paix. Nous éprouvons à la fois de la fierté et de l'humilité à partager cet honneur.

Vous et moi n'aurons peut-être jamais de prix Nobel, mais nous serons confrontés à des challenges difficiles. J'espère que ces challenges ne seront pas aussi grands qu'une mine qui explose, mais grâce au travail de Jerry, il y a moins de mines et une ordonnance de survie.

# Chapitre 94
# Mes pensées sur la vie avec du recul

Les discours de remise de diplômes ont été inventés largement en raison de la croyance que les étudiants qui partent ne devraient jamais être lâchés dans le monde avant d'avoir été correctement mis sous sédatifs.

G. B. TRUDEAU

## PENSÉES 1

Il y a des gens qui construisent des maisons ; d'autres fournissent des soins médicaux ; d'autres risquent leur vie ; je fais des discours en essayant de faire du monde un monde meilleur. En fait, l'une des plus grandes joies de ma vie est de parler lors d'une cérémonie de remise de diplômes. J'ai exprimé les pensées que le recul de la vie m'a permis d'avoir six fois dans des lycées et en université. Voici le texte de mon discours de 1995. J'espère qu'il n'aura pas l'effet d'un sédatif.

Vous parler aujourd'hui est une étape importante dans ma vie. J'ai 40 ans. Il y a vingt ans, ou quelque chose comme cela, quand j'étais à votre place, je n'avais absolument jamais pensé que j'aurais 40 ans. Être l'orateur d'aujourd'hui m'effraie. D'abord un vieil aigri de 40 ans a parlé à ma cérémonie de baccalauréat, et c'était bien la dernière personne que j'avais envie de croire. Je n'ai pas l'intention de vous faire le discours ennuyeux que vous redoutez. Il sera court, gentil et pas ennuyeux.

Je vais vous parler aujourd'hui de ce que j'ai compris avec le recul, entre le moment où j'avais 22 ans et maintenant. Ne me croyez pas aveuglément. Ne voyez pas ce que je dis comme « la vérité ». Écoutez simplement. Peut-être mon expérience peut-elle vous aider un tout petit peu.

Je vais présenter ces réflexions à la façon de David Letterman. Oui, les gens de 40 ans sont encore capables de veiller après 23 heures.

**1. Vivez aux crochets de vos parents aussi longtemps que possible.**
J'étais un Oriental appliqué au lycée et en faculté et j'ai fini ma faculté en trois ans et demi. Je n'ai jamais voyagé ni pris de temps libre parce que je pensais que cela ne me préparerait pas à un emploi et retarderait le moment où j'aurais mon diplôme.

Franchement, j'ai fait une erreur.

Vous allez travailler tout le reste de votre vie, donc ne vous précipitez pas tout de suite. Prolongez votre éducation universitaire. C'est le moment de respirer la vie à pleins poumons – avant d'avoir un emprunt, des enfants et des versements pour votre voiture.

Prenez des semestres entiers pour voyager à l'étranger. Prenez des emplois et des stages qui paient peu ou ne paient pas du tout. Cherchez quelles sont vos passions sur les deniers de vos parents. Ayez pour but de rester à l'université pendant au moins six ans.

Retardez aussi longtemps que possible l'entrée inévitable dans le monde du travail et votre asservissement à vie à des bozos qui en savent moins que vous, mais gagnent plus d'argent. Vos parents et grands-parents ont travaillé beaucoup pour que vous soyez là où vous êtes, vous et votre famille. Ne les privez pas du plaisir de subvenir à vos besoins.

**2. Cherchez la joie, non le bonheur.**
De toutes les leçons, c'est celle qui est la plus difficile à apprendre. Vous pensez probablement que le but dans la vie est d'être « heureux ». Il se peut que, maintenant, vous ayez à faire des sacrifices, à faire des études difficiles et à travailler beaucoup, mais le bonheur devrait être prévisible.

Belle maison. Belle voiture. Belles choses.

Croyez-moi, le bonheur est temporaire et éphémère. La joie, en revanche, est imprévisible et intense. Elle vient de la poursuite d'intérêts et de passions qui n'ont pas le bonheur pour résultat évident.

Le fait de chercher la joie, non le bonheur, se traduira par une chose au cours des années suivantes : l'étude de ce que vous aimez. Cela peut ne pas plaire à vos parents. Quand je suis allé en faculté, j'étais « orienté marketing ». C'est aussi un truc oriental.

J'ai regardé quels domaines offraient les meilleures opportunités d'emploi et je m'y suis préparé. J'étais dans un coma dépassé. Il y a tant de façons de gagner sa vie dans le monde que peu importe que vous ayez pris ou non tous les cours « qu'il faut ». Je ne crois pas qu'une seule personne de l'équipe originale du Macintosh avait un diplôme en informatique.

Vous, parents, vous avez une responsabilité en la matière. Ne forcez pas vos enfants à faire comme vous ou à vivre vos rêves. Mon père était un sénateur à Hawaii. Son rêve était d'être avocat, mais il n'était allé qu'au lycée. Il voulait que je devienne avocat.

Pour lui faire plaisir, je suis allé faire du droit. Pour me faire plaisir, j'ai abandonné au bout de deux semaines. Je vois ceci comme la formidable validation que je suis intrinsèquement intelligent.

**3. Défiez le connu et étreignez l'inconnu.**

L'une des plus grosses erreurs qu'on puisse faire dans la vie est d'accepter ce qui est connu et de résister à l'inconnu. Il faut, en fait, faire exactement le contraire : défier le connu et étreindre l'inconnu.

Permettez que je vous raconte une histoire courte concernant la glace. À la fin des années 1800, il y avait une industrie prospère de la glace dans le nord-est. Les sociétés coupaient des blocs de glace sur les lacs gelés et les vendaient dans le monde entier. La livraison la plus importante qui ait jamais été faite était de deux cents tonnes en Inde. Cent tonnes n'avaient pas fondu, et c'était assez pour que cette expédition génère un profit.

Les transporteurs de glace ont cependant été mis en faillite par les fabricants de glace. Il n'était plus nécessaire de couper la glace et de l'expédier puisqu'on pouvait la fabriquer dans n'importe quelle ville à n'importe quelle saison.

Les fabricants de glace ont, à leur tour, été mis en faillite par les sociétés de réfrigérateurs. S'il était pratique de faire de la glace en usine, imaginez à quel point il serait plus pratique encore que chacun fasse sa glace chez soi et ait une chambre froide.

On aurait pu penser que les transporteurs de glace verraient les avantages de la fabrication de la glace et adopteraient cette technologie. Mais ils n'étaient capables de penser qu'à ce qu'ils connaissaient déjà : de meilleures scies, de meilleurs entrepôts, un meilleur transport.

De même, on pourrait penser que les fabricants de glace verraient les avantages des réfrigérateurs et adopteraient cette technologie. La vérité est qu'ils n'étaient pas capables, non plus, d'étreindre l'inconnu et de faire un bond en avant.

Défiez le connu et étreignez l'inconnu, ou bien vous serez dans la situation des transporteurs et des fabricants de glace.

**4. Apprenez une langue étrangère, un instrument de musique et pratiquez des sports qui ne sont pas des sports de contact.**

Apprenez une langue étrangère. J'ai étudié le latin au lycée parce que je pensais que cela pourrait augmenter mon vocabulaire. C'est le cas, mais croyez-moi, il est très difficile d'avoir une conversation en latin ailleurs qu'au Vatican. Et malgré mes efforts, j'attends toujours que le pape m'appelle pour avoir mes conseils. Le latin s'est avéré de très grande valeur, mais une langue vivante est aussi une bonne chose.

Apprenez à jouer d'un instrument de musique. Ma seule relation à la musique aujourd'hui est qu'on m'a donné mon prénom à cause de Guy Lombardo. Croyez-moi, c'est mieux que si l'on m'avait donné le prénom de son frère, Carmen. Je jouerais d'un instrument de musique aujourd'hui, et à défaut, il faut que j'achète des CD.

J'ai joué au football américain. J'adorais. Le football américain est macho. J'étais secondeur central – et on peut soutenir que c'est l'une des positions les plus machos dans un jeu macho. Mais vous devriez aussi apprendre le hockey, le basket-ball ou le tennis, bref un sport qu'on peut pratiquer quand on a de la bouteille.

À cinquante ans, il est aussi difficile de se retrouver avec des gars de 20 ans sur un stade pour jouer au football américain que d'avoir une conversation en latin, mais tous les gens qui peuvent porter de jolies tenues blanches de tennis peuvent encore jouer au tennis. Et pendant ce temps-là, tous les joueurs machos de football américain sont en train de regarder la télé et de boire de la bière.

**5. Continuez à apprendre.**

Apprendre est un processus, non un événement ponctuel. Je croyais que j'aurais fini d'apprendre après l'obtention de mes diplômes. Ce n'est pas le cas. On ne doit jamais cesser d'apprendre. En réalité, il est plus facile d'apprendre lorsqu'on est sorti de l'école, car il est plus facile de voir la pertinence de ce que l'on a besoin d'apprendre.

Pour le moment, vous faites des études dans un environnement structuré et consacré à cela. Sur les deniers de vos parents. Mais ne confondez pas école et étude. On peut aller à l'école et ne rien apprendre. On peut aussi apprendre énormément sans aller à l'école.

**6. Apprenez à vous aimer ou changez jusqu'à ce que vous vous aimiez.**

Je connais une femme de 40 ans qui était toxicomane. Elle a trois enfants. Elle dit que son addiction a commencé par du cannabis à l'école.

Je ne vais pas vous faire la leçon sur le fait qu'il ne faut pas se droguer. Oui, j'ai fumé du cannabis à l'école et contrairement à Bill Clinton, j'ai avalé la fumée. Aussi, contrairement à Bill Clinton, je l'ai expirée.

Cette femme m'a dit qu'elle avait commencé parce qu'elle se détestait quand elle n'était pas droguée. Elle n'aimait pas la drogue – elle se détestait. La drogue n'était pas la cause même si elle pensait que c'était une solution.

Elle a repris en mains son existence lorsqu'elle s'est rendu compte qu'elle était partie pour dégringoler. Résolvez votre problème. Modifiez votre mode de vie. Et vous n'aurez pas besoin de consommer de la drogue. La drogue n'est ni la solution, ni le problème.

Franchement, fumer, se droguer, boire – et se servir d'un IBM PC – sont des signes de stupidité. Fin de la discussion.

**7. Ne vous mariez pas trop tôt.**

Je me suis marié quand j'avais 32 ans. À peu près le bon âge. Avant cet âge, on ne sait pas qui on est. Il est possible aussi que vous ne sachiez pas qui vous épousez.

Je ne connais personne qui se soit marié trop tard. Je connais beaucoup de gens qui se sont mariés trop jeunes. Si vous décidez de vous marier, gardez en tête que vous devez accepter la personne comme il/elle est aujourd'hui.

**8. Jouez pour gagner et gagnez pour jouer.**

Jouer pour gagner est l'une des meilleures choses qu'on puisse faire. Cela permet de réaliser son potentiel. Cela vous permet d'améliorer le monde et, c'est pratique, d'attendre aussi beaucoup des autres.

Mais si vous perdez ? Assurez-vous que vous perdez en essayant quelque chose de grandiose. Avinash Dixit, professeur d'économie à Princeton et Barry Nalebuff, professeur d'économie et de gestion à la Yale School of Organization and Management, disent ceci : « Si vous devez échouer, autant le faire quand la tâche est difficile. L'échec a pour effet que les gens attendront désormais moins de vous. La gravité de ce problème dépend de votre tentative. »

Dans sa forme la plus pure, gagner devient un moyen de s'améliorer soi-même et d'améliorer ses concurrents. Ce n'est pas une fin en soi.

Gagner est aussi un moyen de continuer à jouer. Une vie sans examen ne vaut pas la peine d'être vécue, mais une vie qui n'est pas vécue n'est pas digne d'examen. La récompense au fait de gagner – l'argent, le pouvoir, la satisfaction et la confiance en soi – ne doit pas être gaspillée.

Ainsi, en plus du fait de jouer pour gagner, vous avez une seconde obligation, plus importante : concourir à nouveau autant que vous le pouvez. Au bout du compte, votre principal concurrent, c'est vous.

**9. Respectez les absolus.**

Cela dit, jouer pour gagner, ne veut pas dire jouer un sale jeu. Quand on vieillit, on s'aperçoit que les choses absolues deviennent relatives. Quand on est très jeune, on trouve très mal de mentir, de tricher ou de voler. Quand on vieillit, et en particulier quand on entre dans le monde du travail, on est tenté par le système qui consiste à penser en termes relatifs : « J'ai gagné plus d'argent », « J'ai une plus jolie voiture », « J'ai pris de meilleures vacances ».

Pire : « Je n'ai pas autant triché que mon partenaire dans ma déclaration d'impôts », « J'ai juste pris quelques verres. Je ne prends pas de cocaïne », « Je ne gonfle pas ma feuille de frais autant que les autres ».

C'est mal. Préservez les absolus et obéissez-leur autant que vous le pouvez. Si vous ne mentez, ne trichez, et ne volez jamais, vous n'aurez jamais à vous souvenir à qui vous avez menti, comment vous avez triché ou ce que vous avez volé.

Oui, il y a des choses qui sont bien et qui sont mal dans l'absolu.

**10. Appréciez votre famille et vos amis avant qu'ils ne disparaissent.** C'est, avec le recul, ce qui me semble le plus important. Il n'y a pas beaucoup d'explications à donner. Je vais simplement le répéter : appréciez votre famille et vos amis avant qu'ils ne disparaissent. Rien, ni le pouvoir, ni l'argent, ni la célébrité, ne peut remplacer la famille et les amis, ou les remplacer quand ils ne sont plus là. Notre plus grande joie a été notre bébé et je prédis que ce sont les enfants qui vous apporteront la plus grande joie dans votre vie – surtout s'ils ont leur diplôme en quatre ans.

Et maintenant, je vais vous dire quelque chose de plus, parce que j'ai probablement coûté des milliers de dollars à vos parents aujourd'hui. C'est quelque chose que je déteste admettre aussi.

C'est certain, plus on vieillit, plus on se rend compte que les parents avaient raison. De plus en plus – jusqu'à ce que finalement on devienne leurs parents. Je sais que vous vous dites tous : « Oui, bon… ». Gardez mes paroles en mémoire.

Souvenez-vous de ces dix choses. Si une seule d'entre elles n'aide ne serait-ce qu'un seul parmi vous, ce discours aura été un succès :

1. Vivez aux crochets de vos parents le plus longtemps possible.
2. Cherchez la joie, non le bonheur.
3. Défiez le connu et étreignez l'inconnu.
4. Apprenez une langue étrangère, un instrument de musique et pratiquez des sports qui ne sont pas des sports de contact.
5. Continuez à apprendre.
6. Apprenez à vous aimer ou changez jusqu'à ce que vous vous aimiez.
7. Ne vous mariez pas trop tôt.
8. Jouez pour gagner et gagnez pour jouer.
9. Respectez les absolus.
10. Appréciez votre famille et vos amis avant qu'ils ne disparaissent.

## PENSÉES 2

Treize ans se sont écoulés depuis ce discours. Beaucoup d'eau a coulé sous les ponts. J'ai quatre enfants – dont deux enfants adoptés au Guatemala. J'ai écrit neuf livres avec celui-ci. J'ai lancé quatre sociétés et pris du service deux fois chez Apple. J'ai accumulé 2,5 millions de kilomètres sur United Airlines – mauvais signe quand l'immigration vous dit : « Il n'y a plus de place sur votre passeport ; il faut que vous en fassiez faire un nouveau. » Mais je suis le mari 1.0 d'une épouse 1.0.

On peut penser que j'ai appris des choses depuis mes premières réflexions. C'est vrai, et voici celles que j'ajouterai à mes prochains discours de remise de diplômes.

**1. Rien n'est aussi bon ou mauvais qu'il y paraît.** Quand je travaillais chez Apple de 1983 à 1987, la société est passée par des hauts fantastiques et des bas terribles. Le lancement du Macintosh était l'un de ces hauts. Le premier licenciement, quelques années plus tard, était l'un des ces bas. Mais j'ai vu que lorsque les choses allaient apparemment très bien, il y avait des quantités de problèmes que les gens choisissaient d'ignorer. Puis j'ai vu des jours sombres qui ne l'étaient pas tant que cela : les clients achetaient encore des Macintosh par milliers ; les développeurs étaient plutôt contents et la plupart des employés n'étaient pas affectés par les licenciements. Certains pensaient même que c'était un bon moyen de faire le ménage. J'ai donc appris à tempérer mon optimisme et mon pessimisme dans mon vieil âge.

**2. On peut aimer un enfant adopté autant qu'un enfant biologique.** La contribution d'un homme à une grossesse est d'environ dix secondes – cinq s'il dit la vérité, trois si vous demandez à votre mère. Et pourtant, j'ai rencontré beaucoup d'hommes sceptiques sur l'adoption parce qu'ils pensaient ne pas pouvoir s'attacher à des enfants qui n'avaient pas leur ADN. Ce n'est tout simplement pas vrai : quand on tient ce précieux bijou pour la première fois dans ses bras, qui se demande si les chromosomes viennent de vous ? Certainement pas le bébé. Certainement pas votre femme non plus. Donc surmontez cela. Votre ADN n'est pas le Saint-Graal – pour mélanger les métaphores.

**3. La clé pour l'accouchement tient en un seul mot : « péridurale ».** Nous avons assisté à des cours ; nous avons appris les techniques de relaxation ; nous avons pris de la musique tranquille avec nous à l'hôpital. À la fin de la journée (ou, plus précisément 36 heures plus tard), nous sommes arrivés à la conclusion que si Dieu avait voulu que tous les accouchements soient naturels, il n'aurait pas permis aux docteurs d'inventer la péridurale.

**4. Si vous pensez que quelqu'un est un con prétentieux, vous n'êtes pas le seul.** Quand je rencontrais une personne que je n'aimais pas, je me demandais si c'était ma faute ou la sienne. Peut-être ne l'avais-je pas comprise et peut-être les autres l'adoraient-elle et la respectaient-elle. Au terme de beaucoup d'investigations, j'ai formulé « la Loi de l'Information Parfaite sur les Cons Prétentieux » ; elle dit que si vous pensez que quelqu'un est un con prétentieux, presque tout le monde le pense aussi. Il y a rarement désaccord sur le sujet. Mais il n'en va pas de même concernant les gens sympathiques. Si vous pensez que quelqu'un est sympathique, ne présupposez jamais que la plupart des gens seront d'accord avec vous.

**5. La vie est trop courte pour qu'on s'embarrasse de cons prétentieux.** Pour continuer sur ce sujet… J'ai maintenant 51 ans[73], donc plus de la moitié de ma vie est terminée. Il ne me reste pas assez de temps pour eux. Franchement, on n'a déjà pas assez de temps pour les personnes qu'on aime, pourquoi en perdre avec celles qu'on n'aime pas ?

**6. Les entrepreneurs ont toujours un an de retard et ont des prévisions « prudentes » trop élevées de 90 %.** J'ai travaillé avec des entrepreneurs qui étaient si novices qu'ils n'auraient pu gérer un stand de limonade et j'ai travaillé avec des entrepreneurs avec des antécédents remarquables dans des sociétés qui sont de grands noms. L'expérience, l'âge, le sexe, la formation – qu'importe ! Les entrepreneurs livrent toujours leur produit avec un an de retard et leurs résultats financiers sont de 90 % inférieurs à leurs prévisions « prudentes ». Ce n'est pas nécessairement mal – en fait il peut être nécessaire aux entrepreneurs de croire à leurs mensonges, mais c'est comme ça.

**7. Jugez les autres sur leurs intentions et vous-mêmes sur vos résultats.** Si vous voulez être en paix avec le monde, voici ce que vous devriez faire. Quand vous jugez les autres, considérez ce qu'ils avaient l'intention de faire. Quand vous vous jugez vous-même, considérez ce que vous avez vraiment accompli. Cette attitude vous maintiendra dans l'humilité. En revanche, si vous jugez les autres sur la base de ce qu'ils ont accompli (généralement leurs échecs) et vous-même en fonction de vos intentions (généralement nobles), vous serez un minus grincheux et méprisé.

---

73. À l'époque où il écrit ce texte. Guy Kawasaki est né en 1954.

**8. Vous n'avez pas à répondre à tous les e-mails.** Répondre est chez moi une attitude compulsive. Parfois je ne peux tout simplement pas répondre à un e-mail pendant des semaines, et cela me rend fou. Cela dit, il m'est aussi arrivé de vider ma boîte de réception en copiant le mauvais fichier, à cause d'un fichier endommagé, ou parce que mon ordinateur m'avait lâché, et j'étais terrifié à l'idée que des gens n'aient pas de réponse et en soient furieux. Ils penseraient : « Guy a la grosse tête et n'a plus besoin de répondre aux e-mails. » Je me suis attendu à recevoir des e-mails de haine pendant des semaines. Savez-vous ce qui s'est passé ? Rien. Mais j'ai toujours cette attitude compulsive.

**9. Ne demandez pas aux gens de faire des choses que vous ne feriez pas vous-même.** C'est le test ultime des promotions commerciales, campagnes de marketing, designs d'ingénierie ou directives pour les employés. En réalité, il est aussi puissant que la Règle d'Or (« Ne fais pas aux autres ce que tu ne voudrais pas qu'ils te fassent », et non « Celui qui a l'or fait les lois ».) Si c'est une chose que vous ne feriez pas, ne demandez pas aux autres de la faire.

Je me fiche de la puissance de votre super souricière nucléaire : vous n'en donneriez pas 500 000 dollars, vous ne retourneriez pas à l'école faire un doctorat pour être capable de l'armer et vous ne prendriez pas votre voiture pour aller au milieu de l'Utah déposer des souris mortes toxiques. Cela dit, si vous faites les sales boulots difficiles, d'une part, les employés ne peuvent pas se plaindre et d'autre part, ils vous suivront au bout du monde.

J'ai approximativement une nouvelle réflexion de plus par an. Je suppose que c'est un assez bon rythme. Ma dernière réflexion pour vous est celle-ci : c'est, de loin, ma famille qui m'a apporté la plus grande joie. Quand j'étais jeune, je croyais que l'argent, les voitures, le pouvoir ou la célébrité me rendraient heureux. Comme j'avais tort ! Je remercie Dieu tous les jours d'avoir ma femme et mes quatre enfants.

# Conclusion
# Checklist

Si vous voulez être un bon archéologue, sortez de votre bibliothèque !

Indiana JONES dans ***Indiana Jones et le Royaume du crâne de cristal***

En réalité, personne ne peut suivre toutes les recommandations de ce livre. Voici donc la liste des dix recommandations qui me paraissent les plus importantes. Le succès n'est pas aussi simple que cette liste, mais elle vous mettra sur la bonne voie.

1. Créez-vous du sens ?
2. Votre produit représente-t-il un bond en avant ?
3. Votre produit est-il Dense, Intelligent, Complet, Élégant et Émotionnel ?
4. Avez-vous un mantra pour ce que vous faites ?
5. Avez-vous un pitch en 10 diapos, avec des tailles de caractères qui ne sont pas inférieures à 30 points et que vous pouvez faire en 20 minutes ?
6. Avez-vous trouvé un moyen de mettre votre produit sur le marché sans avoir de budget ?
7. Aidez-vous des gens qui ne peuvent pas vous aider ?
8. Êtes-vous capable d'époustoufler un public par une démonstration de votre produit ?
9. Embaucheriez-vous des candidats « imparfaits » qui aiment ce que vous faites, ainsi que des candidats qui sont meilleurs que vous ?
10. Est-ce que vous demandez aux gens de ne faire que des choses que vous pourriez faire aussi vous-même ?

Voici ce que vous devez garder en tête pour réaliser ce que vous voulez faire. J'espère, pour reprendre les mots d'Henry David Thoreau, que *La réalité de l'entrepreneuriat* sera « vraiment un bon livre » pour vous.

**Guy Kawasaki**

# Index

## A



## B

# C

# D

# E



# F

## G



## H

# I



# J

# K



# L

# M

## N



## O



## P

## Q



## R

# S

# T



# U

Dépôt légal :
**Avril 2009**

Achevé d'imprimer sur rotative par l'imprimerie Darantiere
à Dijon-Quetigny en juin 2009 - N° d'impression : 29-0943

Mise en page ;
**Ligne-À-Suivre** Strasbourg

**Couverture :**

Conception graphique :
**Jamie Keenan**

Crédit photo :
**Adam Gault / Getty Images**